U0487362

研究阐释党的十九届四中全会精神国家社科基金重大项目
“构建具有全球竞争力的人才制度体系研究”（20ZDA107）子课题五成果

蓝志勇　编著

城市群与人才

空间治理体制机制之探

西南交通大学出版社
·成　都·

图书在版编目（CIP）数据

城市群与人才空间治理体制机制之探 / 蓝志勇编著
.--成都：西南交通大学出版社，2023.12
ISBN 978-7-5643-9626-8

Ⅰ. ①城… Ⅱ. ①蓝… Ⅲ. ①城市群 - 关系 - 人才管理 - 研究 - 中国 Ⅳ. ①F299.21②C946.2

中国国家版本馆 CIP 数据核字（2023）第 240160 号

Chengshiqun yu Rencai Kongjian Zhili Tizhi Jizhi zhi Tan
城市群与人才空间治理体制机制之探

蓝志勇 **编著**

责任编辑	赵玉婷
封面设计	吴　兵
出版发行	西南交通大学出版社 （四川省成都市二环路北一段 111 号 西南交通大学创新大厦 21 楼）
营销部电话	028-87600564　028-87600533
邮政编码	610031
网　　址	http://www.xnjdcbs.com
印　　刷	成都蜀通印务有限责任公司
成品尺寸	165 mm × 230 mm
印　　张	22.5
字　　数	403 千
版　　次	2023 年 12 月第 1 版
印　　次	2023 年 12 月第 1 次
书　　号	ISBN 978-7-5643-9626-8
定　　价	98.00 元

序

人才发展空间治理的新思路

吴　江

清华大学公共管理学院蓝志勇教授承担了我主持的2020年国家社科基金重大课题“构建具有全球竞争力的人才制度体系”研究的子课题“城市群人才发展空间治理机制研究”，该书是课题的主要研究成果。课题组聚焦研究人才发展与城市群发展之间的关系，首次提出“城市群人才发展”空间治理的概念，并超越传统以省、市、区、县等行政区划为治理边界的思考，从区域性和城市群人才空间分布这一视角展开新时代人才发展治理研究，并运用先进的大数据和可视化技术描述，深入分析人才分布与区域发展的现状，研究国内外大型城市群的发展与它们的人才空间分布状况和规律，探索人才驱动城市群发展的有效方法和人才布局的空间治理策略，并在此基础上提出了构建城市群人才空间体制机制的政策建议。这在国内人才发展领域是一个开创性研究，对于我国构建具有全球竞争力的人才制度体系，其理论意义和实践意义是不言而喻的。

在现代社会，这个世界变得越来越不平静，知识、商品、金融、服务、人才的加速流动，使空间开始有了独特的意义，社会化、资本化和全球化给空间赋予了新的价值。空间利用与人文需求，空间正义、空间权益、空间赋能和空间治理，开始成为重要的发展与竞争考量。特别是在城市化的过程中，以人才竞争为驱动力的城市群发展，亟待城市政府从提供资金、工作、住房、福利等优惠政策转向对人才发展空间合理分布与资源配置的系统治理。如何通过人才发展的空间治理，让人才拥有合理的空间资源、配置以激发创新活力，推动空间意义上的城市群高质量发展，是一个全新的、过去没有深刻认识到的问题。

正是基于这样一个现实背景，蓝志勇教授的团队梳理了城市群发展理论、人才理论、人才空间分布与治理理论，厘清了城市群理论、空间治理理论及其与现代国家治理的关系，特别有实践价值的是从人才支持与产出、人才素质与质量、人才成长、人才公共服务环境等维度，建立了测量城市竞争力与人才分布关系的三级指标体系，针对科研经费、专利产出、人才素质、产业发展与就业机会、宜居度、公共服务等二级指标对长三角、珠三角、京津冀、成渝城市群做空间可视化分析，探究影响地区科研技术人才空间分布的机制。

该研究成果显示，长三角城市群是我国人才竞争力最强的城市群。长三角城市群在人才竞争力方面快速提升，人才集聚速度始终保持在高位。人才流动性高能提高人才队伍整体创新力，但对于需要长期投入的科研领域，则不利于形成足够的研究积淀，不利于基础性、长效性科研成果的产出。珠三角城市群在科研经费投入方面虽不及长三角和京津冀城市群，但在劳动力素质、劳动力数量维度具有突出优势。虽然公共教育和医疗资源等公共服务条件不及长三角城市群，但珠三角相对较低的生活成本，还是造就了较高的人才竞争力。京津冀城市群具备最多的科研经费投入和公共服务资源，但整体的人才竞争力不及长三角、珠三角城市群。科研经费和公共服务资源分配呈现更明显的集中效应，拔尖的高端人才享受的待遇部分抵销高昂的生活成本，没有从根本上改变生活质量和工作条件。作为发展中的城市群，成渝城市群在科研经费投入、人才数量、人才素质、产业结构等方面，与京津冀、长三角、珠三角三大城市群还有相当差距。但它生活成本较低且具有发展空间，已经开始表现出吸引人才能力快速提升的趋势。研究还显示，与国际城市群相比，中国人才的空间布局过多集中在中心城区，不利于推动城市群的均衡发展。国内城市群中，比较发达的城市群（如长三角城市群）中人才分布较均衡。城乡差别较大的地方人才分布均衡性和地方需求匹配性更差，这是中国城市群发展的短板。

在充分的实证研究基础上，课题组创造性地提出了以城市群人才发展为主线的空间治理对策与改革方案。比如，政府要牢固树立人才驱动城市发展和城市群发展的新型人才观，高度重视与区域和城市群发展需求相匹配的人才空间治理问题，优化人才分类管理与城市群发展的匹配；要加强区域协同机制，建立跨城区的区域性人才管理信息平台，创新跨区人才管理与服务一体化机制，提供区域性工作激励、生活管理和社会医疗保障；推行以人才使用效率为主、工作生活环境为辅的对区域人才工作的评价体系和常态化管理机制，克服人才工作的“中梗阻”，鼓励地方政府和用人单位切实做好发挥人才效能的工作；以城市群发展规划为依据逐步优化行政区划设置，提高城市群综合承载和资源配置能力，鼓励地方政府单元跨级别自动结合成合作共同体，各自以法人资格履行职责；构建以人才政策优先的跨区域政策体系，克服碎片化的政策壁垒，让其他政策服务于人才政策；在城区之间交通枢纽处构建规模性、层次性、灵活多元的教育集群和科技转让服务集群，提供信息和服务，推动多地合作，推动城市群均衡发展。这些对策建议具有很强的现实针对性和工作指导性。

2021 年 9 月 28 日，习近平总书记在中央人才工作会议的重要讲话中明确提出，加快建设世界重要人才中心和创新高地，到 2035 年，形成我国在诸多领域人才竞争比较优势，国家战略科技力量和高水平人才队伍位居世界前列。这就要求我们更加重视区域人才发展空间的协同治理，形成创新人才与创新高地科学匹配、创新制度与创新生态同频共振、创新城市与创新平台融合发展的雁阵格局。期待该书的出版能够对推进新时代人才强国战略实施发挥专家智库的作用。

是为序。

前言

本书从人才空间治理的独特视角，讨论城市化过程中人才驱动城市群建设与发展的战略思考与行动路径。党的十九大报告正确把握了世界城市群发展的趋势，并基于对全球人才驱动发展的认知，做出了要“以城市群为主体构建大中小城市和小城镇协调发展的城镇格局”和“人才是实现民族振兴、赢得国际竞争主动的战略资源”两个重要判断。本书课题组的主要贡献在于：第一，首次提出“城市群人才空间治理”概念，将城市群理论、人才理论相结合，为两部分理论贡献了新的概念；第二，跳出传统行政区划中省、市、县的逻辑，从城市群的视角开展人才研究，为打破地域壁垒、推动区域协同提供了一剂良方；第三，研究采用了最先进的大数据技术、可视化技术、空间地理技术等做分析，是国际前沿方法；第四，在理论上，研究将城市群理论、空间治理理论、人才理论、现代治理理论等进行了梳理、分析、总结、解构，提出了城市群空间治理理论框架；第五，构建了城市竞争力与人才分布的三级指标体系，为城市、城市群发展提供测量方向；第六，系统梳理、分析了国内外典型城市群的人才空间分布情况、分布规律、治理措施等，案例丰富、翔实。

本书的结论包括：第一，国内典型城市群差距较大。长三角城市群的人才竞争力强劲，其人才竞争力、人才集聚速度、人才流动性等都居于全国首位，但是在周期长、投入大的科研领域发展不够好。珠三角城市群在科研经费投入方面不如京津冀城市群与长三角城市群，但是在劳动力素质、劳动力数量等方面遥遥领先，尤其是较低的生活成本提升了其竞争力。京津冀城市群中，科研与公共服务资源的分配呈现集中化的效应，生活成本高，拔尖的高端人才享受的待遇部分抵销了高昂的生活成本。成渝城市群则在科研经费投入、公共服务等各方面与长三角、珠三角、京津冀城市群都有较大差距。第二，不同于国外城市群人才竞争力的差距呈现缩小趋势但仍有很大发展空间的形态，我国人才大多聚集于中心城市，不利于整体城市群的可持续、均衡、全面发展，且交通能力、经济发展能力也成为阻滞城市群发展的一大要素。

研究提出，城市群是一个比城市更复杂的规模体系，是城市化的未来，它能帮助突破由于技术、基础设置和理性能力的局限导致的传统城市发展的瓶颈，提供一片崭新的城市化天地。城市群的发展机遇巨大，挑战也巨大。要做好城市群发展的工作，需要有新型的人才观和人才空间布局观并逐步做到：(一)升级传统城市发展的理念和人才观。需要有新型的城市化观、发展观、人才观和人才空间布局观，高度重视与城市群发展需求匹配的人才空间分布的人力资源治理，优化人才分类和人才与城市群发展的匹配，在人才驱动城市群发展的新理念的指导下，构建更加科学的城市群发展人才评价体系。(二)建立以市、县、镇为单元的独立公共法人资格，让每一个法人有能力根据被赋予的权限与周边的政府单元平等合作、签订合作契约，减少行政壁垒，放活区域主体，促进各要素，特别是人才要素的流通与合理配置。(三)优化行政区划设置，提升中心城市和城市群带动作用，建设现代化都市圈。(四)创新工作机制，建立有决策和行动权限的跨区合作联盟，推动建立城市群之间发展要素的一体化的管理机制，如中间地带土地资源、部分资本配置权限、联合基础设施建设的投资和管理权限、人才及企业信息平台证照互认、人才管理与服务机制等一体化机制，提供区域性工作激励、生活管理，户籍、住房和社会医疗保障。克服体制机制中出于官僚行为或者利益博弈产生的“中梗阻”，克服碎片化的政策壁垒，以人才政策中人才服务要求条例的精神指导其他政策的落实。（五）投资城市群之间的基础设施建设，建立分布式交通、文化教育、医疗服务、金融、信息和法律咨询体系，在城市交接点建设跨区合作服务区，多地合作推动人才合理分布。（六）构建城市群发展与城市群人才分布的大数据分析平台，提供城市群间的就业、居住和公共服务信息咨询，提高人才在城市群中的适配性、在地性、团队能力和工作效率。（七）有序和系统培训与人才工作相关的人员，树立他们的大思维人才观、服务意识、使命感和责任感。

目　录

第一章　城市群发展与人才空间治理体制机制研究的背景、内容与目标

第一节　本书的背景与拟解决的主要问题　/　2
第二节　研究内容、意义与目标　/　4

第二章　城市群发展理论

第一节　城市与城市群理论　/　10
第二节　协同治理与智慧治理理论　/　24
第三节　城市群协同发展要素一体化治理机制　/　44

第三章　人才理论与体制机制

第一节　人才与人才分类的理论基础　/　60
第二节　改革开放以来我国人才政策的演变　/　71
第三节　我国人才政策视角下的人才分类　/　79
第四节　改革开放以来我国人才政策的成就　/　85
第五节　我国人才政策存在的问题　/　91
第六节　城市基层治理人才理论与人才发展理论　/　96

第四章　城市空间治理理论

第一节　空间治理理论　/　110
第二节　城市与空间正义　/　112

第五章 人才以及人才发展的空间布局

第一节 四大城市群人才的空间分布现状 / 120
第二节 四大城市群人才竞争力评估 / 123
第三节 城市群人才竞争力结构分析 / 162
第四节 与国际城市群的比较 / 218
第五节 图表分析结果小结 / 223

第六章 国际城市群人才空间治理

第一节 城市与城市群人才理论 / 228
第二节 人才生活、养老、医疗保障制度体系研究 / 233
第三节 国内典型城市群人才空间治理经验 / 248
第四节 国际典型城市群人才空间治理经验 / 259

第七章 创新思维、构建良好的城市群人才空间治理体制机制

参考文献 / 302

后 记 / 347

1

第一章

城市群发展与人才空间治理体制机制研究的背景、内容与目标

第一节　本书的背景与拟解决的主要问题

十九大报告指出，要“以城市群为主体构建大中小城市和小城镇协调发展的城镇格局”，同时指出，“人才是实现民族振兴、赢得国际竞争主动的战略资源”[1]。这两个重要判断与世界城市群发展的趋势和全球人才驱动发展的竞争趋势相吻合，代表了时代的要求。

城市群的发展是国际趋势，也是中国未来发展已经强势显现的趋势。发达国家早期的城市由于工业和城市管理技术的改进而集聚，在一定的发展阶段后，又局限于城市管理技术的不足和空间使用过密而谋求分布性、差异性发展，逐渐形成了功能互补、生活条件平衡的大城区。其中，中心城市的功能和能力引领城市群的发展方向和方式。我国人文地理和区域发展学者周一星很早就注意到西方国家在后工业化时代出现的城市群现象，并撰文讨论以大都市圈为中心连绵出现的城市群在我国的发展。[2-3]也有学者在研究了西方波士顿到纽约连绵的城市群、大伦敦城市群和东京城市群的基础上，提出我国京津冀等大城区的发展必然城市群化的未来趋势。[4]

我国在2014年公布的《国家新型城镇化规划（2014—2020年）》中，于2010年12月国务院发布的《全国主体功能区规划》的基础上，明确提出“优化城镇化布局和形态”“优化提升东部地区城市群”“培育发展中西部地区城市群”“建立城市群发展协调机制”的思考，在2016年3月出台的国家“十三五”规划纲要里，更是明确提出要“加快城市群建设发展”，并对全国19个城市群和2个城市圈的建设目标和方向做出具体要求。近年来，城市群发展已经被明确提升到国家城市发展战略重点的层面。到2019年2月18日，国务院共先后批复了10个国家级城市群，分别是：长江中游城市群、哈长城市群、成渝城市群、长江三角洲城市群、中原城市群、北部湾城市群、关中平原城市群、呼包鄂榆城市群、兰西城市群、粤港澳大湾区。2019年12月15日，习近平总书记在《求是》杂志发表署名文章《推动形成优势互补高质量发展的区域经济布局》，提出中心城市和城市群正在成为承载发展要素的主要空间形式，并提出四个思路六个主要举措，为城市和城市群的发展提供了新的行动方向。这一指导意见非常具体，提出要：尊重客观规律，让产业和人口向优势区域集中，形成以城市群为主要形态的增长动力源；注重差异，发挥比较优势；完善空间治理，完善和落实主体功能区战略；保障民生底线，区域协调发展的基本要求是实现基本公共服务均等化，基础设施通达程度比较均衡，土地、户籍、转移支付等配套政策完善化。在具体举措上：形成全国统一开放、竞争有序的商品和要素市场；尽快实现养老保险全国统筹；改革土地管理制度；完善能源消费双控制度（总量和强度）；全面建立生态补偿制度；完善财政转移支付制度。[5]可以说，中国城市群化的趋势已经在城市化的进程中全面展现。国家发展改革委发展战略和规划司副司长周南在 2019 年 7 月 16 日举行的关于“城市群与区域协调”的论坛上说道，城市群已经成为人口居住和就业创业的城镇密集区，也支撑着一个国家参与国际竞争。“像过去那样一个城市来单打独斗去参与国际竞争，现在这个阶段是不可想象的，一定是有一个群体去参与国际竞争。”国家发展改革委城市和小城镇改革发展中心原主任徐林也曾指出，未来中国 80%以上的人口将分布在由全国 257 个城市组成的 19 大城市群里。[6]到目前为止，我国城市群的发展还依然有许多短板，如规划尺度过大、城市本身发展不充分、基础设施建设不足、经济结构同质化、产业分工和互补性不强、行政区划体制机制不匹配等。但其中最重要的，是推动城市和城市群发展的人才的布局和管理体制机制的短板。也就是说，城市群发展与现有的人才体制机制不相匹配。

城市群发展，而不是单一城市的发展，也开始对城市人才战略提出了新的挑战。传统上人才集聚在单一城市的空间格局已经不能够应对大规模城市群化的新发展格局，城市群发展思路和举措需要得到具体的落实。

国际上，许多大都市的领导人已经清楚意识到人才与城市和城市群发展的密切关系，在努力创造地方性制度环境，参加人才竞争。大城区的发展需要人才。德国学者科特金（Kotkin）曾指出，大城区的发展对技术、资本、管理，尤其是人才，有更高层次的要求。人才不仅仅能帮助回应复杂多变的大城区的需要，是大城区发展的中流砥柱，也往往是引领城市发展的力量。他们的能力、才智和愿景，影响城市发展的格局和路径。

前纽约市长布隆伯格（Bloomberg）也说过，“许多新的成功的世界级城市努力地用价格和基础设施补贴来吸引企业。那些比较优势的竞争力只有短期的效果，而且只是过渡性的。如果城市要有可持续的成功，他们必须对最大的那个奖杯进行竞争，那就是智力资本——人才”。从这个意义上来说，城市经济成功的长久竞争力靠的不仅仅是地理位置、工业传承和经济条件，也必须靠自己的软实力，靠它吸引、容留和使用人才的能力。从城市发展的规律来看，城市依然会兴起和衰败，其变化取决于它的人才领导力、就业大军的多元性、所结成的联盟的创新力，以及在城市成长的企业、大学接受移民的灵活性和他们的领袖们如何培育这些创新力量的发展。

城市和城市群的发展也已经从产业驱动、投资驱动，转变为今天的创新驱动，而创新驱动的基础是人才。因此，人才驱动城市和城市群的发展已经逐步成为当今城市经济社会发展的重要趋势，区域性人才竞争也已经成为时代的潮流。

我国由于传统计划经济和行政区划等历史原因，要素市场，特别是人才市场不完整，流通能力不够，还存在诸如人才政策不全面、执行方式碎片化和随意性强、管理和服务体系比较欠缺、发展不平衡、法制规范不足、管理主体不明确等问题。城市群战略的出笼对建设适合我国现阶段国情的人才管理体系提出了新的要求。

2016 年 3 月，党中央印发《关于深化人才发展体制机制改革的意见》，加强改革“顶层设计”。全国各省区市陆续印发实施意见，中央和国家有关部门出台配套改革文件 30 多个，加快改革落实落地。2016 年 5 月 6 日，习近平总书记就深化人才发展体制机制做出重要指示强调“办好中国的事情，关键在党，关键在人，关键在人才”。在 2018 年 3 月 7 日参加全国两会广东代表团审议时，习近平总书记强调，“发展是第一要务，人才是第一资源，创新是第一动力”。十九届四中全会决定中也提道，“优化行政区划设置，提高中心城市和城市群综合承载和资源优化配置能力，实行扁平化管理，形成高效率组织体系”[7]。本书从人才驱动城市和城市群发展的视角，来探讨我国城市群发展战略中的人才空间布局和配置。

第二节　研究内容、意义与目标

人才驱动城市与城市群发展中的思考包括：什么是人才？什么是驱动城市发展的人才？什么样的人才管理体制机制能够最好地适应人才成长、发展和使用？如何促进合理的人才空间分布，以形成推动城市和城市群发展的最佳人才生态布局？本书关注人才空间布局与城市和城市群发展之间的相关性，研究它们之间的互动机理，思考人才驱动的未来城市和城市群发展的走向及有效途径，为我国城市化和全面现代化、走向未来文明的更高形态，提供思路。

一、构建城市群人才发展空间治理机制的必要性与可行性

本书将从贯彻党的十九大和十九届四中全会精神，落实《国家中长期人才发展规划纲要（2010—2020）》和《关于深化人才发展体制机制改革的意见》以及党中央对城市群的相关文件精神的视角出发，讨论构建城市群人才发展空间治理机制的重要性和必要性，并提出我国城市群人才空间治理与发展的概念、

思路、逻辑关系和互动机理，探讨在我国全面城市化的过程中，如何更好地运用人才政策，推动人才的合理空间布局，将人才治理与城市群的发展结合起来思考，做好人才驱动的未来城市和城市群发展工作。

城市人才的空间分布过去并不认为是政策问题。在从传统农耕社会到现代工业社会的发展过程中，碰到更多的是城乡二元结构导致的城市与乡村人才的分布问题。在中国城市化的过程中，城市对乡村的人才，包括提供基本劳动力的人力资源，都形成了巨大的虹吸效应，加剧了城乡发展的剪刀差，在城市化进程相当深化的今天，需要通过乡村振兴政策的扶持来加以解决。与此同时，超大城市的形成，特别是城市群发展趋势的形成，使得城市本身的人才空间分布开始成为十分突出的发展问题，它既是城市发展不平衡不充分的结果，也是城市发展不平衡不充分的原因。

在西方国家，由于迁徙和居住自由，加上历史的传承和工业时代的城市产业布局规划，城市很自然形成了高收入区和低收入区、白领区和蓝领区、种群区、移民区等，形成了城市的居住和聚集空间分异，也形成了难以逾越的城市空间正义不足的阶层性和种群性鸿沟，是西方城市治理的痛点。我国在 20 世纪 80 年代后开始的高速城市化的过程中，在学习西方城市功能区规划和城市扩张的过程中，也出现了中心城市与边缘城市、新开发区与传统小区、新建中央商务区（CBD）和城中村、老旧小区等社区差异，人才分异居住、活动和工作，也形成了城市的发达区、老旧区、高收入区和低收入区，与学区、商铺、基础设施、环境建设、生活服务、就业机遇等等相互形塑，形成城市中的分异空间。中华人民共和国成立初期，户籍制管理使得城乡和城市间的人口流动受限，行政区划使得人才和行政资源流动不易。改革开放后，城市化进程加速，城乡互动频繁，城市群开始崛起，人才引领和促进城市发展的作用开始凸显，人才的空间分布自然就成为一个受到关注的问题。事实上，这不仅仅是人才问题，也是所有的生产和社会发展要素的流通和分布问题。人才是这些发展要素中最重要、最有能动性和引领性的要素。所以，人才的分布是所有要素分配中的首要问题。

另外，中国从传统的农耕社会走来，工业化体系的形成是中华人民共和国成立以后的事情。国家现代化建设的工程技术、文史哲学、经济管理、国际贸易和金融等方面的人才相对稀缺，自然地集中在工业和城市发展水平较高、生活较好的地区，或者人为地圈在一些特定的工业和军事区域内。在城市化、工业化和农业现代化全面展开的现代化建设新时期，在中国高等教育大发展、受过高等教育人才开始在城市集聚、一些高校毕业生的工作收入甚至低于没有受过高等教育的家政护工，而边缘地区、中小城市和乡村地区又人才缺乏的情况下，人才的空间分布问题，或者说人才空间分布的治理问题，就成为一个值得高度关注的新问题。构建良好的人才治理机制，以推动城市和城市群的良性和均衡发展，就成为城市发展现代化和城市群发展合理化的重大治理问题。

二、人才空间治理的相关理论与实践

与城市群相关的人才空间治理理论包括城市群的概念、发展、理论解释，人才的概念、人才管理理论与体制机制，空间治理理论，人才与城市群发展的相关性及其分布现状，以及空间治理理论及其与现代国家治理的关系。找出这些理论与实践的差距，寻找理论的集合与原理的运用，用以指导我国人才体制机制的改革和优化，有十分重要的意义，这既是本研究的核心关注点，也是本书的基本结构（见图 1-1）。

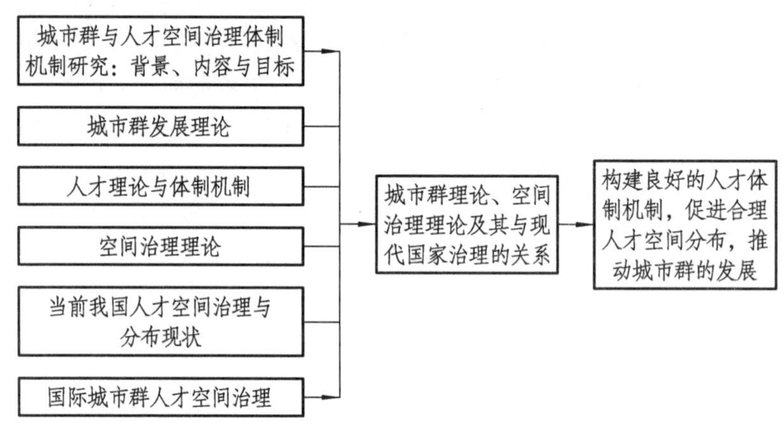

图 1-1　研究框架

三、我国人才治理体制机制与人才空间分布现状

空间治理理论中的一个重要的关注点就是空间正义，[8-9]应用在人才治理与空间布局领域，表达的是社会发展机遇和社会权力结构的空间分布。研究将对哈维（Harvey）的空间治理理论和萨森（Sassen）的空间正义理论进行综述，并根据理论的指导，对各类城市发展与建设人才的分布及其原因进行认真探讨和数据模拟，寻求人才与城市发展之间的关联和互动机理，找出人才与城市发展之间的关系，构架起跨学科、跨区域的城市群人才空间分布的治理框架。

四、国外城市群人才空间治理

本研究还关注国外相对成熟的大城市群，如对美国的波士华城市群（波士顿、华盛顿城市群）、英国大伦敦城市群和日本的东京城市群的人才发展与空间机制进行分析，对这些城市群的城市之间如何协作，城市在吸引人才、容留人才、培养人才、激励人才、流动人才方面的做法进行描述和讨论，探索其经验。

五、构建中国城市群人才发展空间治理的体制机制与对策

本研究将关注我国几个有典型意义的城市群的发展与人才分布的空间关系：（1）人才要素市场是否开放？流动性如何？存在哪些障碍和壁垒？（2）人才的养老保险制度和医疗保险制度的统筹情况。（3）相应的土地资源管理制度现状与人才流动和成就需求。（4）能源消费强度和总量的双控现状与人才能力和分布。（5）生态补偿机制的建设、运行情况与人才分布的关系。（6）城市群协同政策如统一市场、政府间合作、支持社会协同的政策与人才发展和分布的关系。（7）如何构建适合我国现阶段国情，特别是城市群发展的人才空间治理体制机制？如何从客观规律、比较优势、空间治理、民生底线四大方面，促进市场化的人才流动、养老保险统筹、土地使用，促进能源消耗的强度和总量的双控、理顺生态补偿机制和财政转移体系，推动我国人才驱动的城市群发展？

第二章

城市群发展理论

第一节　城市与城市群理论

一、背景：城市群建设是中国城镇化的发展方向

有专家认为，20 世纪后期最重要的两个趋势是城市化和通信技术的推广[10]。在此，我们重点讨论城市化的发展方向。

世界银行数据显示，1950 年，全球城市人口为 7.51 亿，是全球人口的 1/3。只有纽约和东京的人口超过 1 000 万。到 2019 年，全球有 55.71%的人口居住在城市，为 42.74 亿[11]。在不远的将来，城市人口预测将达到 68%以上。并且，世界上 33 个人口超过 1 000 万的城市中有 22 个在亚洲和非洲。据世界银行估算，到 2050 年，全球将会有超过 70%的人口在城市生活[12]。超大城市的发展方式需要改变。

集聚是城市的本质[13]，城市带来了要素生产的规模效应，刺激了生产力水平的急剧提升。到今天，城市已经成为最重要的生活方式和生产方式。有人从统治形态的角度概括人类文明的进程，认为 19 世纪是“帝国的世纪”，20 世纪是“民族国家的世纪”，21 世纪则是“城市的世纪”。[14]

到 2011 年，我国城镇化率首次突破 50%[15]，标志着我国进入城镇化的新时代。但与此同时，城市人口的迅速聚集和城市规模的快速扩张带来了复杂的城市治理问题。这些问题表现在：（1）扩大的城市需要依赖更多外部资源，造成一系列负外部性问题，大城市土地资源短缺、环境承载力不足、交通拥堵严重、居住条件恶化等问题突出，直接影响城市居民生活改善和民生福祉。（2）城市公共事务的复杂性使得传统以政府为主体的管理模式鞭长莫及，这既包括城市居民在享受公共服务的过程中存在不均衡的情况，也包括外来人口处于“半城市化状态”，造成“人的城市化问题困难重重”[16]。（3）城市区域统筹能力不足，城市发展面临更多外部限制：区域内部城市竞争大于合作[17]，同质性扩张大于差异化发展，造成资源争夺加剧；城乡差距逐渐扩大，大量农业转移人口难以融入城市社会；等等。

现代城市的问题已经超越了城市本身的空间范围和行政主体本身。城市治理也需要进行从城市层面到区域层面的“尺度跃升”[18]：一方面，城市功能的复杂性和多样性需要开放更大的城市发展空间，冲破行政区划的藩篱，促进生产要素在更广阔的空间中自由流动和更加有效配置；另一方面，新的地域形态需要新的权力结构和社会关系的组织[19]。因此，科学规划、规模适度、布局合

理的城市群就成为解决现代城市问题、促进城市高质量发展的重要战略性举措。在依次经过城市工业化阶段、集中发展大城市阶段、城乡统筹发展阶段后，我国在“十一五”之后正式推动以国家中心城市为核心的城市群发展战略。我国的区域管理模式也由行政区管理模式、经济区域管理模式转向新区域主义和区域治理模式[20]（见表 2-1）。

表 2-1　中国城市治理过程的五大阶段及其目标转变

阶段	标志性事件	城市治理目标
城市工业化阶段	“一五”计划期间苏联对新中国的援助 1962—1963 年召开的两次城市工作会议	限制发展大城市、合理发展小城市
大城市发展阶段	1978 年 3 月召开第三次全国城市工作会议 1978 年 12 月召开十一届三中全会	开发城市土地、扩大城市数量和规模、促进城市集聚
城乡统筹发展阶段	1998 年 10 月召开十五届三中全会 2002 年 11 月召开中国共产党第十六次全国代表大会	统筹中小城市和乡村发展、促进公共服务均等化
城市群发展阶段	2007 年 10 月召开中国共产党第十七次全国代表大会	推进以国家中心城市为核心的城市群发展战略
区域全面协调发展阶段	2013 年 11 月召开十八届三中全会	促进区域发展的同时弥合区域之间的发展差异

资料来源：赵俊源，何艳玲. 规模红利与公共服务：中国城市治理过程的“双维互构”及其演进[J]. 同济大学学报（社会科学版），2020，31（3）：48-59.

2015 年 12 月，中央城市工作会议指出，“城市工作是一个系统工程”，当前和今后一个时期城市工作要从六个方面着眼：一是尊重城市发展规律；二是统筹空间、规模、产业三大结构，提高城市工作全局性；三是统筹规划、建设、管理三大环节，提高城市工作的系统性；四是统筹改革、科技、文化三大动力，提高城市发展持续性；五是统筹生产、生活、生态三大布局，提高城市发展的宜居性；六是统筹政府、社会、市民三大主体，提高各方推动城市发展的积极性[21]。这标志着我国的城市发展和城市治理不再停留在以建设促发展的阶段，而是考虑以更高水平的区域协调改善城市治理。

二、城市群的概念：理论发展

（一）城市区域和城市群

由单个城市发展为多个城市连片的城市区域是城市化进入高级阶段的产物。欧美学者率先发现这一空间现象。在美国，城市区域是一种新的统计区形态。1910 年，美国人口普查局（the United States Census Bureau）提出了大都市区（Metropolitan District）的概念：一个大都市区必须至少有一个人口不少于 20 万的核心城市，并规定了距离核心城市 10 千米半径内最小行政单位的人口密度必须在每平方英里（1 英里 ≈ 1.6 千米）150 至 200 人。1949 年美国机构协调委员会（Interagency Committee）定义了“标准都市区”（Standard Metropolitan Areas, SMA）的概念，即一个较大的人口中心及与其具有高度社会经济联系的邻接地区的组合，常常以县作为基本单元[22]。随后，美国先后建立了一系列与都市区界定相关的指标体系。2000 年，美国人口普查局简化了原有的指标体系，将“基于核心的统计区域”（Core-Based Statistic Area）定义为至少具有一个人口不少于 5 万的城市化地区或者人口不少于 1 万的城市集群[23]。

1957 年，地理学家戈特曼（Gottmann）发表研究报告《大城市连绵区：美国东北海岸地区的城市化》（“Megalopolis：Or the Urbanization of the Northeast Seaboard of the United States”），首次从理论上定义了“大城市连绵区”的特征。他研究了包括波士顿、纽约、普罗维登斯、哈特福德、纽黑文、费城、巴尔的摩和华盛顿等特大城市在内的“波士顿-华盛顿走廊”（BosWash corridor），并提出大城市群必须满足以下条件：（1）具有与其周边地区保持密切社会经济联系的密集分布的城市；（2）至少有 2 500 万人口，人口密度不少于每平方千米 250 人；（3）具有高度发达和高效的城市基础设施（特别是交通和通信系统），以加强核心城市间内在的互联性；（4）是国家的中心区域之一，并具有国际影响力[24]。进一步，戈特曼指出：逐渐与邻近城区相融合的特大城市将成为未来城市化的发展趋势。

第二次世界大战后，发达国家的主要城市相继出现上述城市区域现象，如英国学者霍尔观察到的“巨型城市区域”（Mega-City Region），美国学者斯科特的“全球城市区域”（Global City-Region），美国学者佛罗里的“巨型区域”（Mega-Region）[25]。概括起来讲，西方学者对这种连片城市形成的地带并没有统一的名称来概括，但都有与一个以核心大城市为主导、大中小城市并存的自律性层级体系并存的三个特性：一是由多个核心城市构成的大规模城市群或带，存在着紧密的内在联系；二是存在着大规模的网状化交通走廊；三是城市群内城市间经济活动的分工合作，即同时具有人口、经济、交通三要素[26]。《牛津地理学词典》的定义是：任何超过 1 000 万居民，通常由低密度的定居和复杂的经济专门化网络所支配的，具有众多中心、多个城市的城市区域[27]。

从全球范围看，美国的波士华城市群和五大湖城市群、日本的太平洋沿岸城市群、欧洲西北部城市群都是世界级的城市群，在成为地区经济增长极的同时吸引全球的要素集聚。目前，世界城市群已经具有了新的动态发展特征：（1）大城市群的空间范围、人口和经济规模不断扩大；（2）土地稀缺性刺激城市持续集聚；（3）城市群的发展高度依赖于大规模的网状化交通走廊；（4）大城市群存在动态调整机制，集中表现为追赶效应；（5）大城市群内城市之间随着规模与距离的变化会形成不同的产业结构；（6）城市群的发展高度依赖基础设施和公共服务的空间均等化；（7）人力资本密集度决定了城市间经济发展的差异[28]。

（二）中国引进城市群概念

20 世纪末，随着改革开放带来的城市经济腾飞，学者们需要用新的理论来概括城市发展的新阶段，以地理学家为代表的我国学者开始系统地将西方各种类型的城市区域概念引入国内。宁越敏首次将 megalopolis 一词引入国内，译作“巨大城市带”[29]，周一星将我国的城镇密集地区称为“都市连绵带”[30]。姚士谋正式提出“城市群”的概念[31]，并将我国已经形成的城市群划分为三种层级：一是以国家级大都市为中心的国家城市群；二是以区域性大都市为中心的地区城市群；三是以地方为中心组织起来的日常城市群。

中国的城市群研究关注不论何种规模的城市，在空间单元上形成的集聚趋势，强调从经济效应的角度理解城市之间形成的新的空间关系[32]。总的来说，国内学者所研究的“城市群”具有如下特征：一是要有相当数量的城市；二是以一个以上的大都市作为区域核心；三是城市之间经济联系比较密切，逐渐成为城市集合体[33]。亦有学者尝试从人口规模、空间距离、经济联系等角度确定统计指标，量化地定义城市群的空间范围（见表 2-2）。

表 2-2　研究者提出的城市群空间范围确定的 10 个标准

1. 城市群内都市圈或大城市数量不少于 3 个，其中作为核心城市的超大城市（市区常住人口大于 1 000 万人）或特大城市（市区常住人口为 500 万～1 000 万人）至少有 1 个
2. 城市群内人口总规模不低于 2 000 万人
3. 城市群内城镇化水平大于 60%

续表

4. 城市群人均 GDP 超过 10 000 美元，工业化程度较高，一般处于工业化中后期
5. 城市群经济密度大于 1 500 万元/平方千米
6. 城市群内形成高度发达的综合运输通道和半小时、1 小时、2 小时经济圈
7. 城市群非农产业产值比率超过 70%
8. 城市群内核心城市 GDP 中心度大于 45%，具有跨省的城市功能
9. 城市群的经济外向度大于 30%，承担着世界经济重心转移承载地的功能
10. 城市群内各城市的地域文化认同感大于 70%，具有相似的地理环境和地域文化环境

资料来源：范恒山，肖金成，方创琳，等. 城市群发展：新特点新思路新方向[J]. 区域经济评论，2017（5）：1-25.

我国在 2006 年颁布的“十一五”规划纲要中第一次提出“城市群”，但也并未对城市群的概念做出明确定义，为实践中的规划留足了政策空间。在我国的政策文本中，城市群是一种“推进城镇化的主体形态”，与之相关的概念还有城市地区（带）、城镇群、都市圈。“十一五”规划纲要中认定的已经发育成熟的城市群是环渤海、长三角、珠三角三个特大城市群。之后，我国又相继规划发展了哈长、江淮、海峡西岸、中原、长江中游、北部湾、成渝、关中—天水等重点地区，促进形成若干新的大城市群和区域性城市群[34]。2014 年，《国家新型城镇化规划（2014—2020 年）》确定 21 个城市群[35]，正式为我国重点发展的城市群“画了一个圈”。这 21 个城市群具有以下特征：一是该区域内已有具备相当发展基础的城市化地区；二是包括一个以上的省会城市；三是规划目的性强，体现东中西部分布的广泛性，突出西北、西南边疆地区城市发展的战略意义。

三、城市群治理理论

（一）城市群治理与区域发展

城市群是区域发展的引擎。通过缩短城市之间的地理距离，城市群可以促进区域一体化，从而发挥城市生产要素的规模效应，产生集聚红利。

众多学者考察了地理距离对地区经济表现的影响。地理邻近性可以降低信息成本和运输成本，促进隐性知识的流动，提高劳动力的供需匹配度，从而推动经济增长[36]。藤田诚（M. Fujita）和克鲁格曼（P. Krugman）考察了大地理范围内区域集聚的溢出效应，即经济总量规模大的地区对其周边地区的经济发展的正向影响[37-38]。克鲁格曼指出，现有城市的规模越大，就越有可能吸引新的城市布局在现有城市附近[39]。汉森（G. Hanson）探索了劳动力需求在空间上的延伸效应，他发现一个地区的工资水平波动会影响邻近地区的工资和就业[40]。潘文卿分析了我国人均 GDP 的空间分布格局与特征，并引入市场潜能变量来考察区域经济发展的空间溢出效应，发现我国 31 个省区市间存在全域性的空间集聚效应，且区域发展的空间溢出效应显著影响我国各地区的经济增长，该效应随着地理距离的增大而减小[41]。

区域一体化水平不仅会影响经济活动的空间分布，还会影响中心城市对周边地区的辐射效应。研究发现，随着区域一体化推进，经济活动的空间分布会经历由向中心城市集聚到向城市群集聚再到向偏远地区扩散的过程，因此，区域一体化有利于减少偏远地区在区位上的劣势并提高其禀赋优势对地方发展的相对作用[42]。此外，城市群可以通过交通网络连接彼此的经济系统和自然生态资源，以更为高效的方式重新进行生产要素的分配[43]。

因此，城市群治理的目标就是通过整合政府、企业、个人、社会的力量，打通要素在行政区之间流通的障碍，激发各主体合作动力，应对单一城市难以解决的城市治理难题，促进经济发展，提高行政区管理水平和社会公共品提供能力。

围绕“如何组织区域内的各行政主体和行动者”这一城市群治理的主要问题，西方研究者形成了三种方案选择[44-45]：一是传统区域主义，即将政府视为绝对且唯一的治理主体，通过合并、兼并的方式建立统一的大都市区政府，以美国的“市县合并”、法国的“市（镇）联合体”[46]为代表；二是多中心治理，这一派认为，应该保留城市政府的“碎片化”，在“用脚投票”机制的作用下[47]，通过城市政府的竞争提升城市治理效果[48]；三是新区域主义，关注市政府、多层级的政府代理机构以及私人服务提供者之间的合作和网络关系[49]，促进多方参与。

我国学者认为，城市群的发展是一个动态过程，不同阶段存在不同动力机制[50]，因此不同主体的角色在城市群发展的不同阶段理应有所侧重[51]。在城市群发展初期，由于产业集聚带来的经济驱动是这一阶段的主要动力机制[52]，中心城市对周边区域的要素产生强大吸引力，从而成为城市地区的增长极，促进各主体自由发展。在城市群发展中期，要素突破行政区界限的流动需求与行政区经济格局划分之间的矛盾开始显现，因此，这一阶段城市群发展的主要动力演变为各种克服行政区经济格局划分的制度局限的改革诉求[53]，这些改革要求政府通过相互合作等制度安排为经济要素的自由流动扫清障碍。当城市群发展进入成熟期，跨行政边界的经济社会活动愈加频繁，行政区划和城市群范围也进入频繁调整期，这一时期，围绕各种跨边界治理问题的“需求导向”成为城市群发展的主要动力机制，政府和市场的互动成为这一阶段的主要治理手段，二者力图将城市群打造成为助力区域崛起的“飞地”[54]。在城市群发展的高级阶段——一体化阶段，城市群内部的各行政区不断拓展在政治、法律、文化、社会等各方面的互动，传统意义上最具地方属性的公共品供给也开始突破行政区界限，在“公共品供给导向”下依托数据技术手段为城市群治理提供新动能[55]。这就要求在政府的制度设计下，高度融合市场、社会、个人的力量，充分形成城市群内部的利益共同体。由此，我国的城市群治理逐步形成以经济动力、行政动力、需求动力、公共品供给动力和数据技术为驱动，兼有多中心、嵌套模式和自主治理的“复合行政”模式[56]（见图 2-1）。

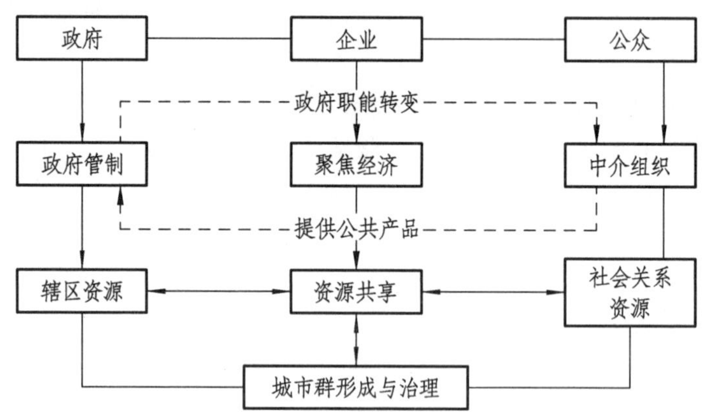

图 2-1　多元主体作用下的城市群治理框架

（资料来源：王玉海，宋逸群. 共享与共治：中国城市群协同治理体系建构[J]. 开发研究，2017（6）：1-6.）

（二）我国城市群的发展状况

1. 发展历程和目标

2006 年，国家“十一五”规划纲要中提出：“要把城市群作为推进城镇化的主体形态，逐步形成以沿海及京广京哈线为纵轴，长江及陇海线为横轴，若干城市群为主体，其他城市和小城镇点状分布，永久耕地和生态功能区相间隔，高效协调可持续的城镇化空间格局。”2010 年，国家“十二五”规划进一步提出：“完善城市化布局和形态。按照统筹规划、合理布局、完善功能、以大带小的原则，遵循城市发展客观规律，以大城市为依托，以中小城市为重点，逐步形成辐射作用大的城市群，促进大中小城市和小城镇协调发展。”自 2015 年开始，我国以长三角、珠三角等传统城市地带和中部城市群、成渝城市群等重点发展地区为基础，启动国家级城市群发展规划，截至 2019 年共批复 10 个国家级城市群（见表 2-3 和图 2-2）。

表 2-3 “十三五”规划确定的国家级城市群发展概况

名称	批复时间	文件	功能定位
长江中游城市群	2015 年	《国务院关于长江中游城市群发展规划的批复》 《国家发展改革委关于印发长江中游城市群发展规划的通知》	长江经济带重要支撑、全国经济新增长极和具有一定国际影响力的城市群
哈长城市群	2016 年	《国务院关于哈长城市群发展规划的批复》 《国家发展改革委关于印发哈长城市群发展规划的通知》	具有重要影响力和竞争力、宜居宜业的绿色城市群
成渝城市群	2016 年	《国务院关于成渝城市群发展规划的批复》 《国家发展改革委关于印发成渝城市群发展规划的通知》	探索新型城镇化和农业现代化互促共进的新路径，推进西部大开发和长江经济带建设等重大战略契合互动，释放中西部地区巨大内需潜力
长江三角洲城市群	2016 年	《国务院关于长江三角洲城市群发展规划的批复》 《国家发展改革委关于印发长江三角洲城市群发展规划的通知》 中共中央、国务院印发的《长江三角洲区域一体化发展规划纲要》	具有全球影响力的世界级城市群

续表

名称	批复时间	文件	功能定位
中原城市群	2016 年	《国务院关于中原城市群发展规划的批复》 《国家发展改革委关于印发中原城市群发展规划的通知》	经济发展新增长极、重要的先进制造业和现代服务业基地、中西部地区创新创业先行区、内陆地区双向开放新高地和绿色生态发展示范区
北部湾城市群	2017 年	《国务院关于北部湾城市群发展规划的批复》 《国家发展改革委关于印发北部湾城市群发展规划的通知》	生态环境优美、经济充满活力、生活品质优良的蓝色海湾城市群
关中平原城市群	2018 年	《国务院关于关中平原城市群发展规划的批复》 《国家发展改革委关于印发关中平原城市群发展规划的通知》	具有国际影响力的国家级城市群、内陆改革开放新高地
呼包鄂榆城市群	2018 年	《国务院关于呼包鄂榆城市群发展规划的批复》 《国家发展改革委关于印发呼包鄂榆城市群发展规划的通知》	中西部地区具有重要影响力的城市群
兰西城市群	2018 年	《国务院关于兰州—西宁城市群发展规划的批复》 《国家发展改革委关于印发兰州—西宁城市群发展规划的通知》	支撑国土安全和生态安全格局、维护西北地区繁荣稳定的重要城市群
粤港澳大湾区	2019 年	中共中央、国务院印发的《粤港澳大湾区发展规划纲要》	充满活力的世界级城市群、具有全球影响力的国际科技创新中心、“一带一路”建设的重要支撑、内地与港澳深度合作示范区、宜居宜业宜游的优质生活圈

资料来源：作者整理。

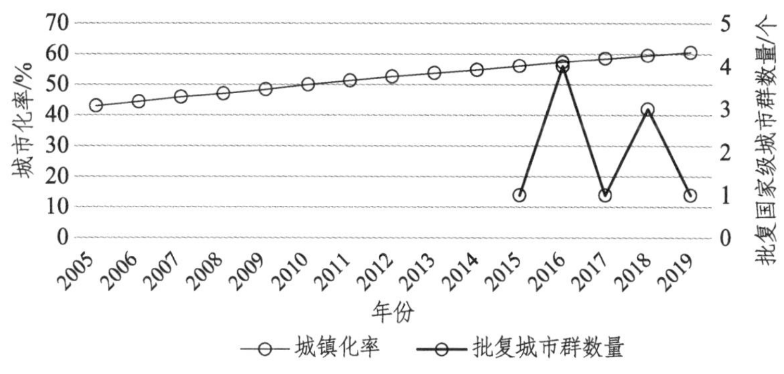

图 2-2　我国城镇化率及国家级城市群建立情况

（数据来源：国家统计局，作者自绘）

总的来说，我国对于城市群的发展目标设定有以下考量：一是把城市群作为推进城镇化的主体形态，发展城市群是城市化进入新阶段的应对之策；二是重点发展以特大城市为核心的城市群，作为增强我国城市国际竞争力的载体；三是以国家级城市群规划为指引，发展壮大中西部地区中心城市，发挥区域带动作用；四是制定分级分类的城市群发展规划，共同服务于我国城镇化发展这个大局（见表 2-4）。

表 2-4　我国关于城市群发展的中央层面文件

年份	文件	内容
2005 年	《中共中央关于制定国民经济和社会发展第十一个五年规划的建议》	“有条件的区域，以特大城市和大城市为龙头，通过统筹规划，形成若干用地少、就业多、要素集聚能力强、人口分布合理的新城市群。”
2006 年	《中华人民共和国国民经济和社会发展第十一个五年规划纲要》	首次提出“要把城市群作为推进城镇化的主体形态”
2010 年	《中共中央关于制定国民经济和社会发展第十二个五年规划的建议》	“完善城市化布局和形态。按照统筹规划、合理布局、完善功能、以大带小的原则，遵循城市发展客观规律，以大城市为依托，以中小城市为重点，逐步形成辐射作用大的城市群，促进大中小城市和小城镇协调发展。”

续表

年份	文件	内容
2011 年	《中华人民共和国国民经济和社会发展第十二个五年规划纲要》	“在东部地区逐步打造更具国际竞争力的城市群，在中西部有条件的地区培育壮大若干城市群。”
2014 年	《国家新型城镇化规划（2014—2020 年）》	“以城市群为主体形态，推动大中小城市和小城镇协调发展。”“城市群是支撑全国经济增长、促进区域协调发展、参与国际竞争合作的重要平台。”
2015 年	《中共中央关于制定国民经济和社会发展第十三个五年规划的建议》	“发挥城市群辐射带动作用，优化发展京津冀、长三角、珠三角三大城市群，形成东北地区、中原地区、长江中游、成渝地区、关中平原等城市群。”
2015 年	中央城市工作会议上的讲话	“要以城市群为主体形态，科学规划城市空间布局，实现紧凑集约、高效绿色发展。要优化提升东部城市群，在中西部地区培育发展一批城市群。”
2016 年	《中华人民共和国国民经济和社会发展第十三个五年规划纲要》	“以城市群为主体形态，推动大中小城市和小城镇协调发展。”
2017 年	十九大报告	“以城市群为主体构建大中小城市和小城镇协调发展的城镇格局，加快农业转移人口市民化。”
2018 年	《国家发展改革委关于实施 2018 年推进新型城镇化建设重点任务的通知》	“全面实施城市群规划。编制实施粤港澳大湾区发展规划，印发实施关中平原、兰州—西宁、呼包鄂榆等跨省区城市群规划，加快实施长三角、长江中游、成渝、中原、哈长、北部湾等城市群规划，指导省级行政区内城市群规划编制实施。建立城市群协同发展机制及配套政策，强化规划编制、产业布局、基础设施、公共服务、生态环保等重点领域合作，促进城市群内大中小城市和小城镇网络化发展。”

续表

年份	文件	内容
2018年	《中共中央 国务院关于建立更加有效的区域协调发展新机制的意见》	“以京津冀城市群、长三角城市群、粤港澳大湾区、成渝城市群、长江中游城市群、中原城市群、关中平原城市群等城市群推动国家重大区域战略融合发展，建立以中心城市引领城市群发展、城市群带动区域发展新模式，推动区域板块之间融合互动发展。” “加强城市群内部城市间的紧密合作，推动城市间产业分工、基础设施、公共服务、环境治理、对外开放、改革创新等协调联动。”
2019年	国家发展改革委印发的《2019年新型城镇化建设重点任务》	“深入推进城市群发展。有序实施城市群发展规划。加快京津冀协同发展、长江三角洲区域一体化发展、粤港澳大湾区建设。扎实开展成渝城市群发展规划实施情况跟踪评估，研究提出支持成渝城市群高质量发展的政策举措，培育形成新的重要增长极。有序推动哈长、长江中游、北部湾、中原、关中平原、兰州—西宁、呼包鄂榆等城市群发展规划实施，建立健全城市群协调协商机制。加快出台实施天山北坡、滇中两个边疆城市群发展规划。指导省内城市群有序发展，提高一体化建设水平。”
2020年	《中共中央关于制定国民经济和社会发展第十四个五年规划和二〇三五年远景目标的建议》	“优化行政区划设置，发挥中心城市和城市群带动作用，建设现代化都市圈。”
2021年	《中华人民共和国国民经济和社会发展第十四个五年规划和2035年远景目标纲要》	“坚持走中国特色新型城镇化道路，深入推进以人为核心的新型城镇化战略，以城市群、都市圈为依托促进大中小城市和小城镇协调联动、特色化发展，使更多人民群众享有更高品质的城市生活。” “发展壮大城市群和都市圈，分类引导大中小城市发展方向和建设重点，形成疏密有致、分工协作、功能完善的城镇化空间格局。”

资料来源：作者整理。

2. 发展现状和问题

城市群作为我国城镇化发展的高级阶段，在提升地区经济发展效益、促进区域协调发展方面发挥了重要作用。以长三角、珠三角为代表的以特大城市为核心的城市群在政府间合作、要素互通方面做出了卓有实效的制度尝试，为我国城市群整体发展提供了指针。就目前而言，我国城市群发展还呈现整体质量不高、发展协调性较弱的问题，具体来说：

一是城市群之间发展差异大，城市群内部发展协调性差。《国家新型城镇化规划（2014—2020年）》就指出，当前我国城镇空间分布和规模结构不合理，与资源环境承载能力不匹配：东部一些城镇密集地区资源环境约束趋紧，中西部资源环境承载能力较强地区城镇化潜力还未得到充分发挥；部分特大城市主城区人口压力偏大，中小城市集聚产业和人口不足，潜力没有得到充分发挥；小城镇数量多、规模小、服务功能弱[57]。表2-5进一步说明了这一问题：长三角、珠三角（粤港澳）、京津冀等特大型城市群经济和人口规模体量大、特大城市数量多，不仅是区域的经济增长极，也吸引着全国范围内的要素流入。呼包鄂榆、晋中、滇中等中西部一般等级城市群，本身缺乏特大城市的带动，城市群内部城市间要素竞争、发展竞争突出，难以有效发挥城市群的整体规模效应。

表2-5　我国国家级城市群统计指标

等级	城市群	人口/万人	城市群GDP/万亿元	人均GDP/万元	地均GDP/（万元/平方千米）	城市数/个	特大城市数/个
特大	长三角	9 062	11.3	12.4	16 187	27	4
	粤港澳	6 114	9.8	16.0	35 197	11	5
	京津冀	5 447	5.8	10.7	12 671	10	2
较大	长江中游	4 751	4.5	9.4	7 563	31	1
	成渝	5 736	3.9	6.8	5 269	16	2
	海峡西岸	3 386	2.5	7.4	5 834	20	1
	山东半岛	2 386	2.9	12.3	10 119	8	2
	中原	2 151	1.3	6.2	9 350	14	1
	哈长	2 200	1.6	7.2	3 923	11	2
	辽中南	1 982	1.5	7.8	7 837	10	1
	关中平原	1 657	1.1	6.7	4 054	11	1

续表

等级	城市群	人口/万人	城市群 GDP/万亿元	人均 GDP/万元	地均 GDP/（万元/平方千米）	城市数/个	特大城市数/个
一般	北部湾	1 732	1.1	6.6	3 028	12	0
	呼包鄂榆	508	0.6	12.0	4 155	4	0
	宁夏沿黄	275	0.2	6.7	1 467	4	0
	天山北坡	675	0.5	7.5	366	9	0
	晋中	590	0.4	6.9	6 005	5	0
	滇中	739	0.6	8.1	3 821	5	0
	黔中	875	0.5	5.8	3 207	6	0
	兰西	535	0.4	6.9	2 853	6	0

资料来源：郭锐，孙勇，樊杰．“十四五”时期中国城市群分类治理的政策[J]．中国科学院院刊，2020，35（7）：844-854.

二是城市群经济效应尚未充分发挥，人口、产业、资源协调程度欠佳。城市群核心区域的人口聚集程度高，城市群对人口吸纳能力不断增强，且城市群新增人口的增速高于非城市群[58]。在我国三大城市群中，按照流入人口规模排序，珠三角为首，长三角其次，京津冀最后。此外，我国不同城市群对人口的吸引力存在较大差距，东部城市群已成为人口流动的主要目的地。不同中心城市对城市群整体的经济影响也不同，北京作为京津冀城市群的中心城市，未能很好地带动周边区域的经济增长，而长三角城市圈和珠三角城市圈地区的中心城市则能对周边区域产生较大辐射效应[59]。针对长三角城市群产业、人口与空间发展协调程度的研究发现，从时序上看，长三角城市群发展的演进过程经历了以产业为主导、以空间为主导到产业、空间与人口系统发展失调三个阶段；从空间上看，长三角城市群的空间发展格局由以上海为中心逐步演进成以上海为轴心、南京和杭州为两翼的高水平协调发展三角区域，但是由于空间扩张过快，长三角地区不同城市均存在着产业和人口发展滞后于空间发展的问题[60]。通过比较人口聚集度和产业结构，发现由于第三产业落后，长三角城市群核心城市的人口集聚密度不及东京城市群和首尔城市群；为了提升长三角地区的经济竞争力，应该优化产业结构，改善不合理的人口聚集度[61]。

三是城市群内部公共资源分布不均衡，基于城市群的治理能力相对滞后，行政区经济现象仍然突出[62]。

（三）“十四五”中国城市群发展展望

2021 年 3 月公布的《中华人民共和国国民经济和社会发展第十四个五年规划和 2035 年远景目标纲要》（简称“十四五”规划）站在新的起点确定我国城市群的发展方向是：“坚持走中国特色新型城镇化道路，深入推进以人为核心的新型城镇化战略，以城市群、都市圈为依托促进大中小城市和小城镇协调联动、特色化发展，使更多人民群众享有更高品质的城市生活”；“发展壮大城市群和都市圈，分类引导大中小城市发展方向和建设重点，形成疏密有致、分工协作、功能完善的城镇化空间格局”。对于城市群的空间布局，“十四五”规划确定：“以促进城市群发展为抓手，全面形成‘两横三纵’城镇化战略格局。优化提升京津冀、长三角、珠三角、成渝、长江中游等城市群，发展壮大山东半岛、粤闽浙沿海、中原、关中平原、北部湾等城市群，培育发展哈长、辽中南、山西中部、黔中、滇中、呼包鄂榆、兰州—西宁、宁夏沿黄、天山北坡等城市群。建立健全城市群一体化协调发展机制和成本共担、利益共享机制，统筹推进基础设施协调布局、产业分工协作、公共服务共享、生态共建环境共治。优化城市群内部空间结构，构筑生态和安全屏障，形成多中心、多层级、多节点的网络型城市群。”[63]

“十四五”规划对城市群的定位更加强调城市群本身的发展质量和治理能力。这一方面提示未来中国的城市群是“生态绿色、功能智慧、创新创业、人文丰富、空间紧凑”[64]的新型城市地域，另一方面也要求创新城市群行政管理体制，构建和完善城市群行政管理的体制机制[65]。对此，有学者提出我国城市群未来发展方向：一是探索更具弹性的城市群地域性空间治理机制，促进城市群治理的空间结构优化；二是构建城市群多层次治理体系，推动制度化的集体行动；三是建立和完善制度化合作机制，塑造相互依赖的市场网络和城市网络；四是构建城市群社会治理联动机制，培育共建共治的城市群社会网络；五是构建城市群层面的基础设施规划体系和公私合作机制（Public Private Partnership，PPP），建设互联互通的基础设施网络；六是创新城市群公共服务机制，构建一体化的城市群公共服务网络；七是构建城市群智慧治理体系，筑造共享的城市群数字化网络[66]。

第二节　协同治理与智慧治理理论

一、协同治理理论

“协同”（collaboration）和“治理”（governance）是 20 世纪 90 年代相继引

起关注的两个重要概念。20 世纪末的公共管理学者在日益复杂的公共管理事务中，面对政府部门与其他私人部门日益紧密的联系，开始思考社会事务如何减少政府介入，政府的不同部门和政府与企业、社会如何合作，有否新的公共管理范式[67-72]等问题。他们提出了基于网络的协同治理理念，强调网络中主体的多样性和对公共事务的共治参与。“治理”强调多主体合作，“协同”则关注不同主体之间的连线和合作关系的实现。正像农业时代、工业时代分别出现了等级制和官僚制一样，社会变革的信息时代，也正在出现一种新的、跨越组织边界和功能的基于网络的协同公共管理机制[73]。

（一）协同治理的定义

林（Ling）和汤姆（Tom）对协同公共管理的实践进行了归纳，认为最佳的“协同政府”模式是以实现政府治理目标为目的、对不同组织实施组合并促进这些组织有效沟通与合作的各类方式的总称[74-75]。

奥利里（O’Leary，R.）、杰拉德（Gerard，C.）、宾曼（Bingham，L.）认为协同管理（collaborative public management）是在多组织安排中运作的过程，以解决单个组织无法解决或容易解决的问题。协同意味着共同劳动，合作为的是实现共同目标，运行过程需要在多部门间跨越边界，基础必须是能够互惠。也就是说，当需要跨越行政边界合作行动时，需要有利益驱动和互惠的价值来激励不同部门的成员的参与[76]。

布赖森（Bryson）等强调跨部门协同中的协同部门应该包括政府、商业、非营利以及慈善机构、社区和整个与公共相关的部门，将跨部门合作定义为两个或多个部门中的组织将信息、资源、活动和能力结合起来或共享，以共同实现单个部门无法单独实现的结果[77]。

麦奎尔（McGuire）[78]在已有文献的基础上，综合曼德尔（Mandell）和斯蒂尔曼（Steelman）等的研究，认为协同情景（collaborative context）可以分为四种类型：一是间歇性协作（intermittent coordination），即两个或两个以上的组织针对某项政策或程序的互相适应和协调，完成合作。这是一种很低层次的互动。二是临时工作任务组团（temporary task force），根据某种特定任务建立工作组，资源共享限制在一定的范围内，目标达成后解散。三是长期性或常规性协作（permanent or regular coordination），即多个组织通过正式的安排为达成某项具体的目标而一起从事特定的活动，资源交换程度最深。四是联盟和网络结构（coalitions and network structures），这也是混合程度最高的一种协同安排。因佩里亚尔（Imperial）将协作视为一种特殊类型的网络关系[79]，是相互依赖的结构，涉及多个组织，表现出一定程度的结构稳定性，但也同时包括正式和非正式的联系或关系[80]。这种关系可以包括交流和传递信息，或商品、服务、资源的交换，也可能涉及发展共同规范原则和期望目标[81]。不同类型的网络关系对协作的效果是至关重要的[82-83]。网络的分析单元包括组织之间的关系、为有限目的或共同参与的活动形成临时或永久联盟的行动团体和行动。组织间网络是不同关系连接的所有组织的整体，通常以工作的领域为边界，如一定的政策区域、服务类型或地理区域[84]。

布赖森等认为实现协同治理的条件包括相互间的历史互动和参与者之间的信任；有紧迫感，有相互依存和未来互动的共同意识；有明确的权限匹配；有愿意支付集体活动费用的企业家或召集人[85-86]。卡利斯（Kallis）、凯巴斯基（Kiparsky）、诺加德（Norgaard）通过对加利福尼亚州水域治理的研究，提出协同治理的基本条件包括：有一个不能够通过传统手段解决的问题僵局；有相对平衡的法律、经济、政治权力；有已存的社会资本和社会网络；有可以提出新的解决方法并拥有资源和专业知识的利益相关者；是政治任务，有压力和支持；已存在或有机会获得额外的财务资源[87-88]。但即使具备了上述条件，也并不一定能够实现有效率或成功的协作，还需要一系列实现有效协作的重要程序属性，例如：存在共享的实际任务；有初步协议；依靠自我组织而不是外部结构；能使用高质量的、商定的信息源；能在获得压倒性支持的情况下继续达成协议；有流程的外部合法性；有平衡参与者之间权力差异的资源和承诺；能持续地建立信任活动，并能真正参与富有成效的对话[89]。

登格勒（Dengler）对大沼泽地的研究还证明了在协作过程中，超级代理人（super-agents）存在的重要性[90]，他在多个组织中担任领导角色，凭借其人脉关系，将协作过程中产生的知识以及所需的资源传达给有能力的部门领导人，并对协作提供资助和授权。

吉拉特（Guilarte）、马林（Marin）、梅恩茨（Mayntz）将网络作为分层管理的一种形式，其典型逻辑是针对共同产品的实现进行谈判[91]，如“特定的技术创新、城市规划、集体行动战略或公共政策问题的解决方案”。这种谈判通常是在复杂的人际和组织网络形式的背景下将参与谈判的人员聚集在一起进行的。谈判成功的关键是降低“噪声”，也就是说，通过努力增强对各方的理性、身份和利益的敏感与理解，增强互信。一旦达成协议，便有了对活动进行协调的基础。

埃默森（Emerson）、娜芭齐（Nabatchi）、巴洛格（Balogh）将协作治理定义为公共政策决策和管理的过程与结构，这些过程与结构可以使人们跨公共机构、政府级别和/或公共、私营和民间领域而建设性地参与活动，以实现不参与就无法实现的公共目的[92]。这一定义扩大了协作治理在公共管理领域的分析范围，适用于区分不同种类、不同部门之间的协作分析。

刘亚平将网络化治理、跨部门协作、协同政府、跨域治理等概念并称为协作性公共管理，认为这是一种在多样化组织中的运作过程，能解决在单一组织中不能解决或不容易解决的问题[93]。“协作”的关键在于参与各方能够看到问题的不同层面，建设性地利用他们的差异寻求解决方法，“协作”是一个动态的过程，是利益相关人为他们的共同未来承担决策责任的正式或非正式协商的过程。协作性公共管理是一种基于组织间相互信任、共同依赖性、共同价值理念基础上的由内而外的管理。

吕志奎和孟庆国认为协作性公共管理包含五个维度[94]：一是建立在互惠价值基础上的协作过程，体现出资源交换与共享的特点；二是协作型组织进行协同工作，最大限度地清除损害彼此利益的边界和不同政策，建立跨部门协作网络，将某一特定政策领域或网络中的不同利益相关者组织在一起，实现协同效应；三是跨地区、跨组织协同工作的新的协作方式，通过共同的领导、预算、整合结构和联合团队，以及资源整合和政策整合进行协同，更有效地利用稀缺资源；四是提供公共服务的新方式，通过联合咨询和参与、共享客户关注点、共享顾客界面，为公民和整个社会或社会局部提供无缝隙、整体化而非碎片化的公共服务；五是新的公共责任和动机，通过共同的结果目标、绩效指标和规制监管推进协同。

安塞尔（Ansell）对 20 世纪末以来关于“协同治理”的讨论进行了系统综述，他认为，协同治理（collaborative governance）是指将公共机构和非公共部门的利益相关者统一到公共论坛中，以正式、协商一致的原则制定或实施公共政策或管理公共财产[95]。

为将协同治理落实到公共管理的各个部门中，费洛克（Feiock）提出了地方政府跨行政区的制度性集体行动理论（Institutional Collective Action，ICA）。地方政府为减少跨界治理中的交易成本（transaction），会考虑寻求合作，提供供给地区公共品的解决方案，协调将外部成本内部化，在签订契约、形成制度的形式下达成长期、稳定的集体行动[96-97]。协同过程中的交易成本包括：决策选择的信息成本、为达成一致的谈判成本、外部决策成本和执行成本[98]。达成制度性集体行动目标是一个博弈和平衡的过程，制度框架的层级、合作各方行政等级、经济发展状况的异质性程度、参与者数量[99]均是重要考量。在非正式合作中，高异质性会增加交易成本，使得合作各方倾向于推举或接纳一方作为权威[100]，形成“领导型网络治理”结构。

（二）协同理论对现有公共管理的挑战

与传统的立法行政技术相比，宏观经济与微观经济中网络化管理的兴起使得公私伙伴关系和其他形式的等级制度更加相关，管理方法也从“凯恩斯福利国家”转变为以国际竞争力、创新、灵活性和“企业文化”为导向的复杂谈判方法。凯恩斯主义体系中的主要协调手段是市场和国家。它们是“混合经济”，大企业、大劳力和大州经常在国家或地区一级进行三方合作。在新兴的熊彼特式的制度中[101]，市场、民族国家、企业等多边和多层次的“谈判经济”正在逐渐兴起，并对公共管理提出挑战。无论是从概念，还是从理论范式，协同理论都正在挑战官僚制基础上的政府管理理论。协同理论的学者们普遍认为协同理论强调参与主体的平等地位、谈判过程、资源与利益的运用，区别于官僚制层级的关系，是更为扁平化的关系，这种关系受到更多层级以外的市场、社会资本的影响。

第一，政府的角色和地位在新型的管理方式中发生变化。随着外包、公司合作伙伴等举措的采用，“没有政府的治理”的讨论逐渐在欧洲和美国开展。事实上，在网络治理框架中，政府并不是像一部分人所认为的“无能为力”，只是其控制方式由直接控制转变为间接地影响。在网络中，政府作为一个行为者与其他网络中的主体处于平等地位、进行讨价还价，不能依赖以往既有的权威来强制其他参与者的服从[102]。在新治理模式中，政府是网络的一部分，并且在资源上被认为是相互依赖的[103]。

网络治理的兴起导致公私部门之间的界限越发模糊，公私部门之间或多或少的关系使得两部门可以在自己的界限内使用可利用的资源，在某些情况下，公私部门会模糊成为一个独立的组织，非政府组织等混合组织在网络中产生，政治领导者的一个关键责任是网络的发展以及公共和私人资源的汇聚[104]，公共机构作为公共利益的表达者，可以并且应该在跨部门资源动员和行动中发挥主导作用，但是在不同的治理模型之下，公共机构的主导作用也不尽相同。在协同治理的模式下，政府等公共机构是否真正处于主导的地位，值得思考。

正如前文中已论述的那样，政府作为协同过程中的一个行动者，所产生的作用与其所处的位置是直接相关的，任何行动者只有处于协同网络中的关键节点，或成为连接两个或多个行动者的桥梁，才有可能在这之中成为具有主导作用的存在。就是说，谁掌握资源（包括人、财、关系等），谁就有可能在协同之中占据主导地位。因此，协同治理理论颠覆了过去的政府治理模式，不再具有优势地位的政府如何在协同网络中与其他行动者实现良好的沟通互动，以实现本身的目标，是对政府以及协同伙伴的更高层次的挑战。如，由于水域治理或跨越地理、政治和意识形态边界[105]，协同作为一种治理方式，在水域治理等自然资源治理领域内普遍适用。具有不同生态环境、环保问题、机构环境和历史的水域治理会产生不同层次的协同，在这一过程中，政府组织必须通过扮演召集者、行动催化剂、信息提倡者渠道、组织者、出资者、技术援助提供者、能力建设者、合作伙伴、解决争端者或促进者等不同角色来履行职能，达到协同目标[106]，这与传统的政府工作方法完全不同。

第二，旧边界的模糊与新边界的重建。边界在传统公共管理和行政管理领域之中承担着重要的角色。边界决定了组织的责任、权力以及职能。边界的核心问题在于边界在哪里（谁与谁分开）、如何绘制边界（不可突破的边界与可渗透的边界）以及如何处理权衡取舍。政治压力传导至行政过程的模糊性、问题的复杂性与解决问题的相互依赖性的不断加深，使得政府需要依靠更为复杂的政策工具。在任务上，随着计划之间的联系越来越紧密，定义任何组织的任务变得越来越困难。任务经常成倍增加。政府组织不仅要管理自己的工作，还要与紧密相关的其他工作无缝对接。仅关注自己部门的计划可能会破坏有效政府，因为政府要解决的复杂问题越多，越需要依赖网络，越需要依赖其他人。资源方面，组织间协作增大了预算需求；管理技能与容量方面，网络管理对技能以及人员的配备要求更高，是大部分的政府组织都难以实现的挑战。同时，网络的运用使共享服务和共享责任的人难以确认在整体行动中的贡献，任务和责任的模糊性也在放大，难以确定具体的问责部门或个人[107]。同时，由于权威和责任组织的缺失，协同管理的有效性也大打折扣。

因此，许多研究都认为应该建立一个协作的边界组织来提高组织间的网络协调能力[108-109]，在内部对协同网络的成员进行分工，明确各自的职能，配以资源，减少混乱。当然，尽管协作边界组织在一定程度上可以解决任务、资源、管理的复杂性问题，但它的建立本身就需要耗费人才、财力和物力，还带来新的关系、责任和职能的重叠，给公共管理带来困难，故很多协同网络甚至没有完成建设就被搁置。

第三，协同治理中存在公共性与私人性价值追求之间的张力。按照前一部分对协同的定义来看，尽管协同管理的目的是解决单一组织无法解决的问题，以实现共同目标，但是该定义中并没有否认协同中的组织成员对私人利益的追求。奥尔森（Olson）集体行动逻辑的一个假定是每个人都追求个体的私人利益，但是在协同治理中，公共问题的靶向为集体行动引入了公共利益的价值诉求。公共服务动机（public service motivation）的研究为协同治理中公共利益的解释提供了新的视角，成员不仅有利己的动机，也有亲社会的动机，因此，协同治理中平衡利己动机和亲社会动机就成为必须，这也对公共组织提出了新要求。一方面，由于公共部门在协同关系中角色和地位的转变，其从业人员不能按照原有的思维逻辑行动；另一方面，在协同关系中，由于存在诸多不确定性或空白，寻求私人利益的意图更容易实现，加大了公共组织从业人员追求公益的难度。

（三）推动协同治理的要素

政府是否选择与其他组织合作，与政府或国家的能力有一定的关系。弱的国家和政府不会选择合作，因为害怕失去其对社会的控制权，强的国家也不会选择合作，因为并不需要。而私人或第三方组织与政府的合作可能在政府能力较弱的地区，能产生更好的治理效果[110]。当然，这并不意味着一定会如此。能力较弱的政府也容易受到其他组织的裹挟，使协同偏离原本的目标；另外，影响协同发展的要素还有很多，例如怀伯恩（Wyborn）通过对居住区案例的研究发现，信任、竞争、不同的操作模式、任务的兼容性、资源丰裕程度、行动者之间的权力差距都会影响合作[111]。

菲沃克（Feiock）认为要想解决协同机制的集体行动困境，就必须要对已有的协同机制系统性地分类，了解每一种集体行动的特征[112]。常有的协同机制包括非正式的网络、政策网络结构、合同网络、授权结构等，一对参与者之间的多重关系意味着更多的信任，因此，有更大的机会进行未来的交流。同样，与单向关系相比，跨策略的互惠关系可以为双方提供更大的保证，以实现更稳定的交换。

佩里（Perry）突破了以往对于协同理论的研究，将协同视为一个过程，认为治理结构、行政结构、组织自主性、相互利益和信任的规则以及互惠五大要素可以帮助合作伙伴互动。其中治理结构和行政结构是结构维度，相互利益和信任的规则是社会资本维度，组织自主性是代理维度[113]。安塞尔（Ansell）和加什（Gash）的综述中将实现协同治理过程中的各种变量概括为起始条件（starting conditions）、促进性领导（facilitative leadership）、制度设计（institutional design）、协作过程（collaborative process）（见图 2-3），其中，起始条件决定了协作达成与否的资源本底，制度设计和促进性的领导力作用于整个协作过程，通过阶段性成果、坦诚交流、建立信任，完成对过程的承诺和共同愿景[114]。

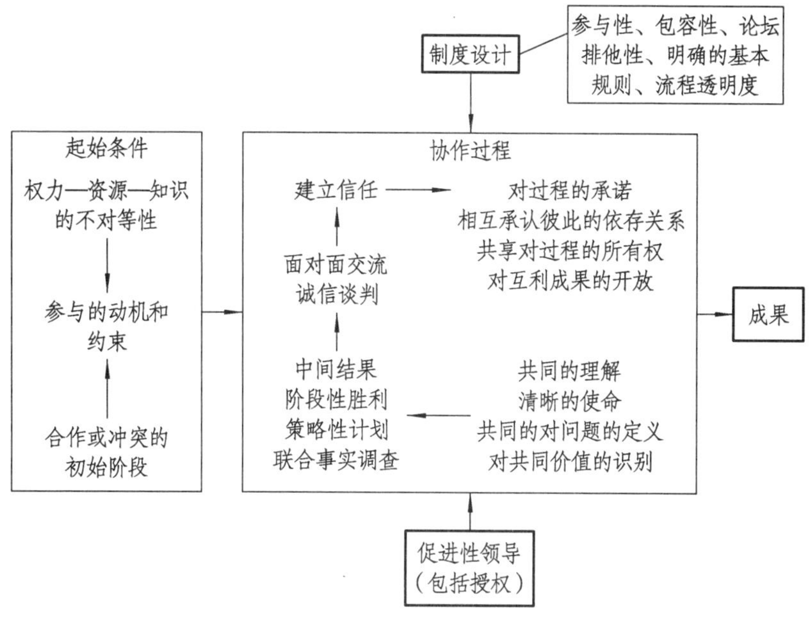

图 2-3　协同治理过程模型

（资料来源：ANSELL C, GASH A. Collaborative governance in theory and practice[J]. Journal of public administration research and theory, 2007(1): 1-29.）

（四）国外城市协同治理经验

美国奥兰多大都市区由 4 个县和 34 个城市组成，人口从约 1 000 人到 200 000 多人不等。旅游业是佛罗里达中部地区的一个重要的经济产业，由于辖区支持私人投资的发展方式，大多数城市都受益于类似于迪斯尼等娱乐业。此外，各城市在军事防御和空间探索相关的产业集群中享有共同利益，各级政府的领导人都呼吁城市加强合作活动。例如，建立高科技走廊，突出奥兰治县和塞米诺尔县城市间的更大合作。

美国大都市地区普遍存在城市间的竞争[115]，并在“大衰退”时期加剧。“大衰退”时期，佛罗里达州的许多城市因房价暴跌导致税收大幅下降，促使城市开始合作，共同评估协同发展方法、区域经济功能分工、销售税分成等方法，以更好地协调区域内的私人企业，活跃经济，抵消房地产经济中的税收损失。

美国也有许多推动政府间协同的组织。在佛罗里达中部有不少组织在经济发展中非常活跃，有两个大型区域性机构以整个大都市区为重点定期组织地方政府参与经济发展的协同，值得关注。

一个是中东部佛罗里达州区域规划委员会（ECF-RPC），其于 1962 年根据佛罗里达州法成立，由来自公共和私营组织的 32 名理事会成员和 14 名工作人员组成，有责任向奥兰多大都市区内的城市提供长期规划和政策制定方面的技术援助。委员会的主要目标之一是将各城市聚集在一起，推动从环境保护、经济适用住房到经济发展、土地使用规划等一系列政策问题达成共识。他们每月举行会议，提供“一个让领导人能够讨论复杂的区域问题，制定解决这些问题的战略区域对策，并为制定和实现区域目标建立共识的论坛”。市政府可以自愿参加论坛或参加由 ECF-RPC 组织的会议，以探索潜在的合作机会并制定战略性区域计划。ECF-RPC 推动的城市间非正式网络促成获得了美国住房和城市发展部（HUD）2011 可持续社区区域规划拨款 240 万美元，用于支持佛罗里达中部地区的可持续发展。他们成立了一个实施核心联盟，每年举行四次会议，分享最近经验，指导佛罗里达中部未来的交通规划。ECF-RPC 创建了一个促进区域发展、协同差异巨大的社区群体和地方政府的组织，推动非正式和正式的地方协同合作。

另一个是大奥兰多经济发展委员会（MOEDC），它是 1977 年成立的非营利公私合作机构，也是区域协同的支柱机构。大多数董事会成员和执行领导团队来自当地企业和政府。MOEDC 向地方政府提供技术援助，提高它们支持增长和适应未来发展的能力。该组织“致力于满足当今行业的需求，并通过为城市提供资源来扩大企业招聘能力，从而创造一个有竞争力的经济环境，使企业能够蓬勃发展”[116]。MOEDC 专注于吸引、保留和发展目标行业，并通过促进当地立法、监管和激励政策的更新，使佛罗里达中部地区做好最有效竞争的准备。

城市参与这种类型的区域机构有许多原因。比如，MOEDC 向城市和企业提供与房地产趋势以及发展补贴和税收激励政策相关的信息，地方官员也可以通过 MOEDC 寻求新的战略来吸引产业进入他们的社区。MOEDC 成功地通过与城市合作，简化了新企业建立和扩大的程序，更新和补充了州和联邦计划的激励措施[117]。

除经济发展以外，为应对环境污染、加强物种保护，需要跨越州、国家和国际的边界，协同治理的模式也经常出现。例如，大西洋鲑鱼是一种溯河产卵的物种，在幼鱼阶段占据淡水生境，在成年阶段占据海洋生境。在海上度过一到三个冬天后，繁殖成熟的大西洋鲑鱼回到它们出生的溪流产卵。长时间的迁徙和对栖息地的敏感性使得大西洋鲑鱼很容易受到因大坝、污染和过度开发造成的栖息地破坏的影响[118]。在过去的几十年里，大西洋鲑鱼的数量急剧下降。研究发现，从加拿大的昂加瓦湾到美国长岛海峡的北美河流和小溪中，大西洋鲑鱼曾经居住在缅因州的 34 条河流中[119]。缅因州是现在发现的大西洋鲑鱼的生存南部极限，每年只有不到 2 000 条大西洋鲑鱼回归，不到历史数量的 1%[120]。面对危机，缅因州技术咨询委员会（TAC）在 1980 年成立，推动决策机构、经理人、非政府组织（NGO）、公民和行业人员聚集在一起讨论大西洋鲑鱼管理，也促进了管理人员和利益相关者之间的沟通，还保留了签署方的机构和部落决策权（缅因州海洋资源局局长[MDMR]、缅因州内陆渔业和野生动物局局长[MDIFW]和一名州长提名人）。后由于多个联邦政府机构开始根据《物种濒危法》介入鲑鱼管理，管理趋于混乱和低效。2004 年，原有技术咨询委员会被解散，大西洋鲑鱼恢复框架（ASRF）的协同组织被重新构建，解决了“法律权威、机构程序、机构协议和专业知识方面的差异带来的组织混乱、决策延误和意见分歧”等问题，推动了实施系统和结构化的决策方法[121-122]，取得了好的协同效果。ASRF 的正式架构也是多年研究和谈判的结果，包括三个层次：政策委员会、管理委员会和行动小组。政策委员会负责制定政策方向，每年重申优先事项，并投入必要的资源。管理委员会有责任以透明的方式设定恢复优先级、制定决策框架、提供指导并投入资源。行动小组代表了由机构间小组代表的七个关键研究和监测领域：（1）海洋和河口行动小组；（2）连通性行动小组；（3）遗传多样性行动小组（GDAT）；（4）保护孵化场行动小组；（5）淡水行动小组；（6）外联和教育行动小组；（7）种群评估小组[123]（见图 2-4）。每个团队由 3～5 名来自管理实体的人员组成，一些行动团队包括来自其他组织的临时成员（如学术研究人员）。行动小组的职责是：（1）制定管理行动并寻求批准；（2）制定 5 年实施计划；（3）实施并监控管理行动；（4）解决政策和科学分歧；（5）审查提案。这种多部门协同的治理框架创造了区域协同治理的成功案例[124]（见图 2-4）。

事实上，这样的协同治理案例在美国数不胜数。美国学者通过对全国 5 000 多个城市的调查，发现了一些影响协同的因素：如地理上的临近可以增加收益并降低协同的风险，因为临近性意味着周边的城市愿意应对共同的环境问题；相似性容易孕育信任，降低协同的交易成本；关键特征的相似性可以帮助行为者识别可兼容、可预测或可信任的伙伴。但相似性行动者之间的协同可能会以牺牲区域目标为代价，放大他们的声音和诉求，导致地区不平等加剧。另外，根据互补原则，由于组织的专业化[125]、组织的规模和资源依赖不同[126-127]，参与者倾向找可以互补的主体合作。当然，相似的个体也可能会为了资源和相似目标竞争，而非合作或协同。

在中国情境下，行政级别的不对称、跨省任职的干部制度会影响地方政府协同的选择[128]。个体行为者对协同合作有效性的感知也会影响个体在协同方面的付出与实施，影响协同的结果。个体行为者可能会从代表性、组织嵌入性和资源稀缺性三个方面来审视影响。代表性指的是个体行为者在协同项目中的不同努力程度。组织嵌入性指个体行为者对组织文化的认同。对本组织的认同越高，越不容易达成协同。资源稀缺性是指个体在完成协同项目时可支配的资源越少，对协同项目的认同度越低[129]。

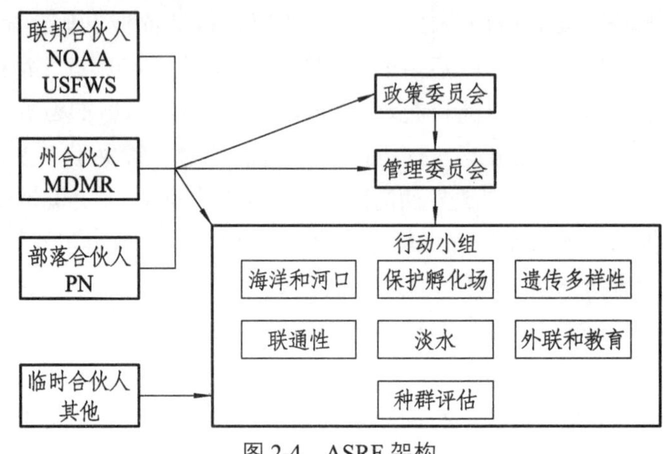

图 2-4　ASRF 架构

（资料来源：National Marine Fisheries Service, Maine Department of Marine Resources, United States Fish and Wildlife Service, Penobscot Indian Nation, 2011. Atlantic Salmon Recovery Framework. Retrieved from the United States Fish and Wildlife Service website.）

多层级的政府治理结构同样会影响地方政府的协同选择，尤其是上级政府的因素对下级政府协同决策的影响。上级政府对下级政府的管控，例如在法律和财政上的自由裁量权，会给下级政府带来刺激或者限制，影响下级政府协同的选择，前者会使得下级政府更容易去追求协同，而更为严苛的财政可能会使得下级政府通过协同弥补资源[130]。

有一些因素会负面影响协同。破碎化的政府管理体制提高协同的信息成本，不同辖区异质的公民偏好易于阻碍协同，机构功能重叠阻碍协同、财政和认知限制也影响协同，协同行为也不太可能发生在相似的议题之上[131]。

另外，行政能力、治理制度和利益相关者的支持影响协同的合作伙伴类型和数量。行政能力包括对财政资源、员工品质和政策的专业知识；治理制度可以在一定程度上克服协同的交易成本；专业城市经理人作为利益相关者比选举出来的政治官员更加有持久支持力[132]。

除个体、组织的影响视角以外，非正式的互动和合作机制也会对正式协同合作产生影响[133]。协同性区域治理制度可以降低协同风险，提供关键资源，为行动者之间搭建“桥梁”，但竞争性区域治理制度则会反向影响正式合作[134]。

协同的风险包括三类：寻找合作的风险；分配的风险；背叛的风险。寻找合作的风险指地方政府在寻求合适的伙伴时对战略、政策、分配方案等无法达成一致整个过程中存在的风险。分配的风险是指与协同者分配共同利益时的困难。背叛的风险是指协同中的一方参与者或多方参与者没有遵守共同协定，或者无法监测到违规、背叛或搭便车的行为。对协同者的了解可以降低寻找合作的风险；选择权威的、获得认可的协同者会降低被背叛的风险。但一般来说，权威的协同者没有协同的需求，更不愿意参与到正式协同中。同时，协同外部性低的项目在分配上可能更容易达成共识。信息能力能促进正式协同，反向影响非正式协同，技术能力与非正式协同呈反向关系，对正式协同没有影响[135]。一般来说，协同的目的是降低资源分配的成本，降低负外部性，获取共同利益。非正式的协同在协同风险小的情况下，可以通过互信和名誉担保推动协同利益最大化，正式的协同则需要通过严格的界定与合同框架降低协同的风险。

学者们的研究还发现，协同确实能够提高组织的绩效，尤其是与技术和服务相关的效率，但由于协同需要资源和时间的投入，因此，这种绩效的提高存在最大值[136]（见图 2-5）。

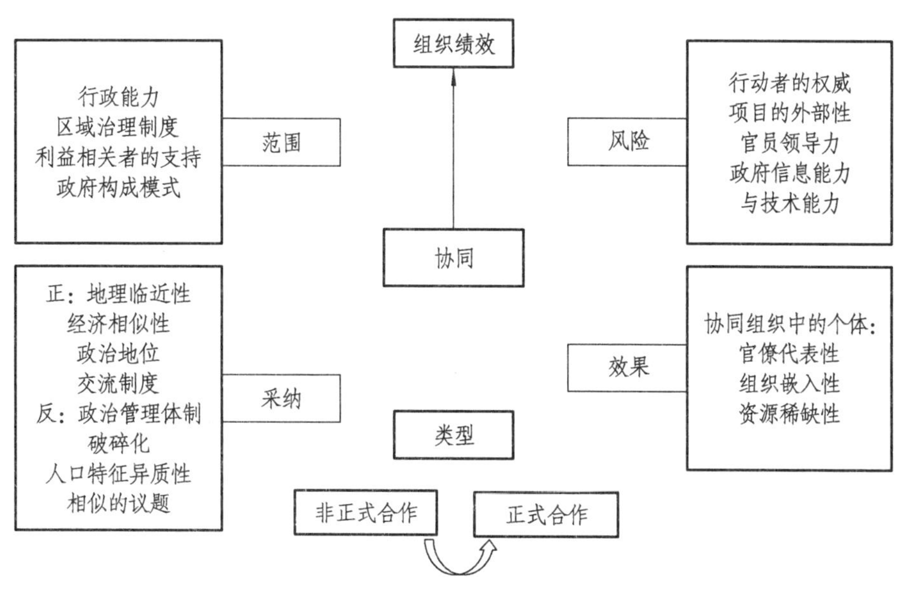

图 2-5 协同治理的关键要素

（资料来源：PARK A, KRAUSE R M, FEIOCK R C. Does collaboration improve organizational efficiency? A stochastic frontier approach examining cities' use of EECBG funds[J]. Journal of public administration research and theory, 2019, 29(3): 414-428.）

（五）国内城市协同治理经验

1. 京津冀一体化到京津冀协同发展

京津冀地区位于华北平原，包括北京市、天津市和河北省两个直辖市、一个省。截至 2020 年，北京市占地面积 16 410.54 平方千米，人口总数 2 154.2 万人，河北省占地面积 18.88 万平方千米，人口总数 7 591.97 万人，天津市占地面积 11 919.7 平方千米，人口总数 1 562 万人。

1985 年，李文彦首次提出了大渤海地区的概念；1986 年，“环渤海经济圈”诞生；2001 年，吴良镛教授提出了“京津冀一体化”的设想；2004 年，在廊坊市召开的京津冀区域发展战略研讨会达成“廊坊共识”，正式确定了“京津冀经济一体化”的发展思路；2010 年，“环首都圈”的概念开始出现。虽然京津冀一体化的发展共识起步很早，但由于京津的虹吸现象，行政区划的层级差异[137]，产业布局同质化，缺乏共同利益基础，教育、医疗、交通各领域发展不均衡等多方面原因，京津冀一体化发展推动缓慢。

2014 年 2 月 26 日，习近平主席在主持召开座谈会专题听取京津冀协同发展工作汇报时强调实现京津冀协同发展，是面向未来打造新的首都经济圈、推进区域发展体制机制创新的需要，是探索完善城市群布局和形态、为优化开发区域发展提供示范和样板的需要，是探索生态文明建设有效路径、促进人口经济资源环境相协调的需要，是实现京津冀优势互补、促进环渤海经济区发展、带动北方腹地发展的需要，是一个重大国家战略，要坚持优势互补、互利共赢、扎实推进，加快走出一条科学持续的协同发展路子来。自此，京津冀协同发展战略被正式提出，京津冀协同发展走向了新的阶段。京津冀协同发展战略的核心是有序疏解北京非首都功能，要牵住这个“牛鼻子”，降低北京人口密度，实现城市发展与资源环境相适应。通过疏解北京非首都功能，调整经济结构和空间结构，走出一条内涵集约发展的新路子，探索出一种人口经济密集地区优化开发的模式，促进区域协调发展，形成新增长极。按照《京津冀协同发展规划纲要》的规划，2020 年是全面完成目标的完成年。在协同发展的 7 年里，京津冀地区在交通、环保、养老、基本公共服务和产业转型升级等领域打通联结，协同治理实现重大突破。

交通一体化是京津冀协同发展的率先突破点。2015 年以来，京津冀城际交通运输网不断扩大，到 2021 年 1 月 22 日，京哈高铁开通，意味着“轨道上的京津冀”已全部完成，京津冀所有城市实现了高铁网络的互联互通。不仅是高铁网络，普速环形列车围绕着“1 小时交通圈”也实现了有效串联，基本形成了京津冀核心区 1 小时交通圈、相邻城市 1.5 小时交通圈。交通圈的完成使得人才在京津冀之内的流转更为快速，京津城际铁路实现了“公交化运营”，15 分钟一趟列车，单程半个小时，并且可以和地铁线快速流转。目前，据统计，每天约有 10 万人从天津去往北京通勤出行[138]。

由于污染物会随着空气的流动而流动，京津冀地区在环保领域的协同治理开始得更早，早在 2013 年“大气十条”公布后，京津冀及周边地区大气污染防治协作小组由此成立，国务院副总理担任组长，生态环境、发展改革、工信、公安、财政、运输、气象、能源等相关部门和职能的领导以及各地区的主要领导为小组成员。在“大气十条”的指引下，京津冀及周边地区开展了一系列管控污染物的措施，从限行到工厂停工、确定统一标准、定期检测污染物指数，其中影响最大的就是涉及 28 个城市的煤改气行动，目的是解决农村煤使用的不规范，减少不符合规格的散煤使用排放。

除了在交通、环保领域协同发展的推进，在产业转移方面，抓住北京疏解“非首都功能”的关键，北京市一般制造业、区域性批发市场和物流中心转移至空间更大、成本更低的河北省内，也能够在与高校合作项目落地上提供更好的政策；在养老等基本公共服务方面，河北省对接北京市养老产业，建设医养合一的养老行业，并与北京实现异地医保结算[139]。

2. 长三角区域合作

长三角区域是我国最大的经济核心区，是我国经济发展最活跃、开放程度最高、创新能力最强的区域之一。2018 年 11 月，长三角一体化发展上升为国家战略；2019 年，《长江三角洲区域一体化发展规划纲要》全文发布，规定长江三角洲地区包括上海市、江苏省、浙江省、安徽省全域。

长江三角洲区域协同发展的一个重要协作组织是长江三角洲经济协调会，前身是 1992 年建立的长江三角洲 15 个城市协作部门主任联席会议制度，1997 年升格为长江三角洲经济协调会。协调会按城市笔画顺序每两年在执行主席方城市举行一次市长会议（由市长或分管市长参加）、一次工作会议。常务主席方是上海市，常设联络处设在上海市人民政府合作交流办公室[140]。经济协调会在成立之后，多次扩容，“入会门槛”也从狭义的经济指标，拓展到生态优势等更多要素[141]。2019 年，长江三角洲经济协调会扩容到 41 个城市，包含了全部长江三角洲城市。经过 20 多年的发展，协调会已成为解决城市之间协同发展问题的重要平台。2019 年，长江三角洲经济协调会的 41 个城市就 19 个重要事项达成合作，涉及科技合作、园区合作共建、毗邻地区合作、产业协同等[142]。

3. 成渝地区双城经济圈

2020 年 1 月 3 日，中央财经委员会第六次会议重点研究了推动成渝地区双城经济圈建设，在西部地区形成新的增长极。相比于京津冀、长三角地区，成渝地区的重要特征在于“双城记”的特色，重庆和成都具有相同的语言、习俗、文化和习惯，具有更强的同质化竞争。早在 2015 年 5 月 21 日，重庆和四川签署了《关于加强两省市合作共筑成渝城市群工作备忘录》，推动交通、信息和市场三个“一体化”；2018 年 6 月 6 日至 7 日，四川省党政代表团赴重庆市学习考察，川渝签署《深化川渝合作深入推动长江经济带发展行动计划（2018—2022）》和 12 个专项合作协议。2019 年 7 月 9 日至 10 日，重庆市党政代表团到四川考察，双方签署《深化川渝合作推进成渝城市群一体化发展重点工作方案》。成渝地区频繁的互动和高层访问奠定了成渝地区双城经济圈的基础，其在 2020 年正式上升为国家战略。

《成渝城市群发展规划》强调，到 2020 年，区域协同发展的体制机制更加完善，基本消除阻碍生产要素自由流动的行政壁垒，在区域交通、公共服务设施、生态环境等多方面实现协同。在 2021 年 4 月 29 日举行的两江新区、天府新区共同打造内陆开放门户助力成渝地区双城经济圈建设第三次联席会上，部署 2021 年 9 个联动工作重点，强调在开放、创新（共同申报重大项目、重大平台，打造双向开放的科技创新公共服务平台，共享平台资源）、产业（共同推动在汽车、电子、创新、会展、金融、数字经济、总部经济、生物医药等八个产业领域组建联盟）、改革（加快形成区域统一市场，促进人口、资本、技术、数据等要素自由流动，深化两江天府政务服务一体化发展合作，推动同等申报要件的同一事项在两地同标准受理、无差别办理、行政审批结果互认）、城市（产城融合、职住平衡、生态宜居、交通便利）、人才（搭建海外人才创新创业平台，共同组织干部培训）、治理（实现法律援助异地申办、经济困难标准和法律援助事项互认，共同打造全国首个中央法务区）、生态和党建联动实现新的突破[143]。

4. 粤港澳大湾区

2016 年广东省政府工作报告曾提出，“开展珠三角城市升级行动，联手港澳打造粤港澳大湾区”。到 2017 年两会，李克强总理在政府工作报告中列入“粤港澳大湾区”概念，由此粤港澳大湾区上升至国家战略高度。2019 年 2 月，《粤港澳大湾区发展规划纲要》发布，从顶层设计规划布局。

粤港澳大湾区与其他区域协同的不同在于港澳“一国两制”的制度特征。粤、港、澳三个地区，有三种货币、三种法律制度、三种税收制度，港澳地区与广东地区的政府组织架构、立法行政司法体系等存在明显差异，增加了三地在更深、更广层次开展合作的难度与挑战。社会组织在其中的“牵线搭桥”，非正式合作与交流的试水，在弥补三地差异中可能发挥重要作用。

经广东省委、省政府同意，广东省民政厅批准成立具有独立法人地位的社会团体——广东省粤港澳合作促进会，其由广东省港澳办进行业务指导，经国务院港澳办批准，在粤港澳三地发展会员和开展活动。自 2009 年 9 月成立以来，促进会在粤港澳三地政府的关心支持下，着力搭建粤港澳三地民间合作平台、交流对话平台和促进港澳人心回归平台，组建起金融、信息科技、会计、法律、文化传播、医药卫生、时尚品牌等七个专业委员会，发展和凝聚三地关心和支持粤港澳合作的两千多位会员，推进粤港澳各领域的交流与合作，参与粤港澳大湾区建设、泛珠三角区域合作和“一带一路”建设，成为促进和加强粤港澳民间合作的桥梁和纽带[144]。

2021 年 4 月 20 日，在博鳌亚洲论坛年会上，林郑月娥表示“粤港澳三地有联手合作。一是推进科技创新的要素流通，二是必须争取更多的科研人才落户大湾区，无论是在香港还是在深圳，港深两地联手做一个‘政策包’，把我国在海外发展的科研人才吸引回来，落户粤港澳大湾区”。由于三地的复杂因素影响，在制度上实现软联通，是粤港澳大湾区必须要解决的问题[145]。

二、智慧治理：人才协同的信息分享平台

20 世纪后期最重要的两个趋势是城市化和通信技术的推广[146]。在新城市危机和全球可持续发展目标的双重需求下，从 20 世纪 90 年代起，“智慧城市”（Smart City）理念和实践开始成为全球城市发展和城市治理领域的热点，并在今天日益成为治理城市的重要手段。根据吉芬格（Giffinger）[147]提出的框架，智慧城市方案包括六个主要维度，即智慧经济（smart economy）、智慧居民（smart people）、智慧政府（smart governance）、智慧出行（smart mobility）、智慧环境（smart environment）、智慧生活（smart living），世界各地的智慧城市项目也基本沿此思路展开。进入 21 世纪，智慧城市各个维度的运行更加依赖全样本和全要素的数据平台建设。作为政府、市场之后的又一种新的资源组织模式，“平台”的职能是连接者（连接双方）、匹配者（匹配双方）以及市场机制的设计者。帕克等人从商业的角度将平台定义为一种基于外部供应商和顾客之间的价值创造互动的商业模式[148]。在各类平台中，以居民个人信息作为输入端，以政府各类服务提供作为输出端的政府数据平台（见表 2-6），是各类智慧城市数据平台建设的核心。

表 2-6　政府电子政务建设中的关键策略[149]

面临的挑战	关键策略
信息和数据	整体规划 持续的拥护反馈 质量和合规培训
信息技术	便利性 有用性
组织和管理	雏形和演示 项目团队技能和专业知识 技术精湛而且受人尊敬的 IT 领导者 清晰而且现实的目标 识别利益相关者 终端用户参与 规划 清晰的路线图和可测度的产出目标 良好的沟通 改进过去的商业流程 恰如其分的培训 充足且鼓励创新的资金投入 最佳实践
合法和规则	信息技术政策和标准
环境和制度	行政领导或赞助者 合法的支持 战略外包和公私伙伴关系

资料来源：GIL-GARCÍA J R, PARDO T A. E-government success factors: mapping practical tools to theoretical foundations[J]. Government information quarterly, 2005, 22(2), 187-216.

（一）政府数据平台的主要内容

政府数据平台包括两个维度：一是面向公民端的政务服务平台，二是面向城市管理者的后台管理平台。

政务服务平台将各个部门的行政许可事项和非行政许可审批事项纳入网络管理范围，形成统一的网站平台，缩短办事时间，降低行政成本，提高审批效率，是我国简政放权、放管结合，优化行政管理，转变服务职能的重要举措。第三方政务服务平台在实践中来看是电子政务的延续，但是在理论层面来讲，第三方政务服务平台是一个全新的领域。2016 年的《政府工作报告》首次提出“互联网+政务服务”概念，这是指“政府部门创造性地运用互联网为公民和企业提供政务服务”[150]。2016 年 4 月，国务院办公厅转发国家发展改革委等十部门印发的《推进“互联网+政务服务”开展信息惠民试点实施方案》，提出“一号申请、一窗受理、一网通办”的目标，简称“三个一”发展目标，成为推进“互联网+政务服务”的主要方向。2017 年 1 月，国务院办公厅印发《“互联网+政务服务”技术体系建设指南》，为各地“互联网+政务服务”实践提供了技术标准。2018 年 6 月，国务院办公厅印发《进一步深化“互联网+政务服务”推进政务服务“一网、一门、一次”改革实施方案》，将“三个一”发展目标整合为“一网通办”。

从地方实践上看，2016 年 1 月首部大数据地方性法规《贵州省大数据发展应用促进条例》出台，2017 年 11 月，贵州省打造了全国首个政务内网的一体化平台。2018 年 7 月 1 日，上海“一网通办”网站上线。2018 年 7 月 31 日，国务院印发《关于加快推进全国一体化在线政务服务平台建设的指导意见》，要求到 2020 年年底前，全国一体化在线政务服务平台基本建成，全国范围内政务服务事项全面实现“一网通办”。最晚到 2020 年 1 月，各省级行政区均完成了“一网通办”网站建设，并上线应用程序或小程序。

后台管理平台利用大数据和电子政务手段为各有关部门供给端提供城市管理基础数据。我国一些城市近年来推广的“一网统管”“城市大脑”等就是对政府数据后台管理平台的可视化呈现手段。

“一网统管”是指在保持各部门原有业务系统、工作格局、基本架构不变的基础上，通过技术和管理的深度融合[151]，打破部门管理壁垒、有效整合治理资源，以人、事等城市管理要素为线索，实现全流程在一个系统、一套机制中完成。2019 年，上海基于智慧公安建设成果和大数据、云计算、物联网、人工智能等先进技术，推出了一套城市运行基本体征指标体系，整合接入公共安全、绿化市容、住建、交通、应急等领域 22 家单位的 33 个专题应用，算是上海“一网统管”的早期雏形。2020 年年初，上海市成立城市运行管理中心，承担全市城市运行管理和应急处置系统规划建设和运行维护、城市运行状态监测分析和预警预判、应急事件联动处置工作[152]。2020 年 4 月，上海市颁布《上海市城市运行“一网统管”建设三年行动计划》，确定了完善“三级平台、五级应用”“一屏观天下、一网管全城”的战略目标，为实现上海城市治理“智慧生长”提供指导。

“城市大脑”是利用人工智能、大数据、物联网等先进技术，为城市交通治理、环境保护、城市精细化管理、区域经济管理等构建的一个后台系统，打通不同平台，推动城市数字化管理[153]。上海的“城市大脑”起源于进博会期间启用的“公安大脑”。当时，上海在全市公共区域布设70余万套件安防“神经元”，除传统的街面摄像监控技术外，也加强超级存储和运算能力，引入一批人工智能系统模型，不仅收集既存的违法犯罪信息，也感知推送各类风险隐患，全领域、全天候、全时段为城市安全站岗放哨。同时，上海3 400余个居民小区升级为集智能门禁、烟感、独居老人看护、停车阻塞通道疏通等功能于一体的“智能安防社区”[154]。

（二）人才流通与协同

智慧人才协同管理需要城市、公私部门与个体的共同努力。从2017年，武汉、成都等城市开始了“抢人大战”，越来越多的二线城市通过户籍政策、人才补贴、住房和科研补贴等方式抢夺优质的人才资源。现阶段，多数城市对人才资源的看法，仍处于竞争大于合作的状态，认为只有落户到本城市的高技术型高校毕业生，才能算是本市实在的资源。但这种本地落户实质上是人为地为人才设置“产权门槛”，建立人才的排他性，真正的人才协同需要各城市转变竞争的零和思维，意识到人才本身并不应该具有排他性，区域之间良性的人才流通和人才协同才能够放大人才蓄水池，实现人才的高质量发展。

目前，人才管理还存在一些问题：人才政策政出多门、互相制约，一些单项人才政策无法落实，缺乏明确的上位法以解决不同部门、不同政策的矛盾。例如，出入境管理机构实施电子安检，大大提高了出入境效率，而财务部门却需要检查出入境的章，机票不能为证，致使出入境管理局专门派人盖章。公安部门规定永久居留证是有效旅馆住宿证件，但某些基层部门和旅店坚持要看护照；一些具体从事人才工作的人员对人才工作的意义认识不足、重视不足，有懒政、惰政、不敢担当等现象，不积极学习、了解、推动和实施已有的政策，解决人才亟需解决的问题，而是等待观望；一些做人才工作的人员没有人才战略思想，他们的观念、水平不同，责权度也不一样，有的并不足以解决基本问题；某些管理层人员与人才的沟通不足，对人才的需求不了解，信任度不足，对外部世界和人才工作生活条件的需求了解不足；管理技术落后，信息系统更新缓慢，不能适应新政策。人才在银行、医疗、公务卡、家属保险、幼童上学，甚至生活设施使用和网络使用方面都面临不少问题；工作条件、资源配置实际不足或者不配套，限制了人才作用的发挥和发展；等等。另外，还存在：引进人才的在地知识不足，对工作流程、生活环境、制度制约了解不足，缺乏相关培训和告知；本地人才与外地人才竞争、心理失衡、公才私用、资源转移、形象工程。这些复杂的情况，使得人才政策难以落地[155]。此外，目前各城市的人才政策对人才的定义较为狭隘，人才是多元化的，凡是能够创造价值的，在一定程度上都可以算是人才。

虽然人才流通在高校之间已经形成一些固定的合作机制，例如高校一对一的结伴活动，拥有较高声誉、较多资源、更多优质教师的学校会定期派遣教师到对口学校开展课程讲授，另外还有学校的外请专家制度等，都在一定程度上促进了人才流通和协同，但总体而言，这些流通和协同大多发生在个体与个体之间，很多流通和协同是出于交情或者关系网络，离区域与区域之间的人才流通和协同还存在差距，需要更多的努力。

由于人才流通与协同需要庞大的数据库和对个体的精细化管理能力，需要什么样的人才、人才能否满足需求、资金如何管理、团队、工作环境等都需要基于大数据进行评估和管理，因此，建立智慧人才管理与流通平台迫在眉睫。南昌市 2020 年 11 月上线的“城市大脑”已经在探索人才数据管理的初步形态，为人才提供“优惠政策直达”应用场景，将重心放在打通人才服务、便民惠企的“最后一千米”。依托“城市大脑”中枢系统，可提前将各种人才、惠企政策纳入应用场景，利用各部门电子证照等数据精准定位惠及人群即可实现政策的精准推送，有效避免了因政策了解渠道有限，符合政策人群不知晓政策导致未享受的问题。南昌市人力资源和社会保障局已经牵头落实了南昌“人才 10 条”中落户奖励和生活补贴两项政策。该应用场景利用各部门电子证件照等数据，精准定位惠及人群，实现了精准投送和在线发放。“个人用户登录成功后，点击需要申领的政策并查看政策详情，勾选承诺函提交申请，系统便会快速判断是否符合条件，对于符合要求的个人用户，系统将自动兑付政策资金到用户社保金融账户（银行卡）。”[156]浙江省已经开始推动“人才码”的尝试，2020 年 5 月杭州推出了人才码，7 月舟山“人才码”也正式上线。但人才码的作用与南昌的“人才 10 条”有相似之处，强调技术赋能为人才提供服务，而不是深层次的流转。

南昌市运用技术手段，融合再造人才补贴流程，其中包含多种数据库和平台，例如公安、社保、学信网等。人才的各项信息已经在平台和应用场景中流转，如果南昌市政府能够进一步推动，就有可能实现小范围的人才流通和协同发展。那么，在此基础上，更详细精准地识别地区人才，对人才进行分类，不仅可以更有效地实现人才增量，也可以盘活区域内人才池中的所有资源，对人才开展全流程、全方位的制度化管理，引进、关怀、沟通、配套、管理、使用、评估一条龙[157]，建立“全景式”人才管理和协同平台与机制。

第三节　城市群协同发展要素一体化治理机制

一、人才要素一体化

（一）城市群人才要素和一体化

1. 城市群人才要素

城市群人才一体化的本质是人才的区域性分布集聚。当前我国影响城市群人才分布的要素有很多，包括户籍户口、工作环境、居住环境、城市交通、公共服务、人才政策等[158]，每个影响要素又包含丰富的内容，如公共服务要素又可具体细分为医疗保障、教育水平、福利社保、住房养老等具体要素，人才政策也可分为人才管理的各个体系，包括招聘、使用、激励、流通、权利保护和合约、评估、共享等各个环节[159]。每一项人才要素都会影响不同城市人才的分布、流动和结构，影响城市人才的数量和质量，而城市群内部这些人才要素的异同，还会影响该城市群人才的分布、流动和共享[160]。

从概念上说，城市群一体化自身包含了城市群人才一体化和城市群中人才相关要素的一体化，而人才一体化和人才要素一体化又是城市群一体化的重要动力和基本要求，能在客观上推动城市群一体化的进程。同时，人才一体化和人才要素一体化也相互影响、相互作用。一方面，人才要素的一体化是实现人才一体化的重要前提和保证，只有不断推动人才要素的一体化，才能推进人才的一体化；另一方面，人才一体化的进程也会反过来破除要素一体化的制度阻碍，从深层次推动要素一体化的实现[161]。这三者形成了一个相互影响的有机整体。

2. 城市群人才要素一体化面临的问题

当前我国各城市群人才要素一体化面临诸多的挑战和问题。限于各个城市的发展历史、发展水平、资源禀赋、产业结构，人才要素一体化水平很难在较短时间内得到有效提升。许多城市群一体化的努力只限于文件和合同，并没有能实现大规模的、良好的互动，发展要素的流通不畅、机制不足、落实不易。

首先，某些地方政府的滞后管理和体系方法阻碍了区域人才一体化。缺乏财政体系的支持，人才要素一体化的运行将举步维艰，而各地方政府的财政则主要由行政区内的地方经济提供。一些地方政府基于自身财政利益考量，统一构建人才要素一体化的意愿并不强。例如，户籍制度、工资福利、社会保障和子女升学这些人才要素在一体化过程中高度重要，即使在某些协议框架内提出要一体化，相关各方也可能不愿意为一体化付出额外的财政成本和承担由此带来的财政风险[162]。

其次，行政壁垒是城市群内人才一体化的一大障碍，导致人才资源市场配置能力被隔阻。例如，北京市实行严格的户籍管理制度，在北京居住但是无北京户口的子女仅入托费用就比有北京户口的要高出一倍多，上小学、中学的费用变得更高，还需要缴纳巨额的择校费等。外地人才不易进京，北京人才也不愿出京。此外，各人才维护要素的互相作用也加重了克服行政壁垒、实现管理工作一体化的难度，比如社会保障、医疗教育制度往往与户籍捆绑在一起，因此想要在一个方面实现一体化往往就意味着全局的一体化[163]。

再次，部分城市群人才一体化体制机制缺乏。一方面现有人才管理体制协同性较差，决策分散，机制僵化，政策落差较大，“碎片化”现象突出，难以形成制度政策合力。另一方面，区域人才一体化市场配置程度较低，尚未建立一体化的人才市场、人才评价标准和人才信息平台，市场在区域人才配置中的决定性作用发挥得不够充分[164]。

最后，各地与人才要素相关的政策体系差异较大。由于城市群内部各城市经济发展水平不同、内部管理独立，各地区政策体系差异非常大，城区和环境互补性差。各方面还未实现统一的政策体系，人才评价标准不一、人才异地落户政策尚未协调、薪酬体系不平衡、养老医疗和社会保障等方面不统一，导致城市群内部人才市场资源呈现分割化、独立化的状况。这样的差异很难在短时间内得到消弭或实现比较稳定的平衡，因此人才要素一体化无法在短时间内完成。

此外还有一些具体的影响因素。比如，一些城市群内各城市的产业布局较为相似，呈现出竞争而不是互补的状态，往往伴随产业同构的现象，这可能直接导致人才要素向中心城市集中，不利于城市群人才一体化。而有些城市群可能面临交通基础设施严重缺乏，交通的承载力和通达力较低，无缝隙接轨不足，点对点交通方式十分缺乏的问题，这严重阻碍了城市群人才一体化，使得人才共享、人才流动很难大规模实现[165]。

综上所述，当前人才要素一体化面临诸多困难，人才转移、人才共享的成本较高，限制了人才的有效流动。从“成本-收益”分析的视角来看，人才转移带来的费用既包括有形的流动费用，即迁移手续费、转移的机会成本、跨地区流动交通成本、通信成本、家庭用品重置成本等，也包括无形的成本——原有社会资本的损失，即离开在原有工作地所建立起来的社会网络。当人才流动的“成本-收益”分析出现负效性，即成本大于收益的时候，就很难出现人才的转移和流动。

3. 国内主要城市的人才政策情况

国内各主要城市都意识到人才在城市发展中的重要作用，因此制定了相关的人才发展规划纲要，并匹配了具体的人才政策作为依托，如北京《首都中长期人才发展规划纲要（2010—2020 年）》《上海市中长期人才发展规划纲要（2010—2020 年）》《深圳市中长期人才发展规划纲要（2011—2020 年）》、杭州市人才发展“十三五”“十四五”规划等。各地人才政策涵盖内容丰富，本节以人才引进和落户政策要素为例具体描述各主要城市的人才政策差异。

北京市 2020 年公布的《北京市积分落户管理办法》规定，在教育背景指标项上，“申请人取得国民教育系列及教育部认可的学历（学位）的，可获得相应的积分。具体积分标准为：大学专科（含高职）10.5 分，大学本科学历并取得学士学位 15 分，研究生学历并取得硕士学位 26 分，研究生学历并取得博士学位 37 分，以上学历（学位）积分不累计”。而在创新创业领域，“申请人在科技、文化领域以及创新创业大赛获得国家级、本市市级奖项的，或国家有关部门认定的世界级奖项的，可获得相应加分。其中，获国家级或国家有关部门认定的世界级奖项的最高加 12 分，获本市市级奖项的最高加 6 分”。由此在落户政策上对高层次的具有科技创新能力的人才给予倾斜[166]。

上海市于 2020 年年底发布了《上海市引进人才申办本市常住户口办法》。在落户政策中，“具有博士研究生学历并取得相应学位或具有高级专业技术职务任职资格的专业技术人员和管理人员”属于高层次人才，已婚的，其配偶、未成年子女可以同时办理户口迁移手续[167]。

深圳市发布的《深圳市人才引进实施办法》落户政策规定：“具有高级技能职业资格，且在深圳市实际参加社会保险满 3 年以上，年龄在 35 周岁以下的”即可申请落户[168]。

广州市政府在《广州市引进人才入户管理办法》（穗人社规字〔2022〕2 号）中明确了相对宽松的落户政策，即“国内普通高校应届毕业生按《办法》规定条件取得学历、学位证书、普通高等学校毕业生就业协议书或具有在本市缴纳社会保险费记录后，可向入户地的区公安机关申报办理入户手续”[169]。

杭州市政府在 2020 年出台了《关于服务保障“抓防控　促发展”　落实“人才生态 37 条”的补充意见》，提出了“加强人才招引服务的八项举措”。其中，在生活和租住房中的具体补贴政策包括：对全球本科以上所有应届大学生，在发放本科 1 万元、硕士 3 万元、博士 5 万元一次性生活补助的基础上，再给予每年 1 万元租房补贴，最多可享受 6 年；加快人才专项租赁住房建设，到 2021 年年底前新建 5 万套；提高高层次人才购房补贴，给予 A 类顶尖人才“一人一议”最高 800 万元购房补贴；B、C、D 类人才分别给予 200 万元、150 万元、100 万元购房补贴。[170]

综上所述，国内主要大城市如北京、上海、深圳、广州、杭州等都出台了相应的人才引进、人才落户政策，且都在落户积分、生活补贴、租住房补贴、配套住房等领域有着具体的落实性政策。各城市政策不同的原因主要在于城市的资源禀赋、财政收入、人口压力、教育水平等一系列因素的差异。由此可见，想要在城市群间实现人才要素的一体化确实存在一定的难度，但许多地区的人才政策中还是开始体现城市群一体化的要素，例如广州的部分政策惠及所有“留在珠三角地区工作”的人，并鼓励人才往周边城市流动。

（二）国内主要城市群人才要素一体化的经验和案例

1. 长三角城市群人才一体化

以上海为中心的长三角地区是我国区域经济发展的一个标杆。2022 年，它以不到全国 4%的国土面积、16.7%的人口，创造了约占全国 24%的国内生产总值。长三角地区经济发展的背后是人才的有效管理和共享，其人才一体化进程经历了以民间自发推动为主的萌芽时期—以企业联合推动的过渡时期—以政府引导、市场推动为主的发展时期等几个不同的阶段，实现了区域内的人才从部分一体化到整体一体化的进程，形成了“和则共赢、离则互损”的理念。

在长三角人才要素一体化的实践中，形成了一系列具体的人才共享管理举措，包括自主咨询聘请、项目式共享、租赁式共享、外包式共享、兼职式共享、候鸟式共享等。这些人才共享管理举措极大地推动了人才要素一体化，已经形成成熟和有效的模式。

以项目式共享为例，它是指因为技术开发或者项目共享的需要，不同单位的人才集合在一起，形成研究团队，实现项目共同开发、技术共同攻关、利益共同分享的运行机制。其中一个典型的案例就是上海博士后与浙江嵊州之间的合作。2003 年 11 月 15 日，上海市博士后实践基地在浙江正式授牌，来自复旦、上海交大等上海的 7 所高校的 50 名博士后与当地的企业进行了洽谈协商，当场签订了 7 个项目，根据双方达成的协议，嵊州当地的民营企业将为这些博士后提供科研资金、场所等条件，上海博士后则为这些企业提供技术支持。这样就有效地实现了上海人才与浙江的共享，实现了人才一体化。表 2-7 整理了长三角地区的一些人才一体化模式的实践[171]。

表 2-7　长三角地区人才一体化模式整理

人才一体化实践模式	主要方式	相关案例
项目式共享	因为技术开发或者项目共享的需要，不同单位的人才集合在一起，形成研究团队，实现项目共同开发、技术共同攻关、利益共同分享的运行机制，主要方式包括高校与企业之间的技术攻关合作、技术咨询、管理咨询和信息服务等	上海市博士后实践基地在浙江嵊州正式授牌
租赁式共享	用人单位通过人才租赁机构选聘所需的某种专业人才，并通过这些机构为所聘请的人才发放薪酬以及办理社会保险、档案管理等人事代理业务的一种用人方式	在长三角有大量人才中介租赁机构，通过其中间运作，使人才和需要人才的单位之间的合作突破地域、户籍等人才要素的限制，同时使用人单位也不用担心人才的流失等问题
外包式共享	对单项性、临时性的管理职能或者技术项目进行直接外包，从而让其他地区、其他单位的人才来完成项目，使人才得到充分利用	浙江湖州长兴县需要大批熟练技工，但是其自身培训力量薄弱，无力承担培训重任，而制造业门类齐全的苏南地区对技工培训有较强的实力，长兴县主动联系苏南，把培训外包，以此提高劳动力技能，培养企业的生力军
兼职式共享	兼职式共享以不侵犯单位知识产权、不泄露单位商业机密、不冲击单位商业利益、不损害社会和公众利益为前提，开发人才潜力，创造新的人才发展平台，配以资源和助手，让有能力和才能但在原有机构不能完全发挥才干的人才有用武之地	上海的“星期日工程师”成为行走在上海与江浙之间的一支“科技轻骑兵”，人数最多时有 2 万多人。他们帮助江浙地区的乡镇企业开发新产品，培训技术骨干，解决技术难题，让上海的智力、技术、理念流动起来

续表

人才一体化实践模式	主要方式	相关案例
候鸟式共享	“候鸟型人才”是指那些不迁户口、不转关系、来去自由的跨国界或者地区的高级人才。候鸟式共享具有明显的特色：空间上的跨区域性和时间上的季节性	沪宁线上的城际候鸟，他们生活在上海，工作在苏锡常地区，在沪宁这一线上进行活动；沪苏浙共享的海外候鸟，即沪苏浙三方根据自身的引智特色，建立了一方聘请、多方受用的机制[172]

资料来源：作者整理。

长三角地区通过各类共享模式，充分实现了人才要素的一体化。租赁式共享、外包式共享、兼职式共享、候鸟式共享这些方式，都突破了以往地域交通、户籍户口、工作环境、居住环境等要素的限制，一定程度上消弭了医疗卫生、子女教育等公共服务上的不平衡，在这些客观条件很难快速达到一体化的情况下，通过管理机制的创新，实现了人才资源配置上的一体化。

2. 粤港澳大湾区城市群人才一体化

粤港澳大湾区是由香港、澳门以及广东九市，即江门、广州、惠州、肇庆、深圳、东莞、珠海、中山、佛山所组成的城市群，是我国开放程度最高、经济活力最强的区域之一，在国家发展大局中具有重要战略地位，是国家参与国际竞争、打造世界级城市群的重要发展地带。粤港澳大湾区经过长期发展，已经在人才一体化建设中做出了诸多有益的探索。

其一，基于广东的九座城市建立了人才工作协调小组的工作机制，以此加强城市间协调，在整个粤港澳大湾区产业发展的需求下统筹考虑人才结构优化调整问题。通过统筹形成一体化人才开发格局，力争在人才数量、质量、结构等各项指标上达到更高水准，为粤港澳大湾区繁荣和发展提供技术和智力支撑。结合“广佛肇”“深莞惠”“珠中江”三大经济圈的产业布局，引导高端人才向产业带、高新区和专业镇聚集，加快构建粤港澳大湾区创新型人才圈，努力打造引进、聚集、使用海内外优秀人才的新高地。

其二，统筹高水平地区人才交流与合作，疏通粤港澳人才流动渠道，加强人才培养合作。通过完善粤港澳人才多领域合作与交流机制，提高大珠江三角洲地区人才国际交流与合作水平。邀请港澳知名专家学者利用休假、交流、讲学等形式，定期来粤工作。通过外聘或兼职、合作与交流、讲学和咨询、短期流动、租赁借用、实习委培等方式，实现粤港澳人才的柔性合作和优势互补。

其三，围绕推进产业和劳动力“双转移”等战略部署，结合区位特点、功能定位和产业优势，制定人才带动战略和政策，加快欠发达地区人才队伍发展。近年来，大湾区各城市按照“不求所有，但求所用”的原则，根据各城市经济社会发展对紧缺人才的需求，进一步突破传统的人才体制障碍，实现各城市间“户口不迁、关系不转、双向选择、来去自由”的柔性人才政策，充分盘活和共享人才资源，逐步建立开放灵活的人才流动机制，破除人才流动的地区、单位壁垒，实现人才流动政策一体化。

其四，充分开发利用粤港澳大湾区中欠发达地区人力资源和乡土型人才资源，为整个城市群制造业、服务业发展提供劳动力和乡土型人才，降低成本，减缓压力。推进人才信息一体化、人才市场一体化建设，人才政策的落实和人才流动的实现最终要靠具体的服务来支撑，当前粤港澳大湾区城市群已形成了以政府部门所属人才交流服务机构为主体、社会人才中介机构为补充的多层次、多功能、覆盖全社会的人才市场体系。

粤港澳大湾区人才一体化聚焦人才流动的问题，通过建立灵活开放的人才流动体系，逐步推动各人才要素一体化，建立具体的合作框架协议、建立官方或民间的组织机构来实现人才要素上的统筹和协调。以中国南方人才市场为龙头的珠三角九城市政府所属人才交流服务机构积极开展合作为例，其不仅成立了珠三角城市群人才一体化战略联盟，共同签署《珠三角城市群人才交流一体化合作框架协议》，还形成了珠三角城市群人才一体化联盟人才中心主任联席会议，目前珠三角已形成了以政府部门所属人才交流服务机构为主体、社会人才中介机构为补充的多层次、多功能、覆盖全社会的人才市场体系[173]。

3. 京津冀城市群人才一体化

京津冀人才的一体化发展起步较早，也经历了多个阶段，包括探索阶段、稳步推进阶段、全面发展阶段和深入递进阶段。

探索阶段：1980 年至 2003 年。在此阶段，京津冀的人才合作形式没有上层政策实质性推动，大都是各单位自主协商。形式较为单一，内容流于简单，具有临时性、局部性等特点。

稳步推进阶段：2004 年至 2010 年。其间，京津冀一体化合作协议开始稳步推进。2004 年 2 月，国家发展改革委在廊坊召开京津冀地区经济发展战略研讨会，标志着三地人才开发一体化合作正式启动。此后三地在人才交流、人才派遣、人才网站建设等多个方面签署了合作协议，推动了合作走向深入。

全面发展阶段：2011 年至 2014 年。“十二五”规划提出加快推进京津冀区域经济一体化发展，打造首都经济圈，使京津冀人才一体化发展进入了一个全面发展的阶段。京津冀三地签署了《京津冀区域人才合作框架协议书》，在人才市场、人才服务、高层次人才共享方面紧密合作、加强联系，共建人才创新创业体系，实现人才政策互通等发展目标。

深入递进阶段：2015 年以来。2015 年 4 月 30 日，中央政治局审议通过了《京津冀协同发展规划纲要》，在更高层面上推动了京津冀人才一体化的发展[174]。

在经历了长期的探索后，京津冀地区也形成了一系列推动城市群人才要素一体化的制度安排，如形成了以联席会议制度为主的合作机制、构建了多元化的人才共引共育机制、形成了高层次人才共享机制、构建了以政府为主导的人才交流机制，以此加快推动人才要素的一体化进程。

与长三角和粤港澳大湾区类似，为促进人才一体化进程，京津冀三地建立了人才合作协商机制，以三地人才工作领导小组召开联席会议的形式推进。自 2005 年以来，在三地联席会议的推动下，形成了《京津冀人才交流合作协议书》《京津冀人才代理、人才派遣合作协议书》《京津冀人才网站合作协议书》《京津冀人才一体化发展宣言》等阶段性的成果。近年来，京津冀在实践中积极探索，形成了以人才招聘会、人才工作站、政校企联合培养等多种方式为主的多元化的人才集聚培养方式。2014 年 5 月，京津冀三地协商合作，打破地域限制，联合举办了环首都绿色经济圈招才引智大会暨京津冀区域人才交流洽谈会。除了三地合作之外，京津两地还互设人才工作站，以协助两地引进人才。在人才的共育方面，京津冀三地在政、校、企各方面都形成了合作机制。

2011 年签订的《京津冀区域人才合作框架协议书》中，共享高层次人才资源是三地合作的主要内容之一，三地以此为指导准则，促进了多种形式的高层次人才交流共享机制的形成[175]。例如，定期组织“两院”院士与“享受政府特殊津贴专家”相互交流，建立高层次人才信息库，建立三地博士后管理部门之间的定期联系制度，建立高层次、高技能人才柔性流动机制和三地引智工作信息互通与成果推介合作机制，等等。在人才共享过程中，天津、河北共享北京人才的积极性更高，如天津市通过建立首都院士专家“假日工作室”“京津人才驿站”，“二次引进”，发放京津城际一卡通等形式吸引北京的高层次人才。河北省通过“院士联谊会”“院士联谊项目”等活动，以柔性的方式吸引京津人才参与河北的建设。

二、土地资源要素一体化/跨区域协同合作

人才与土地相辅相成，共同构成促进城市群发展的重要因素。在我国城市群的发展中，土地能够为人才提供住房，是人才进行流动、创造价值的保障，土地资源要素一体化是促进城市群人才一体化的关键。

（一）土地与人才的关系

对于城市和城市群发展来说，土地与人才是最重要的两个因素。同时，二者相辅相成，共同促进城市群发展。第一，人才是第一资源，[177]能够利用土地创造价值。人才的价值在于能够独立或带领他人一起，将土地、资本、劳动等要素结合起来，创造出社会需求的价值。能创造的价值越大，人才的价值就越高。[176]土地只有在人才手中，才能够最大限度发挥作用。第二，土地为人才创造价值提供保障。人才创造价值需要要素支撑，土地是一种空间能力，是人才发挥作用的场域。土地为人才提供住房，解决后顾之忧；土地提供人才创造价值所需要的场地、实验室等。在我国的土地国有和土地使用严格控制的管理体制中，土地与人才的合理配置是人才发挥能力、促进经济社会发展的先决条件。

（二）国外城市群土地与人才的做法与经验

国外城市群中，土地属于有价、可流转的商品要素，只需要按规划用途使用，相对容易按发展需求配置，人才住房、实验空间、规划发展空间都是如此，基本可以用货币解决。在城市发展、人才流通与土地配套方面，美国波士华城市群、英国伦敦城市群、日本东京城市群都有相应的经验和做法。

波士顿通过空置土地收购基金，建造更多的居民可负担的住房。2017 年 10 月，市政府与合作社社区经济发展援助公司（CEDAC）和地方倡议支持公司（LISC）成立空置土地收购基金，基金规模达到 800 多万美金，为非营利性开发商提供新的融资方案，以获得空置或未充分利用的土地和建筑物，负责住房开发。空置土地购置计划是波士顿市反排放战略的关键部分，旨在帮助非营利性开发商在波士顿房地产市场发展。该计划是波士顿经济适用房倡导者和非营利性合作伙伴的反馈的直接结果，因为非营利性发展社区需要控制资源和工具，以帮助保持快速变化的社区负担能力。[178]

伦敦的终身社区理念对人们的生活有很大的影响。在他们的社区里，基于终身邻域原则，人们应该积极地和持续性地融入当地社区，并拥有一个高质量的环境。开发的设计应使布局、任期和用途组合与周围的土地相连接，并改善社会和社区基础设施（包括绿地）、宽带网络、当地商店、就业和培训机会、商

业服务和公众运输。发展的要求：使人们过上健康、积极的生活；最大限度地提升社区多样性、包容性和凝聚力；有助于提高人们的归属感和安全感。工作场所、休闲场所、街道、社区、公园和开放空间的设计应满足人们生活各个阶段的需求，符合终生邻域原则。

特大城市对人口的虹吸力度较强，土地为有限资源，价格自然也会不断上升。毕马威国际会计师事务所（KPMG）在2004年对英、美、法、意、日、加、德、奥、荷9国的115个有代表意义都市的商务成本进行分析并排序，得出日本几乎所有的商务成本均高于其他发达国家，而东京圈的商务成本又比日本全国平均高出很多，相当于全国土地均价的20倍以上。

东京商务成本的居高不下，使价值链低端的产业无法长期滞留东京，加速了制造业的不断撤离。但以金融业、信息业、传媒业为首的第三产业、日本大公司总部，以及外国大公司却依然不断迁入东京。劳动力成本和土地成本因素，迫使企业选择最适合自己生存和发展的组织形式，集中、分散或者技术创新。[179]政府对不同区域劳动力成本的调控，间接地成为超大城市的产业和人口控制的一个手段。

波士华城市群、伦敦城市群、东京城市群基本上实施的都是以机构为用人主体的政策，城市的主要权利在对土地和企业建设的规范。城市决定要什么企业落户本城，按照城市混合居住社区发展的要求确定开发商或者企业、高校等机构的服务配套设施建设，人居条件差、社会服务差则不被法律允许。高标准的人居环境、灵活的企业与机构用人制度、根据自身条件制定发展标准的务实精神，是城市群形成层级、保障生活环境的重要方法。另外，国外城市群的土地空间规划标准——土地容积率，一般也高于我国。

（三）京津冀城市群土地要素一体化的现状

2016年国土资源部、国家发展改革委联合印发《京津冀协同发展土地利用总体规划（2015—2020年）》，从整体空间分类优化的角度来统领京津冀协同发展各项土地利用任务，对京津冀土地利用与土地管理提出新的要求，京津冀土地协同利用由此成为京津冀协同发展的重要部分，应通过机制创新提升京津冀土地管理一体化水平，促进京津冀协同发展战略顺利实施。[180]

北京、天津土地资源稀缺、产业集中、人口稠密，京津冀区域土地要素市场的一体化有助于河北（有土地资源承载力基础的城市）吸纳北京、天津的产业及人口，并在转移产业和人口的过程中形成京津冀三地分饰不同角色、发挥各自区域特长的区域经济一体化发展。[181]根据《京津冀协同发展规划纲要》确定了北京市作为“全国政治中心、文化中心、国际交往中心、科技创新中心”、天津市作为“全国先进制造研发基地、北方国际航运核心区、金融创新运营示范区、改革开放先行区”、河北省作为“全国现代商贸物流重要基地、产业转型升级试验区、新型城镇化与城乡统筹示范区、京津冀生态环境支撑区”的定位，在该定位指导下，京津冀土地要素市场的一体化也有助于京津冀三地发挥自身优势、取其他地域之长补自身之短，形成相互之间紧密联系的经济共同体。

经过一段时间的发展，京津冀土地要素一体化已经取得了明显进展，但是仍存在很多问题：第一，三地各有自身的问题，如北京市的耕地保护难度大，天津市的土地利用方式不合理，河北省土地流转、分配、产权等问题突出；第二，三地协调难度大，管理差异大，各自为政，使得京津冀土地要素一体化仅仅停留在理念阶段（见表 2-8）。例如，河北大厂县比邻北京，有良好的土地空间，但缺乏资本和居住需求，仅仅靠地方借贷推动投资和市场，发展能力有限，需要更广泛的交通、人居环境、基础设施和工作环境的投入，才能真正带来活力。但由于各地的制度瓶颈、发展需求、互信程度，难以获得应该有的协同能力。跨区域的协同机构联系和调动各地能力和资源的力量也不足，使得实质性协同难以推进。

表 2-8　京津冀土地要素一体化的成果、问题

地区	土地要素一体化成果	存在的问题
北京	土地市场完善；招拍挂二级土地市场完善	特殊地位造成的土地利用困境；耕地保护难度大
天津	土地市场迅速完善；农村土地经营权流转有序推进	耕地面积下降、土地利用方式不够合理
河北	总体逐步完善	土地流转问题、土地分配不公、土地产权不清
京津冀	经济社会联动性增强，协同发展土地利用规划出台，具有政策支持	三地管理差异大、复杂度高、各自为政

注：根据相关文献自制。

土地要素得不到解决，人才流动就会一直处于困境之中。北京的土地稀缺、人才聚集；河北土地资源丰富，但是人才吸引力不够，人才稀缺。京津冀城市群没有将三地协同的土地要素有效解决，人才要素自然就难以解决。

三、生态补偿机制一体化

（一）区域竞争与生态补偿机制

在经济发展过程中，我国城市生态环境逐渐恶化，引发了公众的广泛讨论和中央政府的关注。

优化城市生态环境，提高城市宜居水平是城市发展的基础。良好的城市生态环境有助于吸引人才和投资，在新时代经济高质量发展的背景下，城市生态环境质量越来越成为城市竞争力的重要评价指标。同时，由于城市生态环境具有脆弱性、开放性的特点，其在城市发展过程中极易受到人类活动的干扰，且缺乏自身恢复能力。因此，在区域竞争中，城市生态环境作为一种竞争条件，受到了各地政府的关注，城市生态环境质量逐渐被纳入城市竞争力评价，并成为城市竞争力研究中的热点议题。

为了优化生态环境，提高城市竞争力，在区域竞争中，城市间的合作对区域生态环境发展和生态补偿机制的建设尤为重要。为了解决环境污染治理中的区域竞争问题，鼓励地方政府间合作，党和国家逐步探索建立城市生态补偿机制。早在 2005 年，《国务院关于落实科学发展观加强环境保护的决定》出台，鼓励各地尽快建立起生态补偿政策，以财政转移支付来进行生态补偿。从 2011 年起，财政部与生态环境部联合牵头实施生态补偿机制，来统筹协调跨区域的环境污染问题。

目前，生态补偿机制主要包括政府主导、市场推进以及社会参与等三种模式[183]。其中，政府主导模式通常在政府具有主体优势的地区较为适用，这些地区往往生态补偿制度起步晚，市场化程度低。生态补偿是对生态效益的必要补偿，受益者是该地区全体公众，并且生态补偿需要长期的资金保障，因此在这些地区由政府主导进行生态补偿支付更具有可操作性。市场推进的生态补偿模式强调生态补偿机制中的多主体参与，市场化机制的引入可以作为对政府主导生态补偿机制的补充，提高生态补偿机制的效率。社会参与的生态补偿模式则从生态环境的受益群体出发，发挥社会公众的力量建立生态环境监督机制，加强社会公众对生态补偿机制制定、运行和结果整个过程的了解，防止政府权力的滥用和市场化模式对生态环境造成冲击。

（二）环境污染与人才流动

在环境治理领域，由于环境污染的负外部性，区域合作的效果远高于区域竞争。由于环境污染的负外部性和人才的流动性，在区域环境污染严重的情况下，任何一个地方政府都无法做到独善其身。人才作为一种稀缺资源，具有高度的自主性和流动性，如何吸引人才将是各级政府人才战略的核心，在多种复杂因素的影响下，人才流动加快已成为必然趋势。

必须承认的是，环境质量已经成为影响人才流动的关键因素。现有研究发现，细颗粒物（PM2.5）浓度会影响高端人才的流动，当居住环境治理变差时，他们更愿意选择移居到其他城市，进而对本地的科技进步和经济社会发展带来损失[184]。对大学生的调查显示，现阶段，我国大学毕业生会将地区环境条件作为就业去向的重要考量因素，生态环境水平较高的区域成为大学毕业生更倾向的就业区位选择，地区的生态环境水平已经对人才流动产生了重要影响，政府采取有效的措施控制空气污染能够减少人才流出[185]。例如，由于近年来的环境污染，我国北方城市在冬季经常出现雾霾，妨碍了居民的正常生活，也影响了人才流动的意向。面对这一困境，党的十八大报告将生态文明建设纳入中国特色社会主义事业“五位一体”总体布局，并将保护环境作为重要的政策目标在全国范围内推行。同时，实施空气污染的有效治理，必须要加强区域合作。以京津冀空气污染治理为例，传统的属地管理体制在空气污染治理中存在严重缺陷，地方竞争激烈造成工业布局谋划不当，部分区域试图“搭治污便车”。加强区域合作治理，是实现空气污染治理模式的创新探索[186]。

为实施有效的环境治理，各地政府积极出台环境规制政策。然而，虽然前文提到良好的生态环境对人才具有正向的集聚作用，有助于地方进行人力资本积累，但在另一些研究中，却得出了不同的结论。通过对环境规制政策、平均工资、人力资本三者间的关系进行研究，部分学者认为环境规制政策实际上与人力资本的流入呈负相关关系，地方的环境规制政策会导致工人工资水平的降低，进而导致人才外流，不利于本地区的人才集聚。而环境规制政策带来的劳动生产效率提高和环境吸引力并没有在吸引人才方面表现出明显优势[187]。也就是说，虽然环境规制政策推动了区域产业升级和生产效率的提高，但在人才流动方面并没有足够的吸引力。

总体来说，环境污染的确会对人才流动产生影响，良好的区域生态环境有助于吸引人才流入和企业入驻。但是，来自良好生态环境的吸引力并不能被等同于生态环境规制政策的吸引力。地方的环境规制政策可能会导致企业生产成本的提高和企业转型升级带来的工作岗位数量的减少和工资水平的下降，并最终导致人才流失。因此，讨论环境污染与人才流动之间的关系时，一方面要关注区域生态环境对人才流动的影响，保护生态环境以保障居民工作和生活的质量，提高区域的竞争力，吸引人才流入；另一方面，区域环境规制政策要根据本地区环境污染程度和产业结构现状制定，切忌矫枉过正，导致企业用工数量减少，人才外流。区域的环境状况的确能吸引人才，但区域环境状况受到历史、地理位置、产业结构等多方面的影响，其治理难度有所差异，各地区需要加强地区间合作，寻找适合本地区发展的环境规制政策，以吸引人才流入，积累人力资本。

（三）以人才共享创新生态补偿机制

以区域合作为主要内容的生态补偿机制，不仅能够促进环境质量改善，也能够实现在人才战略上的共赢。在地理位置相近、生态环境存在相互影响的地区，建立合理的生态补偿机制是区域环境治理的迫切要求。从人力资本的角度来看，人力资本一般被分为一般人力资本和专业化人力资本（人才资本），二者对经济增长的贡献率在不同的区域中有所不同。在同一区域中，经济发展水平相对较高的地区，人才贡献率较高，而基础人力资本贡献率较低，高素质人才丰富，产业结构以高新技术产业为主。这类产业能耗低、污染低，在发展经济的同时能够兼顾自然环境；在经济发展水平相对较低的地区，基础人力资本贡献率较高，但人才贡献率较低，经济发展主要依靠普通劳动力的投入来实现，仍处于低端粗放的发展阶段，缺乏高素质人才，产业结构比较落后。这些地区通常教育发展水平不高，缺乏各类专业技术人才，人才外流严重。这些地区的产业结构中传统产业和劳动密集型产业占比较大，这类产业具有高能耗、高污染的特点，对这些地区的生态环境造成负面影响。

在这样的区域关系中，处于共同流域的城市群间的关系是学界关注的重点，应借建立生态补偿机制促进人才的区域间流动，为区域中高素质人才匮乏的地区积累人力资本，推动区域产业结构升级，减少以污染环境换取经济发展的情况。生态补偿机制的建立，能够发挥各地区污染治理的长效机制，并以此来实现人才共享。在同一环境治理区域内，生态补偿机制能够促进人才要素的区域内流动，实现环境与人才的共赢。例如，在长江流域的水资源治理中，上海市对洁净水资源有较高需求，而长江中西部地区为保障上海水资源供给付出了努力，作为生态补偿机制的全新内容，上海市可以与中西部地区建立人才共享机制，中部地区以“不求所有、但求所用”的原则来发展地区经济[188]，以人才共享带动经济补偿。

（四）城市群生态补偿机制分析

生态补偿机制作为应对区域生态发展不平衡和区域生态环境恶化的重要路

径，在京津冀、长三角以及广东省等经济发达的地区得到重视，但仍存在生态补偿标准不同、生态补偿模式不同、配套机制不健全等问题。我国目前的生态补偿政策还不完善，生态系统的服务功能没有得到重视，生态补偿机制在法律支持、政策体制、技术定量、补偿方法上都存在一定缺陷。在各个城市群的生态补偿机制中，各地积极出台相关政策支持，建立相应的生态环境治理框架和管理机制，从点到面、先易后难地实施城市生态补偿机制。

1. 京津冀城市群生态补偿机制

京津冀三地作为一个区域生态系统整体，目前生态补偿只有经济补偿一种形式，且在地区间缺乏统一的生态补偿量化标准，未能形成生态补偿机制一体化的协同治理模式。在京津冀三地，生态补偿标准呈现出差异化特征：河北省实行的是国家统一的补偿标准（200 元/亩，1 亩≈666.67 平方米），而北京和天津则实行的是根据本地区实际情况自行制定的标准（北京最高 20 000 元/亩，天津 2 000 元/亩），补偿标准悬殊，虽然有生态共享试点，但目前还未大规模铺开。整体上，京津冀地区的生态环境污染补偿机制缺乏相应的风险规避方式，且尚未建立完善的保险资金机制。

2. 广东省生态补偿机制

作为开展生态补偿问题探讨最早的省份之一，广东省运用政府调控与市场化运作让人们对自己破坏环境的行为支付相应的经济补偿，用于生态环境的建设和环境保护，为社会发展提供可持续利用的资源基础和生存环境。广东省的生态补偿机制主要包括财政转移支付、生态公益林补偿、环保专项资金、流域协调机制以及资源与环境有偿使用政策等方面。

目前，广东省正在积极建立生态补偿机制框架，主要从加快开展主体功能区的划定，增加对限制开发区和禁止开发区用于公共服务和生态环境补偿的财政转移支付等方面开展工作，同时建立完善的生态补偿机制的保障体系，加强生态补偿机制科学研究，在生态环境和经济发展中寻找平衡点。

第三章

人才理论与体制机制

第一节　人才与人才分类的理论基础

人才分类是人才理论中的重要命题。人才分类有利于合理地选用、配置人才，为人才科学管理提供依据。历史唯物主义认为，人才分类本质上是人类社会发展的产物，既要遵循基本的逻辑法则，也要遵循客观的历史演变规律。本节通过历史唯物主义的视角，分析不同社会发展阶段的人才分类思想，为人才分类提供理论基础。

一、西方古代人才分类思想

古希腊、古罗马时期，人类社会的活动带有强烈的政治色彩，能够在政治生活中游刃有余被视为人才的象征，例如，在古希腊公民大会上据理力争的政治精英，抑或在古罗马元老院舌战群儒的演说家。这一阶段关于人才分类思想的主要代表人物有古希腊时期的苏格拉底、柏拉图和亚里士多德，以及古罗马时期的西塞罗和昆体良。[189]

（一）古希腊时期代表性人才分类思想

公元前 8 世纪至公元前 6 世纪，古希腊城邦统治盛行，城邦的居民被分为三个等级：拥有公民权能参加政治活动的公民、没有公民权的自由民和没有政治权利和人身自由的广大奴隶，公民是城邦的统治阶级，集体统治和剥削自由民和奴隶。

在苏格拉底（Socrates，公元前 469 年—公元前 399 年）看来，人才即具备贵族精神和知识修养的公民，治理国家只能依靠这些少数优秀的精英，一般的公民以及没有政治权利的自由民和奴隶缺乏理智和政治能力，并不能称得上理想的人才。[190]苏格拉底的学生柏拉图（Plato，约公元前 427 年—公元前 347 年），在苏格拉底精英人才观的基础上做了进一步的延伸。他在《理想国》中将公民分为护国者、卫国者和普通人，护国者是国家的最高统治者，属于管理人才，卫国者是保卫国家的军人，属于军事人才，还有一批安于生产供养统治者的农民和手艺人，属于生产人才。他认为“三个现存等级的人相互干预，相互取代他人的事务，这是对国家最大的危害”。[191]柏拉图的人才分类框架已经初步具有社会分工的思维雏形。柏拉图的学生亚里士多德（Aristotle，公元前 384 年—公元前 322 年）在继承柏拉图若干人才思想的基础上，提出了一整套人才培养理论和教育遵循的法则，他认为，人的教育应该与自然发展相适应，应注重以精神提升为主要目的的文雅教育。在人才分类上，他严格区分奴隶和自由人，并认为城邦国家只能由自由人来统治，而奴隶不能成为治国人才。同时，他把奴隶和自由人的区别看作天然形成的，青少年应该“尽可能少地与奴隶接近”。[192]囿于历史局限性，古希腊时期先哲们对人才的讨论聚焦于统治阶级公民，能否参与政治生活是较为公认的人才分类标准，总体而言，这一时期的人才分类思想呈现出鲜明的精英人才观色彩。

（二）古罗马时期代表性人才分类思想

古代罗马时期的国家政治活动具有强烈的表演特点，通常以广场、会场、竞技场、剧院、神庙、祭坛等公共空间为舞台，政治家们化身演说家，通过公开的演讲或雄辩展示权威。[193]这一时期，辩才是理想的人才类型。

古罗马共和时期著名的哲学家和教育家马尔库斯·图里乌斯·西塞罗（Marcus Tullius Cicero，公元前 106 年—公元前 43 年）在其著作《论雄辩家》中指出，人才的教育是将普通人培养成雄辩家，进而成为政治家的过程。雄辩家是西塞罗认为理想的人才类型，但西塞罗主张雄辩家应该接受通才教育，包括文法、修辞、逻辑、几何等。[194]古罗马帝国教育史上最负盛名、影响最大的教育理论家马库斯·法比乌斯·昆体良（Marcus Fabius Quintilianus，约 35 年—95 年）承袭并发展了西塞罗的人才思想，他在人才思想方面的著作《雄辩术原理》中指出，人才教育的主要目标是培养辩才，同时，他强调一名合格的辩才应该兼具能力和德行，从而更好地宣扬正义和德行。[195]

（三）西方古代人才分类思想简评

西方古希腊、古罗马时期人才分类的目的在于维护奴隶制城邦统治，服务于统治阶级的需要，因而对普通人的才能培养和发掘关注不够。与此同时，以是否具备政治能力、是否具有雄辩艺术作为人才划分的依据，显得单一和笼统。总体而言，这一时期的人才分类思想还处于相对朴素的阶段。到了欧洲中世纪，人才思想发展缓慢，几乎没有可圈可点的人物，特别是基督教思想文化占据了核心的统治地位，欧洲中世纪的人才思想长期处于沉寂。[196]

二、中国古代人才分类思想

中国古代关于人才的识别和分类可以追溯到西周时期，《尚书》和《诗经》中就出现了“圣人”“哲人”“智者”“君子”“俊民”“良人”“善人”等描述人才的词，这可能是中国最早对人才的分类。从春秋战国到明清时期，关于人才分类的讨论一直延续不断。

（一）春秋战国时期代表性人才分类思想

春秋战国是中国历史上百家争鸣、人才辈出、学术风气活跃的时代。这一时期人才分类思想的主要代表人物有“法家先驱”管仲、“大成至圣先师”孔子、教育家荀子、战国末期以“养士”著称的“战国四君子”、法家代表人物韩非子和战国末期政治家吕不韦。这个阶段人才分类的主要依据是国家间战争的需要以及人才的能力特长。无论是猛将大儒，抑或是能工巧匠，甚至是鸡鸣狗盗之人，只要能帮助封建君主成就霸业都被视为人才。

从国家间战争的需要维度来看，齐国政治家管仲（？—公元前 645 年）认为“争天下者，必先争人”，一个国家至少要具备两类人才，即“聚天下之精才，论百工之锐器”“收天下之豪强，游天下之称才”。[197]通俗来讲，第一类是能工巧匠，负责社会生产和财富创造，第二类是领导和管理人才，实施政治统治、治国治民。两类人才缺一不可。从人才的能力特长维度来看，儒家代表人物、推崇“因材施教”的孔子（公元前 551 年—公元前 479 年）在《论语》中曾表述：“德行：颜渊，闵子骞，冉伯牛，仲弓。言语：宰我，子贡。政事：冉有，季路。文学：子游，子夏。”[198]“德行”指的是道德、品德。颜渊，名回，孔子曾评价颜回：“贤哉回也，一箪食，一瓢饮，在陋巷，人不堪其忧，回也不改其乐，贤哉回也！”[199]在孔子看来，颜回能坚守君子德行，所以在德行类人才中首推了颜回。“言语”即能言善辩，孔子曾游说列国，深知言语修养的重要性。宰我和子贡以善为辞说见长，因此孔子把他们分在“言语”类人才。“政事”即从政、处理政务。季路做过鲁国大夫季氏的总管，以恭敬忠信、宽厚明察著称，符合孔子“仁政”的主张，冉有也在季氏手下从政，为人处世同样恪守孔子的“仁政”思想，因此孔子将他们列为“政事”类人才。“文学”指的是文献和与文献有关的各种知识，子游和子夏以熟悉典籍见长，因此划分到“文学”类人才。由此可见，孔子对人才类型划分的依据是四个不同的能力维度。

战国末期著名的思想家荀子（约公元前 313 年—公元前 238 年）结合国家战略需要和个人德行两个维度来划分人才类别。荀子把当时的儒者划分为三个层次，即俗儒、雅儒、大儒。俗儒对“先王之道”、《诗》《书》《礼》仅会作教条诵读，但全然不知其用，而且还谄谀当权者，人格低下。雅儒的言行已能合《诗》《书》的精神，他们不侈谈“先王”，懂得取法“后王”。他们能坦荡承认无知，不自欺欺人，能使“千乘之国安”。大儒是最理想的人才，他们不仅知识广博，而且能“以浅持博，以古持今，以一持万”，以已知推知未知，自如地治理好国家。[200]荀子的学生、战国时期法家学派的代表人物韩非（约公元前 280 年—公元前 233 年）围绕国家战略需要和人才选拔激励表达了自己的思考。韩非所处的春秋战国时期是大变革时期，宗法分封制遭到破坏，诸侯混战，群雄割据，争霸的需要促使士阶层崛起，卿大夫阶层衰落。韩非子认为“故明主之吏，宰相必起于州部，猛将必发于卒伍。夫有功者必赏，则爵禄厚而愈劝；迁官袭级，则官职大而愈治。夫爵禄大而官职治，王之道也”，[201]强调国君应该从基层选拔官吏，根据能力和功劳来决定官员的爵位。

到了战国末年，各诸侯国贵族为了对付秦国的入侵和挽救本国的灭亡，竭力网罗各路人才，三教九流的能人异士都囊括在内。例如“战国四君子”——齐国的孟尝君田文、赵国的平原君赵胜、魏国的信陵君魏无忌与楚国的春申君黄歇礼贤下士，广招宾客，以养“士”著称。这个“士”包括学士、方士、策士或术士以及食客。[202]战国末年的政治家吕不韦对于“士”的招募更加不拘一格，曾供养各行各业、形形色色的门客三千多人。在《吕氏春秋》中，吕不韦提出了“八观六验”“六戚四隐”的识才之术，认为要通过全方位、立体式的考察才能识别真正的人才。而关于人才的分类，吕不韦将“士”分为普通的食客和“贤人”，后者是理想的政治人才。[203]“身定国安天下治，必贤人……得贤人，国无不安，名无不荣；失贤人，国无不危，名无不辱。”而对待“贤人”也要用特殊的方法：“去其帝王之色”“士虽骄之，而己愈礼之”，即采取以礼待之、以情化之的策略。[204]

（二）秦汉时期代表性人才分类思想

秦汉时期经历了秦王朝的覆灭和汉王朝的统一两个重要进程，汉承秦制，逐渐建立了封建国家治理体系。这个阶段的人才分类主要服务于大一统王朝的建立和治理。

西汉开国皇帝刘邦（公元前 256 年或公元前 247 年—公元前 195 年）根据部下的能力特点，将其分成了谋略之才、治国之才和征战之才三大类：“夫运筹帷幄之中，决胜千里之外，吾不如子房；镇国家，抚百姓，给饷馈，不绝粮道，吾不如萧何；连百万之众，战必胜，攻必取，吾不如韩信。三者皆人杰，吾能用之，此吾所以取天下者也。”[205]正是因为刘邦知人善任，从善如流，所以能够不断吸引有才能的人为之服务，完成了西汉王朝大一统的霸业。东汉的唯物主义哲学家、教育家王充（27 年—约 97 年）是中国历史上第一个使用“人才”概念的人。他所著的《论衡》系统地论述了人才分类研究和分层次研究的问题。[206]王充主要是从学识、实践和谋略三个方面将当时的知识分子分成五等，分别是：

文吏、儒生、通人、文人、鸿儒。他在《程材》《量知》《谢短》《效力》《别通》《超奇》诸篇中分别进行了详细介绍分析。文吏是最低层次的人才，只是略懂文书、攀附权贵的官吏；儒生虽然能熟读经书，但“知古不知今”或者“知今不知古”[207]；通人学识渊博，通晓古今，但是学以致用的能力较差；文人和鸿儒是王充心目中理想的人才，文人既博古通今，又能治章上奏，是称职的政治人才，鸿儒则是“超之又超者也”[208]，他们在文人的基础上又能够高屋建瓴地为最高统治者出谋划策。三国时期北魏人才学家刘劭（约 168 年—约 249 年）在他的《人物志》中依照人才的品德和才能情况，将人才分为“兼德之人”（德行高尚）、“兼才之人”（德才兼备）、“偏至之才”（才高德微）。此外，根据德、法、术等三个层面，依其偏向，又可分为“十二才”，即清节家、法家、术家、国体、器能、臧否、伎俩、智意、文章、儒学、口辩、雄杰，依其才能不同，适合担任的官职也不同。[209]《人物志》是我国历史上第一部研究人才的专著，从中可以看出古人对德才兼备型人才的追求。

（三）唐宋时期代表性人才分类思想

中国历史进入唐宋时期，政治清明，阶级矛盾缓和，社会经济相对繁荣。这一时期的人才分类思想更加多元和开放，同时延续了对人才品德和能力的双重考量。

中国历史上“贞观之治”的开创者唐太宗李世民（599 年—649 年）在人才任用方面注重任人唯贤，对于官员的选拔标准是德才兼备，所谓“今所任用，必须以德行、学识为本”。在当时，李世民就广纳了房玄龄、魏徵、李靖、温彦博等贤能之士，《贞观政要》中把这些人才根据品德、才能、性格分成了六类，即“圣、良、忠、智、贞、直”，其中敢于犯颜直谏的魏徵就属于典型的“直”类型的人才。[210]“唐宋八大家”之一的韩愈（768 年—824 年）认为，甄别和重用人才是为政者的当务之急，唯才是举、打破门第限制、不问亲疏贵贱是选才的重要原则。韩愈在《马说》一文中指出“世有伯乐，然后有千里马。千里马常有，而伯乐不常有”。关于人才的定义和分类，他在《释言》中表示“凡适于用者谓之才”，即只要满足社会实际需要的就是人才，所以他建议执政者“拔去凶邪，登崇良”[211]，严格人才甄选制度。北宋著名政治家、史学家司马光（1019 年—1086 年）的人才思想贯穿《资治通鉴》。他认为“为政之要，莫若得人。百官称职，则万务咸治”。他也强调从德和才两个维度来甄别人才，所谓“德”即拥护封建秩序，“才”即能力突出，进而将人才分成了圣人、愚人、君子、小人四类，其中“才德全尽谓之圣人，才德兼亡谓之愚人，德胜于才谓之君子，才胜于德谓之小人”。[212]秦观（1049年—1100年）写了中国历史上第一篇以人才为论题的策论——《进策·人才》，特别强调人才的分类和善用一技之长的人才。[213]他将人才分成“成才”（学识渊博、品德高尚、学以致用）、“奇才”（技艺高超、独善其身）、“散才”（随波逐流、摄空承乏）、“不才”（孤陋寡闻、百无一用）四类，秦观划分人才主要从品德和能力两个维度，但与前人不同的是，在能力维度他认为除了传统意义上的政治贤才，也要重视有一技之长的“奇才”。

（四）明清时期代表性人才分类思想

明清时期皇权高度集中，封建专制主义集权加剧，封建君王对人才的挑选更加严格，也更加强调人才素质的全面性。

明朝的开国皇帝朱元璋（1328年—1398年）强调将领要识、谋、仁、勇兼备。建立明朝后，朱元璋形成了一套自己的人才思想体系。首先是重视人才，笼络天下文人儒士：“天下之治，天下之贤共理之。”其次是严格人才的选拔：“察其言行、考之经术、试之书算、策其经史时务。”在人才分类上，朱元璋认为可以从“德”“才”“能”“事”四个方面来判定一个人才的能力大小而加以任用。[214]清朝康熙皇帝爱新觉罗·玄烨（1654年—1722年）是中国历史上在位时间最长的皇帝，他认为“自古选贤任能，为治之大道”，而“致治之道，首重人才”。[215]在康熙的人才理论中，人才的选拔标准是德才兼备、以德为先。康熙认为，人才主要还应从德和才两个维度进行划分，“德胜才谓之君子，才胜德谓之小人”，具体而言，就是将人才档次分配到不同的官阶，做到“随才器使”、人尽其才。[216]

（五）中国古代人才分类思想评述

中国古代有发达的文官制度，对人才的培养和甄选都有一套严密的机制，其中最严格的就是对人才的“德”和“才”两个维度的考察。德行即儒家学说的君子品德，才能即参与政治生活的能力。一方面，这种人才的管理模式极大地巩固和促进了封建制度的发展。另一方面，在“学而优则仕”的文化背景下，这种分类方式一则忽视了社会劳动分工的差异，人才大量涌入封建官僚系统，造成了人才的分配失衡；二则忽视了普通民众的人才潜质开发，比如秦观所提到的“奇人”。这启发我们要更加关注人才的差异性和多样性发展，适应时代需求，积极挖掘社会方方面面、各行各业的人才资源。

三、西方近现代人才分类思想

西方近代史是资本主义产生和发展，并逐步形成世界资本主义体系和向帝国主义过渡的历史。尽管当时世界上的资本主义国家还很少，绝大多数国家和地区还处在封建的或封建制以前的发展阶段，但是资本主义已成为历史发展的主流。这一时期，人才分类思想与资本主义国家的劳动分工和世界性人才流动潮流以及全球创新竞争进程紧密相关。

（一）劳动分工背景下的人才分类

1640 年英国爆发资产阶级革命，资本主义经济迅速发展，工场手工业比重逐渐上升，产业资本逐渐代替商业资本在社会经济中占据重要地位。以威廉·配第（William Petty，1623 年—1687 年）和亚当·斯密（Adam Smith，1723 年—1790 年）为代表的古典经济学派从劳动分工的角度提出了人才分类的构想。

“古典政治经济学之父”威廉·配第认为“劳动是财富之父，土地是财富之母”[217]，要创造财富就要重视劳动效率的提高。在佩第看来，劳动分工是提高劳动生产率的有效方法，因此他将一国的人才分成两类：第一类为耕种者、手工业者、海员、从商者、士兵，第二类为医生、律师、政府官员、僧侣。为了增加国家的税收财富，佩第主张增加第一类人才的数量，减少第二类人才的数量。[218]另一位古典经济学的代表人物亚当·斯密于 1776 年发表了《国富论》，他强调专业人才的价值，提倡各行各业专业人才的分类培养。他基本继承了配第的观点，同时他更进一步地认为，人们可以通过学习获得知识，而知识是一种可以得到回报的资本。那么国家应该为民众提供基础的教育，同时应该注重教育的专业和领域划分，根据社会分工的需要，为国家培育出各行各业的人才。[219]可以说斯密人才分类教育培养的思想一直影响到后来整个资本主义国家的人才发展。

（二）全球移民背景下的人才分类

随着西方资本主义的发展，美国后来居上，成为世界头号资本主义大国。美国的发展得益于它开放的政治、经济制度和面向全球的人才战略。在两次世界大战期间，美国面向世界，特别是当时的科技高地欧洲，广泛吸纳了大量的移民性人才。美国早期移民阶段的人才战略思想是：“所有的人都是才。”[220]其中，1608 年《五月花号公约》的制定，认证了美国对于所有人都是“才”的态度，包括对领袖、工匠、契约奴等一视同仁。1636 年之前，美国接收了大量从 15 世纪开始陆续逃往美洲的移民，这些人当中有 100 多名清教徒，曾在牛津和剑桥大学受过古典式的高等教育。这些高级的教育人才为哈佛大学的建立立下了汗马功劳。西部大开发时期是美国人才战略的第二个里程碑。这一时期的战略面向的人才主要是农业种植能手、农业技术员和各种修路、筑桥、搞建设的工程师。到了第二次世界大战期间，曼哈顿工程就是美国科技发展和人才使用的一个重要的里程碑，其间从各地抽调科学家、工程师、工人和相关服务人员集中科技攻关，其中就包括1936年从德国移居美国，曾经培育出钱学森、郭永怀、林家翘等著名科学家的冯·卡门。美国作为人才高地的典型代表，在不同时期对于不同类型人才的引进可谓有的放矢、不拘一格。[221]

（三）全球创新竞争时期的人才分类

到了20世纪八九十年代，资本主义国家率先进入全球创新竞赛。其中以美国、英国、日本为代表的发达国家纷纷出台了相应的创新人才引进和培养政策，面向的主要人才类型是高端科技人才和服务于城市群发展的重点领域顶尖人才。

美国的人才宏观政策主要包括两方面：一是从整体上开放、吸引和容留人才。如《美国新移民法案》、“美国杰出人才绿卡”政策、《美国竞争力计划——在创新中领导世界》等是适用于全国的人才政策；二是在微观特殊领域重点吸引和容留人才。随着全球进入创新竞争时期，美国联邦政府制定了STEM（科学、技术、工程、数学）项目人才计划，旨在从这些方面吸引、培养和容留人才。2012年，美国国土安全部出台了关于“将拥有STEM学科学士、硕士或博士学位的学生签证持有人的毕业后实习期延长17个月”的政策，以此吸引和留住人才。[222]

英国是全球第一个完成工业革命的老牌资本主义国家。工业革命之后，英国开始海外贸易和殖民，培养了具有全球视野的人才，散布在世界各地。英国较早意识到教育的重要性，通过开设一系列的技术学校，与继承教会意志的大学共同发展，培养出无数哲学家、思想家和工程师，拥有百名以上的诺贝尔奖获得者。同样吸纳西方资本主义制度的日本，在第二次世界大战前就完成了工业化，进入创新竞争时期后，高度重视人才引进。日本政府在2011年年底针对有专业技术和知识的外国人（简称“外国人高级人才”），出台了“外国人高级人才积分制”的新政策。该制度根据学历、职历以及年收入等对外国人进行评分，如果达到一定标准，日本则认定其为“高级人才”，针对这些人才给予优惠待遇。此外，针对大学教授等“学术研究”、医生等“高度专业和技术”以及企业管理人员等“经营与管理”3个领域进行国外高级人才的引进。新政推行后一直到2015年年末，共引进4 300名外国人才，2015年年末与2014年年末相比，增加了80%。2014年6月11日，日本国会通过《出入国管理及难民认定法改正案》，从 2015 年 4 月 1 日起，增设“高度专门职”在留资格，截至 2015 年年末，共 1 508 人取得该在留资格，其中中国人占 64%，数量最多。[223]

四、中国近现代人才分类思想

中国近现代史是中国一代又一代的人民群众和仁人志士为救国存亡而英勇奋斗、艰苦探索的历史；是中国各族人民在中国共产党的领导下，进行伟大的艰苦的斗争，经过新民主主义革命、社会主义革命，赢得民族独立和人民解放并把一个极度贫弱的旧中国逐步变成一个繁荣昌盛、充满生机和活力的社会主义新中国的历史。这个时期的人才分类思想与国家和民族的命运紧密相关。

（一）封建阶级改良派的人才分类思想

清末改良主义的先驱、开明封建士大夫的代表龚自珍和魏源认为改革的重点是用人制度，衰世不出人才是因为科举和官僚制度对人才的压迫。龚自珍呼吁要注重实用人才，“我劝天公重抖擞，不拘一格降人材”。传统的八股文教育并不能培养出真正对国家有益的人，而能够针砭时弊、缓解社会矛盾的人才才是“致用之才”。[224]魏源主张变革当时的人事制度，率先提出“师夷长技以制夷”，学习国外人才培养和管理办法，强调人才的实用性，只要能经世致用，各行各业都是人才。[225]洋务运动时期的曾国藩继承了中国传统人才观中“德才兼备”的基本理论标准，他坚定地支持打开视野，通过兴办洋务培养出各行各业适合时代发展的人才。“凡于兵事、饷事、吏事、文事有一长者，无不优加奖借，量材录用。”[226]长此以往，他帐下军事型的、谋划型的、经济型、技术型的人才应有尽有。同为洋务运动的主要代表人物左宗棠轻视科举功名，重视真才实学，他主张用人所长，注重实效。李鸿章在人才观念上也注重实用性，强调西学，兼顾中体，为社会输送合适的人才。[227]

（二）资产阶级维新派的人才分类思想

清末资产阶级维新派的代表康有为和梁启超从救亡图存的角度提出学习西方人才教育理念，施行变法维新。康有为提倡办新式学堂，但主要还是培养政务人才，并且以“体、智、德”作为人才分层的维度，三强的人才是最理想的人才。[228]梁启超强调封建统治者必须放弃愚民政策，要培养农、工、商、兵各方面的人才。[229]此外，他们都承认人的才能存在大小和品类之分，因此将人才分成若干品级，提倡能上庸下，不拘一格使用人才。从这个层面来看，康有为和梁启超的人才观念在当时已经具有很大的进步意义。

（三）资产阶级革命派的人才分类思想

资产阶级民主革命的领袖孙中山是民主人才思想的倡导者和实践者，他反清强国，非常重视人才。他曾指出“欧洲富强之本，不尽在船坚炮利，垒固兵强，而在于人能尽其才，地能尽其利，物能尽其用，货能畅其流，此四者，富强之大经，治国之大本也”。在培养和分类上，孙中山主张专才专用，任何一类的人才都需要通过竞争性考试来选拔，比如在他的论述中就曾提到文官、武官、教育从业者、农业从业者、工程从业者、商业从业者的分类和考核标准。[230]

（四）新民主主义革命与社会主义革命时期的人才分类思想

迈入新民主主义革命和社会主义革命时期，革命领袖运用科学马克思主义人才观来指导革命斗争和社会建设。马克思主义人才观建立在辩证唯物主义和历史唯物主义理论之上，创建于 19 世纪中叶。[231]在马克思主义人才理论中，开创性地揭示了人才与时代的关系、人才与人民的关系和人才与实践的关系，指出应该客观认识到人才的广泛性和层次差异性。[232]

1. 时代性

马克思主义人才理论认为，不同的时代对不同类型的人才需求不同，每个人在不同的时代需要结合实际才能创造价值，人才的分类也要面向时代。例如，毛泽东在中共七大时曾提出“为着扫除民族压迫和封建压迫，为着建立新民主主义的国家，需要大批的人民的教育家和教师，人民的科学家、工程师、技师、医生、新闻工作者、著作家、文学家、艺术家和普通文化工作者”。[233]邓小平在谈到社会主义现代化建设时，认为尊重知识，尊重人才才能适应时代发展，并强调对不同层级的人才分类对待。“在学校里面，应该有教授、副教授、讲师、助教这样的职称。在科学研究单位里，应该有研究员、副研究员、助理研究员、研究实习员这样的职称。在企业单位，应该有高级工程师、工程师、总会计师、会计师等职称。凡是合乎这些标准的人，就应该授予他相应的职称，享受相应的工资待遇”。[234]

2. 人民性

与天才论和英雄史观相反，马克思主义认为，历史是由人民创造的，人才来源于广大人民群众。人的差异是客观存在的，从事的社会活动也存在差异，这决定了人才具有层次性的特点，要尊重人才的差别和层次。[235]例如，革命时期，毛泽东曾提出“无产阶级没有自己的庞大的技术队伍和理论队伍，社会主义是不能建成的”[236]。“为了建成社会主义，工人阶级必须有自己的技术干部的队伍，必须有自己的教授、教员、科学家、新闻记者、文学家、艺术家和马克思主义理论家的队伍。”[237]邓小平在改革开放时期曾提出，“党必须用很大的决心培养和提拔妇女干部，帮助和鼓励他们不断前进，因为他们是党的干部的最大的来源之一”。[238]这里对人才的分类既有对于专业性的考虑，也有对于性别的考虑，但是都强调人才来源的广泛性，鼓励各专业、层次、性别的人民群众共同参与国家建设。

3. 实践性

与唯心主义“生而知之”的天才观不同，马克思主义认为人才只能从实践中产生，人才的形成不能脱离社会实践活动，并没有天生属于某个领域的人才，人才的专业化培养和引流要注重实践。例如，毛泽东认为，一个人是否具备了良好的素质，是不是人才，是哪个层次的人才必须通过实践来检验，“马克思主义者认为，只有人们的社会实践，才是人们对于外界认识的真理性的标准”[239]。对于革命战争的指挥人才，毛泽东表示，“吃了一些败仗之后（有了经验之后）才能理会战争的正确的规律”[240]，指挥才能需要依靠实践来筛选和培养。这体现了马克思主义人才观中，通过实践来培育人才、发现人才和对人才进行甄别分类的思想。

五、新时代人才分类思想

党的十八大以来，习近平高度重视人才和人才工作，在治国理政的探索与实践中，就如何识才、爱才、育才、用才、敬才以及人才体制机制改革等多次发表重要论述。习近平总书记多次在重要讲话中指出：“当前我国比历史上任何一个时期都更接近实现中华民族伟大复兴的宏伟目标，也比历史上任何时期都更加渴求人才”“要树立强烈的人才意识，寻觅人才求贤若渴，发现人才如获至宝，举荐人才不拘一格，使用人才各尽其能”“要把我们的事业发展好，就要聚天下英才而用之。要干一番大事业，就要有这种眼界、这种魄力、这种气度”“要坚持党管干部原则，坚持德才兼备、以德为先，坚持五湖四海、任人唯贤，坚持事业为上、公道正派，把好干部标准落到实处”[241]。习近平总书记从新时代中国特色社会主义的伟大实践出发，深刻阐述了系统的人才思想，赋予其十分鲜明的时代特征和崭新内涵。

对于人才的分类和培养，习近平总书记强调，要“营造人人皆可成才、人人尽展其才的良好环境，努力培养数以亿计的高素质劳动者和技术技能人才”“要统筹抓好高技能人才、科技教育人才、社会工作人才、农村实用人才、宣传文化人才等各类人才队伍建设”“要充分发扬民主、广泛汇聚民智，最大激发民力，形成人人参与、人人尽力、人人都有成就感的生动局面”。最终的目标是“聚天下英才而用之”。[242]

习近平的人才分类思想充分体现了马克思主义人才观的时代性、人民性和实践性。各行各业的人才，归根结底要围绕中心、服务大局、面向时代，这正是一种不拘于一格的用人观念，即只要能服务于国家重大战略，行行都能出状元。同样的，行业人才的具体划分也要看是否符合党和国家的事业大局。例如，2016 年 4 月 19 日，习近平在网络安全和信息化工作座谈会上说：“互联网领域的人才，不少是怪才、奇才，他们往往不走一般套路，有很多奇思妙想。对待特殊人才要有特殊政策，不要求全责备，不要论资排辈，不要都用一把尺子衡量。”[243]这里的“奇才”“怪才”并不是传统意义上的人才类型，但是他们能够推动我国的互联网技术发展，所以他们就是新型的人才。

第二节　改革开放以来我国人才政策的演变

我国改革开放以来的人才政策经历了以下四个发展和演变阶段，分别是人才政策的恢复起步时期、市场转型时期、战略推进时期和深入发展时期，各个时期的政策发展如下所述。

一、人才政策的恢复起步时期（1978—1991 年）

1978 年党的十一届三中全会是改革开放的起点，政治上确立了以邓小平为核心的中央领导集体，思想上对“两个凡是”和“两个估计”等错误论断进行拨乱反正，把党和国家的人才政策和思想带回到正确的路线上来，由此我国的人才政策进入了恢复和起步时期。

在人才理念方面，以邓小平为核心的中央领导集体重新重视人才的重要性，确立了“尊重知识、尊重人才”的思想。早在 1977 年 5 月，邓小平在中央谈话时就提出“一定要在党内造成一种空气：尊重知识，尊重人才，要反对不尊重知识分子的错误思想”[244]，紧接着在 1978 年 11 月中共中央组织部出台了《关于落实党的知识分子政策的几点意见》，着重扭转过往对知识分子的政治偏见。1980 年 8 月邓小平在中央政治局扩大会议上讨论去除干部领导职务终身制等特权，并在 1982 年 1 月讨论中央机构精简问题会议上提出要实现“干部队伍的革命化、年轻化、知识化、专业化”[245]。1984 年 10 月党的十二届三中全会通过了《中共中央关于经济体制改革的决定》，首次将“尊重知识，尊重人才”纳入中央文件，并强调要“起用一代新人，造就一支社会主义经济管理干部的宏大队伍”。

在这一时期，党内领导核心的人才思想转变促成了人才政策的新发展，具体内容如下。

在人才培养和引进方面：1977 年年底国务院批转教育部《关于 1977 年高等学校招生工作的意见》和《关于高等学校招收研究生的意见》，恢复高考和研究生招生制度，创办研究生院；1978 年教育部印发《关于增选出国留学生的通知》，1979 年试行《出国留学人员管理教育工作的暂行规定》和《出国留学人员守则》，1982 年国务院批转教育部等部门关于《自费出国留学的规定》，放开自费出国留学，恢复发展我国留学事业；1985 年国务院批准了国家科委、教育部等报送的《关于试办博士后科研流动站的报告》，标志着博士后制度在我国正式建立；1986 年第六届全国人民代表大会第四次会议通过《中华人民共和国义务教育法》；1986 年 11 月党中央、国务院启动实施了高技术研究发展计划（简称“863 计划”），培养前沿科学技术人才。

在人才评价和选拔方面：1978 年国务院批转教育部《关于高等学校恢复和提升教师职务问题的请示报告》，恢复职称工作；1986 年颁布的《关于实行专业技术职务聘任制的决定》，将 20 世纪 50 年代末开始实行的职称制度改革为专业技术人员任职资格聘任制度，开始建立人才评价体系和评审机制；1982 年国务院出台《企业职工奖惩条例》，1990 年劳动部出台《工人考核条例》，人才的工作绩效开始进入人才评价的范畴。

在人才流动和配置方面：1983 年国务院出台《关于科技人员合理流动的若干规定》和《关于加强边远地区科技队伍建设的若干政策问题的报告》，希望优化科技人员的配置；1986 年国务院发布了《关于促进科技人员合理流动的通知》，要求各地各部门为人才合理流动创造条件，鼓励科研人员进入企业实现人才流动，鼓励科研人员以借调和兼职等多种形式调剂技术力量余缺；1988 年国务院批准《国家科委关于科技人员业余兼职若干问题的意见》，旨在放宽人员的流动，引导人才合理流动。

在人才保障和激励方面：国家出台多项政策提高人才待遇，1984 年中央组织部会同有关部门印发了《关于优先提高有突出贡献的中青年专家待遇的通知》；1990 年中央印发了《关于进一步加强和改进知识分子工作的通知》，各地各部门相继出台了大量关于知识分子工作的政策文件，积极地改善了知识分子的工作、学习和生活条件。同年，人事部和财政部下发了《关于给部分高级知识分子发放特殊津贴的通知》，标志着国务院政府特殊津贴制度的正式建立。在知识产权保护方面，我国在 1983 年出台《中华人民共和国商标法》、1984 年出台《中华人民共和国专利法》、1990 年出台《中华人民共和国著作权法》，希望为保护人才的知识产权营造良好的法治环境。

其他方面：1983 年 10 月，中央组织部印发《关于领导班子“四化”建设的八年规划》和《关于改革干部管理体制若干问题的规定》，革新干部管理制度；1985 年 3 月中共中央颁布《关于科学技术体制改革的决定》，5 月颁布《中共中央关于教育体制改革的决定》，这些政策和法规的实施促进了科技和教育事业的蓬勃发展，为改革开放和现代化建设培养了大批人才。

二、人才政策的市场转型时期（1992—2001 年）

1992 年党的十四大确立了建设有中国特色社会主义理论在全党的指导地位，并提出建立社会主义市场经济体制，由此开启了改革开放后人才政策的初创阶段，人才发展开始向市场化转型，我国人才政策的制度化和法规化水平开始提升。

在人才理念方面，以江泽民同志为核心的党的第三代中央领导集体延续了邓小平的人才思想，并做出了“人才资源是第一资源”的论断，成为这一阶段人才政策的首要理念指导。1992 年党的第十四次全国代表大会提出“要努力创造更加有利于知识分子施展聪明才智的良好环境，在全社会进一步形成尊重知识、尊重人才的良好风尚”[246]，表明了促进人才发展的决心。1996 年 5 月，在中国科学技术协会第五次全国代表大会上提出了“在社会的各种资源中，人才是最宝贵最重要的资源”[247]的论断；1999 年 8 月，全国技术创新大会再次提道：“推动科技进步、技术创新，关键是人才”“当今世界的竞争，归根到底，是综合国力的竞争，实质是知识总量、人才素质和科技实力的竞争”[248]，2001 年 8 月，党和国家领导人在北戴河与国防科技专家和社会科学专家座谈时指出：“人才问题，关系党和国家的兴旺发达和长治久安。……做好人才工作，首先要确立人才资源是第一资源的思想，克服见物不见人和重使用轻培养的倾向。”[249]

在这一时期，我国的人才政策进入市场转型期，政策内容关注效率、公平和竞争，具体内容如下。

在人才培养和引进方面：在本阶段我国在人才教育和培训的立法方面取得了长足的进步。1993 年中共中央和国务院印发《中国教育改革和发展纲要》，提出到 20 世纪末，我国要实现基本普及九年义务教育；1995 年第八届全国人民代表大会第三次会议通过《中华人民共和国教育法》，1996 年第八届全国人民代表大会常务委员会第十九次会议通过《中华人民共和国职业教育法》，1998 年第九届全国人民代表大会常务委员会第四次会议通过《中华人民共和国高等教育法》；另外，自这一阶段起，我国开始设立人才专项计划作为培养和引进高端人才的重要平台和手段。1994 年，中国科学院提出了“百人计划”，从国外吸引并培养百余名优秀青年学术带头人，同年国家自然科学基金委员会启动“国家杰出青年科学基金”，加速培养一批进入世界科技前沿的跨世纪优秀学术带头人；1995 年底人事部等七部门联合制定实施“百千万人才工程”，计划引进一批不同层次的跨世纪学术和技术带头人及后备人选；1996 年，中国科学院启动“西部之光”人才培养计划，旨在培养和造就一批具有较高技术水平和能力的西部地区青年科技人才；1997 年，教育部启动“春晖计划”，支持优秀尖子留学人员回国服务，同年教育部启动了“新世纪优秀人才培养计划”，培养新一代人文社会科学家和跨世纪的学科带头人；1998 年，教育部和李嘉诚基金会联合启动“长江学者奖励计划”，吸引海内外中青年学界精英，培养高水平学科领军人。

在人才评价和选拔方面：党政人才和事业单位人才评价有了新发展。1994 年人事部颁布了《国家公务员考核暂行规定》，1995 年中共中央开始试行《党政领导干部选拔任用工作暂行条例》，1998 年中共中央出台了《党政领导干部考核工作暂行规定》，对考核内容、考核方式、考核程序、考核结果的评定和运用以及考核机构等方面做出明确规定。1995 年人事部出台《事业单位工作人员考核暂行规定》，重点考核工作业绩，对职员、专业技术人员和工人制定不同考核标准。在专业技术人才评价方面，1993 年劳动部出台《职业技能鉴定规定》，开始建立对技能人才的评价机制；随后人事部在 1994 年出台《专业技术资格评定试行办法》、1995 年出台《职业资格证书制度暂行办法》、2000 年出台《专业技术人员资格考试考务工作规程（试行）》，科技部等 1999 年出台《关于科技工作者行为准则的若干意见》等，国家在重要的职称系列中实行资格考试制度和执业资格制度，以考代评再决定是否聘用[250]。

在人才流动和配置方面：这一阶段是人才流动的市场化大发展时期。1993 年，党的十四届三中全会作出《中共中央关于建立社会主义市场经济体制若干问题的决定》，首次明确提出“劳动力市场”的概念；1994 年，中央组织部、人事部印发《加快培育和发展我国人才市场的意见》，提出人才市场发展的总目标包括实现个人自主择业、单位自主择人和市场调节供求，要在国家宏观调控下，使市场在人才资源配置方面起基础性作用；1995 年中共中央、国务院出台《关于加速科学技术进步的决定》，指出分流人才是深化科技体制改革的关键步骤，要建立固定与流动岗位相结合、专职与兼职相结合的人事制度；1996 年《人才市场管理暂行规定》出台，以国家行政法规的形式对我国人才市场建设加以规范，标志着我国人才市场进入正规化和法治化的建设轨道；2000 年劳动和社会保障部发布了《劳动力市场管理规定》，2001 年人事部与国家工商总局发布了《人才市场管理规定》和《中外合资人才中介机构管理办法》，进一步完善了人才市场流动机制。

在人才保障和激励方面：1993 年我国对公务员工资制度进行改革，中央出台了《国家公务员暂行条例》和《机关工作人员工资制度改革方案》，实行“职务级别工资制度”；国家还加大对人才贡献的奖励，1994 年国家设立中华人民共和国国际科学技术合作奖，面向外国人或者外国组织授予奖项，1995 年设立中华技能大奖，2000 年设立了国家最高科学技术奖。此外继续推进知识产权保护工作，1992 年专利局颁布《中华人民共和国专利法实施细则》，2001 年国务院出台《计算机软件保护条例》。

其他方面：1995 年中共中央、国务院颁布的《关于加速科学技术进步的决定》，强调科技人才是第一生产力的开拓者，明确提出要实施“科教兴国”战略，要培养造就一批科学技术人才，“科教兴国”战略在 1996 年的第八届全国人民代表大会第四次会议上成为我国的一项基本国策。另外我国的人才整体性规划工作也逐渐成熟，1995 年中央出台《人事工作 1996—2000 年规划纲要》，是我国人事工作的第一个中长期规划，1997 年人事部印发《1996—2010 年全国人才资源开发规划纲要》，人才规划工作向前迈进；2001 年，国家“十五”计划纲要专门列出“实施人才战略，壮大人才队伍”一章，这是我国首次将人才规划作为国民经济和社会发展规划的一个重要组成部分。

三、人才政策的战略推进时期（2002—2009 年）

进入 21 世纪后，我国人才政策持续发展，2002 年 5 月中央制定下发《2002—2005 年全国人才队伍建设规划纲要》，这是我国第一个综合性的人才队伍建设规划，也标志着我国的人才问题正式上升为国家战略问题，我国人才政策进入战略推进时期。

在人才理念方面，新一代中央领导集体推陈出新。首先是《2002—2005 年全国人才队伍建设规划纲要》里明确提出实施“人才强国”战略，“人才强国”成为贯穿这一阶段的重大思想理念，在 2007 年人才强国战略被写进了中国共产党党章和党的十七大报告。2002 年党的十六大提出“尊重劳动、尊重知识、尊重人才、尊重创造”的人才工作方针，同年 12 月的全国组织工作会议中提出“党管人才”的原则，之后在 2003 年 5 月中央成立人才工作协调小组，中央组织部成立人才工作局，各级党委组织部门成立人才工作领导（协调）机构和工作机构，负责贯彻落实党管人才原则。2003 年年末第一次全国人才工作会议召开，正式确立党管人才原则。“党管人才”由“党管干部”演变而来，根据新时期我国现实发展的需要提出，中共中央、国务院在《关于进一步加强人才工作的决定》中指出“党管人才主要是管宏观，管政策，管协调，管服务”。此外，在 2003 年的全国人才工作会议上胡锦涛还指出“新世纪新阶段我国人才工作的根本任务就是抓好人才强国战略实施”，并阐述了“科学人才观”的内涵，提出要牢固树立人才资源是第一资源、人人都可以成才和以人为本三个观念[251]。

在这一阶段，党和国家的人才政策更具有战略指向，与经济社会的发展目标结合得更为紧密，具体的政策内容如下。

在人才培养和引进方面：我国出台了一些干部培训的制度法规，2006 年中央颁布《干部教育培训工作条例（试行）》，2007 年最高人民检察院印发《检察官培训条例》；教育方面，2002 年 12 月第九届全国人民代表大会常务委员会第三十一次会议通过《中华人民共和国民办教育促进法》，2003 年国务院出台了《中华人民共和国中外合作办学条例》；为了方便海外人才在我国的工作生活，2004 年中央颁布《外国人在中国永久居留审批管理办法》，正式实施永久居留制度；国家还出台了专项人才培养和引进计划，2005 年人事部会同有关部门实施“专业技术人才知识更新工程”（“653 工程”），计划 6 年内在现代农业、现代制造、现代管理、信息技术、能源技术等 5 个领域，重点培训 300 万名紧跟科技发展前沿、创新能力强的中高级专业技术人才；2008 年中共中央办公厅转发《中央人才工作协调小组关于实施海外高层次人才引进计划的意见》，开始实施海外高层次人才引进计划，计划引进并有重点地支持一批海外高层次人才回国（来华）创新创业。

在人才评价和选拔方面：2003 年《中共中央、国务院关于进一步加强人才工作的决定》强调科学的人才评价和使用机制，要求以能力和业绩为导向，进行各要素综合的人才评价，同年科技部、教育部和中科院等联合制定了《关于改进科学技术评价工作的决定》，科技部颁发《科学技术评价方法》，对科学技术评价的指导原则、方法等做了详细规定。2006 年颁布实施《国家中长期科学和技术发展规划纲要（2006—2020 年）》及若干配套政策，提出了建立符合科技人才规律的多元化考核评价体系，建立不同领域和不同类型人才的评价体系，明确评价的指标和要素的要求，总体的政策走向是加强对评价方法的指导和规范，充分发挥评价的“指挥棒”作用，并力争避免负面影响，使评价工作进一步制度化和规范化。

在人才流动和配置方面：2004 年人事部发布了《关于加快发展人才市场的

意见》，2007年中共中央组织部、人事部和总政治部印发了《人事争议处理规定》，同年12月第十届全国人民代表大会常务委员会第三十一次会议通过了《中华人民共和国劳动争议调解仲裁法》，这些法律法规的制定规范了人才市场的活动，有利于解决用人单位与企业经营管理人才以及高技能人才之间的劳动争议。我国还继续探索了事业单位的聘任制度。2005年，人事部相继发布了《事业单位岗位设置管理试行办法》《〈事业单位岗位设置管理试行办法〉实施意见》，对事业单位岗位设置和聘任提供具体的操作指导；2006年，国务院办公厅转发了人事部《关于在事业单位试行人员聘用制度意见的通知》，要求在事业单位全面推行公开招聘制度、建立和完善考核制度和规范解聘辞聘制度，明确规定对于考核不合格的和不能适应岗位要求的人员要实行解聘，以促进人才资源的合理配置。

在人才保障和激励方面：2007年农业部颁布《中华农业英才奖暂行办法》，设立中华农业英才奖；2002年国务院颁布《中华人民共和国著作权法实施条例》。

其他方面：2008年，中央人才工作协调小组开始组织编制国家中长期人才发展规划纲要，提出进入世界人才强国行列战略目标。

四、人才政策的深入发展时期（2010年至今）

2010年5月第二次全国人才工作会议召开，胡锦涛在会议上确立了“人才优先发展”的战略布局。同年6月中央颁布了《国家中长期人才发展规划纲要（2010—2020年）》，明确推进人才体制机制创新，要为我国经济、科技和社会发展提供人才支撑，由此我国进入人才政策的深入发展时期。

在人才理念方面，2010年中央确立了人才优先发展的战略布局，要求全面落实加快建设人才强国各项战略任务，努力培养造就数以亿计的高素质劳动者、数以千万计的专门人才和一大批拔尖创新人才，进一步开创我国人才事业新局面。十八大后，以习近平为核心的党中央继续发展我国的人才理论，理论的成果集中体现在习近平总书记的“聚天下英才而用之”的论述中[252-253]。2014年习近平在《中央人才工作协调小组关于2013年工作情况的报告》中做出了“择天下英才而用之”的批示；2016年3月中共中央印发了《关于深化人才发展体制机制改革的意见》，强调要“坚持聚天下英才而用之”；2016年7月习近平在庆祝中国共产党成立95周年大会上的讲话中指出：“党和人民事业要不断发展，就要把各方面人才更好使用起来，聚天下英才而用之。我们要以识才的慧眼、爱才的诚意、用才的胆识、容才的雅量、聚才的良方，广开进贤之路，把党内和党外、国内和国外等各方面优秀人才吸引过来、凝聚起来，努力形成人人渴望成才、人人努力成才、人人皆可成才、人人尽展其才的良好局面”[254]。2017

年，党的十九大报告指出“人才是实现民族振兴、赢得国际竞争主动的战略资源。要坚持党管人才原则，聚天下英才而用之，加快建设人才强国”，“聚天下英才而用之”的论述成为本阶段的重要人才政策方针。

本阶段党和国家的人才政策向纵深发展，表现为人才工作的覆盖范围更广、对高层次人才的需求提升以及人才工作实施更为精细化，具体的政策内容有如下 4 个方面。

在人才培养和引进方面：在教育上，2010 年国务院颁布《国家中长期教育改革和发展规划纲要（2010—2020 年）》，提出扩大教育开放和提高合作交流水平；本阶段人才引进计划频出，试点改革绿卡、居留、签证以及出入境制度，提升绿卡待遇，开始从面向国内人才资源转到面向国内国际两种人才资源，实施更为开放的国际人才竞争战略。在移民/出入境/居留政策方面，2012 年《外国人在中国永久居留享有相关待遇的办法》出台，规定永久居留证持有者的国民待遇；2013 年中国实施了《中华人民共和国出境入境管理法》，在普通签证中增设了“人才签证”类别，从而更好地吸引海外优秀人才来华服务工作。

在人才评价和选拔方面：这一时期的人才评价机制建设步入科学化和分类化的发展轨道。2018 年中共中央办公厅和国务院办公厅印发了《关于分类推进人才评价机制改革的指导意见》，部署了分类健全人才评价标准、改进和创新人才评价方式、加快推进重点领域人才评价改革和健全完善人才评价管理服务制度四项重点工作内容；2018 年还下发了《关于深化项目评审、人才评价、机构评估改革的意见》，指出人才的评价要“克服唯论文、唯职称、唯学历、唯奖项倾向，推行代表作评价制度，注重标志性成果的质量、贡献、影响”。干部评价和选拔方面，2013 年中共中央组织部颁布了《公务员公开遴选办法（试行）》，2019 年中共中央印发了《党政领导干部选拔任用工作条例》和《党政领导干部考核工作条例》。

在人才流动和配置方面：2019 年中共中央办公厅和国务院办公厅印发了《关于促进劳动力和人才社会性流动体制机制改革的意见》，构建了促进劳动力和人才社会性流动的政策体系框架，保证了人才的合理、公正、畅通和有序的流动，形成全社会关心人才和支持人才的良好氛围；同年人社部发布《关于充分发挥市场作用促进人才顺畅有序流动的意见》。

在人才保障和激励方面：2015 年 8 月，《中华人民共和国促进科技成果转化法》修正案发布，法案修正的目标是激励科技人员转化科研成果和带着科研成果创业，让人才能更加安心和积极地工作。

第三节　我国人才政策视角下的人才分类

人才政策是党和政府颁布并实施的有利于吸引、驻留、培养、使用、评价和激励人才的一系列政策。在中国语境下，人才政策不仅包括一系列的规划、通知，还包括法规层面的规定、办法等。[255]现有的人才政策可以分成宏观层面的国家人才政策、中观层面的城市人才政策和微观层面的个体人才政策。在不同层次的人才政策下，人才分类的体系呈现出多样性。

一、国家战略发展视角下的人才分类

（一）人才分类基本思想

2010 年中共中央、国务院印发了《国家中长期人才发展规划纲要（2010—2020 年）》（下称《纲要》），指明了十年内我国人才发展战略的政策方针。《纲要》提出，到 2020 年，我国人才发展的总体目标是：培养和造就规模宏大、结构优化、布局合理、素质优良的人才队伍，确立国家人才竞争比较优势，进入世界人才强国行列，为在本世纪中叶基本实现社会主义现代化奠定人才基础。《纲要》进一步做出了解释，要推动人才结构战略性调整，充分发挥市场配置人才资源的基础性作用，改善宏观调控，促进人才结构与经济社会发展相协调。

2016 年中共中央印发了《关于深化人才发展体制机制改革的意见》（下称《意见》），《意见》中明确指出，突出市场导向是人才体制改革的基本原则："要充分发挥市场在人才资源配置中的决定性作用和更好发挥政府作用，加快转变政府人才管理职能，保障和落实用人主体自主权，提高人才横向和纵向流动性，健全人才评价、流动、激励机制，最大限度激发和释放人才创新创造创业活力，使人才各尽其能、各展其长、各得其所。"通过深化改革，到 2020 年，"全社会识才爱才敬才用才氛围更加浓厚，形成与社会主义市场经济体制相适应、人人皆可成才、人人尽展其才的政策法律体系和社会环境"。

2018 年中共中央办公厅、国务院办公厅印发了《关于分类推进人才评价机制改革的指导意见》（下称《指导意见》）。《指导意见》强调，要以职业属性和岗位要求为基础，健全科学的人才分类评价体系。"根据不同职业、不同岗位、不同层次人才特点和职责，坚持共通性与特殊性、水平业绩与发展潜力、定性与定量评价相结合，分类建立健全涵盖品德、知识、能力、业绩和贡献等要素，科学合理、各有侧重的人才评价标准。"

从《国家中长期人才发展规划纲要（2010—2020 年）》到《关于分类推进人才评价机制改革的指导意见》可以看出，在国家战略层面，人才分类呈现出以下特征：

第一，坚持市场化导向，发挥市场在配置人才资源中的基础性作用。人才分类的本质在于劳动分工，而劳动分工的类型和程度都要看市场给出的需求函数，因此市场需要是决定人才分几类、怎么分类的重要依据。社会主义市场化需要各行各业的人才来推动经济体的建设，因此市场需求的多元化趋势决定了人才分类的多元化趋势。

第二，坚持科学化导向，尊重人才的自身特点和职业发展规律。习近平曾指出，要“聚天下英才而用之”。天底下的人才千差万别，不尽相同，人才分类要“使人才各尽其能、各展其长、各得其所”，充分尊重人才自身特点，通过改革分类体系和评价体系，使其与社会主义市场经济体制相适应，充分发挥人才在特定岗位上的创造力。

第三，坚持结构化导向，考虑人才的整体布局和国家战略性需要。市场在配置不同类型人才的时候可能失灵，高校毕业生“金融热”“计算机热”就是很好的例子。但为了服务于国家的发展战略，需要通盘考虑人才的结构和布局，国家发展不仅需要政治、金融人才，也需要科研、国防人才，不仅需要城镇创新人才，也需要农村实用人才。总而言之，就是要为国家培养一支规模宏大、结构优化、布局合理、素质优良的人才队伍。

（二）人才分类基本情况

《国家中长期人才发展规划纲要（2010—2020 年）》提出要统筹各类人才队伍建设，成为近 10 年来主要的人才分类依据。主要的人才队伍类型分为党政人才队伍、企业经营管理人才队伍、专业技术人才队伍、高技能人才队伍、农村实用人才队伍、社会工作人才队伍共六类。具体的发展目标如表 3-1 所示。

表 3-1　《国家中长期人才发展规划纲要（2010—2020 年）》提及的六大类人才

人才类别	发展目标
党政人才队伍	按照加强党的执政能力建设和先进性建设的要求，以提高领导水平和执政能力为核心，以中高级领导干部为重点，造就一批善于治国理政的领导人才，建设一支政治坚定、勇于创新、勤政廉洁、求真务实、奋发有为、善于推动科学发展的高素质党政人才队伍

续表

人才类别	发展目标
企业经营管理人才队伍	适应产业结构优化升级和实施“走出去”战略的需要，以提高现代经营管理水平和企业国际竞争力为核心，以战略企业家和职业经理人为重点，加快推进企业经营管理人才职业化、市场化、专业化和国际化，培养造就一大批具有全球战略眼光、市场开拓精神、管理创新能力和社会责任感的优秀企业家和一支高水平的企业经营管理人才队伍
专业技术人才队伍	适应社会主义现代化建设的需要，以提高专业水平和创新能力为核心，以高层次人才和紧缺人才为重点，打造一支宏大的高素质专业技术人才队伍
高技能人才队伍	适应走新型工业化道路和产业结构优化升级的要求，以提升职业素质和职业技能为核心，以技师和高级技师为重点，形成一支门类齐全、技艺精湛的高技能人才队伍
农村实用人才队伍	围绕社会主义新农村建设，以提高科技素质、职业技能和经营能力为核心，以农村实用人才带头人和农村生产经营型人才为重点，着力打造服务农村经济社会发展、数量充足的农村实用人才队伍
社会工作人才队伍	适应构建社会主义和谐社会的需要，以人才培养和岗位开发为基础，以中高级社会工作人才为重点，培养造就一支职业化、专业化的社会工作人才队伍

资料来源：人社部[EB/OL]. (2015-03-13). [2021-03-21]. http://www.mohrss.gov.cn/SYrlzyhshbzb/zwgk/ghcw/ghjh/201503/ t20150313_153952.htm.

在《国家中长期人才发展规划纲要（2010—2020 年）》中单列“重大人才工程”一项，提出在十年内要针对性培养和支持 12 类重点领域急需紧缺人才的发展，体现了我国人才结构战略性布局（见表 3-2）。

表 3-2 《国家中长期人才发展规划纲要（2010—2020 年）》重大人才工程面向的人才类型

重大人才工程	面向人才类型
创新人才推进计划	中青年科技创新领军人才、科技创新创业人才
青年英才开发计划	青年拔尖人才、拔尖大学生人才
企业经营管理人才素质提升工程	企业经营管理人才
高素质教育人才培养工程	教育家、教学名师和学科领军人才
文化名家工程	宣传思想文化领域杰出人才
全民健康卫生人才保障工程	卫生人才

续表

重大人才工程	面向人才类型
海外高层次人才引进计划	战略科学家和创新创业领军人才
专业技术人才知识更新工程	高层次、急需紧缺和骨干专业技术人才
国家高技能人才振兴计划	高技能人才
现代农业人才支撑计划	现代农业人才
边远贫困地区、边疆民族地区和革命老区人才支持计划	优秀教师、医生、科技人员、社会工作者、文化工作者
高校毕业生基层培养计划	高校毕业生

资料来源：人社部[EB/OL]. (2015-03-13). [2021-03-21]. http://www.mohrss.gov.cn/SYrlzyhshbzb/zwgk/ghcw/ghjh/201503/ t20150313_153952.htm.

二、区域竞争发展视角下的人才分类

（一）人才分类基本思路

对于地方政府而言，人才与地方政府经济绩效高度相关，这赋予了人才政策的制定者与实施对象的利益同归性。此外，人才可以“用脚投票”，选择到人才政策更优的区域发展，因此地方政府有足够的动力采取有竞争优势的人才政策来吸引和留住人才。[256]在城市竞争和人才争夺中，各地对标城市的产业同构程度较高，因而引才类型呈现出同质化的趋势。总体上而言，区域性人才政策在人才分类方面呈现出以下几个趋势：

第一，强调对高层次、顶尖人才和一般性人才的分类，在引进时提供差别化的政策支持。多地在出台优惠性人才政策时，通过相关的认证程序，将人才分成 A、B、C、D 等若干类型，相应地给予政策支持，如南京市、合肥市等。

第二，强调对急需紧缺人才和一般领域人才的分类，并鼓励当地的支柱性产业或企业引进培养。多地在出台人才引进政策时，也相应指出目前急需紧缺人才类型，对急需紧缺型人才提供更大的引进力度，如北京市、上海市等。

第三，强调对高技能人才、创新创业人才和传统人才的分类，为新兴产业和经济形态提供发展机会。[257]多地在出台人才支持政策时，特别地区分了高技能人才、首席技师、创新创业人才等新型人才类型，并提供相应的发展平台和条件，如上海市、杭州市等。

（二）人才分类基本情况

以十八大以来，京津冀、长三角和成渝三个典型城市群的人才政策为例，人才分类的基本情况如表 3-3。

表 3-3　京津冀、长三角和成渝城市群人才政策中的人才类型

主要城市	人才类型	代表性政策
北京	领域领军人才、创新创业人才、科技创新人才、科技创新服务人才、文化创意人才、体育人才、金融人才、教育人才、科学研究人才、医疗卫生健康等专业人才、高技能人才、各领域紧缺急需人才	《北京市引进人才管理办法（试行）》（2018 年）
天津	顶尖人才、领军人才、高端人才、青年人才、高技能人才、急需紧缺专业人才（医学人才、高教人才、资格型人才、宣传文化人才）	《天津市“河海英才”行动计划》（2018 年）
石家庄	领军人才、高学历人才、高技能人才、创新创业人才	《关于高质量建设人才强市的实施意见》（2021 年）
保定	高层次人才、支柱产业急需紧缺专业技术人才和高技能人才、高学历人才	《关于引进高层次人才的若干优惠政策（试行）》（2018 年）
唐山	高精尖人才、国际化人才、企业家人才、高技能人才、高学历人才	《关于实施“凤凰英才”计划加快建设人才强市的意见（试行）》（2018 年）
上海	领军型人才、重点领域紧缺急需专门人才、海外高层次人才、青年英才、首席技师、企业经营管理人才、经济人才、社会工作人才	《上海市人才发展“十三五”规划》（2016 年）
杭州	国内外顶尖人才、国家级领军人才、省级领军人才、市级领军人才、高级人才、领军型创新创业团队、专业技术人才、高技能人才	《中共杭州市委　杭州市人民政府关于杭州市高层次人才、创新创业人才及团队引进培养工作的若干意见》（2015 年）

续表

主要城市	人才类型	代表性政策
南京	A类人才（诺贝尔奖获得者等顶尖人才）、B类人才（全国杰出专业技术人才等）、C类人才（江苏省有突出贡献的中青年专家等）、D类人才（南京市中青年拔尖人才等）、E类人才（省“六大人才高峰”入选者等）、F类人才（全日制研究生及以上学历人才等）	《南京市关于大学本科及以上学历人才和技术技能人才来宁落户的实施办法（试行）》（2020年）、《南京市人才安居办法（试行）》（2020年）
合肥	国内外顶尖人才、国家级领军人才、省级领军人才、市级领军人才、高级人才、基础人才	《合肥市人才分类目录》（2017年）、《合肥市高层次人才分类认定办法（试行）》（2017年）
成都	高层次人才（国际顶尖人才、国家级领军人才、地方高级人才）、青年人才、创新创业人才、急需紧缺人才	《成都实施人才优先发展战略行动计划》（2017年）
重庆	优秀科学家人才、名家名师人才、创新创业领军人才、技术技能领军人才、青年拔尖人才	《重庆英才计划实施办法（试行）》（2019年）

资料来源：各地市政府、人社部门网站公开文件。

三、人力资源发展视角下的人才分类

（一）人才分类基本方法

对于人力资源发展而言，人才分类强调分类的客观性、层次性和可操作性。[258-259]根据人力资源管理的实践经验，人才分类的基本方法包括：

第一，根据人才的生理特征来划分。生理特征具有客观性，如性别、年龄、健康状况等，根据生理特征来划分人才有利于充分发挥人才的潜力。

第二，根据人才从事的行业和工作来划分。行业和工作是人才能力的输出端，也是城市人力资源的供给端，不同的行业如第一产业、第二产业、第三产业，不同职业如公务员、教师、医生等，具有较大的专业差异，人才分类有利于人才分类使用。

第三，根据人才的层级和素质来划分。人才的层级和素质是人力资源开发的基本参考，如职务、职称、能力等，针对不同层级和不同素质的人才应该因才施策，分类引流。

（二）人才分类基本情况

综合人力资源开发工作中需要考虑的性别、年龄、身体状况、行业与职业等方面因素，可以将人才分成以下各种类别（见表 3-4）。

表 3-4　人力资源开发视角下的人才类型

分类维度	人才类型
性别	男性人才、女性人才
年龄	少年人才、青年人才、中年人才、老年人才
健康状况	健康人才、亚健康人才、残疾人才
产业	第一产业人才、第二产业人才、第三产业人才
职业	政治人才、经济人才、军事人才、科技人才、文学人才、艺术人才、体育人才、教育人才、史学人才、农业人才、医学人才等
学科	1997 年颁布的国务院学位委员会、国家教育委员会《授予博士、硕士学位和培养研究生的学科、专业目录》，规定了我国学科门类有 12 个，一级学科 88 个，二级学科 381 个。第一层次人才有哲学、经济学、法学、教育学、文学、历史学、工学、农学、军事学和管理学 12 种类型，第二层次的人才有 88 种，第三层次的人才有 381 种
职务	高级干部人才、中级干部人才、基层干部人才
职称	高层次人才（如教授和高级工程师）、中级人才（如副教授和工程师）、初级人才（如助理教授和助理工程师）
综合素质	高素质人才、中等素质人才、一般素质人才
能力特点	再现型人才（动手操作和实施能力较强）、发现型人才（综合能力较强，敏锐度一般）、创造性人才（较强的创造力、敏锐的洞察力、丰富的想象力）

资料来源：徐颂陶，王通讯，叶忠海．人才理论精萃与管理实务：第四卷[M]．北京：中国人事出版社，2004.

第四节　改革开放以来我国人才政策的成就

改革开放以来，我国各个阶段的人才政策都取得了相应的成就，而到了目前的深入发展时期，人才政策的成就累积和凸显，体现在人才政策法规体系的完善、人才队伍整体实力的增强、人才引进工作的显著成效、人才成长环境的不断优化和人才对经济社会发展的促进等方面。

一、人才政策恢复起步时期的成就

在人才政策的恢复起步过程中，邓小平提出的“尊重知识、尊重人才”是主要指导方针，这一阶段的突出特征是人才的重要性开始体现，各项人才管理工作逐步走入正轨。但凸显的问题是计划经济的影响还广泛存在，国家对人才资源主要还实行集中统一管理的体制，人才的单位所有制依然牢固，人才流动受到较大限制，人才的选拔、考核和使用的制度规范还较为简陋，人才管理主要依靠行政手段和单位内部规章制度，人才法律法规零星且数量极为有限。在培养人才的范围上，主要侧重于党政人才和专业技术人员，而企业经营管理人才和其他高技能人才尚未得到应有的重视[260]。

二、人才政策市场转型时期的成就

在人才政策的市场转型时期，以江泽民同志为核心的党的第三代中央领导集体提出“人才资源是第一资源”的论述，将人才工作提到了新的高度，并做出了“科教兴国”的战略决定，人才被视为所有资源中最宝贵的资源。这一时期我国的人才政策法规体系处于初创阶段，人才法律法规体系还很不完善；同时本阶段的人才政策法规主要关注党政干部、事业单位工作人员和专业技术人员，对企业经营管理人才和高技能人才的关注还不够[261]。

三、人才政策战略推进时期的成就

在人才政策的战略推进时期，胡锦涛主持了两次全国人才工作会议，确立了“党管人才”这一核心原则，并提出了科学人才观，强调人人可以成才，人才要服务发展，确定了“人才强国”这一基本方略。在这一阶段人才问题进入中央和国家最高决策视野，人才工作的发展有了坚实的指导思想，多个重要文件和规章纳入了人才强国的内容，人才政策的系统性增强，人才法律法规体系进一步健全，覆盖的人才队伍范围进一步扩大，更加适应现代化建设的需要。

四、人才政策深入发展时期的成就

我国目前处在人才政策的深入发展时期，在过往的发展基础上面向未来，迎接未知的挑战和机遇。党的十八大以来，新一代领导集体把人才资源作为党执政兴国的根本性资源，进一步发展了人才政策理念，在坚持党管人才和人才是第一资源等原有理念的同时，创造性地提出了“聚天下英才而用之”的论断，用开放包容的态度表达出党和国家的求贤决心。党的十九大后，我国人才队伍建设进入全面深化改革的攻坚阶段，人才培养、引进、保障、激励、表彰和流动等方面工作有序开展，目前来看，我国人才政策取得的成就主要包含以下几个方面。

1. 人才政策法规体系逐步完善

改革开放以来，我国人才政策法规体系日益完善。根据“北大法宝”数据库收录信息显示，标题包含“人才”关键字的中央法规已达 1 428 项（其中国务院各机构发布数量为 1 089 项），地方法规达 12 070 项（其中地方规范文件达 3 539 项，地方工作文件 8 046 项）；从时间段来看，人才政策恢复起步阶段（1978—1991 年）中央和地方法规有 58 项，人才政策市场转型阶段（1992—2001 年）有 334 项，人才政策战略推进阶段（2002—2009 年）有 2 669 项，人才政策深入发展阶段（2010 至今）有 10 437 项[262]，可见我国人才政策法规数量的持续增长。另外据学者研究，我国地方人才政策涵盖了人才吸引和保障政策、培养和发展政策、管理和维护政策以及评价与考核政策，总政策数量 2009—2018 年连续在 100 项以上，2012 年和 2017 年更是分别接近 250 和 200 项[263]。总的来看，目前我国的人才政策法规形成了三个层级架构的体系，对应不同的效力级别和重要性。一是由全国人大或全国人大常委会制定和颁布的与人才相关的各项法律；二是由国家最高行政机关（国务院）制定发布的有关人才工作的行政法规（也可称为条例、规定、办法等），值得注意的是，我国国家层面的人才政策有很多是由中共中央与国务院联合发布的，这是党管人才原则的重要实现方式；三是国务院各部委在相应权限范围内制定的部门规章（一般称规定、办法）[264]。

纵观改革开放以来的人才工作政策法规体系建设，与过去相比有着鲜明的时代特点：一是内容丰富，覆盖面比较广，包括党政人才、企业经营管理人才、专业技术人才、农村人才和社会工作人才等各类人才建设，政策各具特色并符合各类人才的成长特点。二是重点突出，就不同类别人才的发展问题能够形成多环节的政策保障，通过出台各类制度文件为人才的进入、留用和激励提供政策支持，突出特定人才工作的重点内容。三是注重整体设计和宏观规划，例如针对公务员人才队伍的管理，1993 年出台了《国家公务员暂行条例》，2005 年颁布《中华人民共和国公务员法》，2018 年又进行了修订，并出台了《专业技术类公务员管理规定（试行）》《行政执法类公务员管理规定（试行）》和《公务员职务与职级并行规定》等文件，对公务员管理各项措施进行配套衔接，体现了政策的整体性和规划性。四是注重吸收借鉴一些现代化的管理理念和方式，以保证人才政策能够反映时代发展的需要。

2. 人才队伍整体实力增强

经过长期的改革发展，我国已初步建成了规模宏大、专业类别较齐全和素质较高的人才队伍，基本满足了现代化建设和经济社会发展的需要。

2015 年度全国人才资源统计结果显示[265]，我国人才发展的数量和质量取得了以下成就：一是人才资源总量稳步增长。全国人才资源总量达 1.75 亿人，人才资源总量占人力资源总量的比例达 15.5%，基本实现 2020 年 1.8 亿人、16%的规划目标。党政人才、企业经营管理人才、专业技术人才、高技能人才、农村实用人才和社会工作专业人才资源总量分别为 729 万人、4 334.1 万人、7 328.1 万人、4 501 万人、1 692.3 万人、75.9 万人，较 2010 年分别增长 4%、45.5%、32%、57.2%、61.4%、272.1%，其中企业经营管理人才和高技能人才资源总量分别比 2020 年规划目标超出 3.2%和 15.4%。二是人才队伍素质明显增强。每万名劳动力中研发人员达 48.5 人年，比 2010 年增长 14.9 人年，超出 2020 年规划目标 5.5 人年；主要劳动年龄人口受过高等教育的比例达 16.9%，高技能人才占技能劳动者的比例达 27.3%，农村实用人才占农村劳动力的比例达 3.3%，分别比 2010 年上升 4.4、1.7、1.1 个百分点；党政人才、企业经营管理人才和专业技术人才中大学本科及以上学历所占比例达 42.4%，比 2010 年上升 8.2 个百分点。

此外，我国 2019 年度的人力资源和社会保障事业发展统计公报[266]的数据显示：截至 2019 年年末，全国享受政府特殊津贴人员累计 18.2 万人，国家百千万人才工程入选者 6 100 多人；全国共有博士后科研工作站 3 719 个，博士后科研流动站 3 332 个，累计招收培养博士后 23.3 万人；全国累计共有 3 234.4 万人取得各类专业技术人员资格证书，国家级专业技术人员继续教育基地总数已达 180 家；全国共有技工院校 2 392 所，在校学生 360.3 万人；全国共有就业训练中心 2 456 所，民办培训机构 22 496 所，职业技能鉴定机构 9 152 个，职业技能鉴定考评人员 21.7 万人。从这些数据来看，我国人才队伍整体上已经拥有较强的实力。

3. 人才引进工作成效显著

人才引进工作是我国人才政策的重要组成部分，改革开放以来人才政策的成就很大一部分体现在优秀人才的引进上。

首先从全国层面来看，我国实施了“万人计划”（2012）等高层次人才计划，在引进人才数量上，我国对人才的吸引政策产生了积极效果，截至 2016 年年底，留学回国人才总数达 265.1 万人，其中 70%均为党的十八大以来回国的，形成了新中国成立以来最大规模留学人才“归国潮”[267]。其次是地方层面的人才引进成效。地方政府在进入21世纪以来出台了不少人才引进项目，比如北京市的“中关村高端领军人才聚集工程”（“高聚工程”，2008）、海外人才聚集工程（“海聚工程”，2009）、朝阳区“凤凰计划”（2009）、北京市引进海外高层次人才专项计划（2009）和高层次创新创业人才支持计划（“高创计划”，2014），上海市的“雏鹰归巢计划”（2010）、浦东新区“百人计划”（2011）和上海市科技创新中心建设海外人才引进（2015），深圳市的“鹏城学者计划”（2007）和海外高层次人才计划（“孔雀计划”，2011），广州市的“广聚英才计划”（2019），等等，可见地方政府也在积极开展人才引进，这构成了我国人才引进工作成果的组成部分。

4. 人才成长环境不断优化

我国人才成长环境的优化成效可以从体制机制、宏观环境和典型的人才环境建设案例来衡量。

首先是体制机制方面。人才成长环境涵盖了能够影响人才成长的各方面因素，在人才体制机制方面则包括人才评价和选拔、保障和激励以及流动配置等内容。这些在改革开放以来都得到了长足的发展：人才评价机制不断优化，科技人才、教育人才和党政人才等的评价体系朝着科学化和分类化的方向不断发展；人才市场相关的规章制度不断完善，劳动关系立法加强，为人才资源的合理流动和配置打下基础；知识产权保护立法不断加强，提高人才创新创业的积极性；对产学研的支持不断增强，出台配套措施促进科技进步和科技成果的转化。这些政策内容共同优化了人才的成长环境。

其次是宏观环境方面。目前我国还没有总体上测量“人才成长环境”的指标，但可从世界银行的营商环境指数来侧面反映。我国的营商环境在全世界国家和地区的排名从2006年的第91位上升到了2020年的第31位，我国的营商环境不断优化，政府管制和产权保护等方面不断提升，从侧面体现人才成长环境的不断优化。

最后从我国的典型人才环境建设案例来看，人才成长和创新环境不断优化。一是地方政府的“人才特区”建设工作，人才特区是针对人才发展实施特殊的政策、建立特殊的体制机制和特事特办的区域，该概念2001年由深圳率先提出。目前我国地方的人才特区发展已经形成了多种模式和经验[268]，包括以深圳市和江苏省为代表的地方政府自主创新模式，以北京市中关村为代表的中央地方联合推进模式和以福建平潭为代表的政府社会合作共治模式。人才特区是人才优先发展理念的落实，为人才构建了良好的成长环境。二是地方人才社区和人才公园的实践，北京市从 2017 年起开始建设首都国际人才社区，试点包括海淀中关村、朝阳望京、昌平未来科学城和新首钢。人才社区的建设重点包括国际人才公寓、国际学校、国际医院、外国人服务站点等内容，针对国际人才的医疗、子女教育、住房保障等出台相关政策措施。深圳市在 2017 年建成人才公园，其是全国首个以人才为主题的高品质市政公园，旨在给当地人才提供良好的生活生态环境。

5. 人才促进经济社会发展

人才是第一资源，推行各类人才政策的目的是促进经济社会的发展。人才对于经济社会发展的影响作用并不容易衡量，难以精确地测算，但国内有一些研究和数据能够提供参考。

在全口径人才对经济社会发展的作用方面，2015 年的全国人才资源统计[269]测算了人才投入和效能，数据显示：人力资本投资占国内生产总值比例 2008 年为 10.7%，2010 年为 12.0%，2015 年为 15.8%，而在人才对经济增长的贡献率方面，1978—2008 年的平均值为 18.9%，2010 年为 26.6%，2015 年为 33.5%，人才对我国经济增长的促进作用日益凸显。

在不同类别人才对经济社会发展的作用方面，一些学者做了研究工作。在科技人才类别中，有学者根据 2001—2015 年我国各省（自治区、直辖市）的数据做研究，发现科技人才是人力资本通过提高自主创新能力和加快前沿技术追赶速度来显著提升全要素生产率最主要的发力者，特别是在赶超技术前沿方面[270]；还有学者用 1991—2011 年我国东、中、西部地区科技人才数量和经济增长的数据做分析，发现科技人才对经济增长的拉动性逐年增大[271]。也有学者关注海外科技人才群体，利用中国 2002—2016 年 30 个省（自治区、直辖市）的数据，发现 R&D（研究与开发）投入显著影响了海外高科技人才对区域经济发展的贡献，随着 R&D 投入强度的不同，海外高科技人才回流对区域经济增长的影响存在 U 型关系[272]。此外还有针对其他类别人才的研究，有学者使用 1978—2011 年全国的统计数据做分析，发现战略人才对经济增长具有正向作用，并且在样本考察期内战略人才对我国经济增长的贡献率达到 4.6%[273]；还有学者运用 1998—2008 年我国东部 11 个省市的数据分析国有企事业单位专业技术人员与经济增长间的关系，结果显示，两者总体表现为“倒 U 型”的关系，国有企事业单位人才对经济发展有正向影响，但随时间推移却也出现负向作用[274]。

还有研究针对人才政策和经济社会发展的关系开展，例如分析 2007—2015 年中关村海淀科技园的企业数据后发现，企业孵化器通过改善企业的人力资本进而促进了企业创新[275]；有学者以我国 6 省高职教育与经济增长的数据为基础，分析发现高职教育能够对区域经济发展产生递增收益并对其他投入要素的收益产生正向影响，进而实现区域经济总的规模收益递增[276]。诸如此类的数据和学术研究成果无不说明了人才对经济社会发展的促进作用，佐证了我国人才政策取得的成效。

第五节 我国人才政策存在的问题

一、政策层次性不够高

在已颁布的法律中与高层次人才相关的只有《中华人民共和国公务员法》《中华人民共和国劳动合同法》和《中华人民共和国就业促进法》等几部法律，这说明我国高层次人才方面虽然形成了法律政策体系，但存在人才政策体系中政府规章比重偏大的现象，这既不利于人才政策的连续性，又与我国实施“人才强国”国家战略不匹配。21 世纪以来我国制定了第一个综合性的人才队伍建设规划纲要并颁布了《国家中长期人才发展规划纲要（2010—2020 年）》，对自主培养和引进国外高层次人才起到了积极的指导和纲领性作用，但由于缺乏高层次人才基本法的规范和引导，出现了人才政策之间的互相冲突或趋同化等问题，这大大限制了人才政策的体系化、结构化、规范化和科学化进程。[277]

这有多方面的原因。首先，立法的严肃性导致法律出台的长周期性；其次，立法程序尚不够完善，影响了立法的及时性；再次，长期以来形成的“重政策、轻法律”的行政惯性，造成整个社会意识不足。虽然在行动力上政策的效率更高，短期作用明显，但是政策的变动性较大，不能长期稳定地实施。[278]进行人才立法，就是要遵循人才工作规律，总结实践中的人才政策，将规律和政策上升为法条，以法律的神圣与威严保证对规律的遵循和政策的实施。因此，人才政策需要上升到法律层面，需要变成国家的制度来确保长期实施。同时，由于我国目前缺少高层次的人才基本法的规范和引导，因此诸多人才单行法律法规、国家法律法规和地方规章政策之间存在互相冲突的问题，也限制了人才政策的体系化进程。

二、政策配套性不足

配套性政策是就国家的人才方针政策、法律法规，考虑地区部门差异和社会经济发展阶段的特点，在实施细则上作出的部署，是国家人才政策法律法规得以顺利有效实施的保障。改革开放以来，国家出台了大量法律政策条文，但是与之相对应的实施细则、法律规范、政策指导却相对缺乏。我国的人才评价发展相对缓慢，在具体的操作实践中，一直没有突破性的进展，存在评价理论依据缺乏、评价内容和方法比较落后，评价研究团队知识面窄、阅历缺乏，难以客观全面提供优质评价结果等问题。2003 年《中共中央 国务院关于进一步加强人才工作的决定》提出要建立社会化评价机制，但是到目前为止，相关的社会化人才评价缺乏政策引导和政策依据。良好的激励政策有助于吸引人才、开发人才潜能、留住人才、创造良好的竞争环境，在人才竞争日趋激烈的今天至为重要。但是至今为止，仍存在人才政策配套性不足，人才管理实施人员素质不高，管理环境改善困难，技术瓶颈依然存在等问题。如住房政策难以得到妥善执行，打折扣的地方多，工作支持方式复杂，计算机数据管理设计不全面、缺乏容错机制、反馈调整机制慢，影响人才工作和出行，政策多变影响稳定预期、限制人才放手发挥能力和工作积极性。一些政策停留在原则层面，可实施性差。

三、政策细化和执行中存在“九龙治水”的现象

强调分工化、专业化、竞争化的管理模式，存在部门立法、政出多门、碎片化管理等弊病，经过长时间的运行，成为“中梗阻”的温床。在人才政策或者别的政策领域，都是如此。在人才领域不能突破，损失尤其大。在社会主义市场经济条件下，存在不少市场不能直接解决、行政体系又暂无有效制度来解决的问题，导致问题与解决方法的错位。如果不能一体化管理，就容易造成总是缺一块的遗憾，人才的社会协调成本极高。[279]

一是多个人才专项计划之间可能出现“趋同化”现象，即可能每个部门都按自己的需求与偏好来制定相关的人才计划，缺乏协同性和交流沟通，从而导致人才政策较混乱；二是一些人才专项计划到底是短期性计划还是长期性政策，定位不太明确；三是多个人才专项计划缺乏有效的评估，运行效果到底如何也无法得到科学的评价等。这些问题反映了当前我国高层次人才专项计划存在“碎片化”现象。[280]

宏观政策变为可操作的细化政策，需多部门提供具体条款，它们的内容、

生效时间差异较大，相互制约，木桶短板情况明显，使国家人才政策和理念难以落实。例如，在对青年优秀人才的资金支持方面，由于某些严格的财务管理制度，科研经费使用困难。同时，对某些人才的生活如住房、子女入学、家庭医疗保障等支持和帮助力度不大，挫伤了部分人才的工作积极性。另外，海外引进人才的落地、签证、户籍、薪酬、医疗、社会保障、经费管理、住房、工作安排、工作条件配备，由不同部门管理，执行不同步，各部门政策也不协调，造成一些人才长期没有五险一金，家庭医保无法落实，不能享受个人借贷和金融服务，证件使用受阻，不能享受普通人可以获得的社会资源，成为某种意义的“高薪贫困”群体。[282]

四、人才引进政策缺乏公共价值内涵

（一）优惠政策功利性强，不利于科学创新和社会进步

有相当一段时间，人才引进优惠政策变化快，有机会性、领导意志性和随意性较强等现象，在人才市场不充分、管理人员对专业的国际情况或学术能力情况并不了解和缺乏细致考察的情况下，追求虚名，学习西方企业界近年来风行的“一人一议”的方法，使单位主管领导陷入艰难的人事谈判之中，造成“淘气的孩子多吃糖”，以及争待遇、争资源、争名誉、争地位的现象；在引进人才中也形成了非市场化的畸形不公，高水平的学术和科研团队难以形成，导致研究工作中出现不少低水平重复现象，对诚实奉献的社会风气产生了负面影响。[283]同时，基础科学、政府部门与企业人才是不同的，投入激励机制也不相同，不应同类化。例如，企业的人才政策鼓励了市场创新和利润创新，也推动了科技成果的转换和市场化。但对于总体科学技术的发展，特别是基础科学和社会人文的发展、人才培养、国家管理能力提升和社会正义的实现，弊大于利。在我国需要自主创新能力的时候，以功利性的方法管理高科技和人才队伍，实为南辕北辙，需要调整和改革。[284]

（二）引才政策短视

在引才政策执行过程中，工程性思维容易喜新厌旧，追求短期和时髦的政绩，没有地方竞争，引才目标不明确，按数量和种类而不是质量和使用效果评价人才工作力度，使得各地在人才引进方法上产生非理性竞争。早期的一些“百人计划”学者，放弃了很多优越的条件归国创业，没有追求行政职务者，在后续人才引进的力度和条件方面相形见绌，有很强的失落感，一些人又重新申请加入新的人才计划，大量的表格工作、资源和荣誉追求，影响了科研和教学工

作的延续性。

政策侧重于解决短期问题，而人才是百年大计，应该通过制度甚至立法来解决。一些地区吸引人才的方式并没有制度化，更没有到立法的层面，导致这些优惠条件的可持续性大打折扣。目前我国一些地区的做法是“拿来主义”指导下的急功近利做法，无法从根本上解决人才短缺问题，反而会破坏市场秩序和规律，引发过度竞争和无序竞争，尤其是在没有完善的法律法规的情况下。[285]

“人才争夺战”的爆发、升级可能会拉大地区差距。“人才争夺战”的爆发、升级容易导致富裕地区、发达地区更容易吸引人才，以致人才过剩；而欠发达地区相对不容易吸引人才，使得人才配置更加不协调，出现结构性失衡。事实上，“二元分割”的劳动力市场已经使我国劳动就业问题产生了结构性矛盾，而“人才争夺战”的爆发可能会加剧这种矛盾。同时，“人才争夺战”不应该仅依靠资源，因为资源会带来更大的不平等。资源的优先配置会产生更大的社会矛盾，引起更大的地区差异，会进一步拉大地区之间、城市之间的差距，导致更大的不协调。党的十九大报告明确指出：“中国特色社会主义进入新时代，我国社会主要矛盾已经转化为人民日益增长的美好生活需要和不平衡不充分的发展之间的矛盾。”在目前和今后的相当长时间内，我国需要做的是缩小地区之间的差距，尽量调整不平衡和不充分的发展，而吸引人才的政策和措施在这方面大有可为。[286]

（三）政策引进中重视引进轻视培养

目前我国在高层次人才方面采取“培养与引进并举”的战略措施，基于国情这是一种明智之举，但实践中我国高层次人才政策在自主培养和国外引进两方面的重视程度处于不对等状态。我国高层次人才政策体系中人才引进政策占总政策文本的12%，而人才培养教育政策仅占4%。这说明我国目前过于重视引进国外高层次人才，而轻视国内高层次人才培育的环境营造和制度创新。客观上讲高层次人才在我国确实比较奇缺，但加大力度引进国外高层次人才为我国服务既是一种战略措施又是一种权宜之计；从长远来看，我国“人才强国”战略目标的实现绝不能建立在引进国外人才基础之上，而是必须依靠自主培养教育的高层次人才，这关乎国家根本。[287]

五、人才利用低效

对人才的需求不了解，支持缺位。有的引进人才对新到环境的工作流程、生活环境、制度制约了解不足，缺乏入职培训和告知，不易融入新环境。另外，由于国内存在行政地位决定资源配置的惯性，使得千军万马争过独木桥，本土人才与外来人才在职务、资源、名声、地位、心理方面有明的和暗的竞争。必须要回答的合理问题是："你来了，我放在哪里？你的方法与我的不同，听你的还是听我的？"如果不解决好引进人才和原有权利结构的关系，又没有好的协调和处理方式，往往会造成不必要的工作阻力。另外，形象工程、资源转移、公才私用、观念差异、评价不科学、技能与需求不匹配等等复杂的因素，也都是人才政策难以落地的滞阻原因。

六、人才流通壁垒严重

各地人才政策各自为政、壁垒严重。如在京津冀人才流通中，第一，人才资源市场配置能力被隔阻。北京市实行严格的户籍管理制度，在北京居住但是无北京户口的人生活成本很高。第二，社会保障制度的地区差异让京津冀三地这方面的服务难以衔接。社会保障、医疗教育制度与户籍捆绑在一起，没有户籍的难以享受服务。例如，持有天津市户籍的人如果想到北京发展，他要选择把户籍和社会保障一起迁走，如果户籍留在天津，看病还要回去，个人和社会成本都高。外地人才不易进京，北京人才也不愿出京，怕出去了回不来。

七、人才评估体系不健全

有人才专家指出，以往人才战略与绩效管理脱节是一种通病，人才战略难以取得较好的效果，与缺少对效果的评估有直接关系。[288-289]从战略管理角度出发，人才战略规划管理应包括实施、监测、评估、反馈、调整等一系列闭环管理过程[290]，而目前我们的工作重点还主要放在规划管理的前期阶段，对后期的绩效评估工作重视不足。《国家中长期人才发展规划纲要（2010—2020年）》提出的主要任务、重大政策和重点人才工程是实施人才强国战略的重要抓手。但是，实践中我们看到，对重大人才工程、重点人才政策的评估工作尚未纳入日常工作，各地各部门在如何评估方面也未形成共识，一些重大工程存在不计成本、不计投入、不计效果的问题；一些部门人才规划相关分解负责工作存在滞后现象，部分领域的人才政策表现出碎片化的倾向，有些人才工作的推动还缺乏规划实施的整体性、协调性和配套性。从整体上看，我国人才规划实施还存在重规划、轻实施，重局部、轻整体，战略管理整合性差，缺乏监测、跟踪与效果评估的问题。[291]

第六节　城市基层治理人才理论与人才发展理论

一、加强基层治理

（一）基层治理的重要性

基层治理是国家治理的基石。基层治理现代化是国家治理能力现代化的重要体现。基层治理的大部分工作是直接面对居民群众的，同时也是琐碎复杂的。习近平总书记在湖北武汉考察疫情防控工作时指出，“要着力完善城市治理体系和城乡基层治理体系，树立‘全周期管理’意识，努力探索超大城市现代化治理新路子”。武汉大学中国乡村治理研究中心主任贺雪峰提出基层治理的三重境界：第一重境界就是为城乡基层群众提供高质量服务，基层组织要“一切为了群众”；第二重境界是提高基层治理能力，而不只是为基层群众提供服务；第三重境界则是组织群众自治。基层治理的第三重境界是最高境界[292]。

（二）基层治理的典型经验

1. 浙江省绍兴市诸暨县枫桥镇的“枫桥经验”

20 世纪 60 年代初，浙江省绍兴市诸暨县（现诸暨市）枫桥镇干部群众创造了“发动和依靠群众，坚持矛盾不上交，就地解决。实现捕人少，治安好”的“枫桥经验”。“枫桥经验”得到不断发展，形成了具有鲜明时代特色的“党政动手，依靠群众，预防纠纷，化解矛盾，维护稳定，促进发展”的枫桥新经验。

在社会不断发展进程中，“枫桥经验”也被赋予更多时代特征。枫桥经验形成于社会主义建设时期，发展于改革开放新时期，创新于中国特色社会主义新时代，经历了从社会管制到社会管理再到社会治理的两次历史性飞跃，是党领导人民创造的一整套行之有效的社会治理方案[293]。2013 年习近平总书记做出“把‘枫桥经验’坚持好、发展好，把党的群众路线坚持好、贯彻好”的重要指示。“枫桥经验”的本质特征就是以党建为引领、以人民为中心，推进自治、法治、德治相融合，提升基层治理社会化、法治化、智能化、专业化水平，集中体现了基层治理的中国方式和中国方案[294]。“枫桥经验”虽来自绍兴市诸暨县枫桥镇干部群众的实践创新，但却早已超越了地域的限制，成为全国基层社会治理领域的一面旗帜[295]。

2. 四川肖家河“三驾马车”式的社区治理创新的基层治理经验

肖家河街道在 20 世纪 90 年代初随高新区的建立而诞生，曾经一度脏乱差。

社区管理陷入“老办法不顶用，硬办法不敢用，新办法不会用的尴尬局面”[296]。街道干部、工作人员和居民群众群策群力，大胆实践，创新社区管理制度，建立了“三驾马车”式院落管理模式，取得了较好成效。“三驾马车”即：院落党组织、院落议事会、院落居民自治委员会。原来的脏乱差之处变成了现在的整洁、安全、和谐、安逸的小区。在拆除违章建筑时，他们注重“情”与“法”的融合，在实践中探索出一套独特的基层治理经验。

3. 新疆“访民情惠民生聚民心”的下沉式基层治理经验

2014 年 5 月 28 日至 29 日在北京召开了第二次中央新疆工作座谈会，会议全面总结了 2010 年中央新疆工作座谈会以来的工作，科学分析了新疆形势。习近平在会议讲话中指出，“做好新疆工作是全党全国的大事，必须从战略全局高度，谋长远之策，行固本之举，建久安之势，成长治之业”。

基层历来是矛盾问题的发源地、聚合点，是社会治理的重点、难点。2014 年，新疆维吾尔自治区在全疆各级机关抽调 20 万名干部开展为期三年的“访民情惠民生聚民心”（简称“访惠聚”）活动。自治区各级部门单位、中央驻疆单位、兵团向全区 8 668 个村、759 个队、1 985 个社区下派工作组 11 129 个、干部 74 759 名，覆盖了全疆所有的村、重点社区。2017 年自治区下发了关于健全长效机制的文件，原来为期三年的“访惠聚”活动变为现在的常态化“访惠聚”工作。驻村（社区）的“访惠聚”工作队成为维护社会稳定、脱贫攻坚、建强基层政权的重要力量。据统计，仅 2017 年一年，“访惠聚”驻村工作队累计走访群众 3 167.01 万户次，投入 5.26 亿元，慰问群众 186.29 万次，投入 13.13 亿元，为群众办实事好事 47.95 万件[297]。

新疆的南疆，因其民族、民生、宗教及社会稳定等各方面情况相互交织，基层治理难度较大。“访惠聚”工作队聚焦“1+2+5”八项工作任务，围绕社会稳定和长治久安总目标，成为加强和提升基层治理的一支重要力量。“访惠聚”工作对于基层执行国家政策、促进社会和谐、提升政府公信力方面起到了重要作用。干部们聚集村头、深入地头、坐在炕头，解决了基层亟待解决的问题，化解了社会矛盾，在治理中积极与群众互动、宣传党的政策、为民解忧、想方设法发展当地经济，使党的惠民政策逐步落地落实，打通了“最后一千米”，为新疆的社会稳定和长治久安奠定坚实基础。例如，新疆阿克苏地区乌什县前进镇托万克麦盖提村平坦笔直的柏油路直通村民家门口，错落有致的民居小院尽显特色，文化广场、国语小学、超市、理发店等配套设施一应俱全，自来水、天然气、宽带网络通到家家户户。南疆的基层治理发生了深刻的变革。截至 2019

年，全疆累计脱贫 292.32 万人、退出 3 107 个贫困村、摘帽 22 个贫困县，贫困发生率由 2014 年的 19.4%降至 1.24%。其中，南疆四地州累计脱贫 251.16 万人、退出 2 683 个贫困村、摘帽 16 个贫困县，贫困发生率由 2014 年的 29.1%降至 2.21%[298]。

在基层，地域发展的不平衡、多元的社会阶层、群众不同的价值取向等相互交织，在一定程度上阻碍了社会经济的发展，同时也成为社会治理现代化的桎梏。从“枫桥经验”到肖家河的“三驾马车”式治理再到新疆的“访惠聚”下沉式治理，都在基层社会治理方面取得了较为明显的成效。这些成绩的取得需要理论方面的创新，更需要实践，这其中人的因素不可忽视。

二、城市社区治理

（一）社区的概念、内涵及其外延

习近平总书记强调：“社区是基层基础，只有基础坚固，国家大厦才能稳固”，“社区是党和政府联系、服务居民群众的‘最后一公里’”，“社会治理的重心必须落到城乡社区，社区服务和管理能力强了，社会治理的基础就实了”。“要推动社会治理重心向基层下移，把更多资源、服务、管理放到社区。”同时也指明了社区工作者队伍建设的根本要求：“各级都要重视基层、关心基层、支持基层，加强带头人队伍建设”，“做好抓基层打基础工作，夯实党执政的组织基础，关键是要建设一支高素质基层党组织带头人队伍”，“逐步建立一支素质优良的专业化社区工作者队伍”。

社区一词源于德国社会学家斐迪南·滕尼斯（Ferdinand Tönnies）1887 年出版的《社区和社会》（又译《礼俗社会与法理社会》）一书。滕尼斯认为，社区是基于亲族血缘关系而结成的社会联合。早在 1955 年，农村社会学家希勒里（Hillery）就对社区的定义进行了梳理和归类，列出了 94 种定义。中文“社区”一词，是中国社会学者在 20 世纪 30 年代从英文意译而来，因与区域联系，故有地域的含义，强调社会群体生活建立在一定地理区域之内。这一术语沿用至今，但其定义尚未统一。许多学者认为，社区是以一定的地理区域为前提的。人们至少可以从地理要素（区域）、经济要素（经济生活）、社会要素（社会交往）以及社会心理因素（共同纽带中的认同意识和相同价值观念）的结合上来把握这一概念，即把社区视为生活在同一地理区域内，具有共同意识和共同利益的社会群体。

1998 年民政部“基层政权建设司”变更为“基层政权和社区建设司”，社区建设被纳入国家行政职能范围，明确了社区建设的总体要求、基本原则、工作步骤以及工作内容。2000年《民政部关于在全国推进城市社区建设的意见》中，对“社区”的定义是“聚居在一定地域范围内的人们所组成的社会生活共同体”。社区建设是在党和政府的领导下，依靠社区力量，利用社区资源，强化社区功能，解决社区问题，促进社区政治、经济、文化、环境协调和健康发展，不断提高社区成员生活水平和生活质量的过程[299]。

从社会学的角度看，社区是社会最基本的构成单元；从公共管理的角度看，社区则是社会治理最基本的单元之一，社区的秩序稳定、服务良好、治理合理可以形成整个社会的良好局面[300]。社区作为我国重要的基层工作部门之一，承担着落实各项基层工作的任务，是推进国家治理现代化的重要基础，也是推动经济高质量发展的重要支撑。

（二）城市社区及其治理

从我国社区建设的发展历程可以看出一个鲜明的特点，就是从强调社区的“管理”逐步向强调社区的“治理”转变。现代社区管理实质上是社区治理[301]。社区治理需要政府、社区组织、居民及辖区单位、营利组织、非营利组织等协调合作，有效供给社区公共物品，满足社区群众的多样化需求。

社区居民由原来的“单位人”转变为“社会人”。这一变化与中国的经济体制改革有密切关系。旧的计划经济体制下的福利分房不能满足居民需求，从1986年6月提出住房商品化政策到1998年逐步实行的住房分配货币化等，一系列住房政策打破了城市社区原有的社区形态、邻里关系和管理模式。社区居民在进入新的社区时彼此之间缺乏联系。购房者以货币这个简单直接而不带任何感性成分的中介物，按照购房能力、居住意愿被进行了一次新的社会整合[302]。中国大部分社区是以这种方式形成的，它不同于西方的渐进式逐步发展的过程，更不是滕尼斯所定义的“社区”（基于亲族血缘关系而结成的社会联合）。在进入新的社区后，社区居民彼此之间的关系或熟人网络需要一定的时间来慢慢建立，在建立的过程中由于彼此的生活习惯、所处行业、心理、价值观等的不同，存在一个不断试错的过程，而在这个过程中会出现很多的矛盾。在社会转型和城市化进程不断向前发展的背景下，社区里各种利益主体之间的矛盾也不断凸显出来，其复杂性、尖锐性都超出人们的预期。社区居民和物业公司之间、社区居委会和辖区单位之间矛盾交错，影响社会稳定的不确定因素也在增加。十八大以来，党中央反复强调加强基层治理，构建新型社区社会资本，党建引领，解决基层社区治理面临的问题，给百姓高质量的生活，取得重大进展。

2020年，我国60周岁及以上老年人达2.64亿人，占总人口的18.7%，其中65周岁及以上老年人口1.9亿，占总人口的13.5%。老年人口占总人口的比重呈逐年递增趋势。全国共有困难残疾人生活补贴对象1 214.0万人，重度残疾人护理补贴对象1 475.1万人。全国的城市低保对象有488.9万户、805.1万人。2020年年底，全国持证社会工作者共计66.9万人，其中社会工作师16.1万人，助理社会工作师50.7万人[303]。从以上数据中不难看出，特殊人群对社会服务的需求较大，而从事相关服务的社会工作人数明显与需求不匹配。社区工作事务繁杂，社区人少事多的现象极为普遍。我国社区发展起步晚、基础薄弱，部分社区治理方式简单落后，不能适应我国全面建设社会主义现代化的要求和步伐。

进入新时代，随着人们生活水平的逐步提高，城市社区居民对社区治理质量的要求也在不断提高，人们对城市社区的健康、和谐、稳定发展提出更高要求。因此，立足当前城市社区发展的实际，建设更加人性化的社区成为当务之急。

（三）城市社区治理中存在的主要问题

城市社区治理是一个复杂的问题。社区是城市最基层的管理单位，也是社会管理的落脚点，在社会管理体系中处于基础性地位，社区治理状况是社会管理体制改革的风向标[304]。在推进国家治理能力和治理体系现代化的进程中，城市社区建设随着城镇化建设而不断发展，城市治理水平也在社会转型和经济发展中不断地提升，但是在城市社区治理中仍然存在一些突出的问题，主要表现在社区管理行政化、社区服务体系不健全、社区居民参与社区事务程度低、社区人才队伍尚待发展等方面。

1. 城市社区治理中社区管理行政化氛围浓厚

主要表现为：社区居委会行政化、工作方式机关化、行政事务膨胀化[305]。我国目前的行政区域划分如下：全国分为省、自治区、直辖市；省、自治区、直辖市分为乡、民族乡、镇。根据《中华人民共和国宪法》第一百零七条，县级以上地方各级人民政府依照法律规定的权限，管理本行政区域内的经济、教育、科学、文化、卫生、体育事业、城乡建设事业和财政、民政、公安、民族事务、司法行政、计划生育等行政工作，发布决定和命令，任免、培训、考核和奖惩行政工作人员。因此，县级政府是职能完整的基层政府，是与基层群众接触较为直接的一级政府。但是在实际工作中，与群众联系更为紧密的是街道、社区。特别是社区，它是党的方针政策与人民群众零距离接触的地平线[306]。个别地方强化街道办的职责，并将居委会也纳入行政管理，形成了“两级政府、三级管理、四级网络”的社会管理格局，削弱了社区的自治功能[307]。

2. 社区服务体系不健全

社区服务体系，是指以社区为基本单元，以各类社区服务设施为依托，以社区全体居民、驻区单位为对象，以公共服务、志愿服务、便民利民服务为主要内容，以满足社区居民生活需求、提高社区居民生活质量为目标，党委统一领导、政府主导支持、社会多元参与的服务网络及运行机制。[308]2016 年由国家 16 个部、委、办、局联合印发的《城乡社区服务体系建设规划（2016—2020 年）》（民发〔2016〕191 号）中将社区服务体系建设分解为 6 项重点任务，即加强城乡社区服务机构建设、扩大城乡社区服务有效供给、健全城乡社区服务设施网络、推进城乡社区服务人才队伍建设、加强城乡社区服务信息化建设、创新城乡社区服务机制。[309]

3. 社区居民参与社区事务程度低

社区自治是社区治理的基础。[310]2000 年 11 月，中共中央办公厅、国务院办公厅转发《民政部关于在全国推进城市社区建设的意见》。文件指出，社区建设的第四条基本原则为“扩大民主、居民自治。坚持按地域性、认同感等社区构成要素科学合理地划分社区；在社区内实行民主选举、民主决策、民主管理、民主监督，逐步实现社区居民自我管理、自我教育、自我服务、自我监督”。“社区居民委员会的成员经民主选举产生，负责社区日常事务的管理。社区居民委员会的根本性质是党领导下的社区居民实行自我管理、自我教育、自我服务、自我监督的群众性自治组织。”然而，在实际工作中，社区居委会承担的大部分工作是政府的行政工作，社区居委会给居民的印象是办理各种证明、审核等。在相当长的一段时间内，社区居民参与热情不高，参与程度低。

4. 社区工作人员定位与职责不明晰，社区人才队伍尚待发展

社区人才队伍是基层社会治理的重要主体[311]。社区的工作繁杂琐碎，直接面对居民群众的各种诉求。每个社区几十个工作人员面对的是成千上万的居民，由于社区工作人员有限，因服务不到位或不及时与居民的冲突、口角时有发生。社区工作者长期疲于应对繁重的工作，导致社区服务质量不高。社区工作无小事，社区工作者承担着巨大的责任，但没有从法律和行政层面获得对等的权力。一些基层干部面对社区急、难、险、重任务时，限于职责权限不能及时处理，只能上报公安、民政等其他部门，或协助相关部门开展工作，形成“能管的管不着，该管的管不了”的局面。社区人才配备不足，定位与职责分工不明晰，

社区人才队伍不够专业等问题依然存在。

三、人才驱动城市社区治理

随着我国城镇化建设的不断推进，大量人口涌向城市。随着改革开放的不断深入，人民群众的需求也在不断升级。人民群众期盼有更好的教育、更稳定的工作、更满意的收入、更可靠的社会保障、更高层次的医疗卫生服务、更舒适的居住条件、更优美的环境、更丰富的精神文化生活，这就对城市管理提出了更高要求。而城市管理水平的高低，取决于干部素质的高低[312]。大量外来人口和农转非居民进城，为城市社区治理带来了挑战。社区目前的工作者队伍和人员素质，远远不能满足居民的生产生活需求。造就一支结构合理、素质优良的社区人才队伍，是建设社会主义和谐社会的迫切要求，也是实现国家治理体系和治理能力现代化的要求。

我国非常重视城乡社区服务人才队伍的建设。2000 年，中共中央办公厅、国务院办公厅转发的《民政部关于在全国推进城市社区建设的意见》中提出，逐步建立社区工作者队伍。要采取社会公开招聘、民主选举、竞争上岗等办法选聘社区居委会干部。2006 年《国务院关于加强和改进社区服务工作的意见》中提出，加强社区服务工作队伍建设。加强对社区服务的理论研究，鼓励有条件的大专院校和培训机构开设社会工作专业、社区服务课程，培养专业人才。2011 年国务院办公厅印发《社区服务体系建设规划（2011—2015 年）》，提出建立一支以社区党组织和社区自治组织成员为骨干，以社区专职工作人员为重点，以政府派驻人员、其他社区服务从业人员和社区志愿者为补充的社区服务人才队伍。提出积极推进社区服务人才队伍专业化、职业化，细化和加强社区服务工作队伍建设。2010 年，中共中央、国务院印发《国家中长期人才发展规划纲要（2010—2020 年）》，要求把城乡社区服务人才队伍建设纳入当地人才发展规划，引导优秀人才向城乡社区服务领域流动。2016 年民政部等印发《城乡社区服务体系建设规划（2016—2020 年）》，指出拓宽城乡社区服务人才来源渠道，积极开发城乡社区专职工作岗位，鼓励高校毕业生、退役军人、返乡农民工等优秀人才到城乡社区工作，加大社会工作者等专业人才使用力度，力争到 2020 年，每个城乡社区至少配备一名社区社会工作者。2017 年《中共中央　国务院关于加强和完善城乡社区治理的意见》中，要求加强社区工作者队伍建设。将社区工作者队伍建设纳入国家和地方人才发展规划，地方要结合实际制定社区工作者队伍发展专项规划和社区工作者管理办法，把城乡社区党组织、基层群众性自治组织成员以及其他社区专职工作人员纳入社区工作者队伍统筹管理，建设一支素质优良的专业化社区工作者队伍。

（一）社区人才理论

“人才”一词出于古老的《易经》“三才之道”，即孔子及孔门弟子的《易传》讲“《易》之为书也，广大悉备。有天道焉，有人道焉，有地道焉。兼三才而两之，故六。六者非它也，三才之道也”。

人才的概念很丰富，不同国家、不同时代对人才有不同的表述。2010年《国家中长期人才发展规划纲要（2010—2020年）》中，关于人才的表述是：具有一定的专业知识或专门技能，进行创造性劳动并对社会作出贡献的人，是人力资源中能力和素质较高的劳动者。人才是我国经济社会发展的第一资源。蓝志勇、刘洋等学者对人才的表述是：在一定社会条件下，具有一定的价值理念、天赋或心理性格特质、专业知识或专门技能，能进行创造性劳动并能够对社会作出较大或独特贡献的人。英国特许人事发展协会对人才的界定是：人才是指那些通过他们的直接贡献，或在长期工作中展示的潜力，对组织有特殊价值、对组织绩效有所作为的人[313]。

社区是城市最基层的管理单位，也是社会管理的落脚点，在社会管理体系中处于基础性地位[314]。社会管理要在基层实现其目标，就必须在社区层面推动政府与社会的良性互动，以社区治理作为抓手。社区治理的最终目标是改善环境。改善社会环境将有利于形成社会环境、人才技术与资本、经济发展之间的良性循环，最终实现社会与经济的同步和互动发展[315]。社区治理要取得成效，就需要一支“结构合理、素质优良的社区人才队伍”。人才资本是经济社会发展的最大资本，人才资源是基层社会发展的根本动力，人才政策导向是基层人才建设的指挥棒。[316]社区人才队伍在提高社会服务水平、解决群众困难、化解社会矛盾等方面作用日益显现[317]。

1. 我国社区人才队伍的主要构成

2011年国务院办公厅印发的《社区服务体系建设规划（2011—2015年）》中提出，要扩大社会服务人员的来源渠道，鼓励党政机关和企事业单位工作人员到社会帮助工作，鼓励大中专毕业生、复转军人、社会工作人员等优秀人才到社区工作，优化社区服务人才结构。目前，我国社区服务人员由公务员、事业编制人员、退役军人、公益岗、大学生（村干部）、临时聘用人员、直接民主选举、街道任命人员等构成。

2. 社区人才概念

社区工作者面对的是整个社区的居民，面对各种矛盾、冲突，要及时发动群众、做好宣传，要通过专业的技巧和方法对社区事务和人际关系进行有效有序的协调，使社区保持健康的状态和良性发展。社区治理关键在人[318]。在国家出台的各种文件中，并未出现“社区人才”这个概念，大部分文件中出现频率最高的一个词是“社区工作者队伍”。在研究社区治理的文献中还出现了“社区社会工作者”“社会工作者”。在《中国社区治理创新研究报告（2015）》中，对“社区社会工作者”给出了定义，即社区社会工作者（community social worker）是指在社区中运用一定专业技巧和方法，进行社会救助、矛盾调处、权益维护、心理辅导、青少年服务、司法矫正等服务工作的专门人才[319]。

由于社区工作的上述特点，社区治理需要一支能够动员社区各种资源、争取内外力协助解决问题或预防社会问题，从而达到改善和调整社会关系的社区人才队伍，这样才能做到矛盾、问题在基层解决不上交。优秀的社区社会工作者应当纳入社区人才队伍建设。2003 年 12 月《中共中央　国务院关于进一步加强人才工作的决定》指出：人才存在于人民群众之中。“社区人才”是指热爱社区工作，不唯学历、职历、资历、身份，具有某方面的专长或能力，能够解决和满足社区群众的诉求，能够得到群众的支持与信任的人。

（二）当前我国社区人才队伍建设存在的主要问题

1. 社区承担较多行政工作，责权利不匹配

根据《中华人民共和国城市居民委员会组织法》第二条，居民委员会是居民自我管理、自我教育、自我服务的基层群众性自治组织。居民委员会协助不设区的市、市辖区人民政府或者他的派出机关开展工作。但实际情况是，社区承担的工作事项大部分是街道或部门的行政工作。社区不只要协助部门完成工作，还要具体操作和执行，而同时相应的法规依据、职能、权利却没有明确，责权利不匹配。

2. 城市基层治理面临留人难的困境

首先，社区缺乏吸引人才的平台。尽管国家出台了大中专毕业生到社区工作的政策，但是，一部分毕业生认为在社区工作没有前途，上升空间有限，仅将社区作为职业跳板。其次，我国城市社区现阶段的发展水平没有很好地吸引社区工作的专业人才。大部分新到岗社区服务人员缺乏专业的社区工作理论知

识和实践经验，且社区工作的专业培训较少，使得社区人才队伍整体素质较低。美国心理学家库尔特·勒温（K. O. Lewin）认为，人的行为随着人与环境这两个因素的变化而变化。如果社区的环境不利于或者不能满足人才成长和发展，他们的能力就很难发挥出来。当个人的能力不能改变环境，那么离开这个环境转到一个更合适的环境中工作是较好的办法。

3. 社区人才队伍专业性较低

随着我国工业化、信息化、城镇化、市场化、国际化进程逐步加快，我国的城乡基层社会也在发生深刻的变化，社区服务体系面临巨大挑战。在社会转型、企业转制和政府职能转变的形势下，越来越多的“单位人”成为“社会人”，大量政府社会管理和公共服务职能向社区转移，社区居民的服务需求日趋个性化、多元化，社区的“兜底”功能作用日趋显现[320]。但目前的社区人才队伍整体的专业性水平较低。一方面，社区工作者所追求的并不是看得见、摸得着的产值的提升、利润的获得，而是触及心灵深处的、使工作对象在思想和行为上产生积极变化的一种活动[321]。困难救助、矛盾调处、心理疏导、行为矫治、关系调适、应急处置、人口计生等工作都需要专业化的社区人才队伍。另一方面，社区人员来自各行各业，有的是刚毕业的大学生，缺乏生活阅历和工作阅历，缺乏专业技能培训，在遇到比较棘手的工作时缺乏分析问题、解决问题的经验或方法，会产生畏难情绪，工作的积极性、主动性不高。

4. 社区人才薪酬待遇偏低，激励机制不完善

和承担的工作量相比，社区工作人员的待遇偏低。社区工作人员的自我认可度、满意度和成就感不高。职业发展提升空间有限，稳定的制度性激励要素不足，社区留不住人。社区服务工作涉及的专业技能种类较多，对专业社区人才的需求也越来越大，应最大限度激励社区人才发挥各自的技能优势、管理优势等，使社区服务、社区建设能够更好地运转起来。

5. 社区人才流动性大，影响社区服务质量

在基层，人才的占有率较低，薪酬待遇偏低不仅不会吸引各类人才到社区工作，还会加剧原有人才的流失。社区人才流失严重，社区人才队伍不稳定，缺乏创新性管理人才，导致社区建设难以改革创新。美国科学史研究者罗伯特·莫顿（Robert K. Merton）提出“马太效应”这个术语。马太效应指一种强者愈强、弱者愈弱的现象。就人才流动来看，占有人才越多的地方对人才的吸引力就越大。在基层，尤其是在社区，人才占有率越低对人才就越没有吸引力。

居民群众尤其是老年人倾向于和自己熟悉的社区服务人员沟通，办理事务。社区人才的频繁流动，会加剧居民群众对社区的不信任感和距离感。

四、如何发展基层治理人才

对社区人才的管理也是社区治理的一部分。面对社区人才缺乏、专业化水平低、人才队伍不稳定的现实情况，在坚持党管人才的原则下，加大对社区人才的培养力度，完善激励制度，制定科学的评价机制，多措并举，“提高社区工作质量，增强社区活力，使人才能进得来、留得住、立得稳、长得大”[322]。

（一）坚持党管人才的重要原则

党管人才是人才工作的重要原则。坚持党管人才，发挥基层党组织和党员干部模范作用。[323]2003 年 12 月，中央召开全国人才工作会议，出台了《中共中央、国务院关于进一步加强人才工作的决定》，正式确立了党管人才原则。2010 年《国家中长期人才发展规划纲要（2010—2020 年）》中提出要完善党管人才的领导体制，创新党管人才方式方法。2012 年 8 月 6 日，中央办公厅印发《关于进一步加强党管人才工作的意见》，进一步明确了加强党管人才工作的重要意义。党的十九大报告再次强调要坚持党管人才原则，聚天下英才而用之。基层政权是国之根本。党的十九大为基层政权和社区建设工作提供了新的指导思想。社区成立的网格党支部在社区党总支（党委）的领导下开展支部活动，以基层组织建设为抓手，发挥党员干部模范带头作用，加强党的群众工作路线。它把党管人才的制度优势转化成社区治理效能，形成良好的社区环境，创造引才动力。社区党总支领导下的网格党支部，其党员为居民党员。这些居民党员大多是行政事业单位的干部职工、教师、企业的退休干部、退役军人等，有的在离退休前就担任过领导职务，通过支部活动将这些群体凝聚在社区，继续发挥余热参与社区治理，营造良好的社区建设氛围。良好的组织气氛能使社区留人和社区治理方面处于良性循环状态。

（二）建立健全社区人才培养制度

作为社区建设的重要参与主体，以及党和政府维护基层稳定的重要支持力量，社区工作人才的培养必须坚持以人为本、按需施教、学以致用的宗旨，在培养理念上坚持实事求是、与时俱进。[324]社区工作涉及的专业领域和专业技能较多，如在社会福利、社会救助、慈善事业、社区建设、婚姻家庭、精神卫生、残障康复、教育辅导、就业援助、职工帮扶、犯罪预防、禁毒戒毒、矫治帮教、人口计生、纠纷调解、应急处置等领域都需要社区提供专业服务。因此，应当分类、分级地对在职人员进行培养。

马尔科姆·诺尔斯（Malcolm S. Knowles）在其成人教育理论中对成人教育的特点做出了五个假设：第一，具有独立的自我概念，能够指导自己的学习；第二，积累了丰富的生活经验，这些经验是其后继学习的资源；第三，具有学习需要，这些需要与改变自我的社会角色密切相关；第四，以问题为中心，希望能立即运用自己所学的知识；第五，学习为内在动机所驱动，而非外在因素[325]。社区人才作为成人，在培养时可以参照诺尔斯成人理论的这些假设，结合脱产培训、集中培训、专项能力培训、座谈交流、实地考察学习等多种方式灵活开展。

（三）完善社区人才激励制度

1959 年美国心理学家弗雷德里克·赫茨伯格（Frederick Herzberg）提出著名的双因素理论，也称“激励-保健理论”。传统理论认为，满意的对立面是不满意，而双因素理论认为，满意的对立面是没有满意，不满意的对立面是没有不满意。赫茨伯格将影响人的工作行为的因素分为激励因素和保健因素。保健因素能消除不满情绪，维持原有工作效率，但不能激励其更积极地工作。激励因素包括成就、赞赏、工作本身的意义及挑战性、责任感、晋升、发展等。这些因素如果得到满足，可以使人产生很大的激励，若得不到满足，也不会像保健因素那样产生不满情绪。可见，适当的激励可以更好地激发人的工作积极性。

对社区人才的激励，一是提高待遇，探索符合社区工作的工资递增制度。社区工作人员需要一定的积累才能在处理繁杂的工作时拿捏恰当、如鱼得水。而现实情况是考入或招录进社区的部分工作人员，经过几年的工作即通过各种方式跳槽到工资水平更高的岗位。合适的工资递增制度从一定程度上可以留住这些人才。二是解决社区人才的编制问题。社区工作人员要全身心投入到社区工作中须有一个稳定、长远的职业发展空间，进入体制内有助于解决其后顾之忧。三是给予社区工作人员更多的尊重。社区工作人员凭着服务热情和奉献精神为居民群众服务，但有时却得不到居民的理解甚至会受到个别居民的恶言冷语，应在社会营造尊重人才、尊重他人劳动的氛围。

（四）科学制定社区人才评价机制

对社区人才应当以社区工作独有的内容进行评价。《中共中央　国务院关于进一步加强人才工作的决定》指出：在人才评价中坚持走群众路线，注重通过实践检验人才。社区人才不是管人的，但是需要经常和各种各样的人打交道。

社区治理工作需要一定的理论基础，但对实践能力的要求更高，需要专才加通才。社区治理工作的特殊性决定了社区人才应具备的能力和知识结构。社区人才应具备的素质有很多，如：要有为民服务的情怀、高尚的品德、较强的能力素质（包括抗压能力、应急处突能力、组织协调能力等）、充分的专业知识储备（包括法律基础知识）、较强的人际沟通能力、足够的耐性等。因此，要完善社区人才评价手段，提高社区人才评价的科学水平。

第四章

城市空间治理理论

第一节 空间治理理论

一、空间、空间生产与空间治理

空间治理源于城市治理，但内涵上不局限于城市治理。[326]21 世纪的城市化已经在跨边界的经济要素流动下突破区域和国家的界限，形成城市之间的经济网络和众多“在空间权力上超越国家范围、在全球经济中发挥指挥和控制作用的全球城市”[327]。这些现象都要求从传统城市治理的基础上抽象出空间治理的概念，从更广的空间范围和更深刻的社会变革角度理解空间和人类活动的关系。

从地理学和城市规划角度理解，空间治理（spatial governance）是指“对（城乡区域）空间资源、要素的使用、收益、分配的系统协调过程”[328]。

对“空间”的认识有一个演进的过程。第二次世界大战以前，以赫特纳（Alfred Hettner）、哈特向（Richard Hartshorne）为代表的区域学派[329]和以帕克（Robert Park）、伯吉斯（Ernet Burgess）为代表的芝加哥学派[330]都将空间视为“被填充的容器”[331]，关注空间区位的作用。20 世纪 50 至 60 年代，随着数学工具被运用在空间研究中，实证主义和空间分析学派迅速发展[332]，并将空间作为一种生产要素，通过将距离、规模等变量纳入模型，揭示空间中的循环因果效应。从 20 世纪 70 年代开始，围绕战后空间重组的现实背景，列斐伏尔（Henri Lefebvre）、大卫·哈维（David Harvey）、爱德华·苏贾（Edward W. Soja）、卡斯特尔（Manuel Castells）等继承和发展了马克思主义的空间理论，认为空间不仅有前人认为的物质属性，同时具备社会属性[333]，是生产资料、消费对象，还是政治工具、阶级斗争的介入[334]，从而开始对空间资本化现象进行深刻批判和反思[335]。

起源于新马克思主义地理学和城市学派，都市马克思主义存在双重主题：一是城市被界定为一个固定的地理区域或相应规模的人口定居地；二是在现代性中揭示城市中的社会现象和城市组织发挥的作用[336]。核心概念是“空间生产”（spatial production），含义是资本、权力、阶级等政治经济要素对城市空间的再造，使城市空间成为其介质和产物的过程[337]，在此过程中，空间被纳入现代资本主义生产模式，用来生产剩余价值[338]。

法国思想家列斐伏尔在晚年由对日常生活的批判转向了对资本主义的空间批判，开启了马克思主义空间研究的理论传统[339]。他在 1968 年发表了第一部空间研究的著作《进入都市的权利》。1974 年出版的《空间的生产》把马克思的社会历史辩证法改造为“空间辩证法”。与自然物组成的“第一自然”相对，列斐伏尔把空间比作“第二自然”，认为空间性来源于人类有目的的劳动，并在社会中得到具体化[340]。

大卫·哈维是美国马克思主义地理学的领军人物，也是晚期马克思主义的代表人物[341]。哈维承袭了社会化的空间视角，他提出“空间和空间的政治组织体现了各种社会关系，但又反过来作用于这些关系”，“工业化，曾经创造了城市化，而现在却为城市化所创造”；[342]“时空是由社会构造的”，不同的经济、社会、政治组织和生态环境下的社会“生产”出迥异的时空观念[343]。哈维关注资本集中和资本循环在城市空间生产中的作用[344]。

卡斯特尔的空间理论被分为两个阶段。早期的城市空间理论继续发展马克思主义的空间研究，将空间视为社会的物质性表达[345]。后期的流动空间理论把社会中的支配和被支配关系建立在网络中，个体在网络中现身或缺席，以及单个网络相对于其他网络的动态关系，都是社会中支配和变迁的根源。因此，占据全球流动节点和中心位置的全球城市在世界范围内具有最直接的影响力。[346]

二、空间治理的表现形式

从空间的尺度上划分，分别有区域和全球的、城市内部的空间治理。在不同尺度上，空间问题的表现形式不同，导致空间治理的形式发展不同。

区域和国际的空间问题框架来源于要素所有的领土性和要素分配的流动性之间的张力。其一，哈维等认为相对剩余价值来源于有特殊优势的区位[347]，因此资本主义必然在全球范围内组织生产，从而赋予每个区域价值链上的固有位置和时空惯性，产生地理上的不平衡。其二，经济要素的分散化反而增加了管理和共时性的要求，纽约、伦敦、东京等全球城市管理和控制全球网络的能力应运而生，但这样的空间形态变化最终也会带来社会和经济两极化趋势[348]。其三，生产性价值在发生地理转移的同时塑造了本地建成环境和社会基础设施的空间格局。[349]总而言之，地理不平衡、核心-边缘问题、价值的地理转移构成了全球尺度空间治理的核心问题。[350]

都市问题在新马克思主义传统中既是资本主义生产的上层建筑，也因为其空间生产性成为生产力和生产关系的一部分[351]而受到特别关注。城市化的过程就是城市空间生产和空间垄断不断积累的过程，通过不断创造和生产出新的空间场所来推动城市的蔓延。[352]城市对于增加或阻碍生产力发展能起到决定性的作用，这就使空间治理直接扩展到政治问题[353]。我国城市在空间治理中存在的主要问题有：大量金融资本投入城市空间环境生产领域带来的空间生产过度、要素的空间配置失衡、城市空间分化、公共服务投入不足等[354]。萨森（Saskia Sassen）

认为空间治理中的城市研究应该包含三个问题：一是该城市包含和创造着什么类型的全球化循环回路；二是成为全球城市给城市本身带来的影响；三是如何描述新的“城市使用者”[355]。

基于空间治理的概念起源，我们必须要关注社会和空间的互动关系。从这种双向角度划分，一方面是空间对社会的影响，另一方面是社会对空间的形塑。列斐伏尔和哈维都描述了空间与社会的辩证关系。空间既不是起点也不是终点，而是与社会生产关系的再生产联系在一起[356]，不同的社会“生产了”不同的时空观念[357]，就像曾经创造了城市的工业化现在却也为城市化所创造一样[358]。

一方面，空间对社会生活有反映、回应和反馈。其一，“空间的支配反映了个人或强大的团体如何支配空间的组织和生产以便对距离摩擦或他们本人和他人占用空间的方式行使更大程度的控制”。[359]其二，空间建成环境能历史性地体现社会变迁的轨迹，将当前社会的形态、体制、结构物理地凝结在空间产品中。[360]另一方面，人类通过生产力的运动和生产方式的发展对空间展开生产性重构，如城市化带来的城乡迁转的空间建构，社会分工深化产生的城市空间格局、全球区域格局的变化，阶级、民族、性别等在空间的分异。[361]

第二节　城市与空间正义

一、空间正义及其相关概念

空间正义是现代城市空间治理的重要目标。美国城市地理学家苏贾（Edward W. Soja）观察到资本主义在 20 世纪 70 年代发生的“空间转向”：在广泛的城市化和深入的全球化中成型的空间组织开始被认为是“对人类行为、政治行动和社会发展最有影响力的因素”[362]。在战后西方国家的城市社会运动和 20 世纪 60 年代以来在各发达国家蔓延的城市危机的共同作用下，空间和地理的不平衡、非正义问题浮出水面，结合新马克思主义空间理论传统，开启了三个流派对空间正义的讨论[363]。

第一个流派在广义上关注社会和空间互动过程更加平衡的辩证关系。苏贾提出了“空间性”（spatiality）理论，并尝试使用“空间性”概念取代“空间”概念，以便能够更加准确地表达后现代意义上的社会空间本身，使社会空间的概念化进程从传统的二元空间论走向三元空间论。在考察了前人关于空间性理论的基础上，他提出了“社会生活的空间性”（spatiality of social life）理论，认为“空间性是一种社会产物，并且是社会生活的物质构成与结构化不可分割的一部分”。这一理论的重构过程从走出传统空间观的错觉困境开始，围绕空间的社会生产的去神秘化和政治化展开，将空间性概念纳入历史唯物主义的理论视域中，意在使用空间性的历史唯物主义话语实现概念化、理论化的目标[364]。

第二个流派以哈维的“领土正义”观点为起点。哈维考察了罗尔斯的理论，摒弃了对结果正义的强调，更加关注过程和分配正义，他认为非正义进程必然导致非正义结果[365]。随着世界各地深入参加资本主义经济体系的分工，要素和收益在各地之间的不平衡分配使得正义的生产成为一个内在的地域问题，因此要设计一种空间形式，以使得最不幸地区的前景最大化，让空间组织和区域性的资源分配能够满足当地人的基本需求[366]。

第三个流派源自列斐伏尔的“城市权”（city right）概念。在庆祝《资本论》第一卷发表 100 周年之际，列斐伏尔首次提出“城市权”的概念，该概念后来在《空间的生产》中得以拓展。[367]他认为其包括两个方面，一是使用者有权利表达他们在城市中活动的空间和时间的观点，二是任何使用者都有使用城市中心地区和特权地区，而不是被“边缘化”的权利。哈维总结为“一种按照居民的愿望改造城市，同时也改造居民自己的权利”。[368]城市权的实现依赖于城市化过程中集体力量的运用，因而城市权是一种属于城市居民集体的权利，所以城市权的学者特别关注城市中工人、移民、少数族裔、弱势群体的权利，如 2004 年的《世界城市权宪章》所宣扬的，“城市是一个隶属于全体居民的富有的多元文化空间……（每一个人都）享有城市权，不因性别、年龄、健康状况、收入、国籍、种族、移民，也不因政治、宗教或性倾向，更不因保留的文化记忆与认同而受到歧视”。[369]

基于城市权理解的空间正义概念是在城市场域中的具体表达，更贴合城市治理的需求，因此也成为最被频繁使用的空间正义范畴，在某种程度上城市权已经成为空间正义概念在当代的代名词[370]。进入 21 世纪以来，空间正义的词汇开始在各种语境下被广泛使用并不断拓展其应用场域，如有学者讨论了社会主义国家的城市权关注特定社会群体的权利，如老人和妇女的工作条件、文化状况、城市居住条件等[371]。总的来说空间正义要求保护与空间相关的权利，“包含城市权利理念以及相关的差异和抵抗的权利”[372]。

20 世纪 70 年代空间理论化的过程中空间正义有其特殊的语境，它指城市乡村规划、建设等空间生产的过程与结果应具有正义向度，社会成员能够相对自由、平等地享有空间权益，不受支配地进行生产、交换、分配和消费空间的理想状态[373]。国内对空间正义的研究经历了从“什么是空间正义”，到“中国存在哪些空间非正义现象及原因”，再到“如何利用空间正义理论解决空间非正义问题”的历程[374]，将在空间治理中实现社会正义目标作为空间正义的旨归。

二、城市空间非正义的表现形式

城市发展是各种形式空间的生产与再生产过程，集中体现为空间资源的生产与分配[375]，因此城市是空间要素分配最密集、冲突最显著的场域，也是资本主义“空间转向”的重要推动原因。20 世纪 90 年代以来，中国也加速进入超大规模全球化和城市化浪潮中，社会空间的激烈重建引发城市经济社会要素供给和分配冲突加剧，城市的空间非正义问题逐渐凸显。如卡斯特（Manuel Castells）所说，“空间不是社会的拷贝，空间就是社会”[376]，空间的非正义就是社会非正义在空间要素分配和布局上的展现。

在经济空间方面，以物质资料占有为核心的经济权利是城市权利的基础。在古代，拥有一块土地是市民的身份证[377]，现代城市市民的城市权利并不完全依赖土地，而变为在雇佣关系和市场经济中产生经生产与交换形成的物质资料积累和城市居住权获得。中国城市在经济空间中的非正义现象主要表现为城乡之间、区域之间的要素流动壁垒和发展差异，以及城市内部的空间分异。表现在城乡之间是两个主体发展差距不降反增，城市扩张在侵蚀乡村土地的同时对乡村各类经济要素产生了巨大的虹吸效应。表现在区域之间是大城市的区域极化效应更加显著，一边是大城市巨大的人口压力，一边是中小城市的空心化和衰落。表现在城市内部是以地租和经济收入为基础的空间分异。以北京的公租房小区为例，只有 5%的配建是和商品房处于同小区、同楼栋的[378]，更多的是人为设计的一个社区中商品房和公租房的空间隔离。

在政治空间方面，列斐伏尔曾将城市的政治权利分为“参与”和“占用”两部分[379]。参与的权利是指城市居民参与城市空间生产的构想、设计和执行等环节的权利。占用的权利是指城市居民在城市中展现自身并获得关注的权利。20 世纪的城市社会运动诉求尚停留在反抗非法占有土地，进入 21 世纪，西方国家的城市社会运动变得更加组织化，抗争诉求也从对私人空间的占有转向更为普世的公共空间民主化的推进[380]。在当代中国城市中，城市的政治权利对居民来说是平等享有居住权的可获得性和公共事务的参与性。户口制约了从社区中获得社会资本和邻里交流的程度，外来移民会将社区看作工作的地方，而不是居住的地方[381]，缺少自发融入社区的意愿，没有本地户口的子女在入学和升学过程中也会遇到重重障碍；政治性的空间权利对城市来说是由行政级别决定的一系列空间资源的占有，在中国的语境中也被称为“行政中心偏向”，即政府在权力和资源配置、制度安排等方面，偏向于行政中心尤其是行政等级较高的城市。

在社会空间方面，居民在城市拥有基本权利的同时，也因为福利和权利的相对差异产生各种形式的“驱逐”（expulsion），这是城市非正义在社会领域的表现。萨森认为，今天世界社会经济和环境领域的“去场所化”（dislocation）不能简单地用通常被认为的贫困和不公平解释，而应被理解为从职业生活，从生活场所，甚至从生物圈的某种形式的驱逐[382]。福利权益享有人群和福利权益被剥夺人群之间的区隔日益严重，并且这一趋势在目前条件下可能难以扭转[383]。在人民社会保障方面，我国虽已实现了社会保障体系的全面覆盖，但城乡之间、区域之间、职业之间在获得社会保障的质量和数量上仍然存在巨大差异。学校、公园、交通等基本公共服务设施仍然与经济收入水平挂钩[384]，“新城市贫困”意味着贫困群体不仅收入低，在住房、公共服务、居住环境等方面都处于不利地位[385]。

在文化空间方面，现代城市在实现居住和经济权利之外，更要充分发展各种文化、各种人群的“多样性和他们各自的特性”[386]。而全球化和城市化是一种“整齐划一”的进程，过度商业化和过度标准化使城市空间失去个性和多样性[387]。中国在近四十年中经历了大规模的城市建设和旧城改造，建筑的同质化带来的是人的同质化和原子化，逐渐形成一种围绕生产进行的由陌生人组成的城市文化。

在生态空间方面，霍华德（Ebenezer Howard）曾在“田园城市”构想中提出，充分尊重生态环境权利，建构一种兼备城市与乡村两种便利的田园城市（garden city），能够使人的生态权利与经济社会政治权利等得到充分实现[388]。然而，现代城市的发展往往以牺牲居民生态环境权利为代价。大片的土地和水资源正处于“死亡”状态——化学物质的滥用导致土地不堪重负，各种污染导致水资源因缺氧而“死亡”。而位于郊区或欠发达地区的更多土地和水资源需要被征购，以此来替换那些已经“死亡”的土地和水资源[389]。在一些大城市中，邻避效应引发的群体性事件日益引发关注，在政府未安排居民搬迁却在特定区域规划布局垃圾焚烧发电站等邻避设施的情形下，邻避设施周围的居民就需要承受生活空间环境质量迅速贬损的社会成本[390]。

三、城市空间正义的实现机制

我国城市空间正义的实现要依赖经济建设、政治建设、社会建设、文化建设和生态文明建设“五位一体”总体布局，实质是解决以上维度的资源控制和城市权利获得之间的紧张关系[391]。

在经济向度中，要通过合理布局城市体系和城市群空间格局，构建大中小城市和谐共生、互利共赢的合作格局，为要素跨行政区流动和平衡布局扫清体制机制障碍；统筹城乡发展，因地制宜开展乡村振兴，提升乡村产业质量，创新发展方式，营造城乡双向互动态势；在城市内部要提高城镇化发展的质量和效益，发挥经济建设在提供高质量城市生活、完善城市空间基础设施方面的作用，减少城市贫困。

在政治向度中，核心是保障居民在城市治理中的参与和空间发展机会。以居民自治和社区赋权为抓手鼓励居民参与社区公共事务，承担公民责任。建立多样化的利益反馈渠道，特别是要平衡城市发展与居民权利之间的关系，引导利益相关者有效参与城市空间规划决策[392]。

在社会向度中，城市治理要着力改善公共服务可及性不足、社会保障差异性问题，试点在城市群内部统一社会福利政策和实行社会保障互认；纳入第三次分配机制，鼓励社会力量参与城市群建设和城市治理，积极培育社会资本；坚持城市公共空间的公益性，避免过度资本化[393]。

在文化向度中，保存城市记忆和历史文化传统，将城市发展和旧城保护结合起来；发掘城市文化特色，因地制宜提升城市空间规划和布局的人文性；为居民文化活动打造公共空间，鼓励支持大众文化。

在生态向度中，围绕“双碳”目标构建绿色发展机制，城市产业、城市建筑、城市生活方式等都要体现可持续发展理念，推进节能环保；增加城市公共绿地和绿化设施覆盖率，建设人与自然和谐相处的宜居空间。

5

第五章

人才以及人才发展的空间布局

城市群在有限的地理空间中集聚了大量的人口、资源、资本，发育出复杂的经济和社会形态。城市群内的城市在竞争与合作的张力下，构成了城市群层面的文化、经济、社会、历史、生态特点，成为区域发展的引擎，充当着区域间合作与竞争的重要力量。作为影响城市群发展的主要变量，城市群的人才特征与城市群是否能可持续、高质量发展，存在密不可分的关系。2021 年 9 月 27 日召开的中央人才工作会议上，习近平总书记指出："我们比历史上任何时期都更加接近实现中华民族伟大复兴的宏伟目标，也比历史上任何时期都更加渴求人才。实现我们的奋斗目标，高水平科技自立自强是关键。综合国力竞争说到底是人才竞争。人才是衡量一个国家综合国力的重要指标。""综合考虑，可以在北京、上海、粤港澳大湾区建设高水平人才高地，一些高层次人才集中的中心城市也要着力建设吸引和集聚人才的平台，开展人才发展体制机制综合改革试点……"[394]完善城市群的人才体系建设机制，建成高水平人才高地，不仅事关城市群自身发展，也关乎国家人才战略体系的完善和高水平人才格局的形成。

"城市（群）人才竞争力"是用来衡量城市（群）对人才的吸引、留存、培养能力的综合评价体系。前纽约市长布鲁门格说过："从城市发展的规律来看，城市会兴起和衰败，其变化取决于它的人才领导力、就业大军的多元性、所结成的联盟的创新力，以及在城市成长的企业、大学接受移民的灵活性和他们的领袖们如何培育这些创新力量的发展。"欧洲工商管理学院（INSEAD）、新加坡人力资本领导能力研究院（HCLI）和人力资源公司德科集团（Adecco）等机构认为，城市人才竞争力的构成要素包括：研究及发展开支总额（占本地生产总值的百分比）、拥有福布斯全球企业 2000 强（拥有总部落地）、生活质量、环境质量、高校、高等教育录取率、个人社交网络、个人安全、医疗密度、经济可承受度、高等教育人口、机场枢纽、拥有政府间组织等。倪鹏飞较早从城市竞争力和人才竞争力的关系视角，梳理了城市人才竞争力指标体系，包括：（1）劳动力的数量（城市年末从业人员数量、城市从业人员一定时期的增长数）；（2）劳动力的素质（科技人员占全部从业人员的比例、劳动力平均科技文化水平综合指数）；（3）劳动力的培养（人均公共教育支出）。[395]倪鹏飞、彼得·卡尔·克拉索指出，影响全球城市竞争力的一级指标中，人才本体和创新环境的贡献弹性高居诸因素之首。从全球视角来看，人才对城市综合竞争力的提升起决定性作用；优秀人才在城市的聚集可以吸引更多的人才，城市最终将会拥有丰富的人力资源而获得人力资源的规模效应。因此，人才竞争力直接决定一个城市、一个国家的竞争力，也决定吸引和集聚人才的影响力。[396]

基于倪鹏飞等学者的城市人才竞争力模型，可从人才赋能、人才吸引、人才成长、人才容留等维度，构建衡量城市竞争力与人才分布关系的三级指标体系（见表 5-1）。

表 5-1 城市人才竞争力衡量方法

一级指标	二级指标	三级指标
人才支持与产出	R&D 开支总额	研发经费投入占本地生产总值的百分比
	人均 R&D 经费	—
	专利产出	专利申请量、授权量（授权率）
	GDP 贡献率	人才的单位 GDP 贡献率
人才素质与质量	人才素质	大专以上学历人口数量占总人口比重
		科技人员占全部从业人员的比例
		科技人员数量
人才成长	产业发展与就业机会	拥有福布斯全球企业 2000 强（拥有总部落地）
		四大城市群地区生产总值历年变化情况
		三次产业与不同行业在城市群中的分布差异
人才公共服务环境	宜居度	健康性
		方便性
		舒适性
	公共服务	教育：高校、中学、小学数量及师生比
		人均公共教育支出
		医疗机构密度、医疗机构和医生与常住人口比
		生活成本

数据来源：课题组自制。

本章聚焦我国最活跃的四大城市群——京津冀城市群、长三角城市群、珠三角城市群、成渝城市群。首先审视人才在城市群内和城市群间的空间分布特征，探索影响人才分布的因素；随后，深入四大城市群内部，审视城市群内人才分布的空间形态、各类影响因素的空间结构，以及两者的互动关系；最后，结合数据分析结果和城市群历史发展过程中的关键政策节点，挖掘城市群人才分布的原因，并对优化城市群人才的空间分布提出政策建议。

本章指涉的“人才”，指各城市直接参与科技研究（R&D）的人员，统计口径包括科研院所和高等院校，不包括企业和前述单位以外的行政和事业单位。同时采用国家统计局各省大专以上人口的抽样数据，用以共同说明各城市群基础人才和领军科研人才在空间分布上的不同特征。

第一节　四大城市群人才的空间分布现状

“十四五”规划中共布局了 19 个国家级城市群，其中：京津冀、长三角、珠三角城市群站在历史积淀之上，是国内各类人才的主要聚集地；成渝城市群作为新兴城市群中的排头兵，在处于崛起发育期的国家级城市群中具有代表性。

四大城市群内的城市数量差异明显（见表 5-2）。

表 5-2　四大城市群行政区划单位数量统计

单位：个

城市级别	京津冀	长三角	珠三角	成渝
特别行政区	0	0	2	0
直辖市	2	1	0	1
地级市	11	25	9	15
县级市	2	0	0	0
总计	15	26	11	16

数据来源：2013—2021 年《中国统计年鉴》、《中国城市统计年鉴》、各省市统计年鉴。

长三角城市群地处长江中下游，自古以来就是我国最繁荣的地区之一。广阔的平原地带加上发达的水陆交通，使长三角城市群内发育出发达的城际交通网络。长三角城市群以直辖市上海为核心，是国内包含城市数量最多的城市群。京津冀城市群中有北京和天津两个直辖市，以北京为核心、天津为副核心，河北省各地级市作为两个核心的腹地。珠三角城市群毗邻香港和澳门两个特别行政区，围绕珠江口的广州、深圳等城市有自身的发展特色，与两个特别行政区共同组成强强联合的发展形式。成渝城市群以成都市为主要核心，直辖市重庆作为副核心正在快速崛起。成渝城市群虽地处我国西南内陆腹地，但从人口、产业、社会治理等方面的发展与变迁来看，与中原城市群、长江中游城市群等有较多共通之处。

四大城市群人才总量差异明显。2019 年，长三角城市群人才总量达到 198 万人，是其他三个城市群人才总量之和。珠三角城市群人才总量在 2018 年突破 100 万人，并依旧处于快速增加的区间。京津冀城市群人才总量在 2017 年超过 60 万人，至 2019 年接近 61 万人，与长三角、珠三角城市群相比尚有较大的差距。成渝城市群 2019 年人才总量超过 25 万人，是四大城市群中人才总量最少的城市群（见表 5-3）。

表 5-3　2012—2019 年四大城市群 R&D 人才总量

单位：人

年份	京津冀	长三角	珠三角	成渝
2019	608 066	1 988 198	1 091 500	252 665
2018	602 393	1 756 030	1 023 100	232 188
2017	605 942	1 642 845	879 900	209 218
2016	591 161	2 012 453	735 200	182 777
2015	566 262	1 832 050	680 200	165 290
2014	540 103	1 926 285	675 200	155 923
2013	507 991	1 813 032	652 400	141 678
2012	476 349	1 625 457	629 100	124 668

数据来源：2013—2021 年《中国统计年鉴》、《中国城市统计年鉴》、各省市统计年鉴。

四大城市群科技人才总量的变化呈现三种趋势。一是在动态中保持相对平衡，以长三角城市群为代表。长三角城市群人才总量随时间变化起伏较大，人才在城市群内外的流动性较高。二是持续上升型，以珠三角和成渝城市群为代表。珠三角城市群人才总量自 2016 年以来呈现快速上升趋势，城市群对人才的吸引力越来越高。成渝城市群自 2016 年以来呈现缓慢上升的态势。三是相对“静止”的平衡状态。京津冀城市群人才总量在 2016 年以前呈现缓慢上升态势，进入 2016 年以后开始呈现相对稳定的状态，稳定在 60 万人左右（见图 5-1）。

将四大城市群常住人口除以 R&D 人才数，得到每一位 R&D 人才对应的常住人口，这个比值越小，说明该城市群科技人才相对占比更高。

十八大以来，四大城市群科技人才在常住人口中的占比整体逐年上升。2019 年，京津冀、长三角和珠三角城市群中，常住人口与科研人员比值均小于 186，且此比值变化趋于平稳，表明科技人员总量已进入稳定期；成渝城市群常住人口与科研人员数比值在 2019 年达到 455.12，科研人员占比仍处于较快的上升区间。京津冀、长三角、珠三角作为国内领跑的三大城市群，其常住人口与科研人员比值远低于处于发育期的成渝城市群（见表 5-4 和图 5-2）。

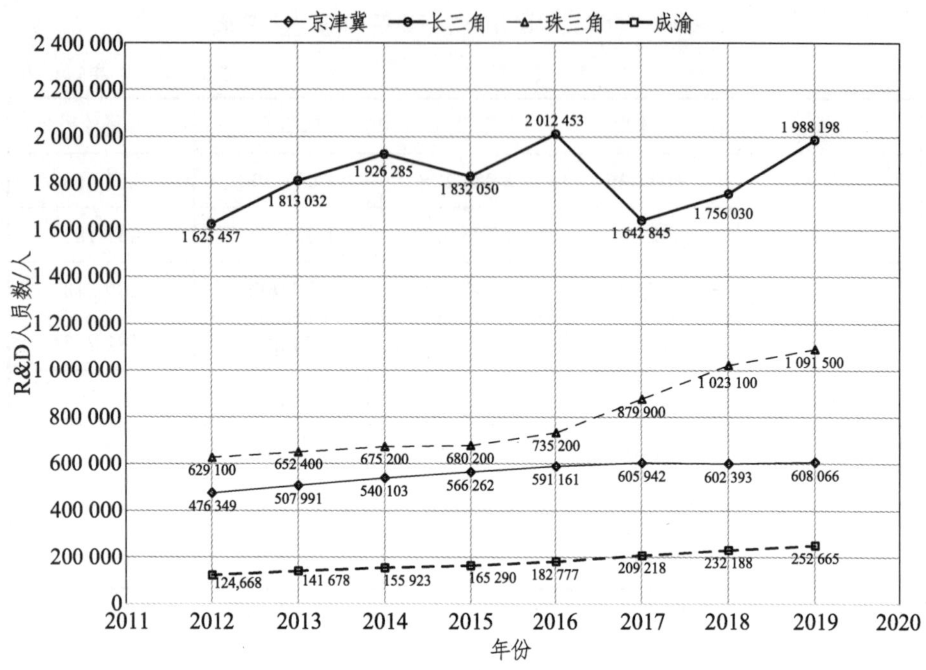

图 5-1　2012—2014 年四大城市群 R&D 人员变化

（数据来源：2013—2021 年《中国统计年鉴》、《中国城市统计年鉴》、各省市统计年鉴）

表 5-4　2012—2019 年四大城市群常住人口与 R&D 人员总量比值

年份	京津冀	长三角	珠三角	成渝
2019	185.96	114.24	105.55	455.12
2018	187.09	128.33	110.90	492.83
2017	185.62	136.10	126.93	543.79
2016	189.54	110.34	149.61	618.79
2015	196.78	120.49	159.50	678.87
2014	204.65	114.09	158.83	713.88
2013	214.96	120.69	163.15	781.84
2012	226.09	133.90	168.40	884.03

数据来源：2013—2021 年《中国统计年鉴》、《中国城市统计年鉴》、各省市统计年鉴。

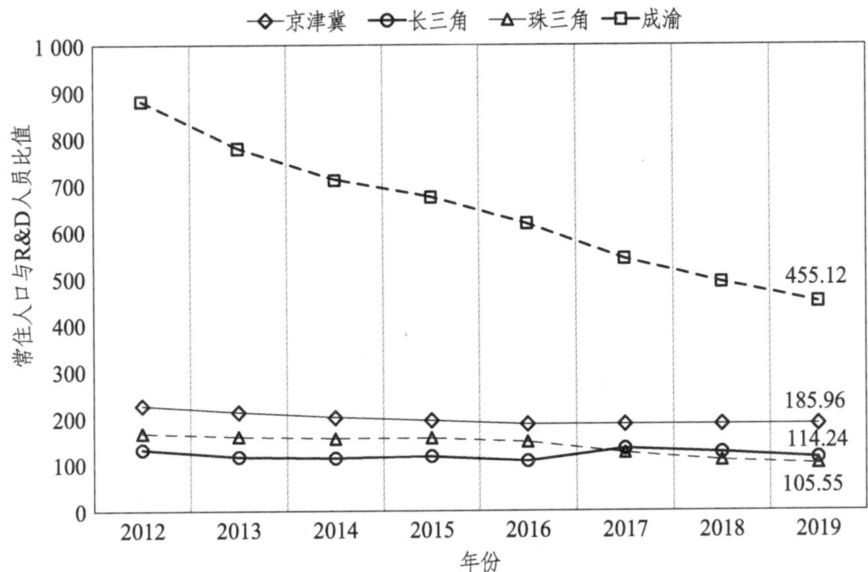

图 5-2　2012—2019 年四大城市群常住人口与 R&D 人员比值变化

（数据来源：2013—2021 年《中国统计年鉴》、《中国城市统计年鉴》、各省市统计年鉴）

第二节　四大城市群人才竞争力评估

“城市群科研环境”直接关系到科学研究的物质基础条件，是城市群人才吸引力的重要影响因子。科研人才数量与城市群的科研实力之间，存在相互加强的影响效果：科研人才集聚的城市群，拥有更强的科研实力，会产出更多的科研成果，由此带来更多的科研经费、科研资源等；科研资源投入更多、科研条件更好的城市群，会吸引更多的科研人才集聚。

一、人才支持与产出

用“科研人才支持与产出”来衡量城市群能否为科研人员提供便于开展科学研究、科技创新的软硬件环境，主要从 R&D 总经费、人均 R&D 经费维度考察；城市群科技成果产出情况用城市群的专利申请数、专利授权数、专利授权率 3 个指标来衡量。

人才支持与产出能力由城市群的 R&D 经费总额、R&D 经费占 GDP 百分比、人均 R&D 经费额度、专利申请数、专利授权数、专利授权率，以及人才的单位 GDP 贡献率构成（见图 5-3）。

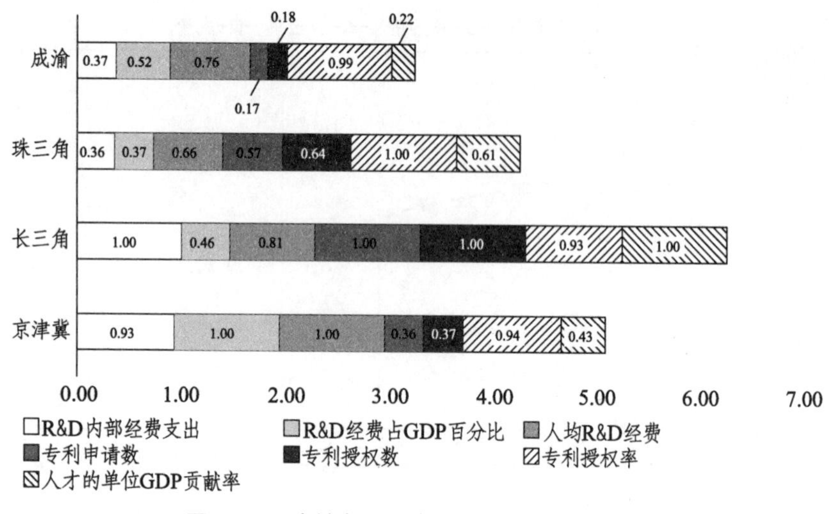

图 5-3　四大城市群人才支持与产出能力对比①

（一）科技研发开支总额

四大城市群科研经费总量差异较大。2019 年，京津冀和长三角两个城市群内部科研经费支出年度总额均超过 3 000 亿元，珠三角和成渝城市群不到 1 500 亿元，不及前两者的一半。四大城市群科研经费占地区生产总值的比重出现较大分野：京津冀城市群科研经费投入占当年地区生产总值的 3.86%，长三角、珠三角、成渝三个城市群的科研经费占当年地区生产总值的比重处于 1.44%到 2%之间，远低于京津冀，凸显出京津冀城市群公共治理过程中，对科研的重视程度极高（见图 5-4）。

（二）人均科研经费

四大城市群人均科研经费差异显著。2019 年，京津冀城市群人均科研经费最高，为 41.24 万元。长三角和成渝城市群人均科研经费分别为 33.31 万元和 31.41 万元，水平非常接近。珠三角城市群人均科研经费为 27.14 万元，在四个城市群中最低，约为京津冀城市群的 65.81%（见图 5-5）。

① 指数计算方法的说明：该指数是基于马克·杰夫逊（Mark Jefferson）提出的“城市首位度法（the law of Primate City）”计算的（Jefferson, Mark. “The Law of the Primate City.” *Geographical Review* 29, no. 2 (1939): 226–32. https://doi.org/10.2307/209944.）。杰夫逊认为，一个国家或区域中最大的城市不仅在城市规模和人口方面远远大于第二名的城市，且在经济、政治、文化、教育等领域也表现出类似的“首位度效应”。本章在计算时，将首位城市在各维度的值作为基准值（=1），其他城市的值等于该维度数值与首位城市的比值。本章中其他指数的计算方法同此。

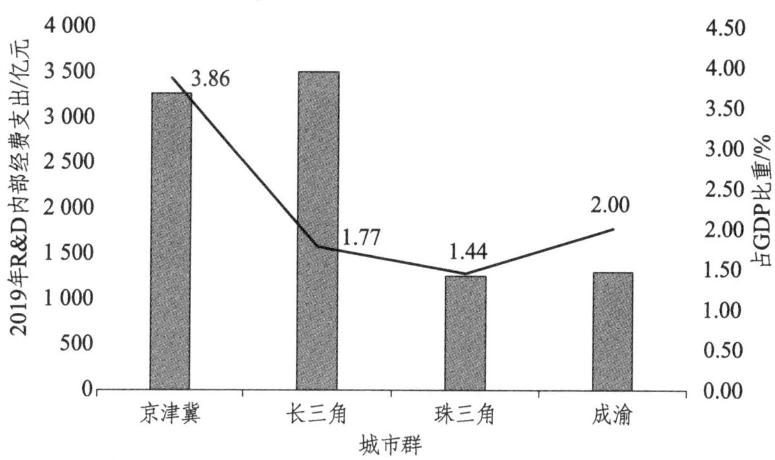

图 5-4　2019 年四大城市群 R&D 内部经费支出及占 GDP 的比重

（数据来源：2013—2021 年《中国统计年鉴》、《中国城市统计年鉴》、各省市统计年鉴）

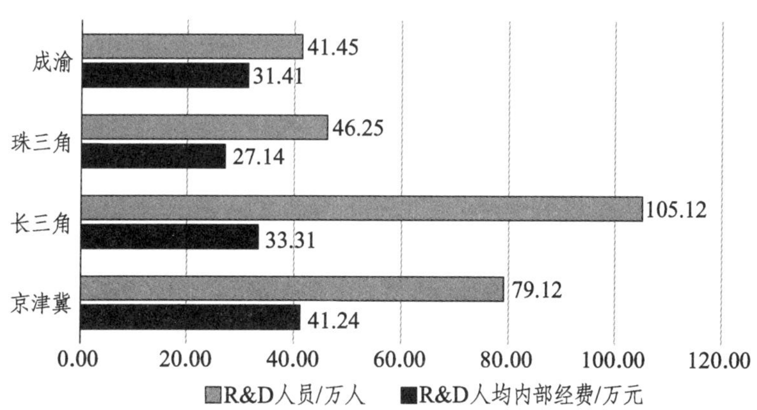

图 5-5　2019 年四大城市群 R&D 人均内部经费支出及 R&D 人员数量

（数据来源：2013—2021 年《中国统计年鉴》、《中国城市统计年鉴》、各省市统计年鉴）

虽然长三角城市群和成渝城市群的人均科研经费非常接近，但长三角城市群的科研人员数量远高于成渝城市群。科研人员的高水平集聚产生的规模效应正向外部性可能是长三角的科研成果产出远高于成渝城市群的原因之一。

（三）科技成果产出

从四大城市群所有城市的专利申请数据可以看出，专利申报数和专利授权数之间存在显著的正相关关系（见图 5-6）。

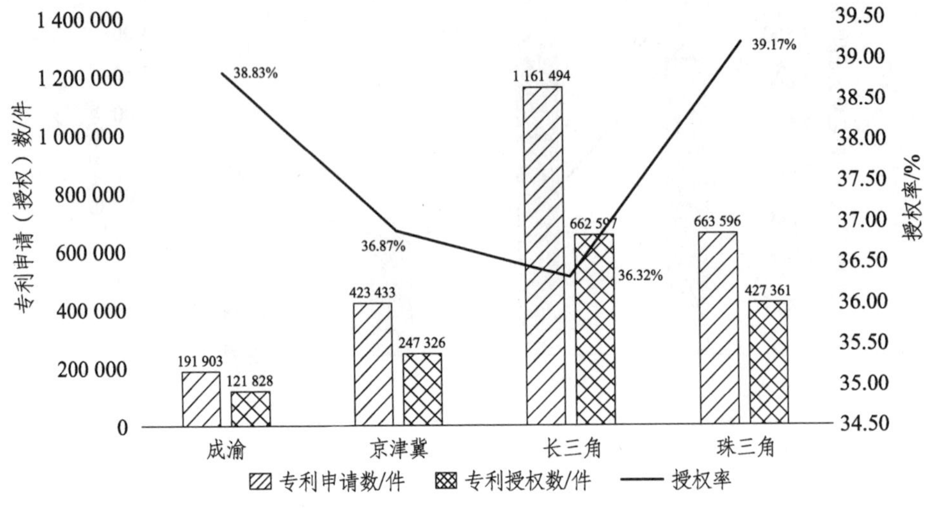
1 400 000
1 200 000
1 000 000
800 000
600 000
400 000
200 000
0
专利申请（授权）数/件
39.50
39.00
38.50
38.00
37.50
37.00
36.50
36.00
35.50
35.00
34.50
授权率/%
38.83%
36.87%
36.32%
39.17%
191 903
121 828
423 433
247 326
1 161 494
662 597
663 596
427 361
成渝
京津冀
长三角
珠三角
专利申请数/件
专利授权数/件
授权率

（a）

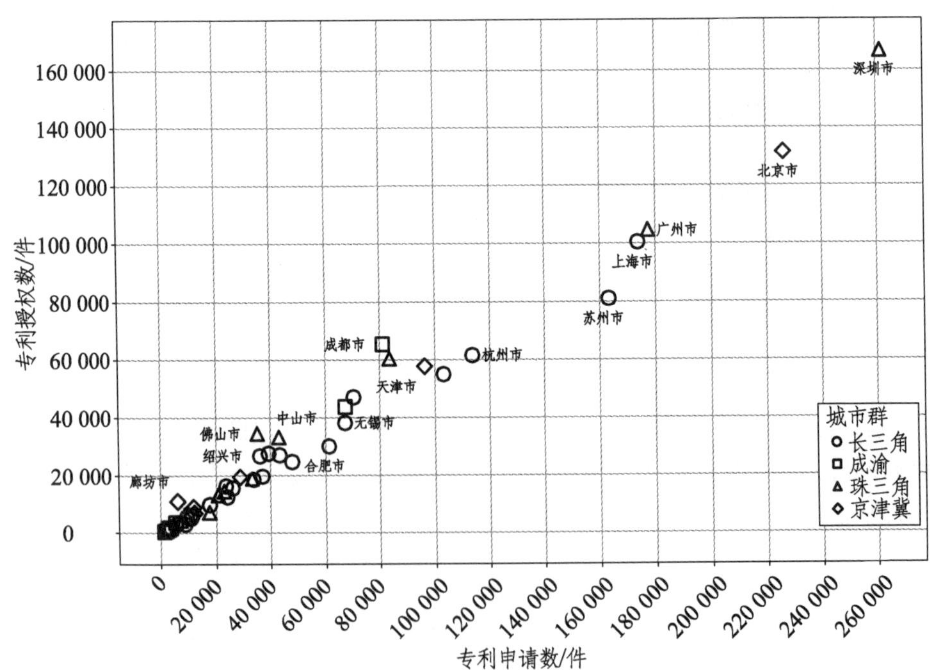
160 000
140 000
120 000
100 000
80 000
60 000
40 000
20 000
0
专利授权数/件
0
20 000
40 000
60 000
80 000
100 000
120 000
140 000
160 000
180 000
200 000
220 000
240 000
260 000
专利申请数/件
深圳市
北京市
广州市
上海市
苏州市
成都市
杭州市
天津市
中山市
佛山市
无锡市
绍兴市
合肥市
廊坊市
城市群
长三角
成渝
珠三角
京津冀

（b）

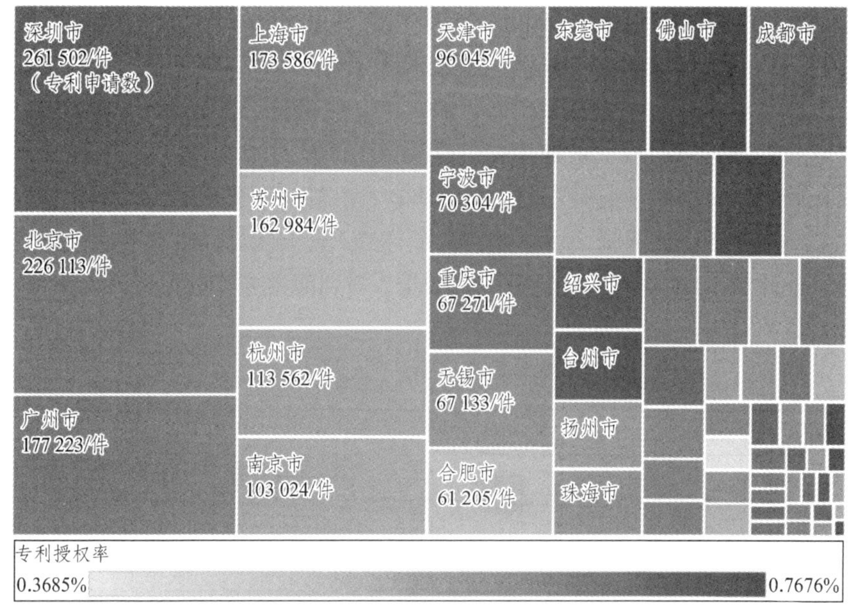

（c）

图 5-6　2019 年四大城市群历年专利申报数、授权数和授权率

（数据来源：2013—2021 年《中国统计年鉴》、《中国城市统计年鉴》、各省市统计年鉴）

深圳市的专利申报数和授权数居四大城市群中所有城市之首，北京市、广州市、上海市、苏州市四个城市的专利申报数量和授权数量分别处于第二至第五名，这五个城市构成了专利申报的第一梯队。京津冀城市群中，只有北京市位于第一梯队；长三角城市群中，上海市和苏州市两座城市位于第一梯队；珠三角城市群中，深圳市和广州市位于第一梯队；成渝城市群中，没有城市处于第一梯队中。成都市的专利申请和获批数是成渝城市群中最多的城市，但成都市在所有城市中的排名是第 11 名。

从城市群维度，考察不同城市群的城市在所有城市中的相对位置可知：京津冀城市群仅北京市、天津市两个城市排名较靠前，其他城市均位于右下角区域，表明京津冀城市群中的科技创新成果主要是由北京和天津贡献的；两个核心城市与城市群内的其他城市差异显著，表明这两个城市科技创新能力外溢效应不明显。长三角城市群各城市分布紧凑，专利申报与授权数呈现平缓的差异性，从上海向其周边的城市有较明显的扩散现象。从空间上看，越是远离上海、苏州的城市，专利申报和授权数越少。珠三角城市群各城市在专利申请数和授权数上呈现出较大差异：深圳市和广州市处于全国前列；佛山市和东莞市虽然在绝对数量上相当于深圳的一半水平，但与其他城市相比还是处于相对“头部”的位置；其他城市处于相对较弱的位置，排在长三角大多数城市之后。与京津冀城市群相似，成渝城市群呈现明显的两极分化现象：重庆市和成都市两个核心城市的专利申请、授权数处于城市群头部，其他城市对城市群的专利产出几乎没有贡献。重庆市和成都市的专利产出在所有城市中排名相对靠后。

基于国家知识产权局 2019 年各省、直辖市、自治区的发明专利有效量数据，和国家统计局 2019 年年末各地总人口数据，得到四大城市群每万人发明专利拥有量数据（见表 5-5）。

表 5-5　2017 年我国每万人发明专利拥有量

城市群	城市群专利数/件	城市群总人口/万人	城市群每万人发明专利拥有量/件
京津冀	347 882	11 022	31.56
长三角	533 180	17 325	30.77
珠三角	295 869	12 489	23.69
成渝	92 674	11 539	8.03

数据来源：国家统计局-国家数据，国家知识产权局《2020 年知识产权统计年报》。

京津冀和长三角两个城市群拥有的发明专利高于珠三角和成渝两个城市群，结合前述专利申报数和授权数数据，京津冀和长三角的科研经费更倾向发明类专利的投入，在基础类、变革性科技方面的研究中投入更多；珠三角城市群的科研成果中，应用型成果比重更大。

（四）人才的单位 GDP 贡献率

人才的单位 GDP 贡献率是指要考察的各类人才中，每一位人才对人均地区生产总值的贡献率。使用城市群某类别的人才数量，除以城市群的人均 GDP，得到该类人才的相对贡献率。下面选取“R&D 人员”和“大专及以上学历毕业人员”两个类别，分析它们在 2012 年至 2019 年区间内，在四大城市群中的贡献率差别。

基于国家统计局提供的 2012 年至 2019 年四大城市群所在省份地区生产总值、年末总人口、R&D 人员数、大专及以上学历人员数，计算得到科研人才单位 GDP 贡献率（$C_{科}$）和大专及以上学历毕业人口单位 GDP 贡献率（$C_{专}$）[①]的

① 两个指标的计算方法为：设贡献率为 C，城市群总人口为 P，城市群地区生产总值为 G，城市群人均地区生产总值为 aG；k 为 R&D 人员与大专及以上学历人员在总人口中的分别占比。则有：C＝P/G，aG＝G/P＝ 由左式可得：C＝k×P/aG＝k×P2/G。

结果，即每一单位 GDP 对应的科研人才数和大专及以上学历人口。数值越低，则每一单位 GDP 所需的相应“人力资源”（对科研人员和大专及以上学历人员的统称）越少，即每单位“人力资源”对单位 GDP 的贡献越大。

京津冀城市群的科研人才对单位 GDP 贡献率自 2012 年起，有 4 年左右的平稳期；自 2015 年起，贡献率缓慢提升。

长三角城市群的科研人才对单位 GDP 的贡献率，在 2012 年以来，经历了 4 年左右的缓慢提升后，在 2016 年出现了显著的提升过程，随后进入了 2 年左右的平稳期。

珠三角城市群在 2012 年至 2014 年期间，科研人才对单位 GDP 贡献率稳步提升，但自 2016 年起出现衰退迹象，至 2019 年逐步平稳。

自 2012 年起，成渝城市群科研人才对单位 GDP 贡献率一直处于平稳但缓慢衰退的变化趋势中。

至 2019 年，四大城市群中科研人才对单位 GDP 贡献率最高的是成渝城市群，随后依次为京津冀、珠三角、长三角城市群（见表 5-6 和图 5-7）。

京津冀城市群大专及以上学历人口单位 GDP 贡献率经历了先下降、后上升的过程，期末贡献率约为期初的 1.006 倍。

长三角城市群大专及以上学历人口单位 GDP 贡献率逐年快速上升，期末贡献率约为期初的 1.384 倍。

表 5-6　2012—2019 年四大城市群科研人才单位 GDP 贡献率

单位：人/（元/人）

年份	京津冀	长三角	珠三角	成渝
2019	8.138 9	19.139 5	11.645 1	4.152 5
2018	8.597 6	17.887 9	11.614 5	4.119 8
2017	9.339 1	18.286 5	10.723 1	4.105 9
2016	9.887 6	24.716 0	9.842 0	4.040 6
2015	10.167 8	24.438 1	9.874 6	3.998 7
2014	10.156 9	27.733 9	10.621 3	3.988 5
2013	10.024 0	28.242 5	11.110 0	3.968 5
2012	10.030 8	27.697 2	11.690 9	3.868 4

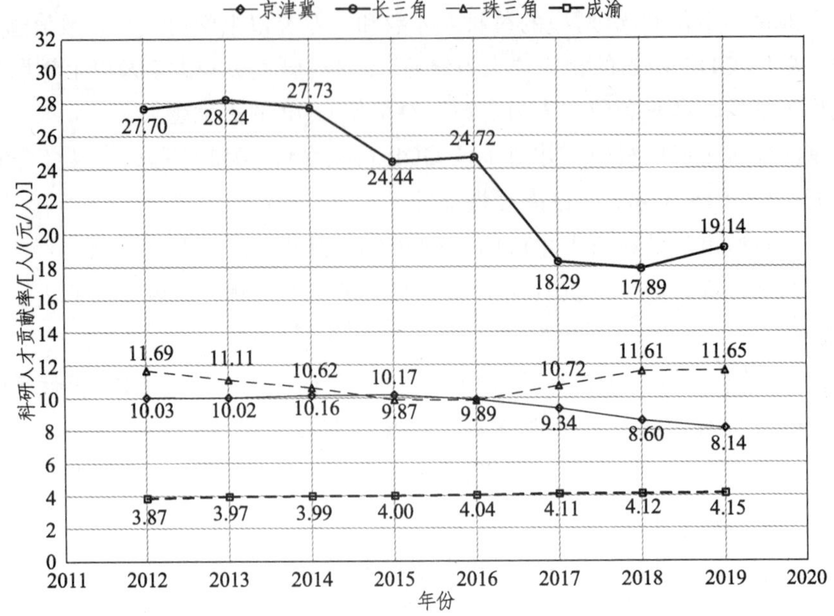

图 5-7　2012—2019 年四大城市群科研人才单位 GDP 贡献率

珠三角城市群经历了“两起两落”的变化过程，在 2016 年和 2018 年出现与成渝城市群相反方向的拐点。期末贡献率约为期初贡献率的 1.087 倍。

成渝城市群贡献率整体呈现提升趋势，在 2014 年、2016 年至 2018 年有两次小幅衰退。期末贡献率约为期初贡献率的 1.241 倍。

至 2019 年，四大城市群中大专及以上学历人口对单位 GDP 贡献率从高到低依次为：珠三角、成渝、京津冀、长三角（见表 5-7 和图 5-8）。

综上，京津冀城市群科技经费投入总额略低于长三角城市群，但其经费投入额占地区生产总值的比重远高于其他城市群，表明京津冀城市群在科技研发方面投入的决心十分坚定，体现出北京市在“四个中心”建设过程中，对推动科技创新中心建设做出了实际的努力。京津冀城市群人均科研经费在四大城市群中是最高的，在原创性科研领域的科研环境最优，可以为基础科学类科研人才提供更多的赋能条件。长三角城市群的人均科研经费与成渝城市群接近，在专利产出数量和发明专利持有量方面表现优秀，人才支持与产出环境优渥。成渝城市群除人均经费相对占优外，在专利产出和发明专利拥有量方面均表现一般，对科技人才支持的水平不高，城市群科研配套环境尚需进一步完善。珠三角城市群人均科研经费在四大城市群中最低，但在专利产出数和发明专利拥有量方面表现较好，表明其科研环境基础建设相对完备，可尝试通过提升人均经费额度来扩大科研产出成果。

表 5-7　2012—2019 年四大城市群大专及以上学历人口单位 GDP 贡献率

单位：人/（元/人）

年份	京津冀	长三角	珠三角	成渝
2019	322.253 1	376.354 5	176.875 0	273.736 5
2018	335.585 1	373.447 9	159.821 7	274.783 8
2017	345.584 1	411.804 0	191.051 6	256.442 9
2016	362.237 8	429.155 5	203.639 0	249.251 8
2015	367.823 0	472.467 8	188.771 2	309.888 4
2014	333.388 8	471.112 7	158.208 4	287.143 6
2013	355.287 7	499.105 8	148.555 1	317.072 8
2012	324.104 1	520.881 8	192.185 2	339.626 6

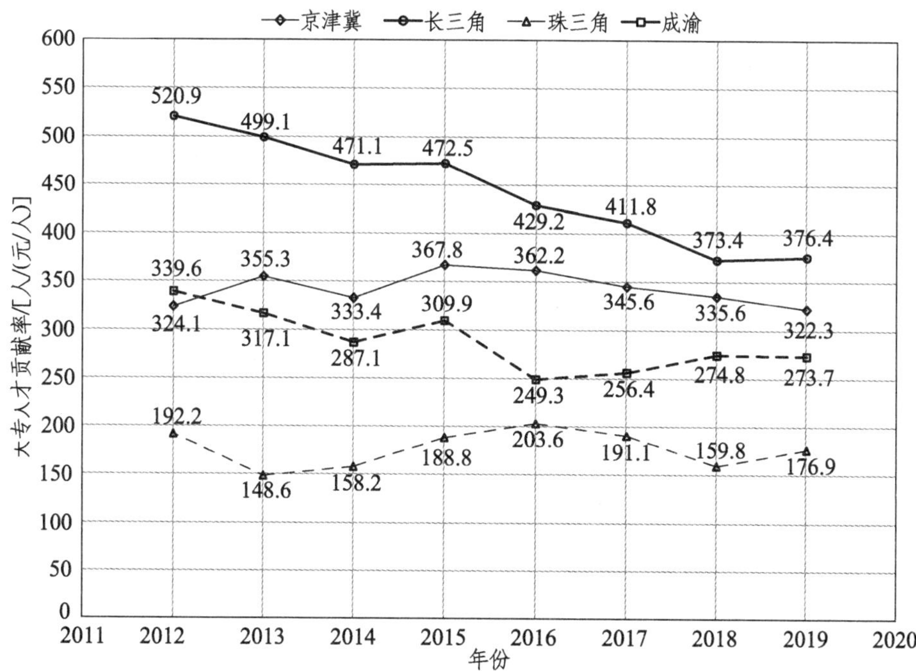

图 5-8　2012—2019 年四大城市群大专及以上学历人口单位 GDP 贡献率

二、人才素质与数量

城市群发展进入成熟阶段后，知识密集类产业在城市群中的占比会逐渐上升，带动相应行业的人口在城市中聚集。知识工作者的集聚产生的外溢效应进一步吸引更多的知识工作者集聚到一起。在以第三产业为主导的城市群中，知识型劳动人口越多、高素质劳动力所占的比重越高，城市群对人才的吸引力越大。

城市群人才素质与数量由大专及以上学历人口占总人口比例、科技人员占全部从业人员比例，以及 R&D 人员数三个指标衡量（见图 5-9）。

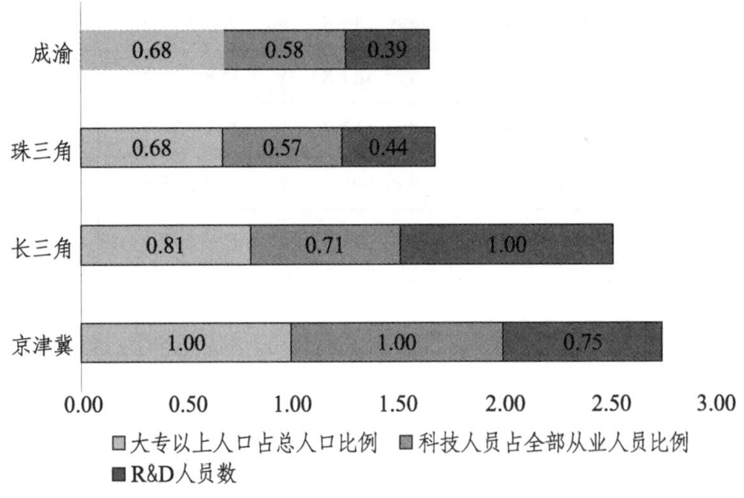

图 5-9　四大城市群人才素质与数量

（一）人才素质

城市群整体人才素质越高，城市人才群体知识溢出带来的规模效应越显著。衡量城市群人才素质的因素包括：大专及以上学历人口、科技人员占全部从业人员的比例。

1. 大专及以上学历人口

使用城市群总人口中“大专及以上学历人口占总人口的比重”，来衡量城市群人才素质。城市群数据为对应省份的省级数据加总所得。总人口和大专及以上人口在统计年鉴中均为抽样数据，此处为抽样数据计算所得的结果；大专及以上学历人口占总人口的比重，为当年抽样的 6 岁以上总人口中，大专及以上学历人口占抽样总人口的比重。①

2019 年，四大城市群中大专及以上学历人口占比最高的是京津冀城市群，达 21.29%；长三角城市群大专及以上学历人口占比为 17.21%，仅次于京津冀城市群。珠三角城市群和成渝城市群的大专及以上学历人口占比相近，分别为 14.39%和 14.48%（见图 5-10）。

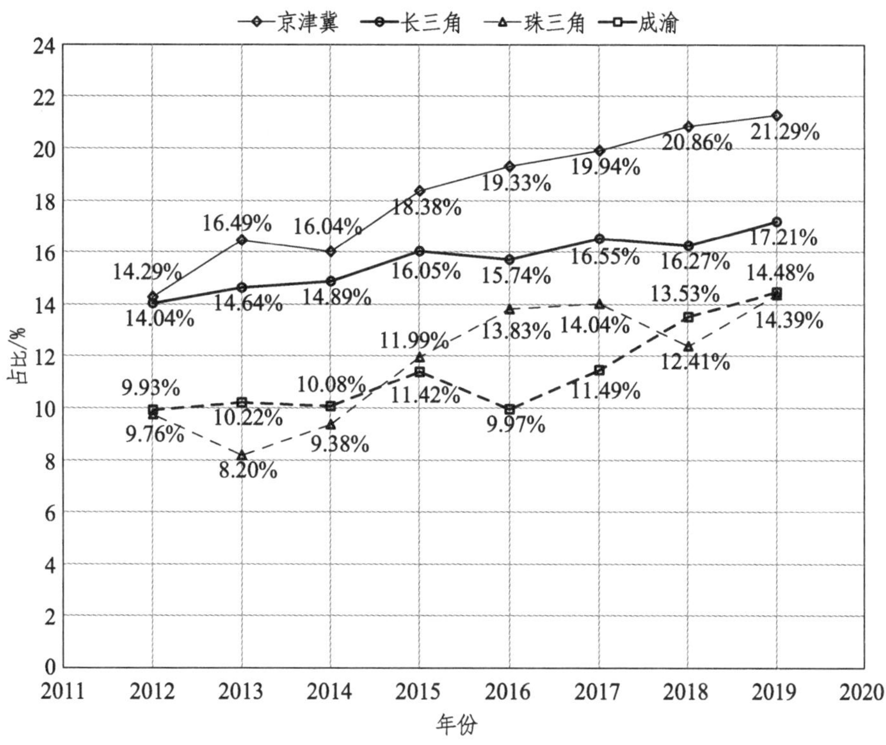

图 5-10　2012—2019 年四大城市群 6 岁以上人口中大专及以上学历人口占总人口的比重

（数据来源：国家统计局）

十八大以来，京津冀城市群大专及以上学历人口占比逐年增加，从 2012 年的 14.29%增长到 2019 年的 21.29%，提升了 7 个百分点；至 2019 年，京津冀城市群中的大专及以上学历人口占总人口的比重，在四个城市群中最高。长三角城市群中大专及以上学历人口所占比例也呈现增长态势，但增长幅度比京津冀城市群平缓（5.43%）。成渝城市群大专及以上学历人口在总人口中的比重，在

① 在国家统计局-国家数据库及各统计年鉴中，常住人口抽样基数、抽样比例，与 6 岁以上人口中大专学历以上人口数的抽样基数和抽样比例相同，因此，此处使用两者作比。

2015 年以前几乎没有增长，2016 年以后进入稳定的增长期，全周期增长幅度为 5.33%。珠三角城市群大专及以上学历人口占总人口的比重有明显的波动，分别在 2013 年和 2018 年出现过两个低点，全周期增长幅度为 3.82%。

2. 科技人员占全部从业人员的比例

2019 年，四大城市群中科技人员占全部从业人员比重存在较大差异：成渝城市群科技人员占比为 3.56%，仅次于京津冀城市群，高于长三角和珠三角城市群。虽然是成长中的城市群，但其在对科技人员的吸引和留存方面表现突出。珠三角城市群科技人员占比为 2.24%，在四大城市群中最低；长三角城市群科技人员占比为 2.91%，略高于珠三角城市群。科技人员占比最高的城市群是京津冀城市群，达到 4.83%（见图 5-11）。

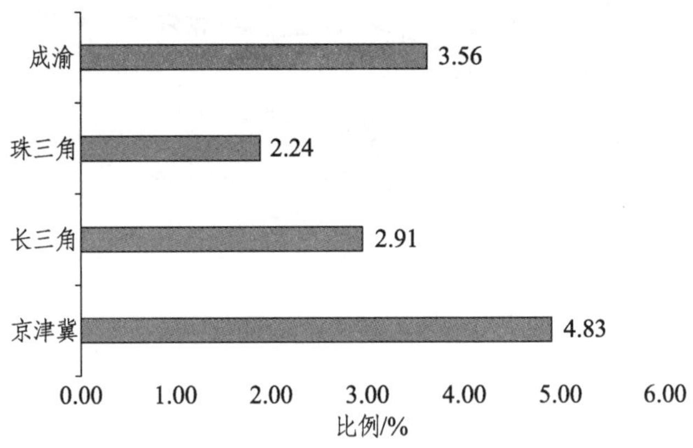

图 5-11　2019 年四大城市群科技人员占全部从业人员的比例

（数据来源：2013—2021 年《中国统计年鉴》、《中国城市统计年鉴》、各省市统计年鉴）

（二）人才数量

人才数量与城市群整体经济活力存在较强相关性。人才数量多的地区，生产要素流动强度更高，城市群创造的社会和经济价值更高，生活水平等条件相对更好，行业间更强的竞争压力和交流机会也给人才提供更大的发展空间。四大城市群就业人口在 2013 年以后整体呈现较平稳的状态，主要的差异体现在 2011 年至 2013 年之间。2013 年，长三角、珠三角和成渝三个城市群就业人口同时出现较明显的上升，并紧接着进入相对稳定的平台期；京津冀城市群就业人员数自 2011 年以来一直保持相对稳定。

四大城市群就业人员数量差异巨大。2019 年年末，四大城市群就业人员由多至少分别为：长三角城市群（3 616.7 万人）、珠三角城市群（2 064.6 万人）、京津冀城市群（1 636.7 万人）、成渝城市群（1 163.3 万人）。长三角城市群体量巨大，约为第二名和第三名就业人员数之和（见图 5-12）。

2011 年至 2019 年间，四大城市群人员变化幅度差异较大：长三角城市群就业人员增加 900.8 万人，增长幅度为 33.17%；珠三角城市群就业人员增加 826.4 万人，增长幅度为 66.74%；京津冀城市群增加就业人员 127.2 万人，增长幅度为 8.43%；成渝城市群增加就业人员 212.1 万人，增长幅度为 22.30%。珠三角城市群就业人员增长显著，就业人员总数一举超过京津冀城市群，成为就业人员数第二大的城市群。长三角城市群也有明显的就业人员增加过程，成渝城市群的就业人员增长幅度较小。

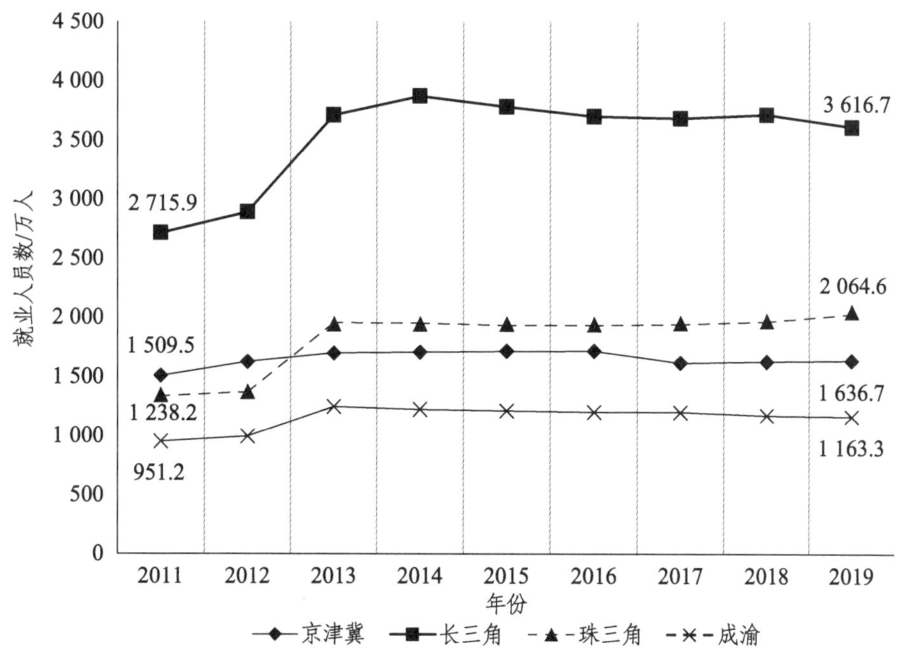

图 5-12　2011—2019 年四大城市群城镇单位就业人员数

（数据来源：国家统计局）

基于以上数据可知：

第一，人才素质维度。京津冀城市群大专及以上学历人口最多、科技人员占全部从业人员比例最高，在四大城市群中最优且远高于其他城市群。珠三角城市群大专及以上学历人口占比最低，科技人员在全部就业人口中占比也最低，人才素质相对最低。长三角城市群大专及以上学历人口数占比高于珠三角和成渝城市群，科技人员占全部从业人员的比重略低于成渝城市群，长三角和成渝城市群在人才素质维度不分伯仲。

第二，人才数量维度。结合表 5-3“2012—2019 年四大城市群 R&D 人才总量”可知：2012 年至 2019 年间，长三角城市群年末从业人员总量最高，在考察期内就业人员增长幅度最大，科技人才总量最高，城市群人才数量在四大城市群中最多。珠三角城市群在城市群年末从业人员数量、考察期内就业人员增长幅度、科技人员总量方面都仅次于长三角城市群，人才数量在四大城市群中居第二位。京津冀城市群在前述三个指标中均位居第三位，成渝城市群居第四位。

三、人才成长

人才成长维度考察城市群软硬件环境及人才在城市群中的成长空间。其中，城市群拥有的优质产业、充足的教育资源、优秀的教育质量等，是人才中长期水平上成长和发展的重要基础。

城市群人才成长环境由福布斯全球企业 2000 强总部落户数、GDP 年均增长率（2012—2019 年），以及三次产业在 GDP 中的比重来衡量（见图 5-13）。

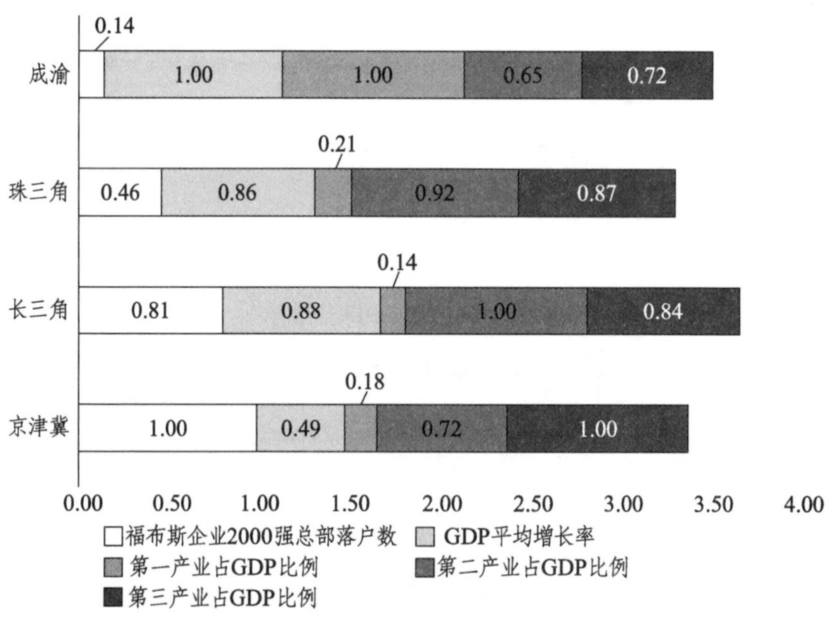

图 5-13　四大城市群人才成长环境比较

（一）产业发展与就业机会

健康的城市产业是城市群可持续发展的动力源泉。城市群产业发展程度从两个维度考察：城市群拥有福布斯全球企业 2000 强总部落户数和城市群的地区生产总值及其变化情况。

1. 福布斯全球企业 2000 强总部落户数

城市群福布斯全球企业 2000 强总部落户数可以衡量城市群培育头部企业、优质产业的能力和环境条件。基于福布斯 2021 榜单，四大城市群全球企业 2000 强总部落户数如图 5-14 所示。

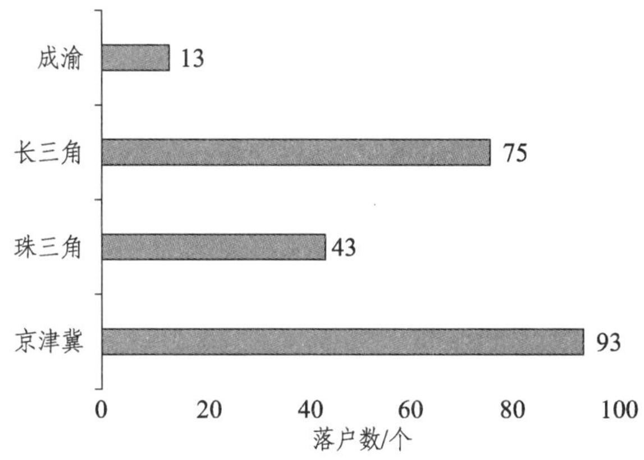

图 5-14　2021 年四大城市群福布斯全球企业 2000 强总部落户数

（数据来源：2021 福布斯全球企业 2000 强，福布斯中国网站，https://www.forbeschina.com/ lists/1762，2021 年 10 月 22 日）

京津冀和长三角城市群是福布斯全球企业 2000 强总部在国内落户的首选之地。作为我国两个主要的区域发展引擎，京津冀和长三角城市群分别承载着全国政治中心、金融中心的使命，也是我国对外合作交流的重要窗口。福布斯全球企业 2000 强一般具有显著的全球企业特征，企业服务范围遍布世界各地，对城市群的对外交往能力有极强的需求。这类企业可以吸引大量顶尖的、国际化人才，增加城市群人才的多样性，构成人才的国际化成长环境。

2. 四大城市群地区生产总值历年变化情况

城市群产业结构决定着具备相应知识结构、专业能力的人才与城市群发展的“兼容性”。

不同产业对于人才有不同的吸引力，不同的产业之间的交互关系也决定了人才在产业间、城市间的流动特点。下面从三个方面对四大城市群的产业展开研究：一是产业产值，二是三次产业法人单位的空间集聚程度，三是各城市群三次产业的主导行业及其产值和占比。

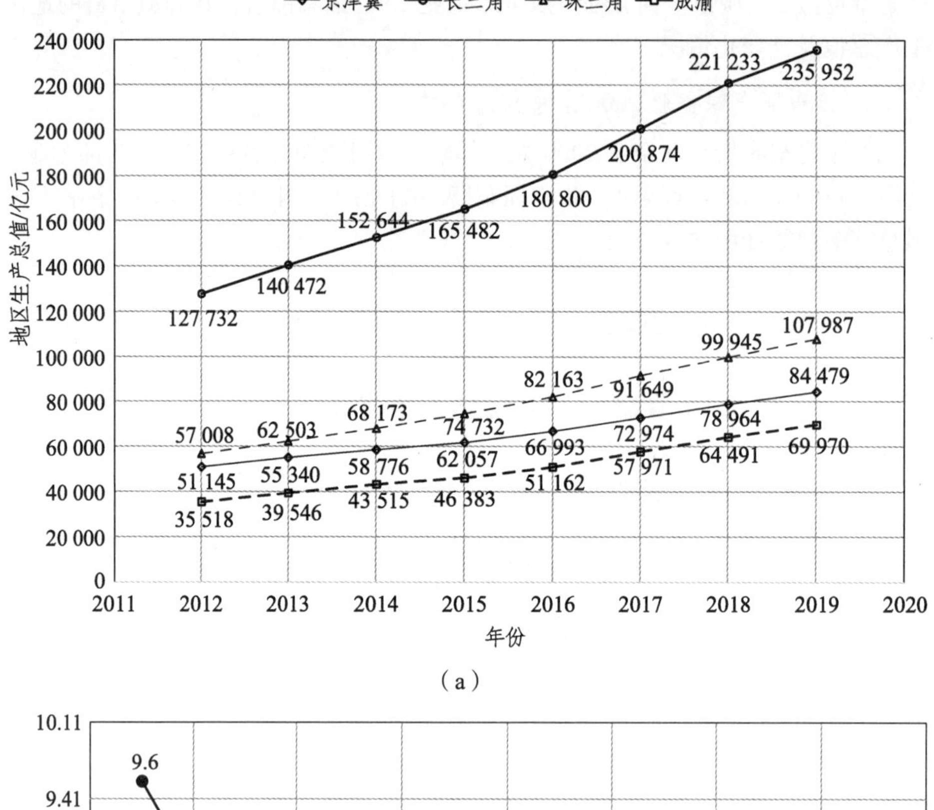

（a）

（b）

图 5-15　2012—2019 年四大城市群地区 GDP 及 2011—2018 年全国 GDP 平均增长率

（数据来源：2013—2021 年《中国统计年鉴》、《中国城市统计年鉴》、各省市统计年鉴）

十八大以来，四大城市群地区 GDP 稳步增长，虽增长率略有下降，但始终高于全国平均水平。

长三角城市群 GDP 遥遥领先其他城市群，且其 GDP 增长率亦领先其他城市群。京津冀城市群和珠三角城市群 GDP 总量相当。2013 年，京津冀城市群 GDP 增长率出现下降拐点，同年珠三角城市群 GDP 增长率转头向上，二者差距逐年减少。成渝城市群 GDP 总量在四大城市群中最低，但 GDP 增长率与长三角城市群相当。

3. 三次产业与不同行业在城市群中的分布差异

三次产业占地区 GDP 比重表现出城市群间差异。

第一产业所占地区 GDP 比重在三个成熟的城市群中均不高，不超过 5.26%；在成渝城市群中却达到 25.51%。

第二产业所占地区 GDP 比重在长三角城市群、珠三角城市群中较高，达到 35%以上，显示出长三角和珠三角城市群总体有较丰富的重工业生产体系。京津冀和成渝城市群第二产业占比相近，都不足 30%。

第三产业在地区 GDP 中的比重在四大城市群中差异明显。京津冀城市群第三产业占比达到 66.75%，为四个城市群中最高，也是唯一一个第三产业占比超过 65%的城市群。长三角和珠三角城市群第三产业占比接近，分比为 56.35%和 57.95%。成渝城市群第三产业占比为 48.37%，为四个城市群中最低（见图 5-16）。

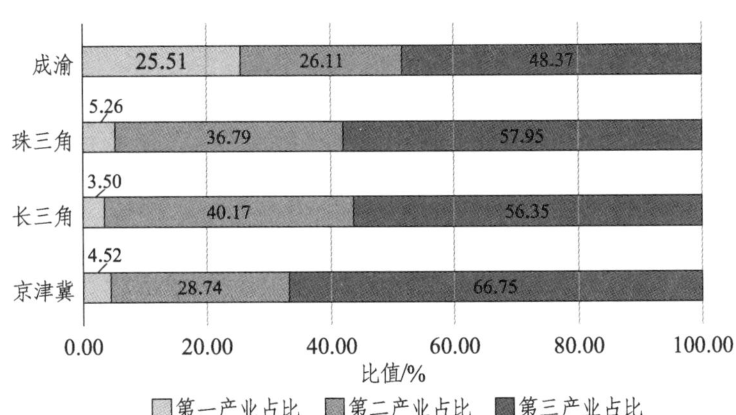

图 5-16　2018 年四大城市群三次产业占地区 GDP 比重

（数据来源：2013—2021 年《中国统计年鉴》、《中国城市统计年鉴》、各省市统计年鉴、环境统计年鉴）

四大城市群第一产业产值及占地区 GDP 比重情况呈现出显著的地区间差异：成渝城市群的地区 GDP 中，第一产业占比显著高于其他三个城市群（见图 5-17）。①

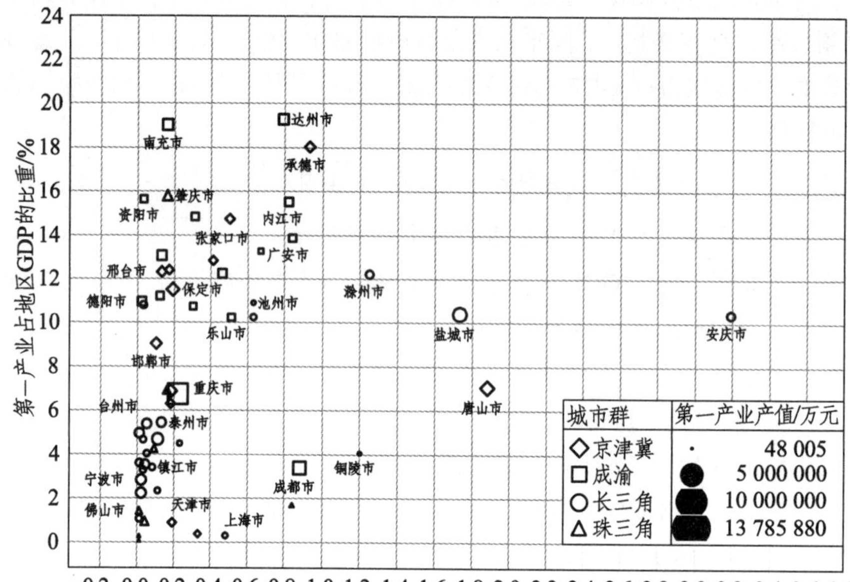

图 5-17　2018 年四大城市群第一产业产值及占地区 GDP 比重情况

（数据来源：2013—2021 年《中国统计年鉴》、《中国城市统计年鉴》、各省市统计年鉴、国民经济和社会发展统计公报）

四大城市群第二产业产值和占地区 GDP 比情况，呈现出较明显的城市群间差异和城市群内互补特征。

总体来看，四大城市群第二产业占城市 GDP 比重集中在 30%到 60%区间，但从业人员比重从 16%到 83%，体现出不同城市（群）间产业结构的极大不同（见图 5-18）。

京津冀城市群整体分布靠近“左侧”，第二产业就业人员比重处于 17%至 44%之间。北京市第二产业产值为城市群中第二名，但第二产业占比和从业人口均最少，表明北京市第二产业劳动生产率和附加值比例极高。城市群整体分布

① 异常点：安庆市第一产业产值不高，但第一产业从业人员比重为城市群中最高，约为 3.2%，表明其农业生产效率有待提升。

靠左，表明京津冀城市群第二产业更加偏向于资本和技术密集型行业。

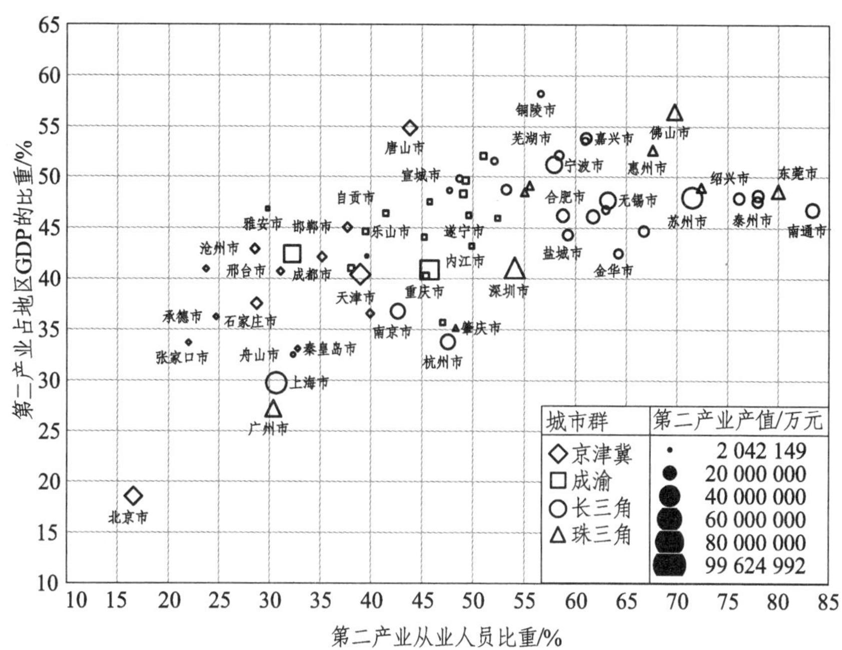

图 5-18　2018 年四大城市群第二产业产值占地区 GDP 比重情况

（数据来源：2013—2021 年《中国统计年鉴》、《中国城市统计年鉴》、各省市统计年鉴、国民经济和社会发展统计公报）

长三角城市群整体分布横亘整个数据区间，就业人员比重处于 21%至 83%之间，代表了城市群内部有漫长的产业链，涵盖了不同的生产类别和生产环节。上海市第二产业产值仅次于苏州市，但第二产业产值占比和从业人员比重为城市群内最低，表明上海市第二产业劳动生产率和附加值比例很高。从城市群整体分布情况和各城市第二产业产值情况可知，城市群第二产业各行业品类齐全。

珠三角城市群整体分布靠近“右侧”，第二产业就业人员比重处于 31%至 80%之间，若扣除广州市，区间调整为 48%至 80%。广州市第二产业产值仅次于深圳市，但第二产业产值占比和从业人员占比均为城市群最低，表明广州市第二产业劳动生产率和附加值比例很高。城市群整体分布靠右，表明珠三角第二产业更偏向劳动密集型行业。

成渝城市群整体分布“中部偏左”，第二产业就业人员比重处于 29%至 53%之间。成都市第二产业产值仅次于重庆市，第二产业产值占比和从业人员占比接近城市群最低。与其他城市群中心城市相比，成都市第二产业劳动生产率和附加值比例还有提升的空间。城市群内只有成都和重庆两个城市第二产业产值较突出，表明其他城市第二产业并不发达，城市群内部难以形成有效的产业链。

第三产业在地区 GDP 中占比在四大城市群中呈现出明显的阶梯性差异。北京市第三产业占比最高，上海市第三产业占比在四大直辖市中居末。四大城市群中，成渝城市群仅重庆市、成都市第三产业较发达，四川其他城市第三产业占比不高；其他三个城市群各城市的第三产业占比规律性不明显。

长三角、珠三角城市群第三产业平均人效更高（第三产业占地区 GDP 比重比其他城市群高，从业人员比重相对更低），城市群之间第三产业内部的行业分布存在差异。结合长三角和珠三角城市群的空间因素，考虑出口导向型产业对劳动产出率贡献不高，第三产业产值更多来自资本贡献率，具体表现为基于信息化和自动化的信息服务业（见图 5-19）。

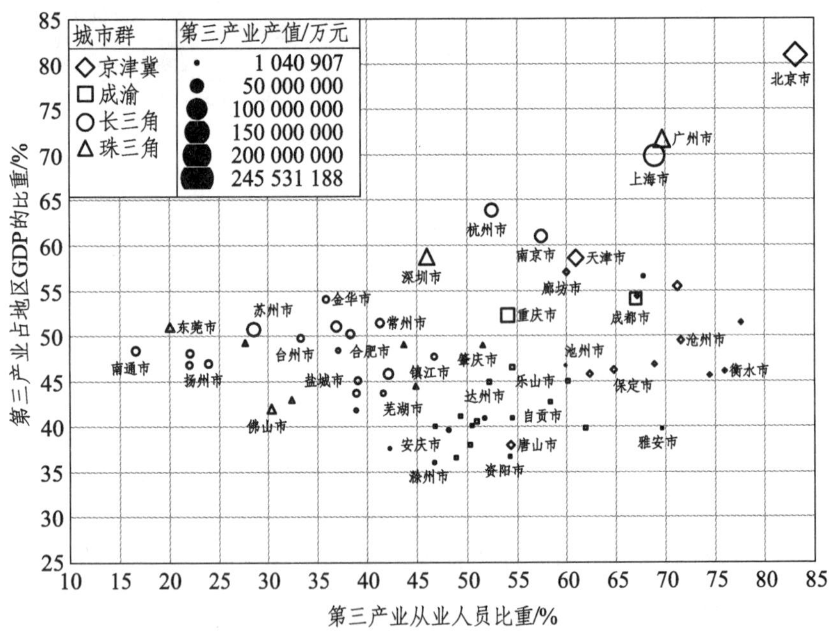

图 5-19　2018 年四大城市群第三产业产值占地区 GDP 比重情况

（数据来源：2013—2021 年《中国统计年鉴》、《中国城市统计年鉴》、各省市统计年鉴、国民经济和社会发展统计公报）

从城市群不同行业从业人员数来看，四大城市群之间共性和差异并存（见图 5-20）。

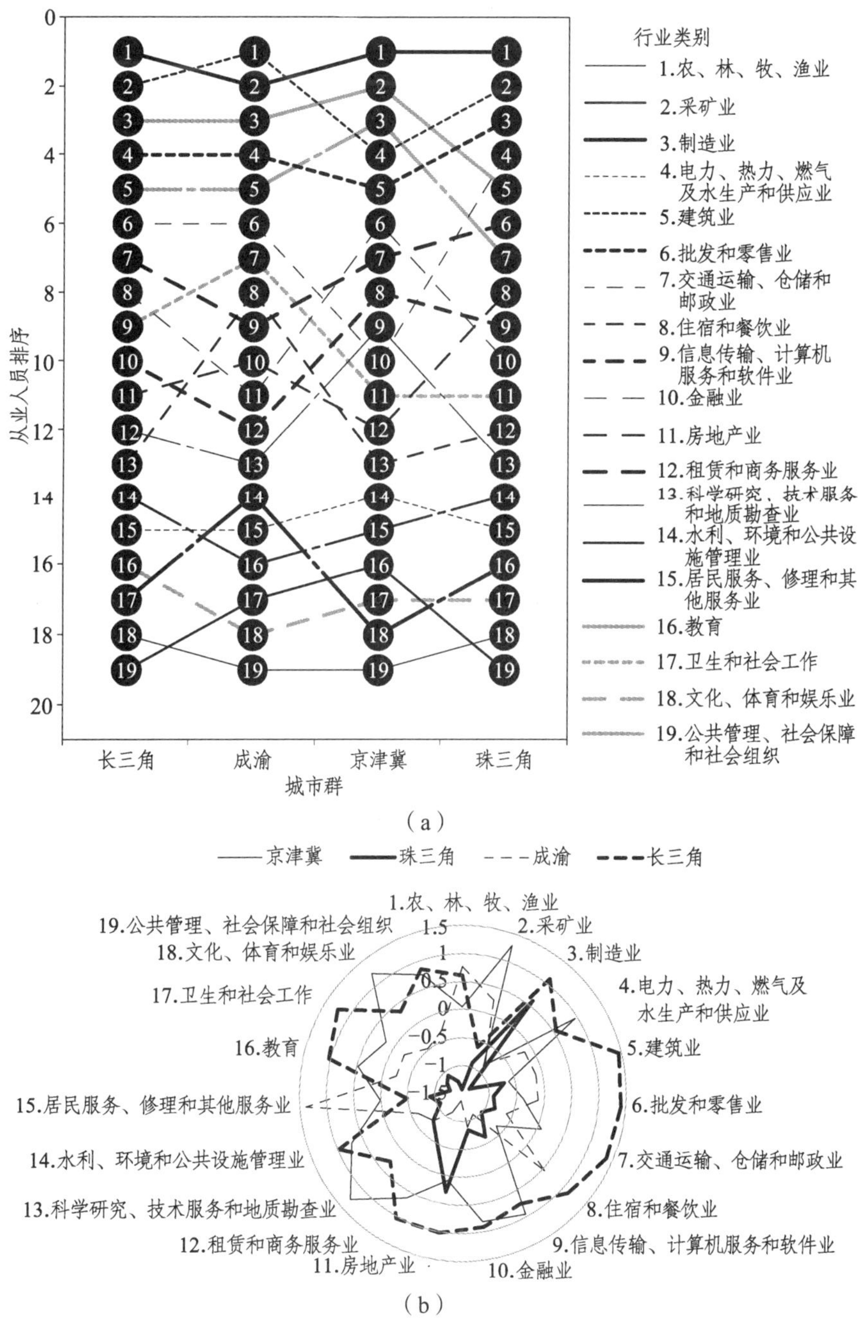

图 5-20　四大城市群分行业就业人员占比排序情况比较

（数据来源：2013—2021 年《中国统计年鉴》、《中国城市统计年鉴》、各省市统计年鉴、国民经济和社会发展统计公报）

共性方面：制造业和建筑业在各城市群中均为主要的从业行业，农业和采矿业、卫生和社会工作、文体和娱乐业就业岗位普遍不多；批发零售等基础类服务业从业人口，在各城市群中均占有较大比重。

差异方面：教育行业从业人口在珠三角城市群处于第五名，在其他城市群均为前三名，表明不同城市群中，教育及其带来的附加价值有较大差异。在交通运输、仓储和邮政行业，京津冀城市群显著低于其他城市群，考虑京津冀城市群以北京市为单一核心、其他城市围绕北京市提供服务的城市分工安排，导致北京市在交通物流方面存在较大压力，仓储建设不足，进一步制约了物流行业发展。成渝城市群的住宿和餐饮业从业人员占比显著高于其他三个城市群，表明成渝城市群餐饮和住宿业市场繁荣度较高。从图 5-20（b）中可以看出，住宿和餐饮业是成渝城市群三大支柱产业之一。

比较四大城市群不同行业从业人员可知，长三角城市群各行业发展较均衡，京津冀城市群偏重金融、信息、文娱等消费类和生产类服务业，珠三角以制造业和房地产业为支柱，成渝城市群专注住宿餐饮及由此带动的居住服务业。长三角城市群各行业从业人员数占比相对平均，占比较低的几个行业中，除居民服务、修理和其他服务业之外，采矿业、地质勘查等都是对从业人员数要求不高的行业。

综合前述数据可知：

京津冀城市群第三产业发达，以互联网、信息化为代表的生产性服务业占比高，科研人员高度集聚，产业结构以科技创新驱动的新型产业为主；是福布斯全球企业 2000 强总部在国内的主要聚集地，知识密集型产业发达；受第三产业占比高企影响，地区生产总值近年来增长趋势放缓；R&D 人员和大专及以上学历人员对人均 GDP 的贡献率均稳步提升，人才转化为城市群发展动能的效果明显。

长三角城市群第一产业占比在四大城市群中最低，第二产业占比在四大城市群中最高，第二产业贡献了城市群主要的生产总值，近年来地区生产总值增长势头强劲；囊括长江中下游广阔腹地的长三角城市群，拥有发达的水路运输网络，加之沿海众多的深水港口，为重工业、建筑业的发展提供先天优势；2021 年汇聚了 75 家福布斯全球企业 2000 强的总部，辐射能力显著；R&D 人员和大专及以上学历人员对城市群发展的贡献率增长迅猛，增长幅度是四大城市群之首。

珠三角城市群与长三角城市群在三次产业结构分配上十分相似；第一产业占比逐年降低，第二产业和第三产业对地区生产总值贡献极大；珠江水系支撑了沿岸城市重工业的发展，十八大以来发展趋势稳定；R&D 人员和大专及以上学历人员对城市群人均 GDP 的贡献率趋于停滞。

成渝城市群还在发育之中，第一产业占比较高（25.51%），第二产业占比为 26.11%，同时第三产业占比为 48.37%，导致该城市群地区生产总值不高，与京津冀城市群有 8 年左右的差距；从从业人员的行业分布来看，教育、卫生、交通等公共事业覆盖的行业，在行业比重上与其他三个城市群相仿，制造业、租赁服务业、金融业等在整体产业中的占比显著低于其他城市群；R&D 人才和大专及以上学历人员对城市群人均 GDP 的贡献率出现缓慢衰退迹象。

基于以上数据可知：

长三角和珠三角城市群制造业体系更加完备，京津冀城市群第三产业占比更高，三个城市群作为我国目前顶尖的城市群，与正在发育的成渝城市群相比，具有非常突出的产业优势。其中，京津冀和长三角城市群聚集了大量的福布斯全球企业 2000 强总部，具有很强的国际影响力，也因此创造了广阔的人才成长空间。

四大城市群在人才培养方面的投入巨大，京津冀、长三角和珠三角三个城市群的教育投入连年保持高速增长，为劳动力培养打下扎实基础。综上，在人才成长方面，京津冀、长三角和珠三角三个城市群均具有较好的表现，成渝城市群表现略显逊色。

四、人才公共服务环境

在某城市群中生活的舒适程度，极大地影响着人才是否在该城市群定居。只有将吸引来的人才留住，城市群才能真正将人才的创新生产力转化为城市群发展的动力。

对城市群人才公共服务环境能力的考察主要从城市群的宜居度和城市群公共服务能力两个维度展开（见图 5-21）。

（一）宜居度

城市内部居住环境的评价指标包括以下几个方面：安全满意度、环境满意度、设施满意度、出行满意度、舒适满意度，安全性、健康性、方便性、舒适性。[397]《2009 年世界发展报告》中指出，降低城市生活的时间、污染、安全成本，是提升城市宜居度的重要措施[398]。下面主要从健康性、方便性、舒适性维度，对目标城市群的宜居度进行分析（见表 5-8）。

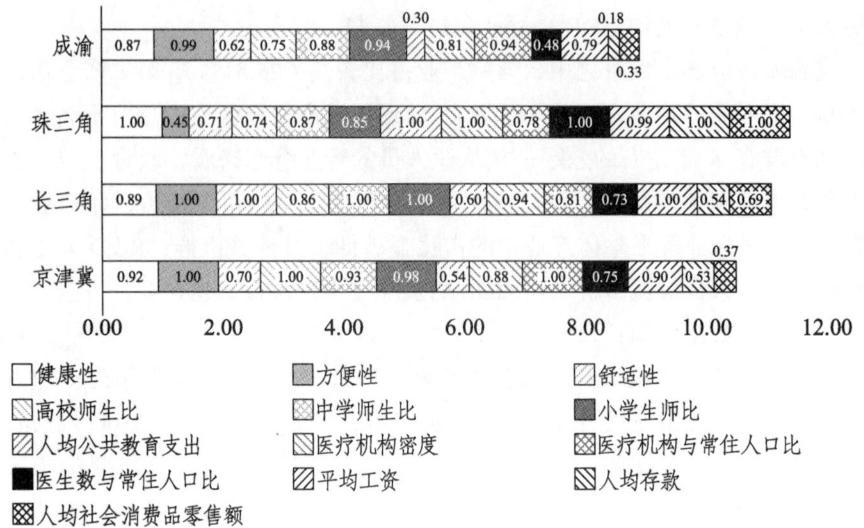

图 5-21　四大城市群人才公共服务环境（以 2018 年数据计算）

表 5-8　城市（群）宜居度衡量方法

评价维度	评价指标
健康性	垃圾处理率
方便性	教育和体育设施数量
	医疗设施数量
	商业/娱乐设施数量
舒适性	公园、绿地数量和规模
	绿化率

注：其中，垃圾处理率以固体废物无害化处理率为准，教育和体育设施包括学校、图书馆、体育馆等，商业/娱乐设施包括 KTV、影院、酒吧。

1. 健康性

健康性由城市群的环境质量来衡量。城市群在各类垃圾处理方面取得的成效越大，城市环境质量越好，市民越容易获得健康的生活物质基础。

城市垃圾无害化处理既提升了城市居住环境的健康性，也降低了城市对区域生态造成的不良影响。十八大以来，四大城市群在垃圾无害化处理方面都有显著提升。2017 年后，四大城市群垃圾无害化处理率均接近 100%，四大城市群城市环境健康性均较高（见图 5-22）。

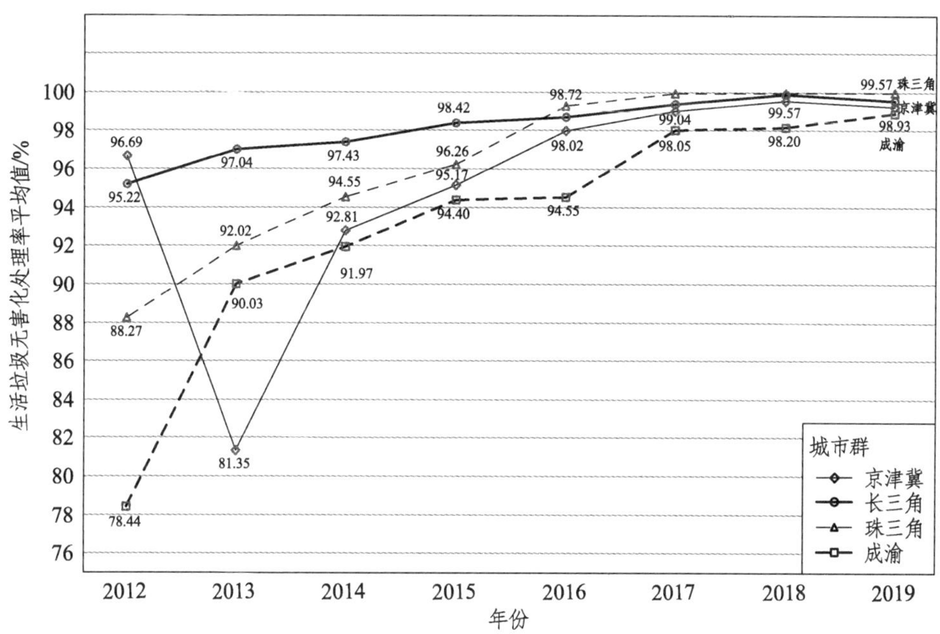

图 5-22　2012—2019 年以来四大城市群垃圾处理率变化

（数据来源：2013—2021 年《中国统计年鉴》、《中国城市统计年鉴》、各省市统计年鉴）

2. 方便性

方便性是指城市群对各类关系到生活、生产便利性的基础设施、基础服务的提供能力，主要包括教育设施、医疗设施、商业设施、娱乐设施等。

四大城市群不同类型教育机构之间的比例存在差异。京津冀城市群小学比例显著高于其他城市群，普通中学比例却排第三，可能导致“小升初”时产生大量压力。京津冀城市群和长三角城市群的高等教育机构数量较多，两城市群高等教育条件和环境优于珠三角城市群和成渝城市群。

京津冀城市群职业教育机构数量显著多于其他城市群，职业教育对城市发展支撑的能力更强（见图 5-23）。

京津冀、长三角、珠三角三大城市群医疗机构在 2016 年显著降低（见图 5-24）。

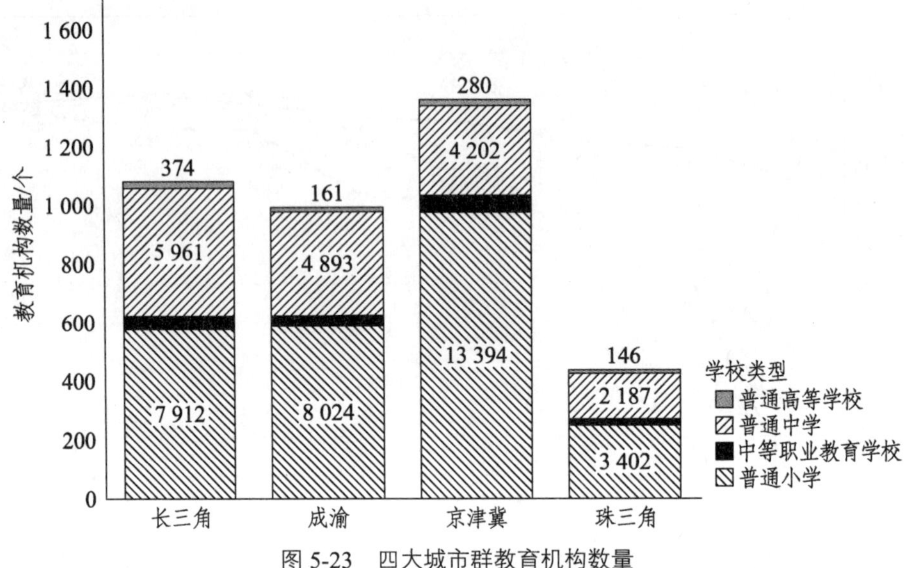

图 5-23　四大城市群教育机构数量

（数据来源：2013—2021 年《中国统计年鉴》、《中国城市统计年鉴》、各省市统计年鉴）

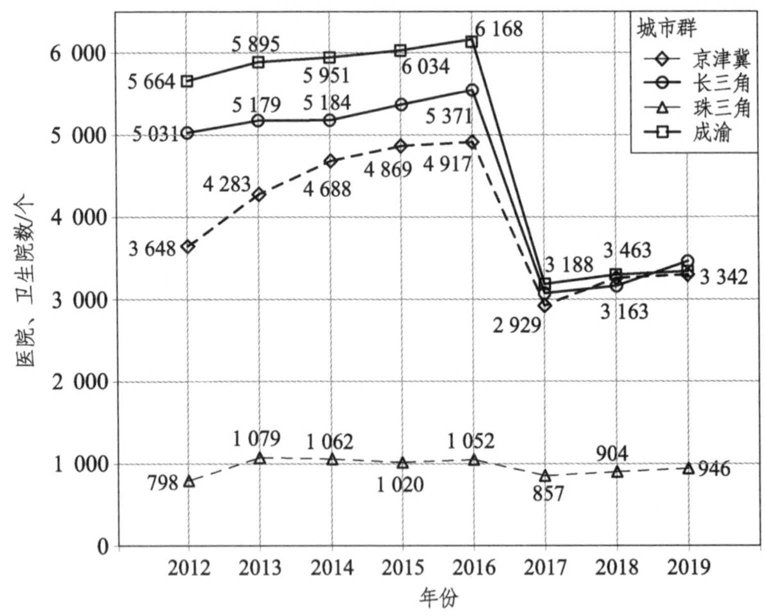

图 5-24　四大城市群医疗设施数量

（数据来源：2013—2021 年《中国统计年鉴》、《中国城市统计年鉴》、各省市统计年鉴）

2015 年，国务院办公厅下发《国务院办公厅关于城市公立医院综合改革试点的指导意见》（国办发 2015〔38〕号），要求“破除公立医院逐利机制，落实政府的领导责任、保障责任、管理责任、监督责任，充分发挥市场机制作用，建立起维护公益性、调动积极性、保障可持续的运行新机制……2015 年进一步扩大城市公立医院综合改革试点。到 2017 年，城市公立医院综合改革试点全面推开，现代医院管理制度初步建立，医疗服务体系能力明显提升，就医秩序得到改善，城市三级医院普通门诊就诊人次占医疗卫生机构总诊疗人次的比重明显降低；医药费用不合理增长得到有效控制，卫生总费用增幅与本地区生产总值的增幅相协调；群众满意度明显提升，就医费用负担明显减轻，总体上个人卫生支出占卫生总费用的比例降低到 30%以下”。[399]按照文件要求，医院的药品获利渠道受到限制，可能导致部分以药品为主要收入来源的医院被挤出医疗市场。

第三产业的“产品”主要是各类人员提供的服务，通过考察各行业的从业人员数量，可以探知城市和城市群在该行业的服务供给能力，并进一步显示出消费侧对该领域服务的需求强度。因此，此处将行业从业人员数作为城市群相应行业繁荣度的显示指标。

从图 5-25 可以发现，住宿和餐饮业从业人员数在三个行业中居首位。成渝城市群居民服务业从业人数为文体娱乐业的两倍多，而其他城市群的文体娱乐业从业人数则高于居民服务业，显示出成渝城市群的消费行为更多地以餐饮为主，文化属性消费较弱。

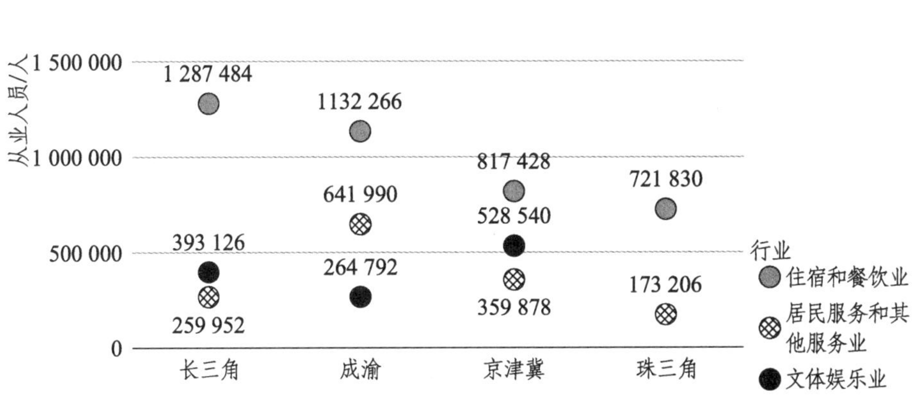

图 5-25　2018 年四大城市住宿和餐饮业、居民服务和其他服务业、文体娱乐业从业人数比较

（数据来源：2013—2021 年《中国统计年鉴》《中国城市统计年鉴》、各省市统计年鉴）

3. 舒适性

舒适性是指城市群在城市景观建设过程中，通过绿地面积、城市空间的设置等，使市民在城市中与自然环境展开交互性的条件。

城市群的舒适性主要通过绿地面积和绿化率来体现（见图 5-26）。

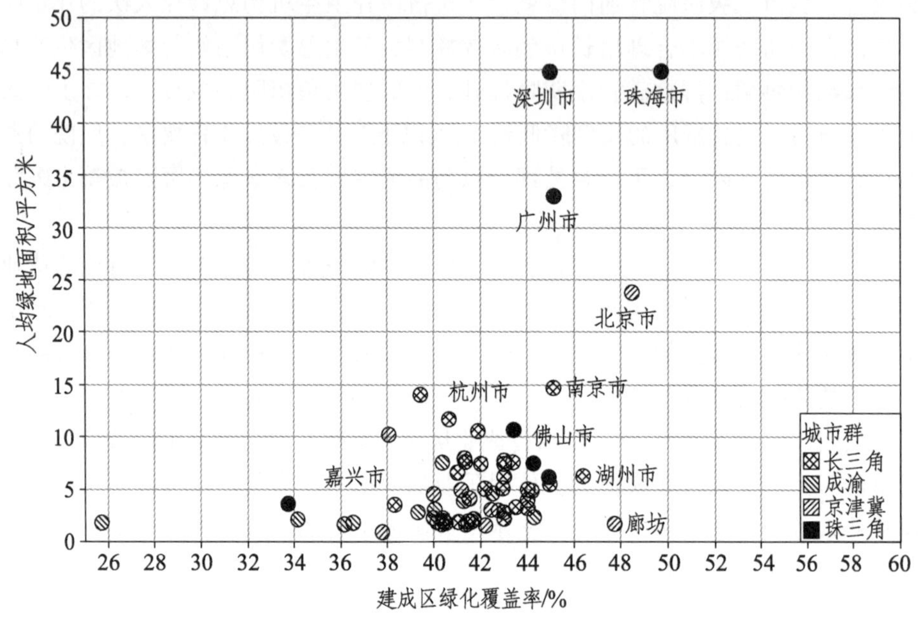

图 5-26 2018 年四大城市群绿地面积和绿化率

（数据来源：2013—2021 年《中国统计年鉴》、《中国城市统计年鉴》、各省市统计年鉴）

四大城市群中的核心城市，其绿地面积和绿化率都处于城市群各城市的领先地位。其中，京津冀城市群中，北京市、天津市绿地面积最大，北京市、廊坊市建成区绿化率最高；长三角城市群中，上海市、南京市绿地面积最大，各城市绿化率相当，未显示出明显差异；珠三角城市群中，广州市、深圳市绿地面积最大，江门市绿化率较高；成渝城市群中，重庆市绿地面积最大，南充市绿化率较高。

深圳市、珠海市、广州市在四大城市群所有城市中人均绿地面积方面遥遥领先。同时，三个城市的建成区绿化覆盖率也处于所有城市前列。

综上，珠三角城市群在宜居度的三个衡量维度方面表现突出，为宜居度最高的城市群；京津冀城市群在方便性、舒适性方面表现优秀，在健康性方面略微不足；长三角城市群在健康性方面整体优秀，个别城市健康性较低，拉低了城市群在该维度的表现；成渝城市群由于起步较晚，综合表现不及其他三个城市群，相对宜居度最低。

（二）公共服务能力

公共服务是指城市群为居民提供的教育、医疗等保障人民健康生活和成长权利的基础设施、基础服务等，主要体现在城市群各类机构数量、教师和学生的比值（衡量学生人均享有的教师资源程度）、医疗机构密度、医生与常住人口比值等几个维度中。

1. 教育

本书中将教育机构定义为包括幼儿园等学前教育、小学和初中的义务教育、高中教育、高等教育机构，以及设立研究生院的研究机构在内的所有具有教育职能的机构。教育作为城市重要的公共产品之一，满足市民对基础素质、基本知识体系构建、基本市民能力形成等各方面的需要，推动城市健康有序发展、促进市民积极健康生活、构建社会良好道德风尚。

衡量城市教育能力的指标包括：各等级教育机构数、在校生数、教师数、教师与在校生比例等（见表 5-9）。

表 5-9　城市（群）可持续发展能力衡量方法

一级指标	二级指标	指标说明
教育	1. 各等级教育机构数 2. 在校生数 3. 教师数 4. 教师与在校生比例	指标 1—3 衡量城市教育资源总量，指标 4 衡量教育资源分配强度(即每个学生对应的教师数越大，得到的注意力、教育服务等越多）

教育机构数量（见表 5-10）和人均教育资源占有量，可以衡量城市居民获取教育资源的难易程度。教育资源丰富的城市，人才自身可以获得更多进一步自我提升的机会，也可以给人才的孩子们提供更好的教育机会，提升城市对人才的吸引力。

表 5-10　城市群教育机构数量

单位/个

项目	京津冀	长三角	珠三角	成渝
城市数量	13	26	9	16
普通高等学校数	280	374	146	161

续表

项目	京津冀	长三角	珠三角	成渝
中等职业教育学校数	812	643	266	546
普通中学数	4 202	5 961	2 187	4 893
普通小学数	13 394	7 912	3 402	8 024
市均普通高等学校数	21.54	14.38	16.22	10.06
市均中等职业教育学校数	62.46	24.73	29.56	34.13
市均普通中学数	323.23	229.27	243.00	305.81
市均普通小学数	1 030.31	304.31	378.00	501.50

数据来源：2013—2021 年《中国统计年鉴》、《中国城市统计年鉴》、各省市统计年鉴。

四大城市群的教育机构数量历年来变化不大，故以数据完整度最高的 2018 年为例进行城市群间的横向对比。笔者将四大城市群的高等学校、中等职业教育学校、普通中学和普通小学总数和市均数量进行标准化处理后绘制雷达图（见图 5-27）。可以看出：

（1）从各城市群拥有的不同类别的学校数量的维度来看，珠三角城市群的各类学校数量均不高。京津冀在普通小学和中等职业教育学校两个维度相对占优，长三角城市群在普通高等学校和普通中学数量上相对占优。

（2）从各城市群平均每个城市拥有的学校数量维度来看，京津冀城市群在四类学校中的均值都是最多的，远超其他城市群。长三角城市群和珠三角城市群在普通高等学校数维度占优，同时在普通中学市均数量维度低于其他两个城市群，普通小学和中等职业教育学校市均数量维度，两城市群数量相当。成渝城市群普通中学市均数量最高，高等学校市均数量最少。

（3）京津冀城市群各类教育资源充沛，且城市的市均学校拥有量都远高于其他城市群。

（4）长三角城市群普通高等学校和普通中学总数远高于其他城市群，但从市均数量维度来看，普通中学数为四个城市群中最低，普通高等学校市均数仅高于成渝城市群。长三角城市群中的高等教育和中学教育机构分配不均的情况显著，两类资源高度集聚在上海、杭州、南京等少数核心城市中；其他“边缘城市”教育资源配置不足。

（5）珠三角城市群各类教育机构绝对数量最少，但市均数量处于中游。各类教育资源主要集中在广州和深圳两个核心城市，分布情况与长三角城市群相似。

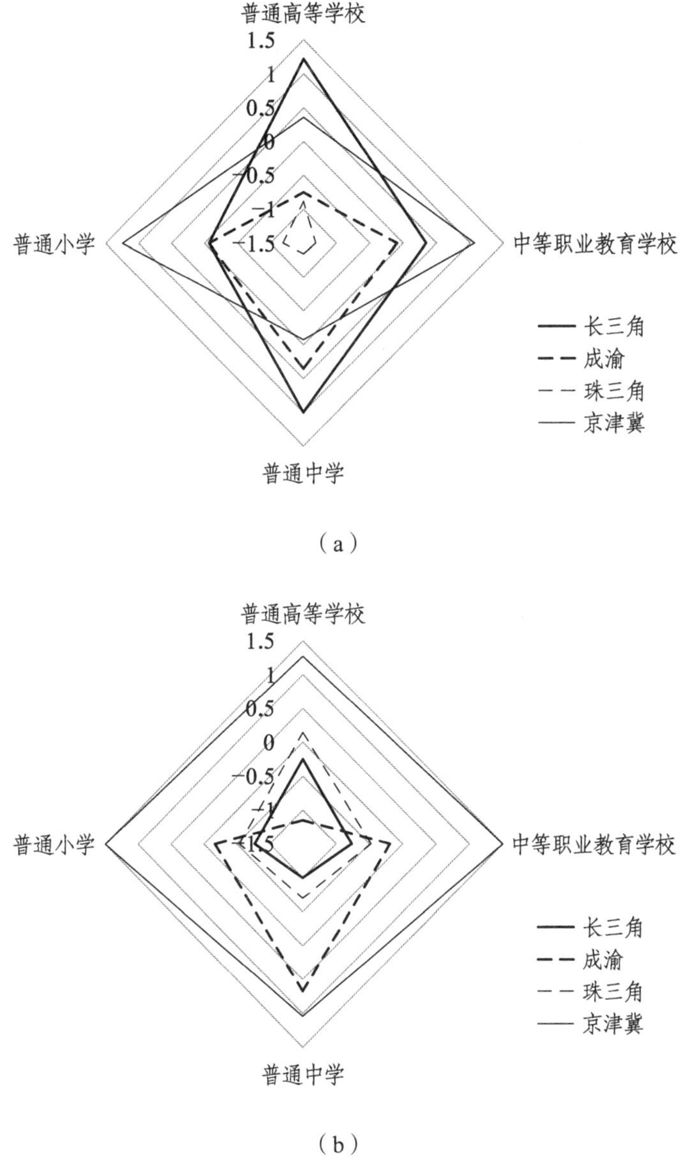

图 5-27　2018 年四大城市群各类教育机构数量（上）和市均数量（下）

（数据来源：2013—2021 年《中国统计年鉴》、《中国城市统计年鉴》、各省市统计年鉴）

生师比衡量的是一个地区每个学生可以享有的教师资源数量，是衡量地区教育资源丰沛程度的重要指标。生师比越大，每个学生所对应的教师资源就越少。

笔者将四大城市群的高等学校、中等职业教育学校、普通中学和普通小学总数分别进行标准化处理后绘制雷达图（见图 5-28）。从图中可知：长三角城市群和京津冀城市群整体生师比较优，北京在小学、中等职业教育和高等教育这三个方面更是出类拔萃，拥有全国最丰富的高等教育教师资源；长三角城市群在义务教育阶段拥有全国最充沛的教师资源，高等教育教师资源稍逊于京津冀。成渝和珠三角各个维度生师比都较大，成渝地区的中学和中等职业教育类生师比极高，珠三角的普通小学和普通高等学校生师比为所有城市群中最高。

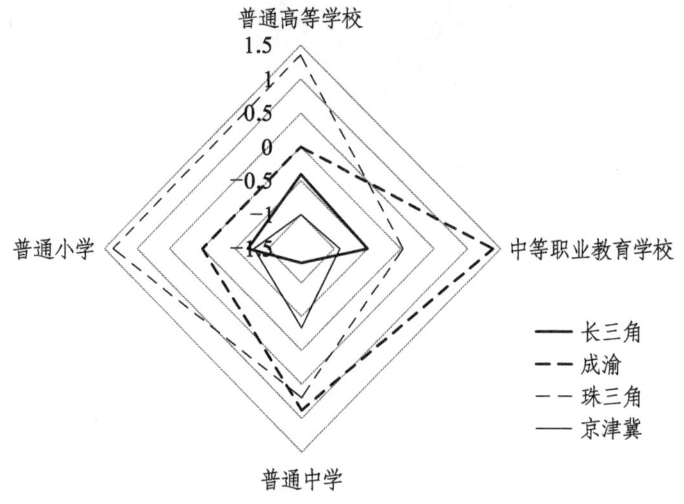

图 5-28　2018 年四大城市群小学、中学、高等教育生师比

（数据来源：2013—2021 年《中国统计年鉴》、《中国城市统计年鉴》、各省市统计年鉴）

城市群的人均公共教育支出决定城市群居民可以获得的基本教育水平。公共教育支出影响着 K12 等学历教育序列的学生可以获得的教育资源，对于科技人才的子女有较大影响；同时，公共教育支出对于成人教育、继续教育有直接影响，也对城市群的其他非正式的教育活动产生带动作用。因此，人均公共教育支出可以反映城市群是否可以为人才提供继续成长所需的教育环境等条件。

十八大以来，各城市群对教育经费的投入整体逐年增加。长三角城市群教育经费投入为四大城市群之首，京津冀城市群次之，珠三角城市群和成渝城市群不分伯仲。教育经费投入的增长率方面，长三角和珠三角城市群显著高于京津冀和成渝城市群，珠三角城市群教育经费投入总额度在 2017 年超过成渝城市群后，继续保持快速增加趋势（见图 5-29）。

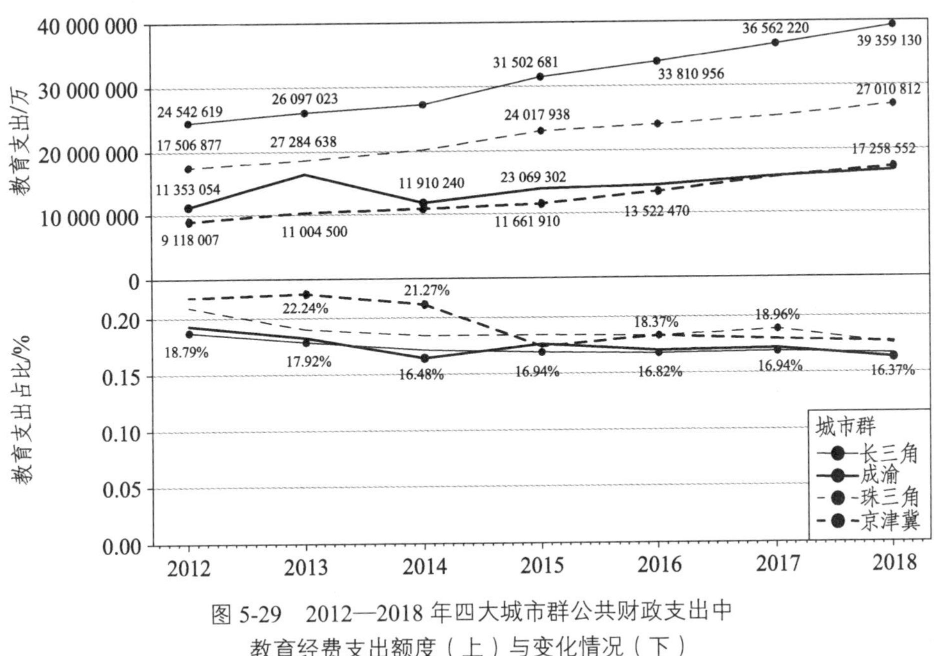

图 5-29　2012—2018 年四大城市群公共财政支出中教育经费支出额度（上）与变化情况（下）

（数据来源：2013—2021 年《中国统计年鉴》、《中国城市统计年鉴》、各省市统计年鉴）

2. 医疗

四大城市群内医疗机构的空间集聚度与科技人才的空间分布形态一致。

北京市医疗机构空间集聚度为全国首位，超出其他三个城市群核心城市几个数量级。但其对人才的集聚效应与医疗资源集聚度不成比例，表明医疗机构对人才（青壮年为主）选择城市并非主要决策因素。

从四大城市群总体情况来看，长三角城市群的人均医疗资源是最充沛的。至 2019 年，长三角城市群每万人医师数达到 883.9 人，每万人病床数达到 1 466.4 张。京津冀和珠三角城市群人均医疗资源相近，成渝城市群在每万人医师数维度为四大城市群中最低的，但在每万人医院床位数维度高于京津冀和珠三角城市群。

2012 年以来，四大城市群每万人医师数逐步上升，医疗人才队伍建设稳步推进；每万人医院床位数整体呈上升趋势，但在 2016 年至 2017 年有一个下降过程，可能与 2016 年推进的全国医疗机构改革有关（见图 5-30）。

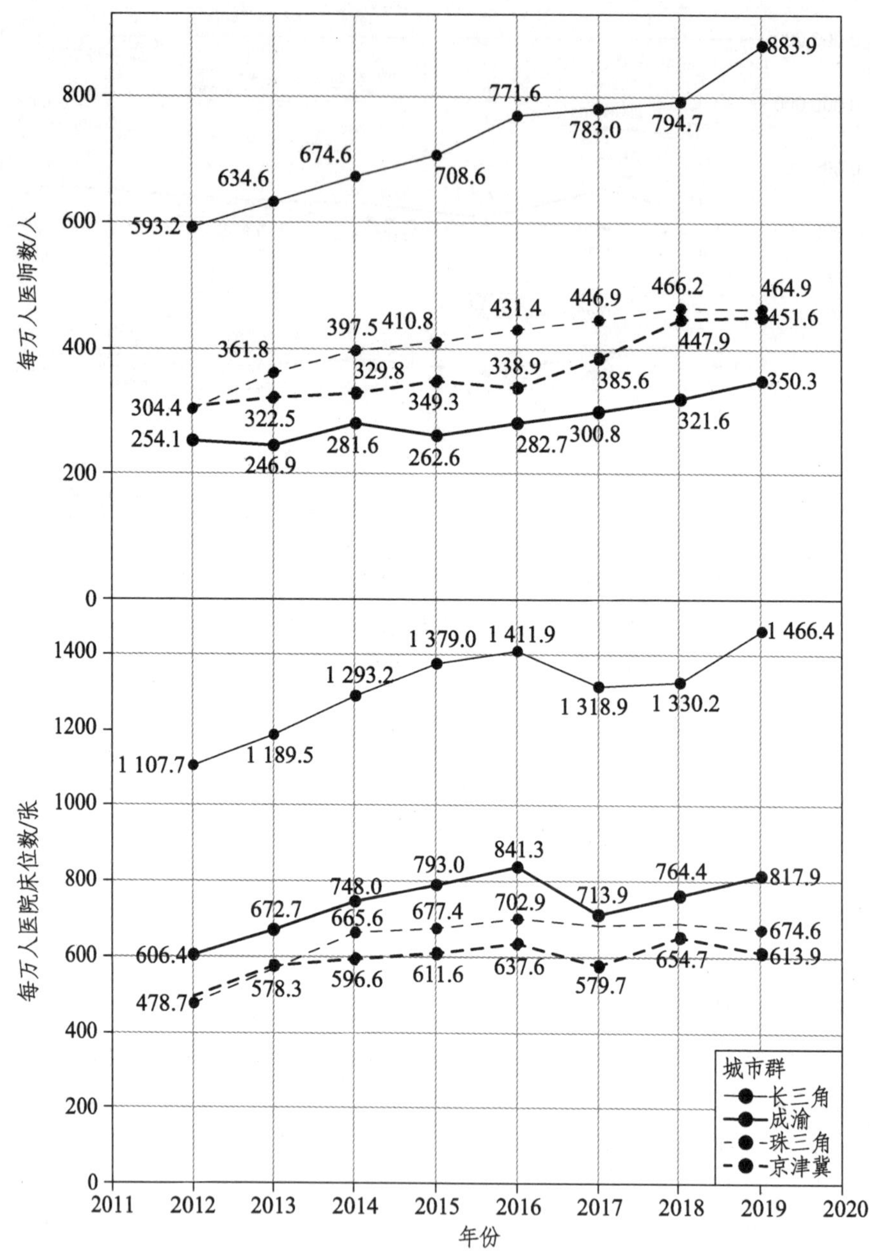

图 5-30　2012—2019 年四大城市群医院每万人医师数、床位数变化情况

（数据来源：2013—2021 年《中国统计年鉴》、《中国城市统计年鉴》、各省市统计年鉴）

四大城市群医疗机构数、医院床位数、医师数整体呈正比例关系，三者在城市群之间存在差异。

医院数与病床数之比京津冀城市群最高，珠三角城市群最低，长三角和成渝城市群相近。医院数与病床数之比越高，医院中的平均病床数越少，每个住院患者可以得到的医疗资源越多，相应的医疗机构基础设施投入越大。同时，医疗机构数量多，可以减少患者往来医院的距离。北京市的医疗机构密度为全国最高。

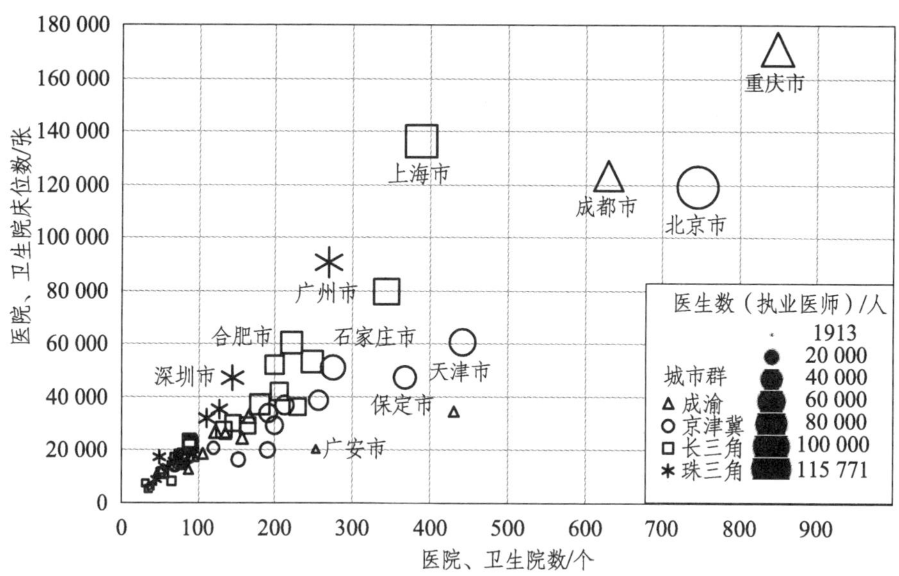

图 5-31　2019 年四大城市群医院数、床位数、医师数量比较

（数据来源：2013—2021 年《中国统计年鉴》、《中国城市统计年鉴》、各省市统计年鉴）

长三角和珠三角城市群的医疗机构数量相对较少，单个医院内的病床数更高，医疗资源在城市群中的集中度更高。这样可以节约在医疗机构上的基础性投入（如医院建设、维护等），但会增加患者就医的空间和时间成本。

北京市、成都市，以及长三角、珠三角大部分头部城市的每万人医师数量较高。这些城市均为城市群的核心城市、沿海城市或沿江城市（见图 5-32）。

成渝城市群除成都市外，大部分城市处于人均病床数较高，但每万人医师数较低的境况。城市的空间区位因素影响医疗人才的分布，医疗人才短缺会制约当地医疗水平的发展，而受到制约的医疗水平则会降低其他人才前往该地定居的意愿。

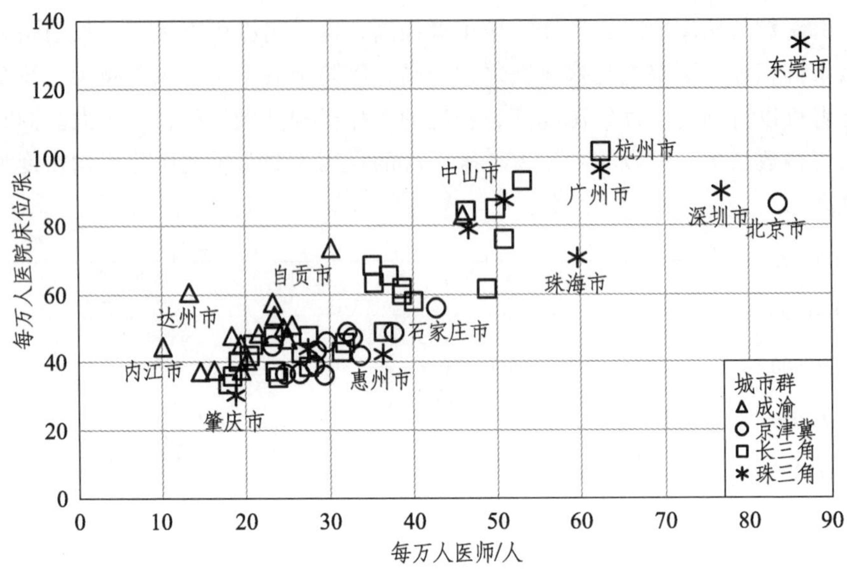

图 5-32　2019 年四大城市群每万人医院床位数和每万人医师数

（数据来源：2013—2021 年《中国统计年鉴》、《中国城市统计年鉴》、各省市统计年鉴）

3. 生活成本

对于城市群生活成本，应从城市居民收入水平、生活开支水平，以及收入与支出的差额等相对生活成本的角度来衡量。

城市群人均收入水平与人均存款水平的比较，可以反映出城市群居民在生活中的实际可支配收入水平，基础设施好、公共服务更完善的城市，居民在相应领域的支出便会降低，从而提升平均存款额度。

职工平均工资指企业、事业、机关单位的职工在一定时期内平均每人所得的货币工资额。社会消费品零售总额是指企业通过交易售给个人、社会集团非生产、非经营用的实物商品金额，以及提供餐饮服务所取得的收入金额。网络平台销售的商品和服务也计入社会消费品零售总额。

珠三角城市群中靠近珠江湾的城市、长三角城市群中靠近长江入海口的城市，在相同的人均工资水平上，人均存款更多。这表明珠三角、长三角城市群的公共产品、公共服务等基础设施优良，人们的生活成本较低，实际可支配收入较高，可以将工资中更多的部分结余储蓄下来。

比较四大城市群各城市在平均工资、人均存款的二维分布态势可知：处于虚线以上部分的城市，在相同收入水平下其人均存款额更高，即在该城市中的生活成本相对更低。珠三角城市群、长三角城市群的城市多分布在虚线以上区域。同样，处于虚线以下的城市居民，在相同收入水平下其人均存款额更低，说明其收入中有更多的额度需要在储蓄之前进行消费。虚线以下区域的城市主要是成渝、长三角、京津冀三个城市群的城市。

在相同收入水平下，珠三角城市群居民的人均存款额最高，其次是长三角城市群，再次是京津冀城市群，成渝城市群的人均存款额在相同收入水平下是最低的（见图 5-33）。

单位从业人员是指在各级国家机关、党政机关、社会团体及企业、事业单位中工作，取得工资或其他形式的劳动报酬的全部人员。

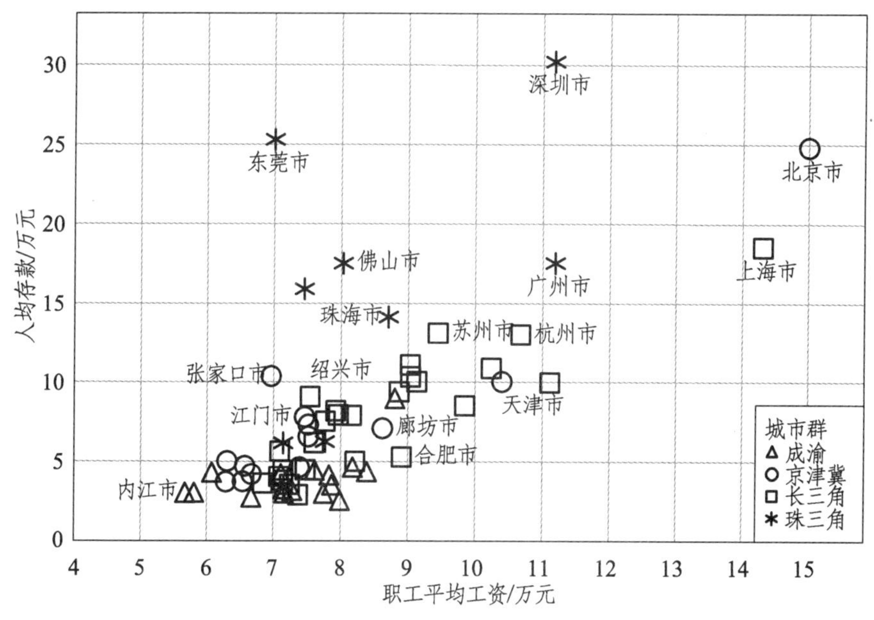

图 5-33　2018 年四大城市群人均存款与平均工资情况

（数据来源：2013—2021 年《中国统计年鉴》、《中国城市统计年鉴》、各省市统计年鉴）

四大城市群居民私营个体从业人员数均高于单位从业人员数，但长三角、珠三角城市群单位从业人员数占私营个体从业人员数比例远低于京津冀城市群和成渝城市群。长三角城市群单位从业人员数约为私营个体从业人员数的 66%，珠三角城市群这一比例为 75%；相较之下，京津冀城市群单位从业人员数约占私营个体从业人员数的 94%，成渝约为 85%。私营个体单位吸纳从业人员力量强，表明城市营商环境更优渥，社会消费品市场上存在更多的供应方主体，城市居民的不同消费需求更容易得到满足，这与四大城市群城市居民人均社会消费品零售额排序情况是一致的（见图 5-34）。

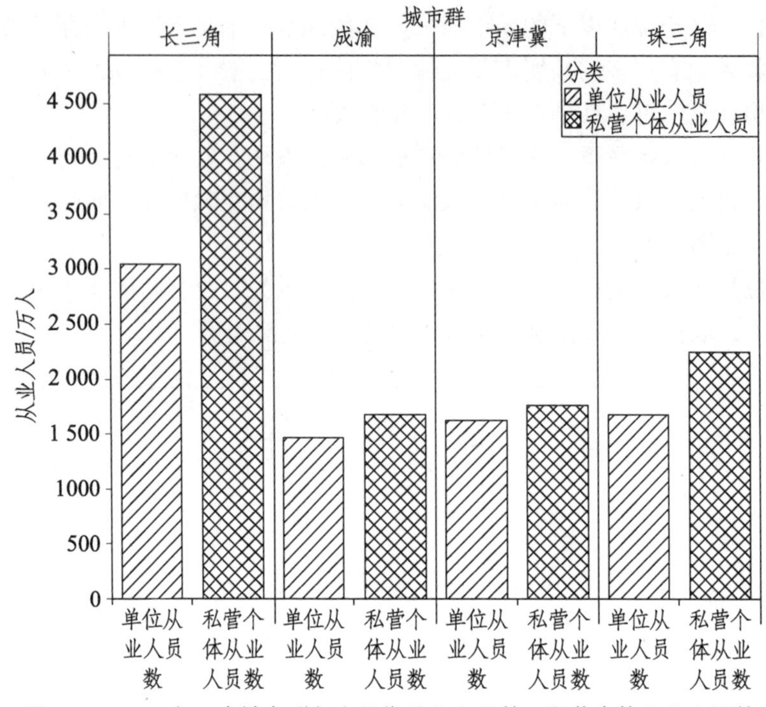

图 5-34　2018 年四大城市群年末单位从业人员数、私营个体从业人员数

（数据来源：2013—2021 年《中国统计年鉴》、《中国城市统计年鉴》、各省市统计年鉴）

二手房价相当程度上反映出城市（群）新增劳动力富集情况。

人才的集聚推动了二手房价的上涨，因此单纯观察二手房价的空间分布，可以观测到城市群对外来人才（实际购买力）吸引力的强度。反向来看房价对人才选择城市的影响时，应该考虑其他生活成本、城市宜居度、便利度等构成的复合模型，房价在前述模型中的比重因城而异。

靠近上海、广州两个港口城市的城市，社会消费品零售额更高，商品和服务市场较内陆城市活跃得多。人均社会消费品零售额高于职工平均工资水平表明：

（1）非公有制经济中的个人社会消费品购买量巨大，推升了整个城市的人均社会消费品零售额。

（2）企业、政府等组织和单位购买了大量社会消费品，推升了人均社会消费品零售额。

靠近上海市、广州市的城市，各类单位、企业组织等的机构类社会消费品购买量大，减少了居民个人直接购买社会消费品的经济负担，从而使这些城市居民可以具有较高的生活品质，同时又有相对较低的生活成本（见图 5-35）。

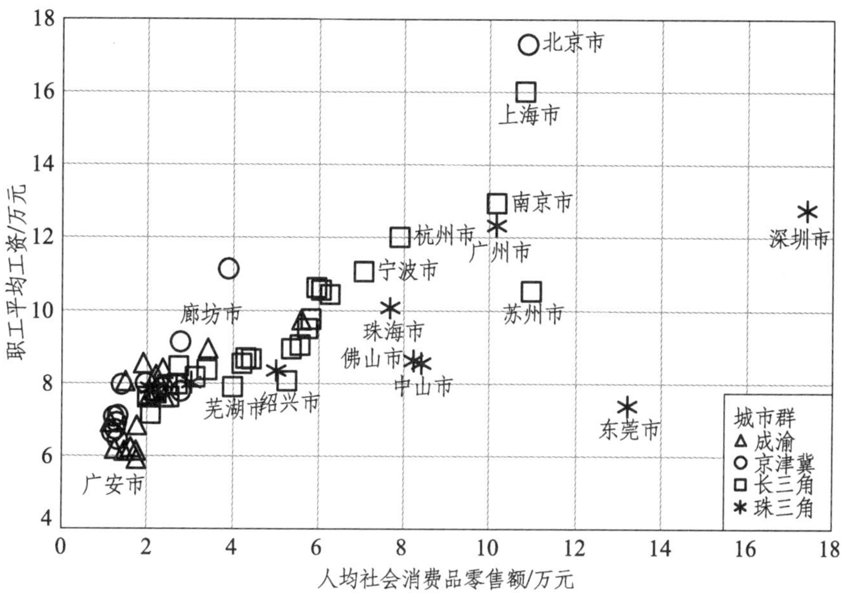

图 5-35　2019 年四大城市群各城市职工平均工资与人均社会消费品零售额比较

（数据来源：2013—2021 年《中国统计年鉴》、《中国城市统计年鉴》、各省市统计年鉴）

结合图 5-35 来看：距离上海市、广州市两个港口城市越近的城市，职工平均工资水平越高。北京市与京津冀其他城市的分布完全脱离，考虑是政治因素（中央部委、企业总部等工资水平高于子公司，平均工资水平除了受城市本身的影响之外，更受到组织层级的影响）推动产生的偏差。

基于以上讨论：

长三角城市群以其较高的宜居度及较完善的公共服务水平，成为四个城市群中相对人才公共服务环境能力最强的城市群。珠三角城市群的医疗机构数量远低于其他三个城市群，但是其在其他公共服务领域的成绩较好，加之较低的生活成本和较高的人均储蓄额度，其人才公共服务环境能力也不容小觑。京津冀城市群生活成本相对较高，但其教育和医疗资源处于全国领先位置，对于拔尖人才的容留有相当的吸引力。成渝城市群公共服务等基础设施投入不及其他三个城市群，导致其人才公共服务环境能力较弱。

四大城市群均具有相当的人才竞争力，在不同的测评维度方面，各城市群由于不同的资源分配、产业结构、公共服务能力、文化氛围、历史传承等而各有千秋。

综合来看，长三角城市群是我国人才竞争力最强的城市群。长三角城市群下辖城市最多，形成了庞大的城市集群效应，充足的科研经费投入和优质的产业结构，为人才的成长创造了充足的空间。作为我国经济最活跃的地区，加之具备大量的优质教育、医疗等公共服务资源，长三角城市群吸引了大量外来人才的进入。近年来，长三角城市群在人才竞争力方面快速提升，人才集聚速度始终保持在高位。长三角城市群人才流动性高，一定程度上使其人才队伍整体保持较强的创新能力，但对于需要长期投入的科研领域，则不利于形成足够的研究积淀，不利于基础性、长效性科研成果的产出。

珠三角城市群在科研经费投入方面虽不及长三角和京津冀城市群，但在人才素质、人才数量维度具有突出优势。大量科技公司集聚在此，增加了相关行业的知识外溢性，提升了对人才的吸引力。珠三角城市群产业结构高度具有地区特色，在人均公共教育支出方面亦不断加大投入，人才成长空间充足。虽然公共教育和医疗资源等公共服务条件不及长三角城市群，但其相对较低的生活成本，还是造就了其较高的人才竞争力。

京津冀城市群具备最高的科研经费投入和公共服务资源，但城市群整体的人才竞争力不及长三角、珠三角城市群。各类科研和公共服务资源分配呈现更明显的集中效应，拔尖的高端人才可享受更多的红利，从而抵消该城市群高昂的生活成本，因而京津冀城市群对于高端人才更具吸引力。

作为发育中的城市群，成渝城市群在科研经费投入、人才数量、人才素质、产业结构等方面，与京津冀、长三角、珠三角三大城市群还有相当差距。但值得注意的是，成渝城市群在城市群吸引力的各个测量维度都表现出较高的成长速度。川渝文化下特有的生活氛围，使得成渝城市群具备较高的宜居度，因此，成渝城市群的人才竞争力正在向三大城市群快速靠近中。

第三节　城市群人才竞争力结构分析

城市群人才竞争力与其内部城市特征及其城市之间的联系是分不开的。对城市群内部城市间的互动关系、生产要素在城市群内部的分布特征等的考察，有助于我们揭开不同城市群人才竞争力差异的谜底。

四大城市群中 R&D 人员高度集中的城市有北京市、上海市、深圳市，它们分别为京津冀、长三角和珠三角城市群的核心城市。从区域分布来看，集聚 10 万及以上 R&D 人员的城市里，京津冀城市群中有北京市、天津市两座城市；长三角城市群中有上海市、杭州市、宁波市；成渝城市群中有重庆市和成都市；珠三角城市群中有深圳市、广州市。这些城市均为城市群的核心城市，表明科技人员集聚与城市综合水平较高存在关联性。

从人均科研经费来看，北京市、上海市、四川省的绵阳市为人均经费充沛的城市，深圳市、天津市、成都市、杭州市等城市人均经费相对充足，保定、沧州、宁波等地人均经费相对匮乏。

城市群间科研人员数量与科研经费分配差异较大。

京津冀城市群中，除北京市、天津市、石家庄市外，其他城市科研人员数量很少、人均经费不足，科研能力弱。

长三角城市群中，科研人员数量和人均经费在城市间存在较明显的差异，且城市所属的省份与这些差异存在较大关联。上海作为直辖市，具备大量的科研人员和充沛的研究经费；江苏各城市科研人员很少、经费不多；安徽各城市形成了以合肥为中心的研究群体，科研人员不多、经费相对充足；浙江省各城市汇集了大量科研人员，但科研经费相对匮乏。

珠三角城市群中，深圳市、广州市、东莞市、佛山市集聚了大量科研人员，其他城市的科研人员极少；深圳市、广州市为科研人员提供了相对充沛的经费，东莞市则经费不足，与毗邻的深圳、广州差异显著。

成渝城市群中的科研人员主要集中在重庆市、成都市、绵阳市和德阳市，其他城市科研人员分布稀少；在科研人员集中的四座城市中，科研经费均相对充足（见图 5-36）。

人才在城市群内部的城市间分布方面表现出较大差异性。京津冀城市群人才分布为北京单一核心的极化分布，长三角城市群为一主（上海）多副（省会）的梯度分布，珠三角城市群形成了广州和深圳双强核心，成渝城市群形成一主（成都）一副（重庆）双核心。

四大城市群科学研究和技术服务人员总数分布差异明显。2018 年，长三角城市群人才总量几乎与其他三个城市群之和相当。

2014 年和 2016 年，长江三角洲和京津冀城市群人才总量分别出现较明显的增长。

各城市群中的直辖市、省会城市所拥有的科研机构数量明显多于其他城市。同一城市群中，科研机构在城市间的分布呈现梯度效应：核心城市中的科研机构更多，距离核心城市近的非核心城市拥有更多的科研机构。从拥有的科研机构数量来看，四大城市群核心城市分别为：京津冀城市群的北京市、天津市、石家庄市，长三角城市群的上海市、南京市、合肥市、杭州市，珠三角城市群的广州市，成渝城市群的重庆市、成都市（见图 5-37）。

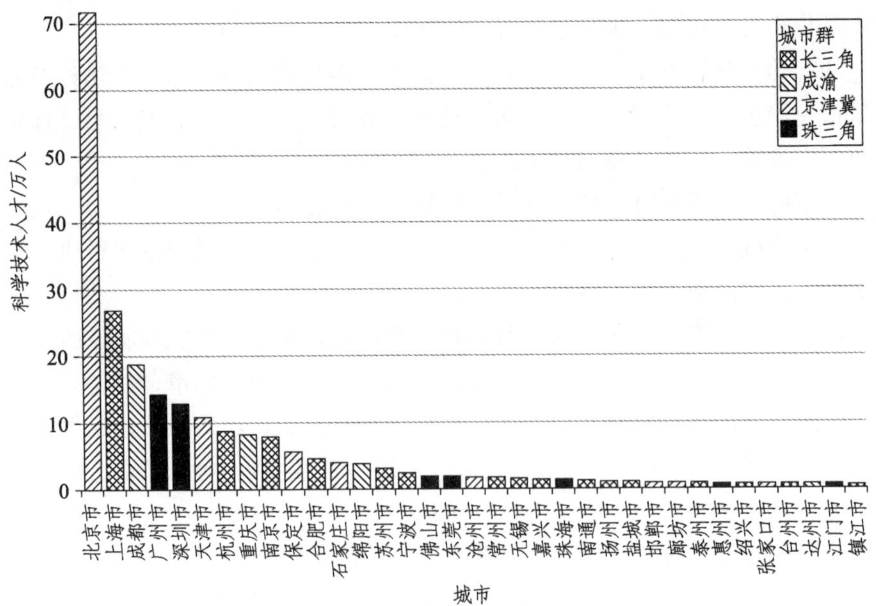

图 5-36　2018 年四大城市群各城市间人才分布情况

（数据来源：2013—2021 年《中国统计年鉴》、《中国城市统计年鉴》、各省市统计年鉴）

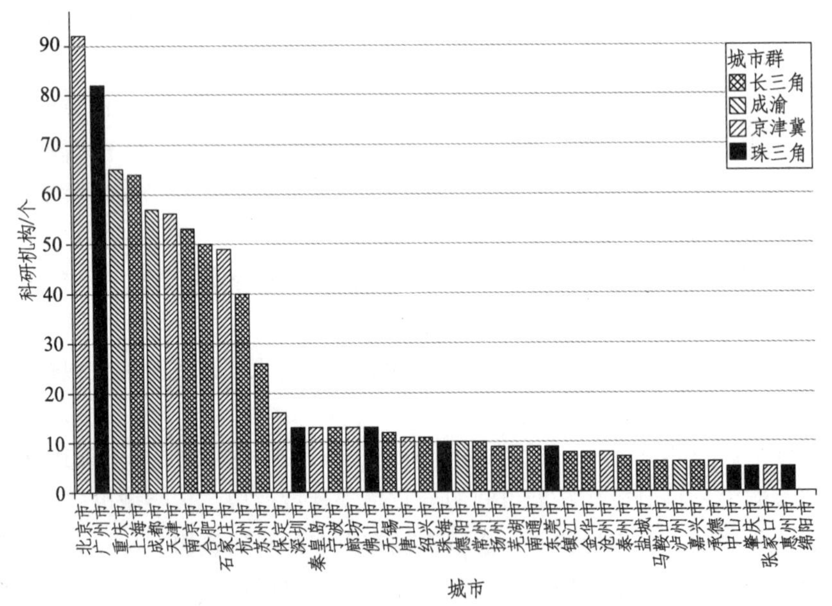

图 5-37　四大城市群科研机构数量

（数据来源：百度地图开放平台；制图：本书课题组；
数据采集及制图时间：2021 年 4 月 14 日）

一、京津冀城市群人才竞争力分析

京津冀城市群的概念由首都经济圈发展而来，包括北京、天津两大直辖市，河北省的张家口、承德、秦皇岛、唐山、沧州、衡水、廊坊、保定、石家庄、邢台、邯郸等11个地级市和定州、辛集2个省直管市以及河南省的安阳市。其中北京、天津、保定、廊坊为中部核心功能区，京津保地区率先联动发展。[①]

作为我国的政治、文化中心，北京市是京津冀城市群的核心城市。

（一）人才支持与产出

1. 科技研发经费

京津冀城市群中，北京市在科研力量和科研环境方面一马当先，在R&D人员数量、内部经费支出，以及人均R&D经费三个维度均为城市群之首。天津市的科研人员和内部经费支出位居城市群第二位，但与北京市相比，其数据呈现断崖式下降，且其人均科研经费不及石家庄市，科研资源环境不占优势（见图5-38）。

从科研投入额来看，北京市科研环境显著超过城市群内其他城市。北京市科研支出占城市群总支出的三分之二以上，且其科技支出占城市公共支出的比例显著高于城市群内其他城市（见图5-39）。

科技成果转化需要坚实的基础设施和漫长的耐心培育，北京市的城市定位与经济基础决定了其可以以较高的水平支撑科技力量长线增长。对于其他城市来说，当其对科技的投入无法达到成果转化的阈值时，科技投入难以对城市发展带来显著效应，这会进一步降低城市投入在科技支出中的积极性。

---

① 北京市因其超然的发展条件在平均工资与消费品零售额的表现上脱离城市群其他城市，位于数据图最上方。深圳市公有制经济职工工资本身较高，且有大量科技类私营企业，可能导致职工平均工资水平相对城市居民平均工资水平较低。东莞市（0.3%∶48.65%∶51.05%）与深圳市（0.09%∶41.13%∶58.78%）产业结构极其相似，但两者就业人口的行业分布存在显著差异，东莞为0.01∶79.95∶20.03，深圳为0.01∶54.03∶45.97，极高的第二产业从业比例与不相称的地区生产总值，表明东莞市劳动附加值不高，压低了职工平均工资。同时，较高的人均社会消费品零售额考虑与东莞作为“世界工厂”的产业结构有关，大量的社会消费品零售额产生于工业产业链中的组织间买卖行为，推高了人均社会消费品零售额。

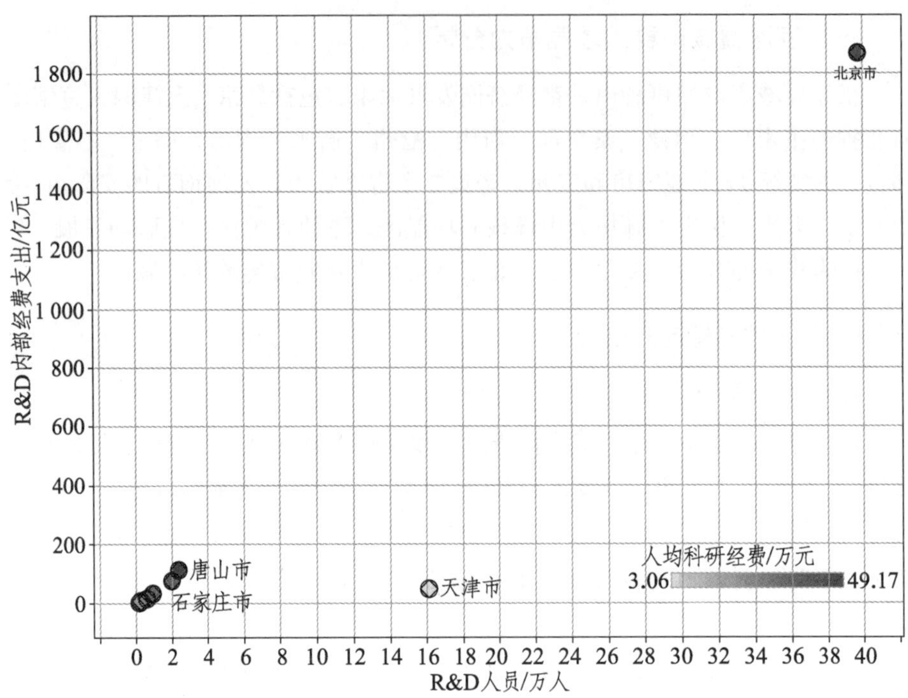

图 5-38 京津冀城市群 2018 年 R&D 人员和 R&D 内部经费支出情况

（数据来源：2013—2021 年《中国统计年鉴》、《中国城市统计年鉴》、各省市统计年鉴）

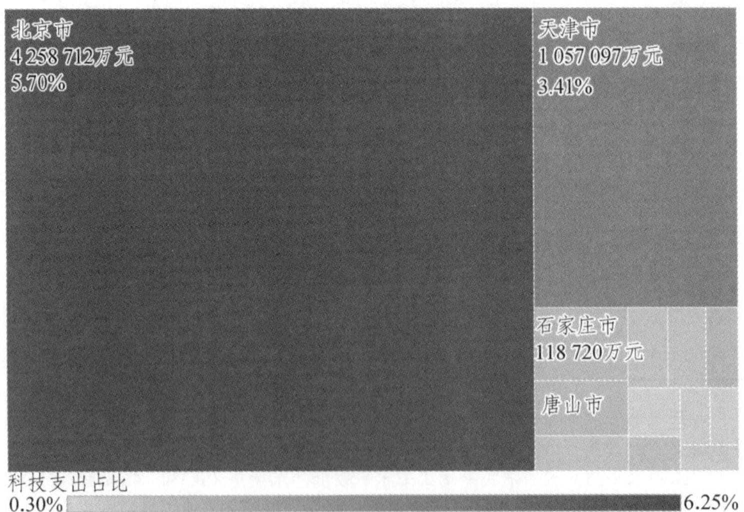

图 5-39 京津冀城市群 2018 年科研投入额及占公共支出比重

（数据来源：2013—2021 年《中国统计年鉴》、《中国城市统计年鉴》、各省市统计年鉴）

2. 科技成果产出

京津冀城市群专利申报的主要来源城市为北京和天津两个核心城市。北京市专利申报量占整个城市群一半以上，随后是天津市，申报量占四分之一左右。申报授权率方面，张家口市以 61.98%位居第一，北京市以 58.25%处于中游水准（见图 5-40）。

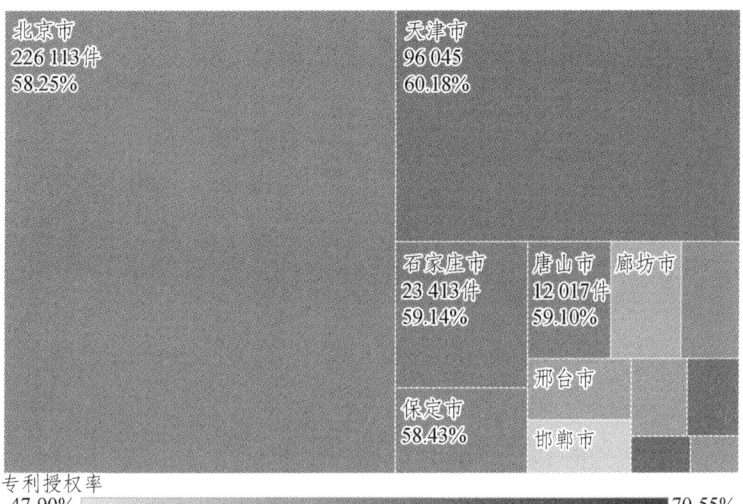

图 5-40　京津冀城市群 2019 年专利申报量及授权率

（数据来源：2013—2021 年《中国统计年鉴》、《中国城市统计年鉴》、各省市统计年鉴）

从整个城市群的科研人才数量、科研经费态势来看，北京市占据了绝大多数的科研资源，因而支撑了超过一半的专利申请数。R&D 资源分布与专利申请申报数、专利授权率呈现较强的正相关关系。

（二）人才公共服务环境

1. 宜居度

京津冀城市群中，垃圾无害化处理率均达到 98%以上。其中，可做到 100%无害化处理的城市有 8 座，占总数的 61.54%；未能完全无害化处理的城市中，仅有天津市、廊坊市两城低于 99%（见图 5-41）。

整体来看，京津冀城市群的城市环境健康性很高。

京津冀城市群各个城市中，小学所占比例明显高于其他类型学校。其中，北京市、天津市中学数量分别为小学的 66.39%和 60.98%；其他城市中，比值最高的为秦皇岛市的 37.71%。北京和天津两地中学与小学数量之比较高，中学覆盖的市域范围更大，具有更充沛的中学教育资源。其他城市的中学比例明显降低，在20%至30%之间，中学教育资源较少且相对集中（见图5-42）。

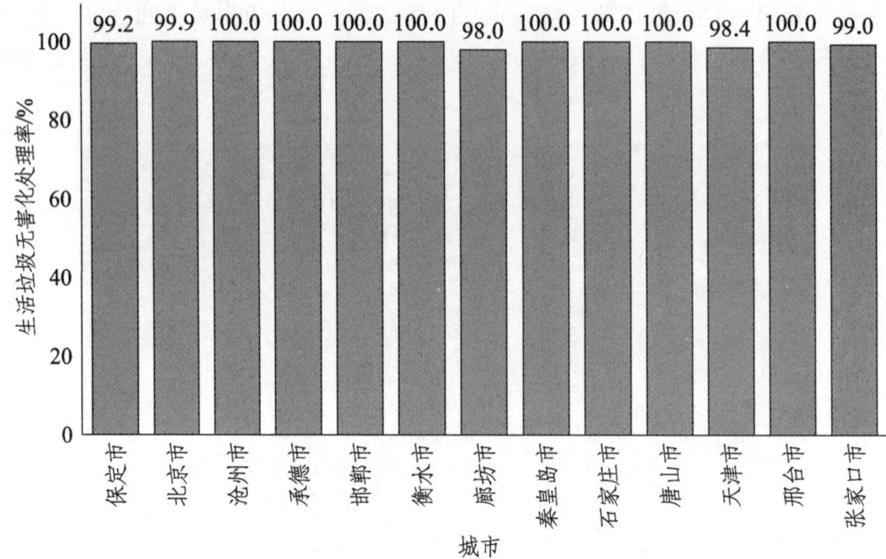

图5-41　2018年京津冀城市群垃圾处理率

（数据来源：2013—2021年《中国统计年鉴》、《中国城市统计年鉴》、各省市统计年鉴）

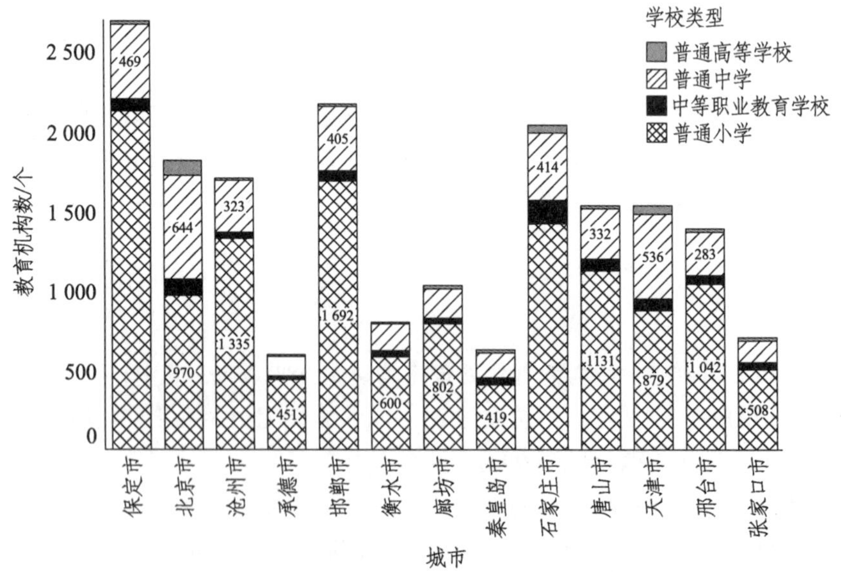

图5-42　京津冀城市群教育机构数量

（数据来源：2013—2021年《中国统计年鉴》、《中国城市统计年鉴》、各省市统计年鉴）

北京市和天津市作为城市群核心，高等教育机构多汇聚于此。

京津冀核心城市教育经费支出走势存在显著差异。

2012—2018 年，北京市教育经费支出连年走高，支出额度为城市群之最。天津市教育经费支出历年来变化平缓，自 2014 年起呈现逐年降低趋势。河北省各城市教育经费支出十分接近，且连年几乎没有变化。河北省各城市的教育经费占公共财政支出比重，在不同年份呈现较大的起伏，这表明河北各城市的教育经费在政府支出受限的年份也得到了较好的保证，但同时在政府支出较多的年份也没有得到足够的倾斜。北京市教育经费总额逐年增加，但其占政府支出比重逐年降低，表明北京市自 2012 年起政府公共支出总额呈现较稳定的上升态势。天津市教育经费占比与教育经费总额走势一致，自 2014 年起逐年降低，表明天津市政府在一般公共预算相对稳定的情况下，对教育经费支出做出了明显的压缩性调整（见表 5-11、表 5-12）。

表 5-11　京津冀城市群历年公共财政支出中教育经费支出额

单位：万元

城市	2012	2013	2014	2015	2016	2017	2018	变化趋势
保定市	789 651	781 797	870 391	1 221 166	1 307 572	1 445 318	1 654 492	
北京市	6 286 510	6 811 775	7 420 541	8 556 654	8 873 761	9 645 817	10 255 068	
沧州市	737 754	704 699	752 865	1 034 550	1 066 808	1220731	1 306 344	
承德市	514 602	528 348	465 273	570 380	607 532	663 827	715 657	
邯郸市	953 544	854 747	905 431	1 006 026	1 066 510	1 163 136	1 193 602	
衡水市	367 478	340 791	366 318	434 484	500 467	561 044	602 075	
廊坊市	562 429	536 275	538 175	741 790	789 061	969 083	1 079 121	
秦皇岛市	348 835	334 332	358 495	424 258	484 208	508 832	556 567	

续表

城市	2012	2013	2014	2015	2016	2017	2018	变化趋势
石家庄市	1 092 790	1 161 551	1 200 899	1 361 602	1 591 856	1 676 709	1 971 155	
唐山市	975 527	972 513	1 089 918	1 232 266	1 167 144	1 337 546	1 451 959	
天津市	3 787 491	4 613 571	5 170 063	5 074 400	5 024 901	4 352 701	4 466 652	
邢台市	573 925	546 510	564 415	764 423	824 884	897 944	974 252	
张家口市	516 341	496 296	514 549	647 303	713 234	799 876	783 868	

表 5-12　京津冀城市群历年公共财政支出中教育支出占比

单位：%

城市	2012	2013	2014	2015	2016	2017	2018	变化趋势
保定市	20.59	16.98	19.02	21.54	21.36	21.78	15.75	
北京市	17.06	16.32	16.40	14.91	13.85	14.14	13.73	
沧州市	23.68	20.00	19.75	21.34	21.13	22.18	20.99	
承德市	21.82	20.18	18.29	19.50	20.00	19.66	18.97	
邯郸市	25.12	23.28	22.37	19.51	20.06	21.26	19.07	
衡水市	22.85	18.37	15.10	16.16	16.53	18.81	16.76	
廊坊市	20.98	18.34	17.79	15.39	15.51	16.63	17.40	
秦皇岛市	17.44	16.69	16.91	18.58	19.72	19.37	19.11	

续表

城市	2012	2013	2014	2015	2016	2017	2018	变化趋势
石家庄市	23.55	22.21	21.20	19.95	21.34	20.78	19.88	
唐山市	19.90	19.56	20.77	20.81	18.16	20.19	19.38	
天津市	17.67	18.10	17.92	15.70	13.58	13.27	14.39	
邢台市	22.93	21.08	19.16	20.46	20.15	21.46	19.69	
张家口市	19.37	16.83	15.61	16.59	17.18	16.93	13.99	

数据来源：2013—2021年《中国统计年鉴》、《中国城市统计年鉴》、各省市统计年鉴。

京津冀各城市卫生机构数量呈现较明显的梯度分布，其中：北京市以745家机构“傲视群雄”，约与第二梯队的天津和保定两城所具有的医疗机构总和相当；天津、保定处于350~450家区间，为第二梯队；石家庄、邯郸、唐山处于200~350家区间，为第三梯队；沧州、廊坊、衡水处于150~200家区间，为第四梯队；张家口、承德、秦皇岛处于150家以下区间，为第五梯队。北京市的医疗机构数量在所有一线城市中也遥遥领先，医疗资源在北京的集聚度极高（见图5-43）。

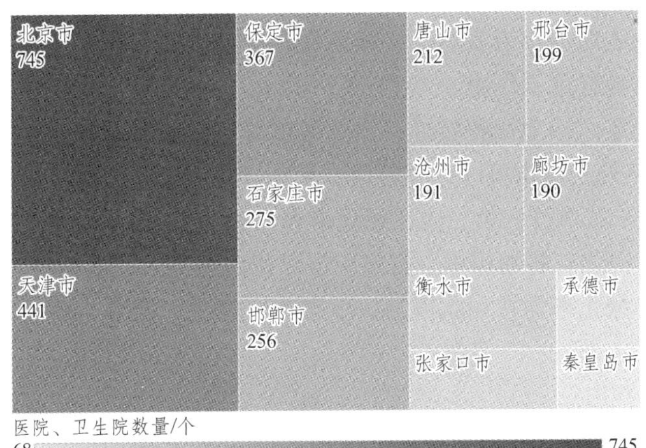

图5-43　2019年京津冀城市群医疗设施数量

（数据来源：2013—2021年《中国统计年鉴》、《中国城市统计年鉴》、各省市统计年鉴）

京津冀城市群在住宿和餐饮业、居民服务和其他服务业、文体娱乐业三个产业上表现出明显的“单峰”形态，北京市在三个行业的从业人员数远远超过其他城市（见图 5-44）。

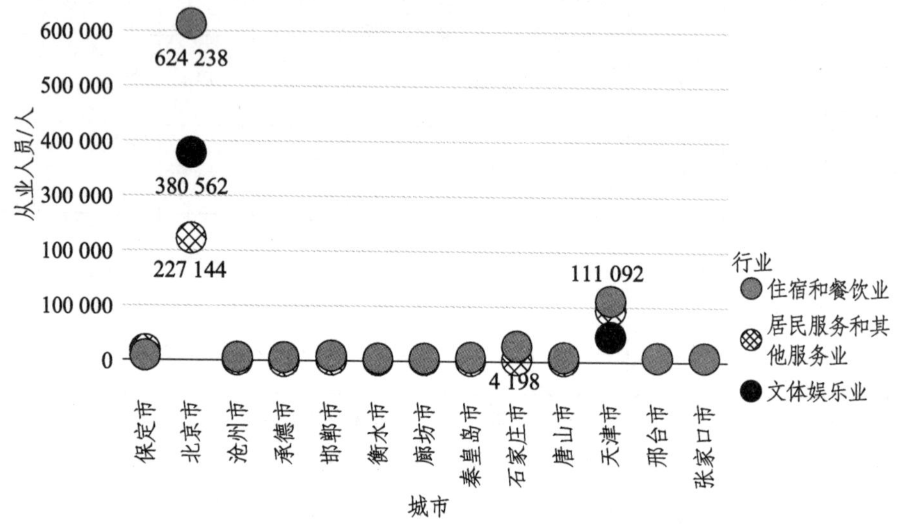

图 5-44　2018 年京津冀城市群住宿和餐饮业、居民服务和其他服务业、文体娱乐业从业人数比较

（数据来源：2013—2021 年《中国统计年鉴》、《中国城市统计年鉴》、各省市统计年鉴）

北京市的三个产业中，住宿和餐饮业人数最多，约为其他两个行业之和。强大的住宿餐饮业保障了城市生产生活等活动对饮食和住宿的基本需求；发达的文体娱乐业表明城市有发达、多样的文化产品供给，这对于知识密集型产业提升创新能力具有重要作用。

北京市建成区绿地面积接近京津冀城市群所有城市总和面积的一半，且绿化率以 48.44%处于城市群绿化率首位，生态环境宜人。天津市绿地面积为北京市的 1/3，处于城市群的第二位；绿化率为 38.03%，低于石家庄市、邯郸市等大多数城市。河北省各城市中，石家庄市绿化面积最大，但不足天津市的一半；河北省各城市绿化率均在 40%以上，生态环境较好（见图 5-45）。

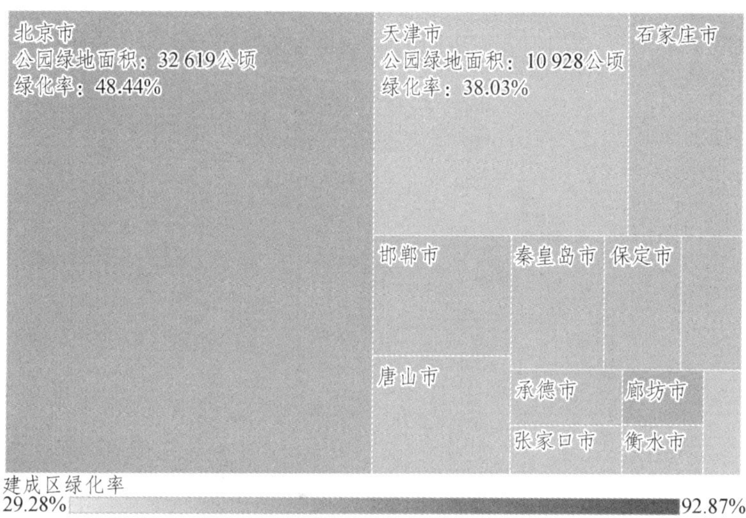

图 5-45　2018 年京津冀城市群绿地面积和绿化率

（数据来源：2013—2021 年《中国统计年鉴》《中国城市统计年鉴》、各省市统计年鉴）

2. 公共服务人均占有量

普通小学数据（见图 5-46[a]）显示，小学教师和小学学生之间存在显著的正相关关系。作为城市群两个核心的北京和天津，小学生数量处于整个城市群的中等水平，生师比处于中等偏下，显示出两个核心城市的教师资源相对集中。河北省的石家庄市、邯郸市、保定市小学生数量较多，且生师比较高，教师资源相对匮乏。

普通中学数据（见图 5-46[b]）同时包含初中和高中。北京市以绝对优势集中了大量的教师资源，生师比极低。天津市、秦皇岛市紧随北京之后，也拥有整体偏上的教师资源水平。河北省大部分城市的教师资源严重不足，保定市、邯郸市、沧州市、衡水市四市存在学生多、教师少的情况。

中职教育数据（见图 5-46[c]）显示出与普通中小学完全不同的态势。石家庄市和沧州市生师比较高，表明两地学生小学毕业后进入职业教育序列的人数较多；其他河北省城市及北京市、天津市生师比较低，职业教育教师资源充沛。从总人数上看，石家庄市的中职学生数量为城市群之最，为 197 412 人，天津市和北京市紧随其后，分别为 107 504 人和 93 985 人。

高等教育方面，北京市和天津市两地囊括了京津冀城市群中绝大多数的高等教育机构。北京市高教资源充沛，生师比为 9 左右，而作为城市群中生师比最高的秦皇岛市，生师比接近 32（见图 5-46[d]）。

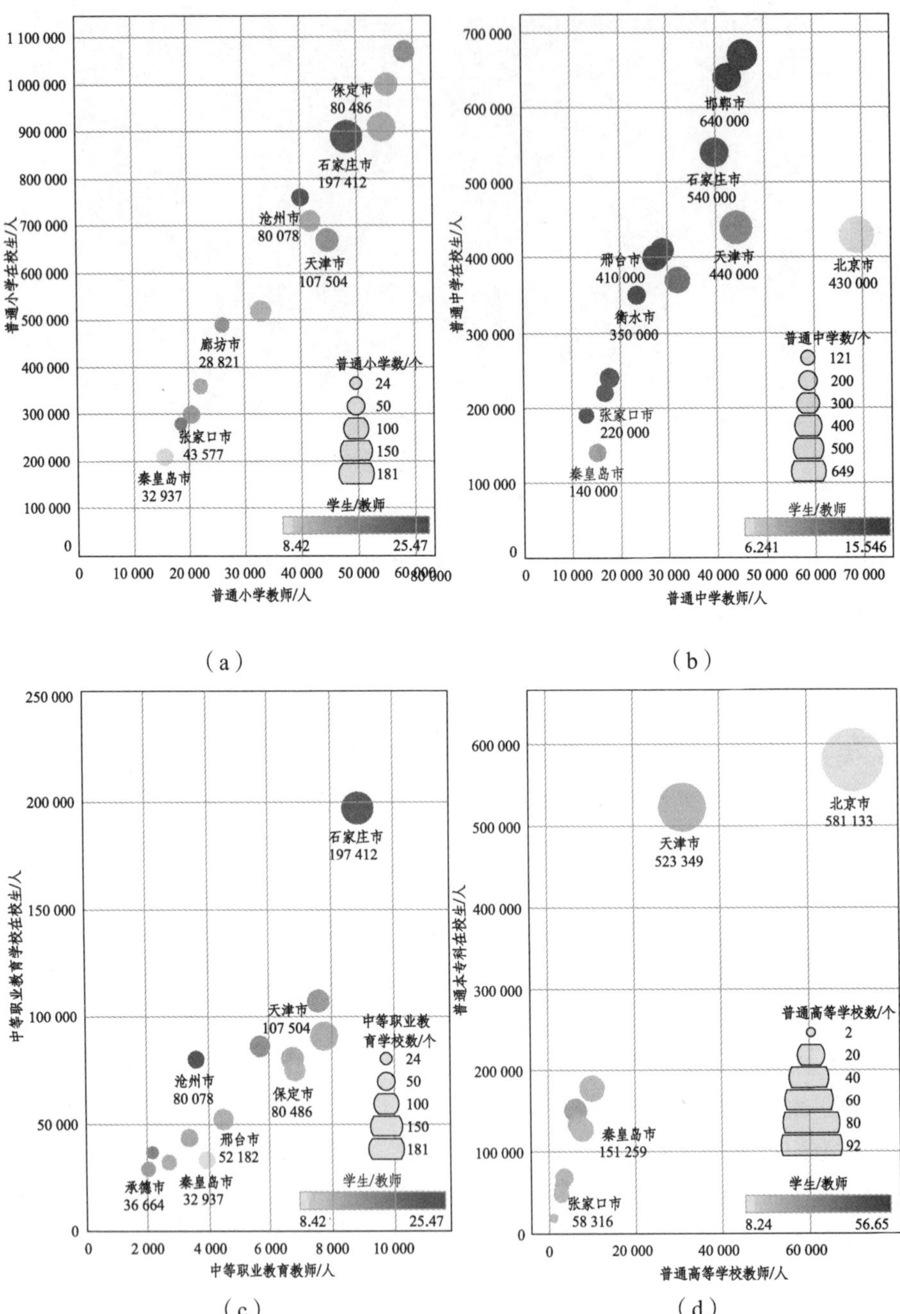

（a）（b）（c）（d）

图 5-46 京津冀城市群小学、中学、中职、高等教育 2018 年生师比情况

（数据来源：2013—2021 年《中国统计年鉴》、《中国城市统计年鉴》、各省市统计年鉴）

京津冀城市群每万人医院床位数和每万人医师数高值均集中于北京市，城市群医疗资源分布为明显的以北京为核心的单极分布。天津市综合医疗资源为城市群第二，河北各城市分布较集中，处于城市群靠后位置。唐山市和天津市死亡率较高，以重工业为主的产业结构可能导致生产事故率高企，推高了城市死亡率（见图 5-47）。

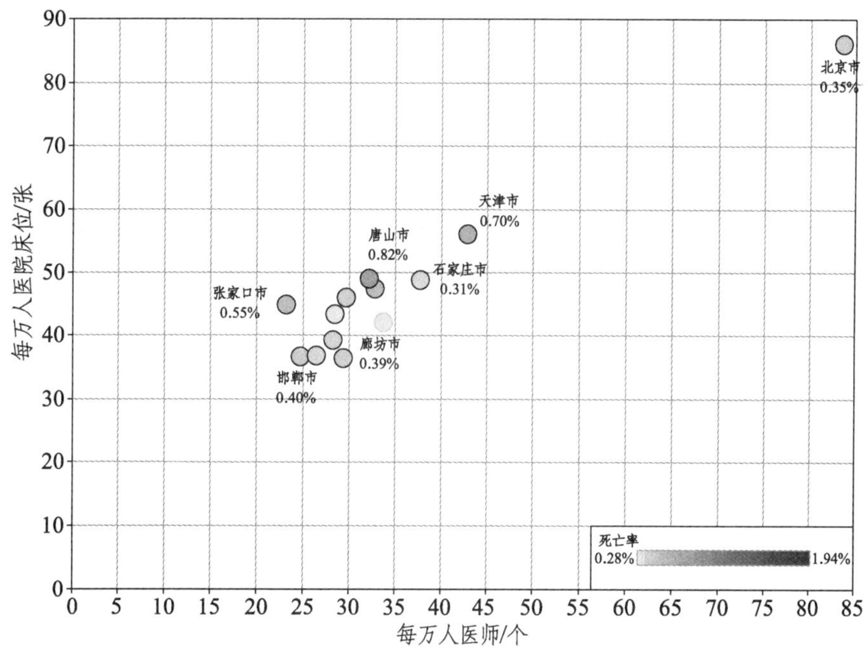

图 5-47　京津冀城市群 2019 年每万人医院床位数、每万人医师数、居民死亡率关系

（数据来源：2013—2021 年《中国统计年鉴》、《中国城市统计年鉴》、各省市统计年鉴）

北京市社会消费品总额和人均社会消费品零售额均为城市群最高。北京市社会消费品总额为第二名天津市的三倍多，人均消费品零售额为天津市的两倍多，首位城市效应明显。北京市社会消费品市场较其他城市显著地更为发达，社会消费品供给能力强、消费需求旺盛（见图 5-48）。

社会消费品总额与人均消费品零售额之间存在一定的正向相关性。人均消费额高表明城市社会消费品市场更成熟，推动城市居民更强烈的消费欲望和消费行为，进而使得城市整体的社会消费品总额高企。

北京市贡献了京津冀城市群主要的就业岗位，城市总就业人口接近城市群的一半。天津市贡献的就业岗位约占京津冀城市群的五分之一，其他城市贡献的就业岗位几乎都低于北京市的十分之一，且由石家庄市逐级递减。

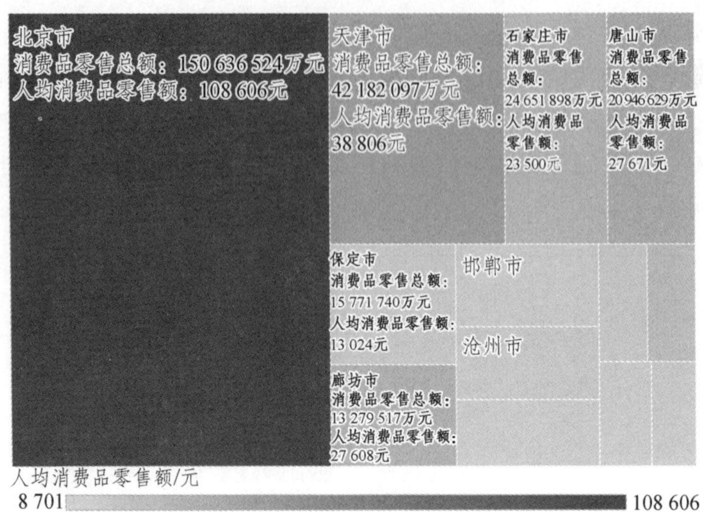

图 5-48　2019 年京津冀城市群社会消费品情况

（数据来源：2013—2021 年《中国统计年鉴》、《中国城市统计年鉴》、各省市统计年鉴）

北京市、廊坊市登记失业率不足 1%，而天津市、邯郸市、张家口市登记失业率较高。北京市、廊坊市产业结构较合理，可以充分吸纳就业；环京的张家口、唐山、承德、保定、沧州登记失业率均在 3%以上，考虑存在河北省部分劳动力无法进入北京充分就业的情况（见图 5-49）。

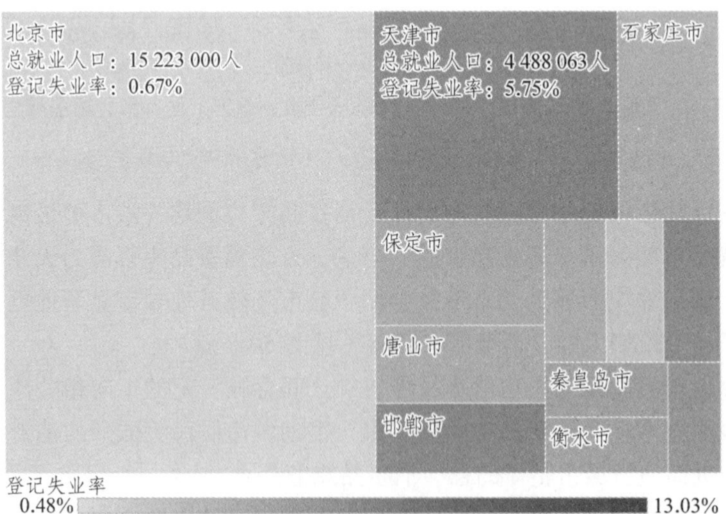

图 5-49　2018 年京津冀城市群就业情况

（数据来源：2013—2021 年《中国统计年鉴》、《中国城市统计年鉴》、各省市统计年鉴）

北京市人均存款与职工平均工资均为城市群首位。

职工工资与人均存款间存在一定的相关关系。存款一般产生于居民满足了基本的生活支出后的结余款项，在职工平均工资超过基本的生活需求额度后，存款额上涨速度将随着工资额的提升而显著加快。

北京市人均 GDP 最高，天津、唐山、廊坊紧随其后，其他城市表现出明显的区位效应，距离“北京-廊坊-天津”轴线越远，人均 GDP 越低（见图 5-50）。

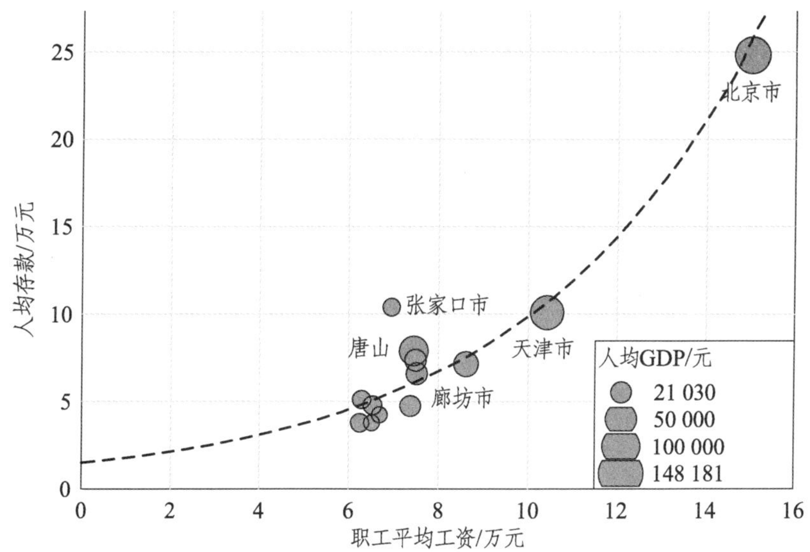

图 5-50　2018 年京津冀城市群职工工资和储蓄情况（半径为人均 GDP）

（数据来源：2013—2021 年《中国统计年鉴》、《中国城市统计年鉴》、各省市统计年鉴）

二、长三角城市群人才竞争力分析

（一）人才支持与产出

1. 科技研发经费

科研人员分布呈现单极化。上海市科研人员超过 26 万人，为城市群中科研人员最多的城市。杭州市以接近 16 万名科研人员，位居科研人员第二聚集城市。

科研经费支出额度也呈现出单极化态势。上海市以超过 140 亿元位居城市群之首。杭州市、苏州市科研经费接近，为 40 亿元左右，处于城市群科研经费排名第二、第三的位置。上海市和杭州市人均科研经费充足，苏州市相形之下人均经费略少。整个城市群的各个城市中，经费相对充足的城市不超过 6 个。

结合科研申请量与授权率来看，上海市绝对充足的科研人员和经费，并没有带来专利申请量和授权率上的绝对优势，显示出科研成果的产出与投入之间并非简单的线性关系。上海市需要在科研资源之外寻找制约进一步提升科研产出的原因，如科研环境、制度环境等（见图 5-51）。

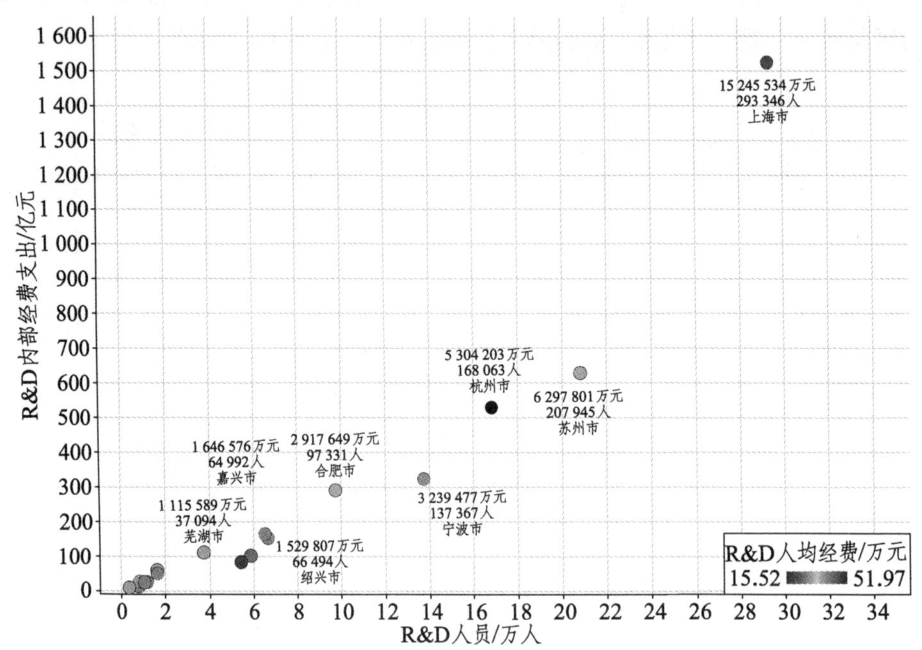

图 5-51　长三角城市群 2019 年 R&D 人员和 R&D 内部经费支出情况

（数据来源：2013—2021 年《中国统计年鉴》、《中国城市统计年鉴》、各省市统计年鉴）

上海市科研经费投入额为城市群第一位，约占城市群总额的 1/3，是第二名苏州市的 2 倍多。除上海市外，其他城市额度逐渐减少，减少幅度平缓。值得注意的是，芜湖市虽然在科技投入总额上位居城市群第七名，但其科研支出占公共财政支出比重为 13.09%，是城市群中第一名（见图 5-52）。

自 2012 年起，芜湖市逐年增加对科研的经费投入。除 2015 年稍有下滑外，科研经费支出占财政总比重也在逐年攀升（见图 5-53）。

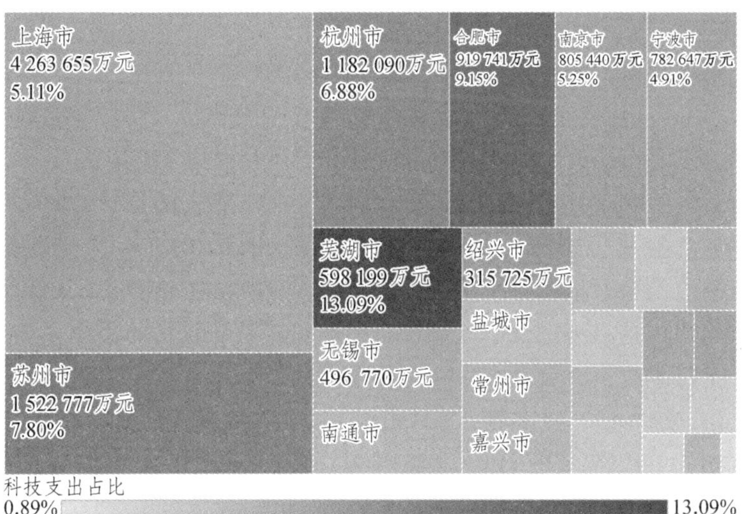

图 5-52　长三角城市群 2018 年科研投入额及占公共支出比重

（数据来源：2013—2021 年《中国统计年鉴》、《中国城市统计年鉴》、各省市统计年鉴）

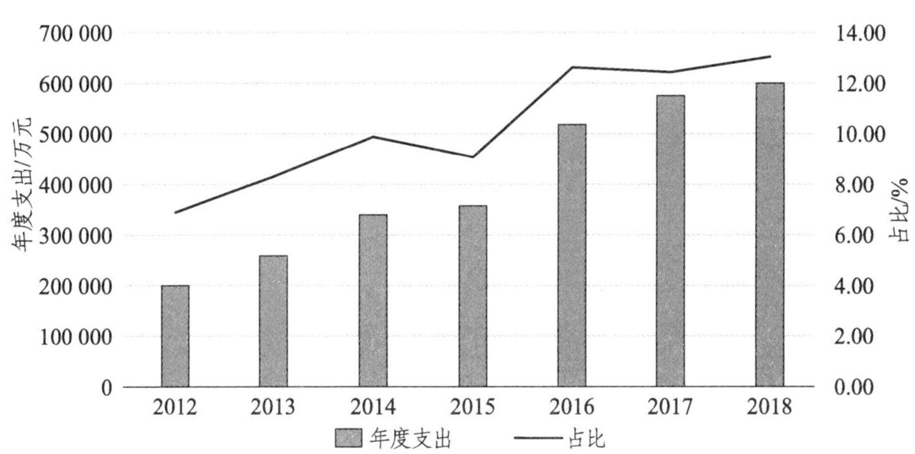

图 5-53　芜湖市 2012—2018 年科研投入额及占公共支出比重

（数据来源：2013—2021 年《中国统计年鉴》、《中国城市统计年鉴》、各省市统计年鉴）

2. 科技成果产出

长三角城市群专利申报数量在城市间形成较平缓的递减趋势。苏州与上海相比差异不大，但专利授权率比上海市低 8 个百分点，表明苏州市的专利申请数量虽然与上海市接近，但专利申请质量方面还存在一定差距。

合肥市的专利申请总数在城市群中排名第七，在安徽省中排名第一；合肥市专利申请总量为上海市的三分之一左右、为苏州市的 37%、为杭州市的 55%。作为相对独立的科研机构集聚中心，合肥市虽然作为省会城市，专利申请量与无锡市相当，但授权率远低于无锡市，表明城市科研机构的集聚受空间区位影响或许强于行政政策力量影响。

嘉兴市、绍兴市、台州市三座城市专利申请数量均处于 3.5 万～4 万量级之间，但其授权率均高达 70%以上（见图 5-54）。

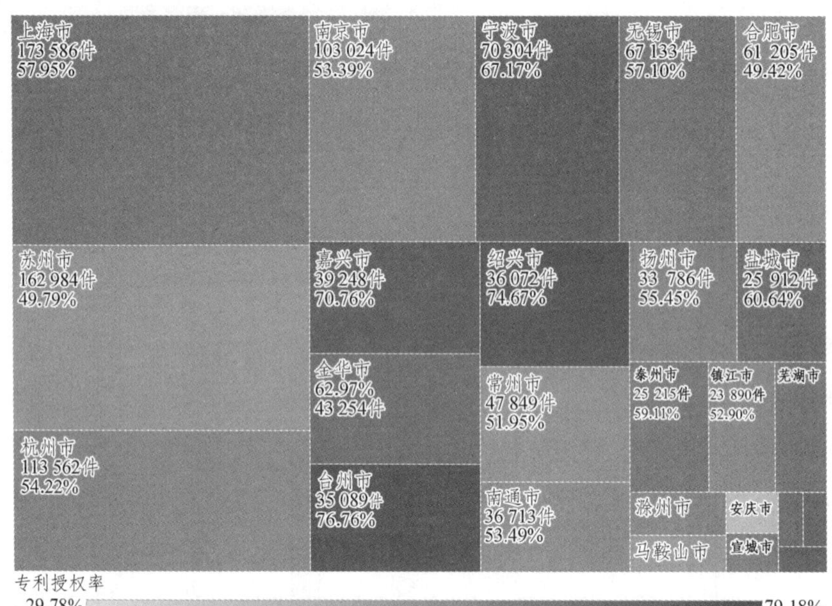

图 5-54　长三角城市群 2019 年专利申报量及授权率

（数据来源：2013—2021 年《中国统计年鉴》、《中国城市统计年鉴》、各省市统计年鉴）

（二）人才公共服务环境

1. 宜居度

长三角城市群中，宣城市的城市垃圾无害化处理率为 89.91%，镇江市约为 99%，其他城市均为 100%。城市垃圾完全无害化处理率为 92.31%（见图 5-55）。

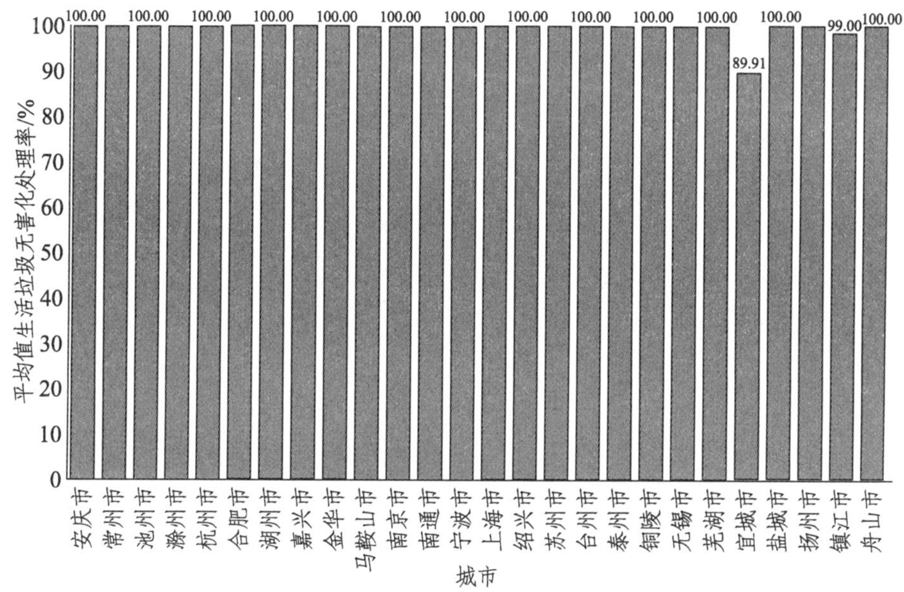

图 5-55　长三角城市群 2019 年垃圾无害化处理率

（数据来源：2013—2021 年《中国统计年鉴》、《中国城市统计年鉴》、各省市统计年鉴）

长三角城市群中的多数城市中，中学与小学数量接近 1∶1。其中，滁州市、嘉兴市、上海市、泰州市中学数量多于小学数量。中学占小学数量之比最低的为安庆市（42.88%）。较高的中学与小学数量之比表明，长三角城市群的基础教育资源充沛，适龄学童小学毕业后有充足的中学可供选择。

长三角城市群的高等教育资源在上海市、杭州市、合肥市、南京市高度集聚；靠近上海的苏州市、无锡市、常州市、南通市、芜湖市等，也有一定数量的高等教育机构。

此外，各城市均具有与教育机构总数成比例的中等职业教育机构，职业教育对城市发展发挥支撑作用（见图 5-56）。

2012—2018 年，长三角城市群各城市教育经费支出表现不一。上海市持续加大对教育的经费支出，至 2018 年，其年支出额已接近第二名的三倍。苏州市、杭州市、南京市、无锡市教育经费支出也在逐年增加，增加幅度较明显。其他城市教育经费支出额度变化不大。

长三角城市群各城市教育经费支出占公共支出的比例总体呈现下降趋势。虽有部分城市在 2012—2018 年教育经费支出占比显现波动姿态，但整体上来看，所有城市的教育经费支出占政府公共财政支出的比例都呈现下降趋势。结合教育经费支出绝对值变化形势可知，上海市、苏州市、杭州市、南京市、无锡市等持续加大对教育投入的城市，其经济总量增速快于其他城市（见表 5-13、表 5-14）。

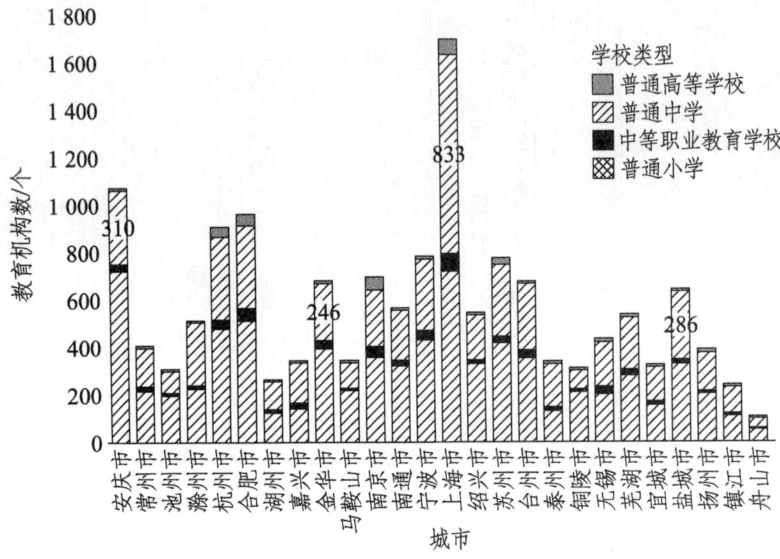

图 5-56　长三角城市群教育机构数量

（数据来源：2013—2021 年《中国统计年鉴》、《中国城市统计年鉴》、各省市统计年鉴）

表 5-13　长三角城市群历年公共财政支出中教育经费支出额

单位：万元

城市	2012	2013	2014	2015	2016	2017	2018	变化趋势
安庆市	537 706	571 349	580 668	628 321	634 842	714 367	780 425	
常州市	661 143	665 415	682 014	792 100	836 900	978 778	1 036 131	
池州市	185 861	190 923	179 691	197 459	197 653	199 971	220 244	
滁州市	381 557	402 383	423 699	481 953	555 549	620 812	714 530	
杭州市	1 469 766	1 624 445	1 826 924	2 234 425	2 530 114	2 792 968	3 154 350	

续表

城市	2012	2013	2014	2015	2016	2017	2018	变化趋势
合肥市	996 394	1 044 694	1 087 882	1 192 865	1 190 748	1 418 002	1 635 053	
湖州市	371 108	415 340	464 525	533 475	581 217	636 727	699 078	
嘉兴市	649 278	708 107	756 642	888 079	897 234	1 020 834	1 202 026	
金华市	723 812	765 995	818 413	1 013 020	988 721	1 053 388	1 144 535	
马鞍山市	297 574	313 134	266 454	323 886	311 122	333 407	372 347	
南京市	1 249 855	1 258 890	1 368 787	1 781 700	2 028 600	2 178 419	2 530 631	
南通市	1 137 909	1 323 743	1 418 762	1 643 600	1 548 735	1 529 899	1 483 343	
宁波市	1 417 046	1 484 777	1 596 238	1 906 754	1 983 694	2 146 045	2 235 538	
上海市	6 489 517	6 795 414	6 955 284	7 673 169	8 409 686	8 741 040	9 179 869	
绍兴市	672 450	705 628	779 332	935 338	971 151	995 509	1 202 789	
苏州市	1 806 986	1 960 726	2 040 512	2 305 600	2 623 200	2 995 668	3 129 530	
台州市	739 748	776 018	838 763	986 283	1 084 686	1 226 156	1 345 144	
泰州市	583 656	570 310	592 193	689 500	755 900	765 702	748 948	
铜陵市	140 833	140 836	147 545	155 222	234 571	235 405	262 501	
无锡市	1 158 914	1 212 757	1 130 273	1 264 600	1 373 400	1 536 353	1 667 250	

续表

城市	2012	2013	2014	2015	2016	2017	2018	变化趋势
芜湖市	450 780	507 446	508 965	577 511	585 118	731 657	743 925	
宣城市	260 827	315 749	332 521	363 476	381 003	410 386	428 450	
盐城市	936 002	1 046 605	1 039 544	1 273 700	1 297 600	1 347 881	1 386 210	
扬州市	550 448	569 767	653 748	752 900	847 300	903 569	933 186	
镇江市	460 060	497 099	549 167	644 400	670 500	717 570	778 968	
舟山市	213 389	229 473	246 092	263 345	291 712	331 707	344 129	

表 5-14　长三角城市群历年公共财政支出中教育支出占比

单位：%

城市	2012	2013	2014	2015	2016	2017	2018	变化趋势
安庆市	21.89	20.43	19.39	18.65	18.83	19.15	18.57	
常州市	16.90	15.92	15.68	16.32	16.47	17.75	17.42	
池州市	16.49	14.61	12.94	13.38	13.27	13.92	14.26	
滁州市	16.52	16.04	15.76	15.93	16.59	16.33	17.60	
杭州市	18.69	18.98	19.01	18.54	18.02	18.13	18.37	
合肥市	17.42	16.56	15.57	15.44	13.85	14.69	16.27	
湖州市	22.15	24.80	20.69	19.49	20.14	19.59	17.58	

续表

城市	2012	2013	2014	2015	2016	2017	2018	变化趋势
嘉兴市	24.90	23.34	22.59	20.94	20.29	20.64	20.41	
金华市	26.62	23.77	23.19	21.81	18.23	19.63	19.94	
马鞍山市	15.63	15.46	14.60	16.02	14.56	14.64	16.44	
南京市	16.24	14.79	14.86	17.04	17.28	16.09	16.51	
南通市	22.18	22.97	21.84	21.94	20.67	18.89	16.91	
宁波市	17.10	15.80	15.95	15.22	15.39	15.21	14.02	
上海市	15.51	15.01	14.13	12.39	12.15	11.58	10.99	
绍兴市	24.13	22.61	22.50	22.20	21.29	21.19	21.61	
苏州市	16.23	16.17	15.64	15.10	16.22	16.91	16.03	
台州市	25.69	23.59	22.58	21.57	21.09	21.78	20.58	
泰州市	19.40	16.59	15.95	16.04	16.84	16.10	14.07	
铜陵市	14.61	14.00	14.01	14.01	15.52	14.69	17.01	
无锡市	17.87	17.05	15.11	15.39	15.83	15.56	15.79	
芜湖市	15.27	15.88	14.67	14.67	14.29	15.79	16.28	

续表

城市	2012	2013	2014	2015	2016	2017	2018	变化趋势
宣城市	14.60	15.39	14.94	14.95	14.95	15.01	14.81	
盐城市	19.77	18.84	17.23	17.07	17.77	18.01	16.50	
扬州市	19.33	17.85	17.78	17.00	17.69	17.80	16.56	
镇江市	19.56	17.37	17.61	18.48	18.47	18.56	19.07	
舟山市	13.75	12.09	13.08	10.99	11.64	12.83	11.16	

数据来源：2013—2021 年《中国统计年鉴》、《中国城市统计年鉴》、各省市统计年鉴。

长三角城市群各城市所具有的医疗机构数量呈梯度分布。上海作为城市群的龙头，拥有最多数量的医疗机构。各城市医疗机构数量差异整体梯度比较缓和：上海和杭州处于第一梯队；南京、南通、苏州、无锡、合肥、宁波、盐城、金华、台州，均处于 100 ~ 250 区间，城市间差异不大；其他城市在 100 家以下，处于第三区间。

长三角城市群医疗机构数量从上海市、杭州市、南京市三个核心散开，向其他地级市逐级降低。合肥市作为省会城市，医疗机构数量低于南通、苏州、无锡等江苏地级市，但高于安徽省内其他城市（见图 5-57）。

长三角城市群在住宿和餐饮业、居民服务和其他服务业，以及文体娱乐业三个行业的从业人数方面：上海市位居城市群首位，具有鲜明的首位城市特征。上海市居民服务和其他服务业从业人员数为三个行业中的第二位，是城市群中心城市中唯一一个居民服务业从业人数超过文体娱乐业从业人数的城市，表明上海市市民对与房屋相关的服务业消费需求超过了文体娱乐等体验类需求（见图 5-58）。

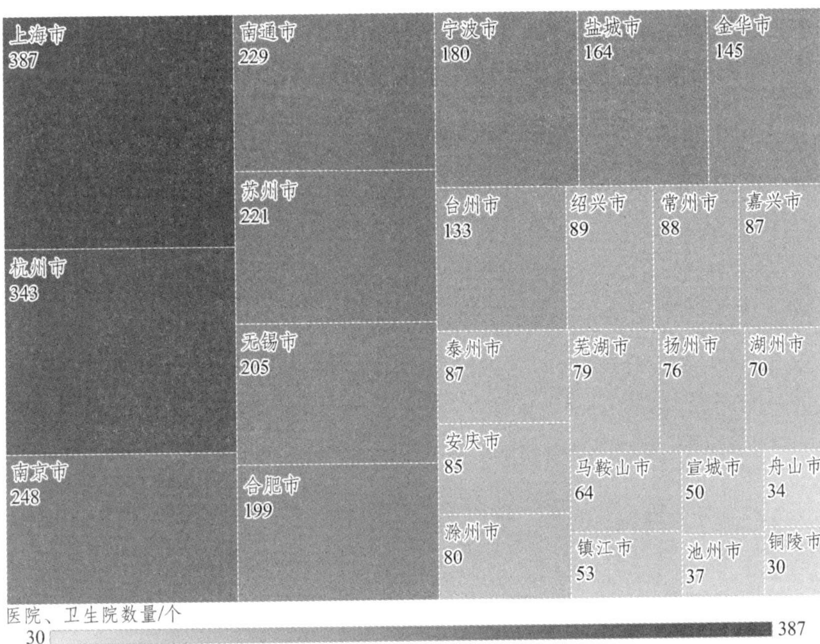

图 5-57　2019 年长三角城市群医疗机构数量

（数据来源：2013—2021 年《中国统计年鉴》、《中国城市统计年鉴》、各省市统计年鉴）

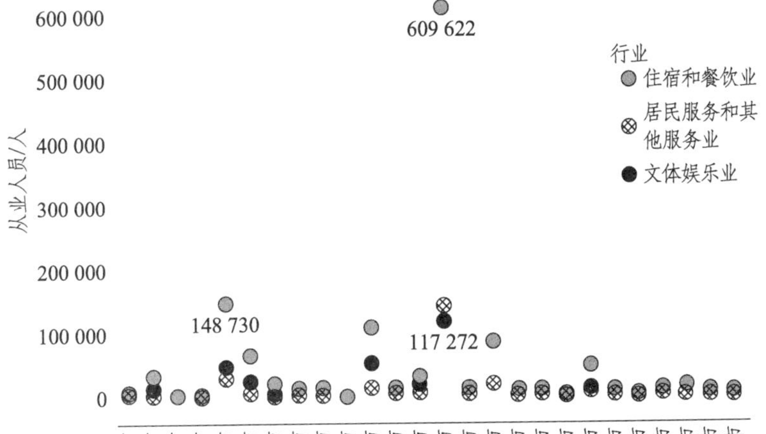

图 5-58　2018 年长三角城市群住宿和餐饮业、居民服务和其他服务业、文体娱乐业从业人数比较

（数据来源：2013—2021 年《中国统计年鉴》、《中国城市统计年鉴》、各省市统计年鉴）

长三角各城市绿地面积呈现较舒缓地递减趋势。上海市绿地面积处于各城市之首，其后的南京市绿地面积约为上海市的一半（见图 5-59）。

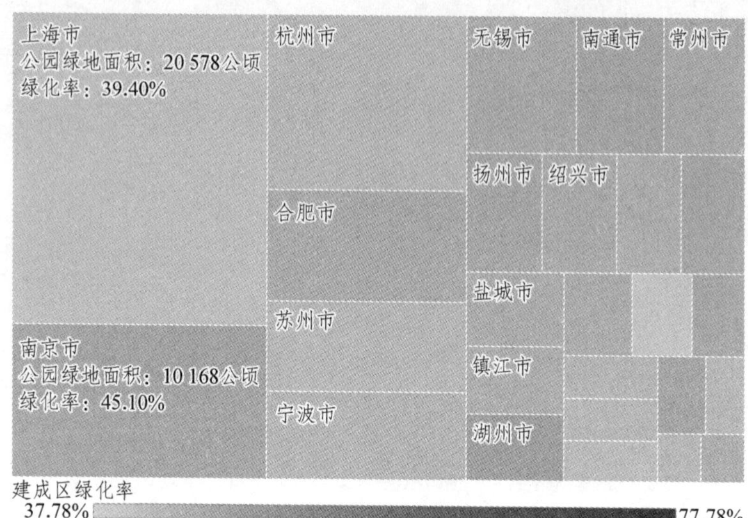

图 5-59　2018 年长三角城市群绿地面积和绿化率

（数据来源：2013—2021 年《中国统计年鉴》、《中国城市统计年鉴》、各省市统计年鉴）

2. 公共服务人均占有量

上海市在普通小学、普通中学、中等职业教育三个层级中，学生数和教师数均为城市群首位，且教师数量远超排在第二名的城市，显示出上海市对各层级教师都拥有巨大的吸引力。高等教育层级中，南京市拥有的本专科学生数量和教师数量都居于城市群首位。

整个城市群的生师比普遍较低，尤其是小学、中职、高等教育三个层级，大部分城市都拥有足够的教师资源。但有接近一半的城市普通中学教师数量相对不足，导致生师比高企。这些生师比较高的城市均远离上海市，分布在长江三角洲的腹地深处。

城市群高等教育资源分布具有明显的首位效应。南京市、上海市、杭州市、合肥市四个城市，拥有城市群绝大多数的教师资源。苏州市高教资源较其他城市优势较明显，但距离四个头部城市尚有相当大的差距。其他城市高等教育资源差异不明显，共同分割了城市群为数不多的“剩余”高教资源（见图 5-60）。

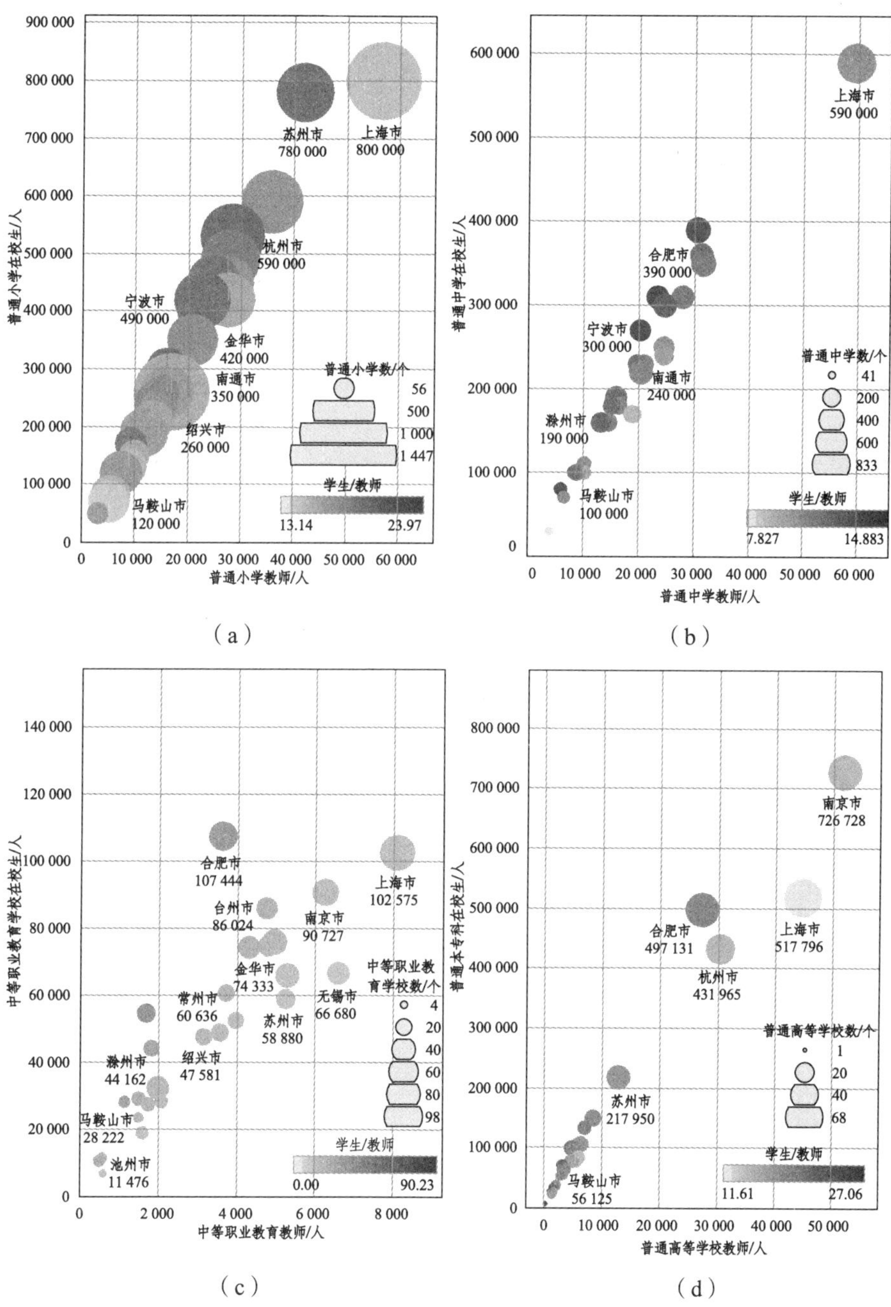

图 5-60　长三角城市群小学、中学、高等教育 2018 年生师比情况

（数据来源：2013—2021 年《中国统计年鉴》、《中国城市统计年鉴》、各省市统计年鉴）

从每万人医院床位数和每万人医师数来看，杭州市的人均医疗资源最为充足，上海其次。按综合医疗资源人均占有量（每万人）的分布趋势来看，以上海市和杭州市为核心，靠近上海市和杭州市的长江出海口城市，人均医疗资源更充沛；距离上海市和杭州市越远的城市，人均医疗资源相对越匮乏。

考虑城市群内部省际差异后发现，安徽省各城市人均医疗资源占有量居于城市群底部。合肥市作为安徽省内人均医疗资源最充沛的城市，处于城市群所有城市的中游水准。

虽然安徽省各城市整体占有医疗资源不多，但其死亡率整体低于城市群平均水平。南通市、泰州市、上海市三个城市死亡率位居城市群前三。（见图 5-61）可能的原因为：根据统计年鉴，上海市人口自然增长率已连续近 30 年为负，户籍人口中老龄人口比重较高。有研究显示，从空间上看，上海市从市区到郊区死亡率逐渐降低，同时导致市区人口死亡的最主要因素是心血管疾病。[400]考虑上海市等地的产业结构，上海市第三产业较周边城市发达许多，心血管疾病得病率等可能高于城市群平均水平。以上综合原因可能导致了上海市较高的死亡率。

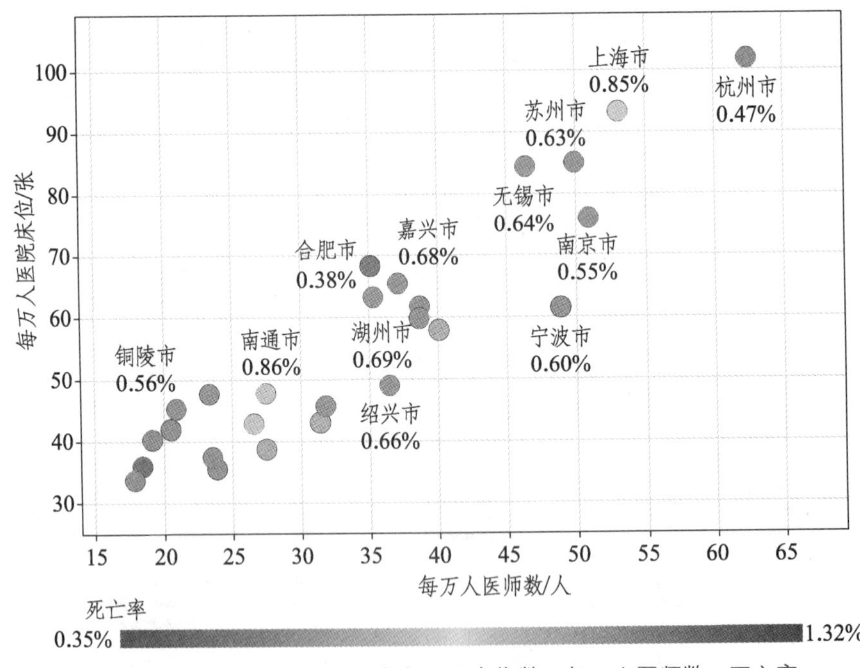

图 5-61　长三角城市群 2019 年每万人床位数、每万人医师数、死亡率

（数据来源：2013—2021 年《中国统计年鉴》、《中国城市统计年鉴》、各省市统计年鉴）

长三角社会消费品总额与人均消费品零售额呈现较强的一致性。上海市、

苏州市、南京市三市消费品零售总额位居城市群前三名，人均消费品零售额也位居前三名。城市间人均消费品零售额显示出一定的扩散效应：上海市、苏州市、南京市向外，人均消费品零售额逐渐减少（见图 5-62）。

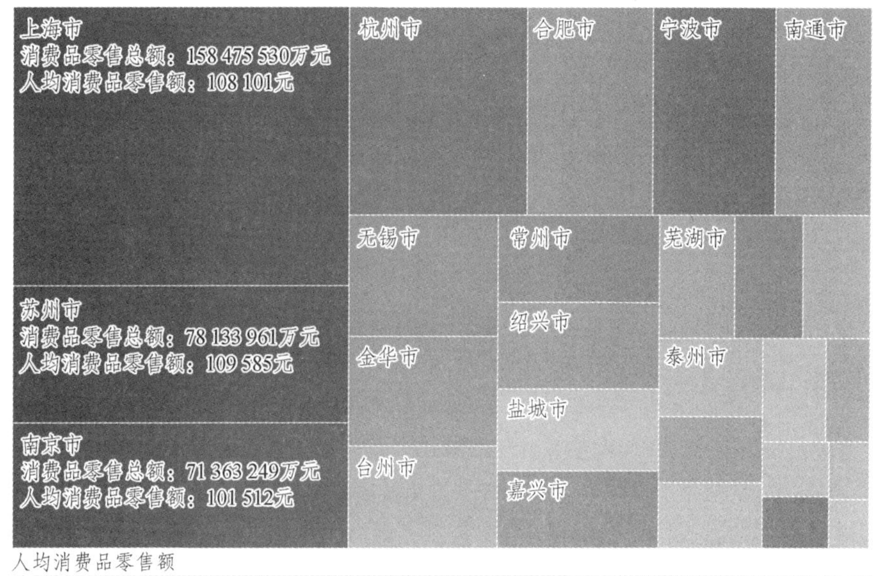

图 5-62　2019 年长三角城市群社会消费品情况

（数据来源：2013—2021 年《中国统计年鉴》、《中国城市统计年鉴》、各省市统计年鉴）

长三角城市间总就业人口和登记失业率差异不大，表明城市间劳动力流动较畅通；总就业人口与城市经济规模成正比。失业人口与就业人口之比整体较低，合肥市、马鞍山市、舟山市比例较高。登记失业率较高的城市，普遍距离上海市更远，表明空间距离对劳动力的流动造成一定影响（见图 5-63）。

上海市人均存款与职工平均工资均为城市群首位，城市群核心城市首位效应显著。

城市间职工平均工资区间小于京津冀城市群，城市间收入水平差距较小；同等职工平均工资水平下，人均存款额差距较大，城市间基础生活成本差异较大。其中，空间上距离上海越近的城市，人均存款额越高，表明核心城市带来的外溢性对降低城市生活基本成本具有明显影响。

城市间人均 GDP 差异与空间区位具有一定相关性。上海及周边靠近上海的城市群，人均 GDP 较高且差异不大。安徽省各城市人均 GDP 明显小于“东部城市群”（见图 5-64）。

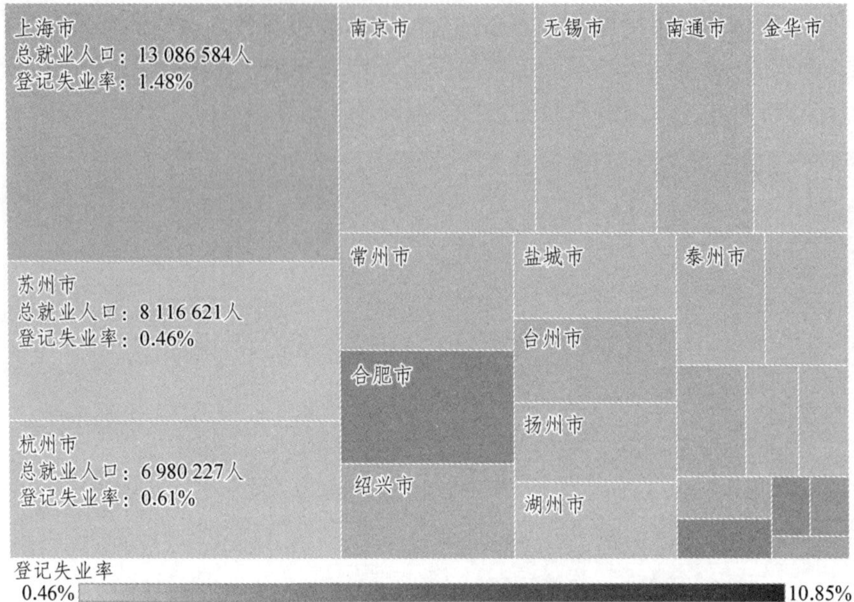

图 5-63　2018 年长三角城市群就业情况

（数据来源：2013—2021 年《中国统计年鉴》、《中国城市统计年鉴》、各省市统计年鉴）

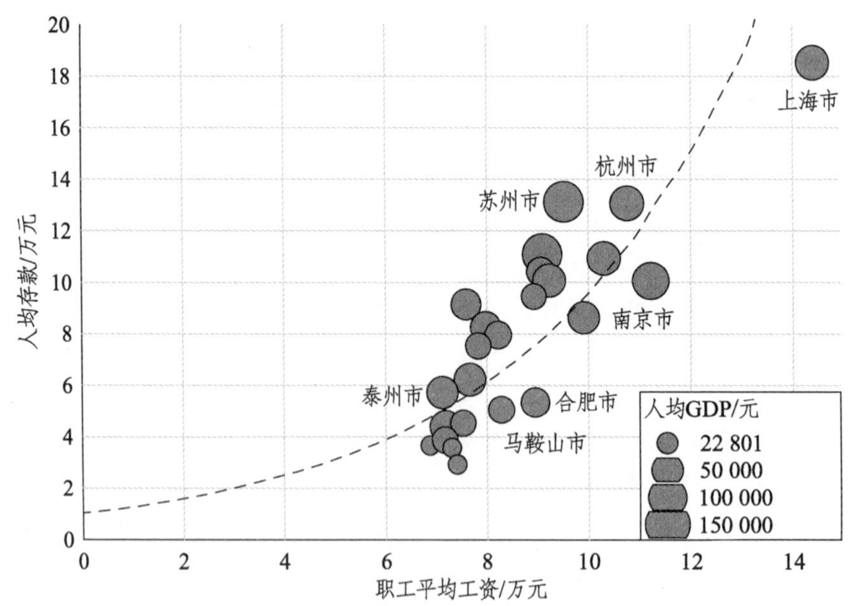

图 5-64　2018 年长三角城市群职工工资和储蓄情况（半径为人均 GDP）

（数据来源：2013—2021 年《中国统计年鉴》、《中国城市统计年鉴》、各省市统计年鉴）

三、珠三角城市群人才竞争力分析

（一）人才支持与产出

1. 科技研发经费

从科研人员数量与内部科研经费支出情况来看，深圳市为珠三角城市群的领头羊。深圳市以超过 37 万名科研人员，成为珠三角科研人员最多的城市。同时，深圳市科研经费支出总额超过 130 亿元，人均科研经费充足，为城市群之首。充足的科研经费和充实的科研人才队伍，保证了深圳市的科技成果产出能力。广州市科研人员数接近 23 万人，内部经费支出总额接近 70 亿元，人均科研经费支出额度不高。东莞市和佛山市科研经费均不到 30 亿元，两城市人均科研经费不及广州市（见图 5-65）。

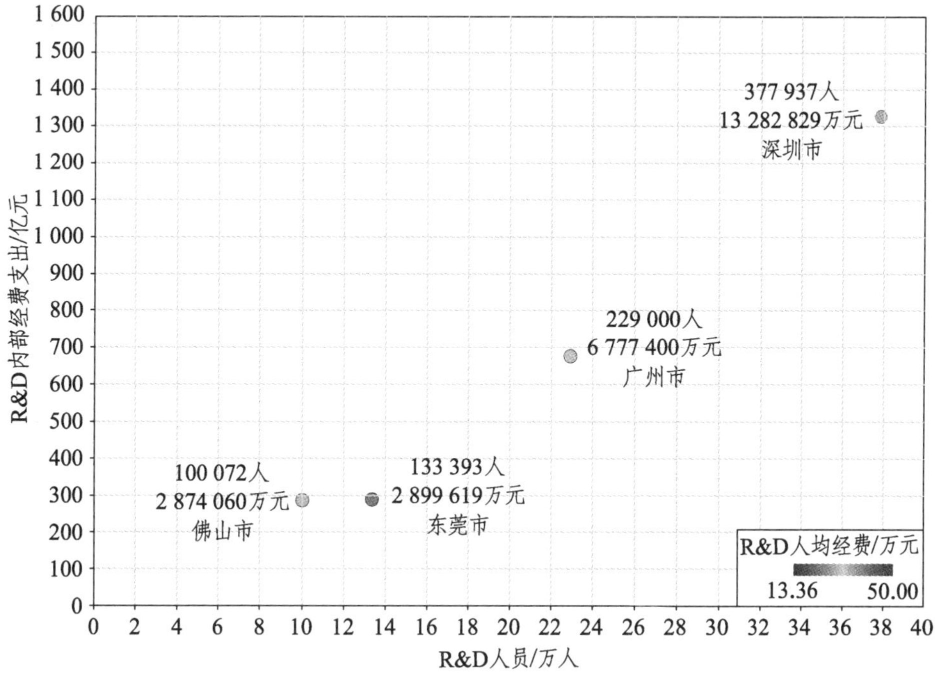

图 5-65　珠三角城市群 2019 年 R&D 人员和 R&D 内部经费支出情况

（数据来源：2013—2021 年《中国统计年鉴》、《中国城市统计年鉴》、各省市统计年鉴）

城市群科研经费支出体现为“深圳独大，广州位居第二，佛山、珠海、中山、东莞抱团取暖”的态势。深圳市 2018 年科技支出总额超过城市群的一半，同时其科技支出额占一般公共预算支出的 12.96%，是城市群中唯一一个占比超过 10%的城市。充足的经费保障使得深圳市 2018 年专利申请量达到 166 609 件，专利授权数为 106 146 件。巨大的“专利生产能力”给了深圳参与科技产业全球市场的能力，并将作为深圳市不断走向产业链上游的有力武器（见图 5-66）。

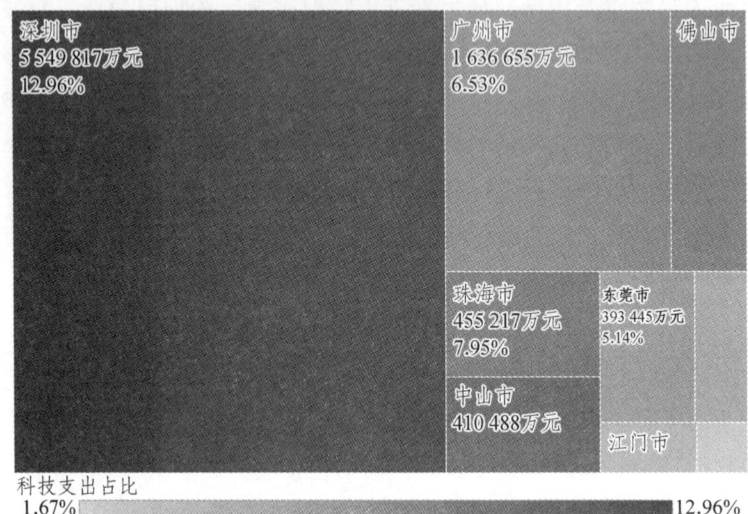

图 5-66　珠三角城市群 2018 年科技支出额及占比

（数据来源：2013—2021 年《中国统计年鉴》、《中国城市统计年鉴》、各省市统计年鉴）

2. 科技成果产出

珠三角城市群专利申请数量分成三个梯队。深圳市和广州市年度总申报量超过 10 万件，占城市群申请总量的一半以上。东莞市和佛山市年度总申报量为 8 万件左右，珠海市、江门市申报量处于 2 万至 3.5 万件之间。东莞市和佛山市虽然专利申请数量不及深圳市的一半，但两市的授权率均为 72%以上，专利质量较高。另由图 5-65 可知，东莞市和佛山市科研经费均不到 30 亿元，但专利授权率极高，表明两市支撑科学研究的综合环境优良（见图 5-67）。

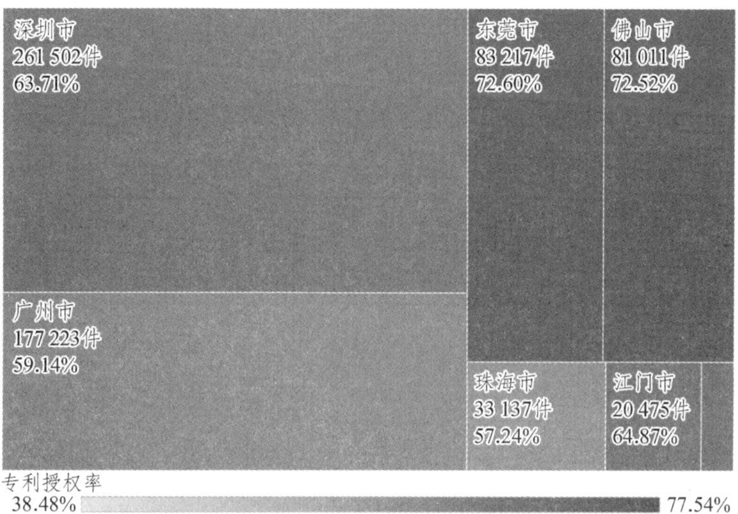

图 5-67　珠三角城市群 2019 年专利申报量及授权率

（数据来源：2013—2021 年《中国统计年鉴》、《中国城市统计年鉴》、各省市统计年鉴）

（二）人才公共服务环境

1. 宜居度

珠三角城市群中 9 个城市全部实现垃圾无害化处理率 100%，垃圾无害化处理成效显著（见图 5-68）。

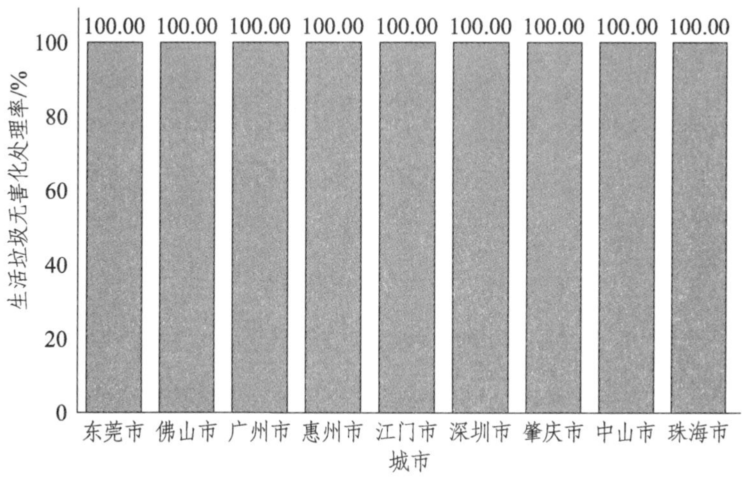

图 5-68　珠三角城市群各城市 2019 年垃圾无害化处理率

（数据来源：2013—2021 年《中国统计年鉴》、《中国城市统计年鉴》、各省市统计年鉴）

珠三角城市群各城市的中学与小学数量之比最高的是深圳市，为 113.37%，最低的是佛山市，为 49.15%，城市间中小学资源配置比例差异较大。省会广州市的中小学数量比为 54.61%，为整个城市群中中等偏下水平（见表 5-15）。

表 5-15　珠三角城市群各城市的中小学数量比

城市	东莞	佛山	广州	惠州	江门	深圳	肇庆	中山	珠海
比例	73.17%	49.15%	54.61%	57.91%	59.88%	113.37%	80.70%	49.52%	55.97%

城市群高等教育机构高度集中在广州市。

各城市中的中等职业教育机构数量，与城市中总体教育机构数量呈现正比关系（见图 5-69）。

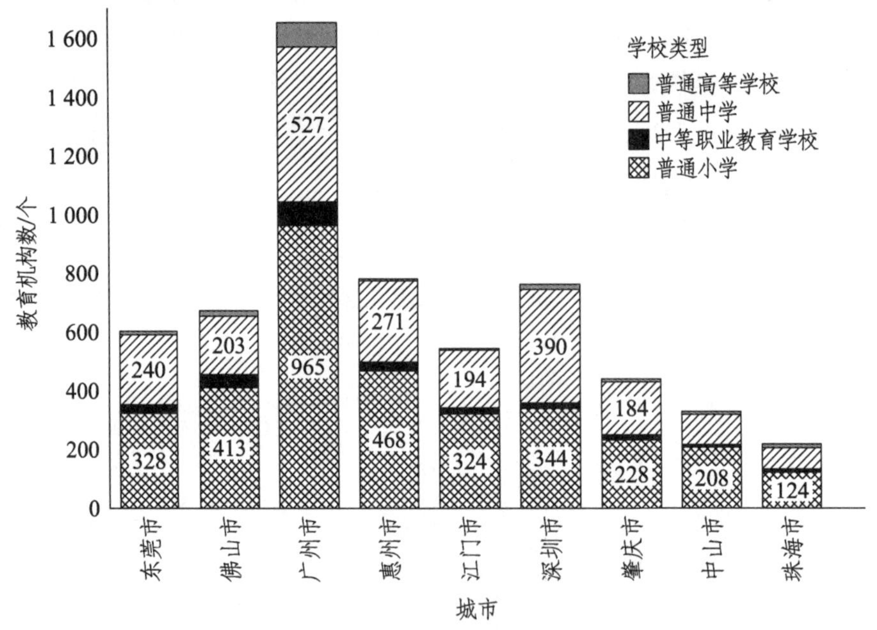

图 5-69　珠三角城市群教育机构数量

（数据来源：2013—2021 年《中国统计年鉴》、《中国城市统计年鉴》、各省市统计年鉴）

珠三角城市的教育支出呈现两种态势。广州市和深圳市连年追加教育投入，二者的总投入占整个城市群的一半多。从教育经费占政府一般公共预算支出的比重来看，虽然教育经费绝对数总体呈上升趋势，但教育经费占比连年下降，表明珠三角城市群自 2012 年以来政府一般公共预算支出总额逐年增加。广州市和深圳市教育经费占一般公共预算支出比例的走势与绝对数走势相同，表明两市对教育投入十分重视，教育经费的投入额随着政府整体支出的增加而增加（见表5-16、表5-17）。

表 5-16　珠三角城市群历年公共财政支出中教育经费支出额

单位：万元

城市	2012	2013	2014	2015	2016	2017	2018	变化趋势
东莞市	927 975	1 135 943	1 189 383	1 309 337	1 429 470	1 475 796	1 554 296	
佛山市	966 523	1 025 636	1 057 418	1 280 022	1 244 663	1 402 545	1 482 310	
广州市	2 234 976	2 539 473	2 290 438	2 870 733	3 219 820	4 043 335	4 408 209	
惠州市	626 047	727 857	850 388	949 383	1 019 079	1 068 551	1 069 211	
江门市	440 191	504 425	545 150	641 516	671 034	732 484	796 835	
深圳市	2 462 099	2 877 280	3 308 000	2 885 520	4 147 269	5 090 971	5 844 504	
肇庆市	418 212	485 174	553 506	552 246	563 662	584 554	635 578	
中山市	603 403	661 004	719 350	644 391	654 918	665 350	703 493	
珠海市	438 581	510 801	490 867	528 762	572 555	742 206	764 116	

表 5-17　珠三角城市群历年公共财政支出中教育支出占比

单位：%

城市	2012	2013	2014	2015	2016	2017	2018	变化趋势
东莞市	24.07	25.55	25.99	22.53	23.85	22.10	20.31	
佛山市	22.27	21.00	20.14	16.00	17.89	18.10	18.38	
广州市	16.63	18.32	15.95	16.62	16.57	18.50	17.59	
惠州市	22.84	22.17	22.80	19.53	20.02	19.29	19.65	
江门市	23.40	23.73	23.09	21.90	22.89	21.98	21.09	
深圳市	15.73	17.02	15.27	8.19	9.85	11.08	13.65	
肇庆市	23.70	24.21	22.90	20.63	22.71	21.56	20.13	
中山市	28.03	27.93	27.53	18.19	17.85	14.61	16.07	
珠海市	20.67	20.27	17.79	13.60	13.73	15.03	13.35	

数据来源：2013—2021 年《中国统计年鉴》、《中国城市统计年鉴》、各省市统计年鉴。

广州市医疗机构数量约为深圳市与佛山市二者之和，使整个城市群医疗机构数量分布形成高首位度态势：广州成为珠三角城市群中医疗资源最集中的城市；深圳市、佛山市、东莞市三市为第二梯队；惠州等五个城市为第三梯队（见图 5-70）。

珠三角住宿和餐饮业、居民服务和其他服务业、文体娱乐业三个行业从业人数呈现出双核心特征。广州市和深圳市三个行业的从业人员构成城市群的主体（见图 5-71）。

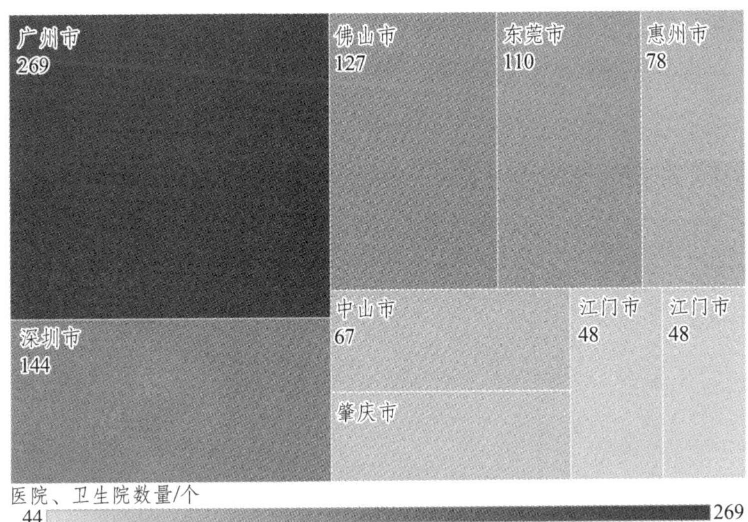

图 5-70　2019 年珠三角城市群医疗设施数量

（数据来源：2013—2021 年《中国统计年鉴》、《中国城市统计年鉴》、各省市统计年鉴）

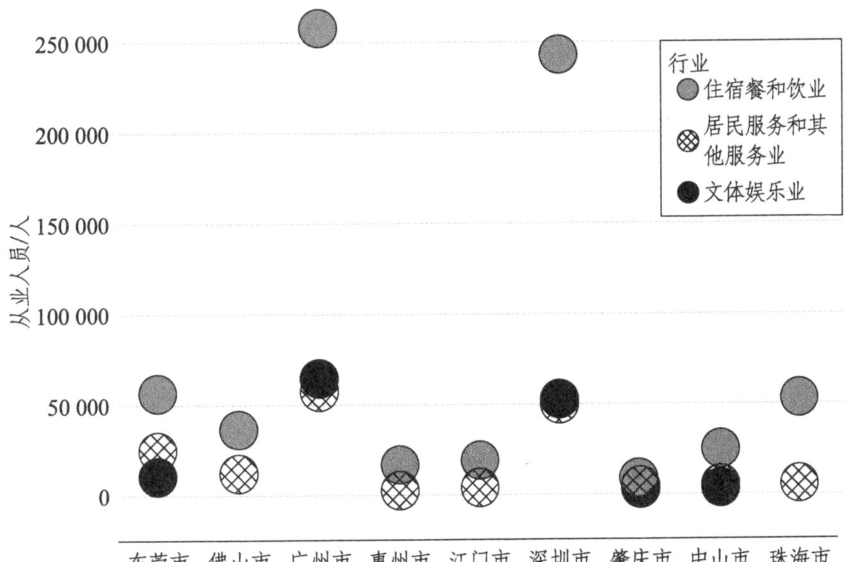

图 5-71　2018 年珠三角城市群住宿和餐饮业、居民服务和其他服务业、文体娱乐业从业人数比较

（数据来源：2013—2021 年《中国统计年鉴》、《中国城市统计年鉴》、各省市统计年鉴）

广州市、深圳市两市的绿地面积占据珠三角城市群绿地面积总和的 2/3 左右，且整个城市群的绿化率均较高，平均在 45%以上，城市群环境宜人（见图 5-72）。

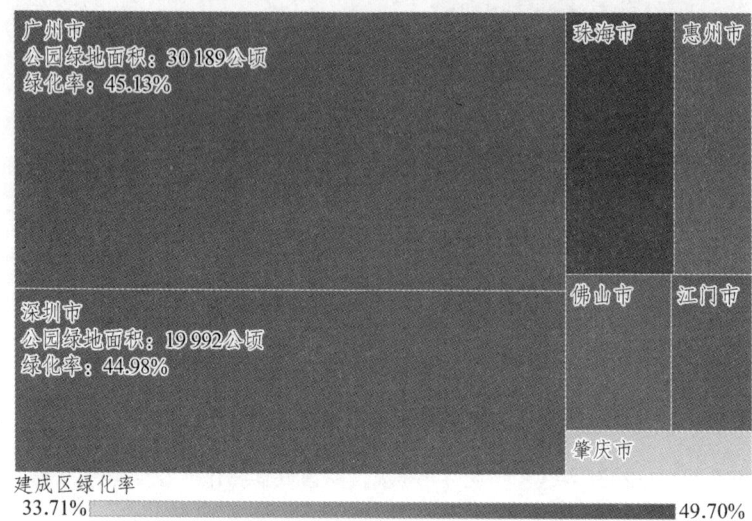

图 5-72　2018 年珠三角城市群绿地面积和绿化率

（数据来源：2013—2021 年《中国统计年鉴》、《中国城市统计年鉴》、各省市统计年鉴）

2. 公共服务人均占有量

珠三角中小学教师和学生数量分布规律一致。广州市的教师数和学生数最多，其次为深圳市。其他城市在教师数和学生数两个维度都呈现出逐级递减的趋势，且在小学和中学两个维度所处的序列中具有一致性。

中职学生数在不同城市间呈现阶梯状分布。广州市为第一阶梯，拥有超过 180 000 名中职学生。第二阶梯为惠州市、东莞市、佛山市，中职学生数在 80 000 名左右。第三阶梯为珠海市和中山市，学生数在 20 000 名上下。肇庆市和深圳市学生数处于第二阶梯和第三阶梯之间，分别为 53 771 和 38 922 名。从图 5-73 可以看出：佛山市、东莞市的中职教师相对充足，惠州市中职教师可能相对匮乏。

珠三角高等教育资源几乎全部集中于广州市、深圳市。高等教育学生和教师数散点图呈现显著的两极分布，广州市以 1 086 407 名本专科学生数位居城市群第一位，高等教育机构教师数超过 62 000 名，为第二名的两倍左右。

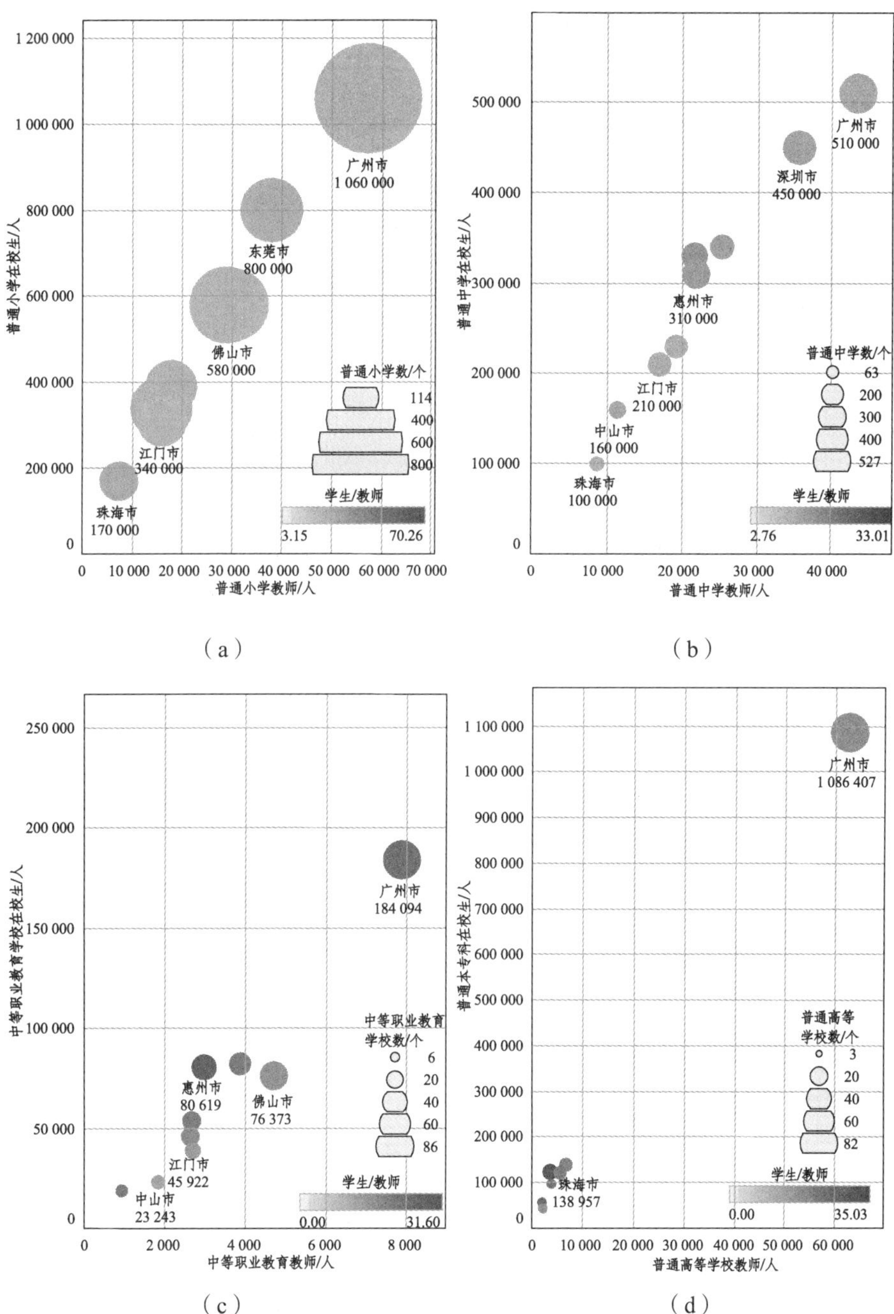

图 5-73　珠三角城市群小学、中学、高等教育（深圳市本专科生数缺失）2018 年生师比情况

（数据来源：2013 年—2021 年《中国统计年鉴》、《中国城市统计年鉴》、各省市统计年鉴）

珠三角的人均医疗资源占有情况与城市整体医疗资源分布情况不同。东莞市在每万人医院床位数和每万人医师数两个维度上，都是城市群中最高的城市。广州市在人均医院床位数维度处于城市群第二位，随后是深圳、中山、佛山、珠海，且前述五个城市间的差距不明显。江门、惠州、肇庆三个城市在每万人医院床位数维度显著低于广州等五个城市，且这三个城市的医疗机构空间集聚度很低，医疗机构总数不多。

深圳每万人医师数处于城市群第二位，与东莞有较大的差距，也远远超过位于第三位的广州。每万人医师数维度，广州、珠海、中山、佛山四个城市数值较近，惠州、江门、肇庆处于城市群末尾。

城市群整体居民死亡率较低，只有江门市较显著地高于平均水平。城市群医疗资源分布明显集中于以核心城市广州市、深圳市构成的双极集聚中心，随着离集聚中心距离的增加，医疗资源减少、医疗能力有所下降（死亡率上升，见图 5-74）。

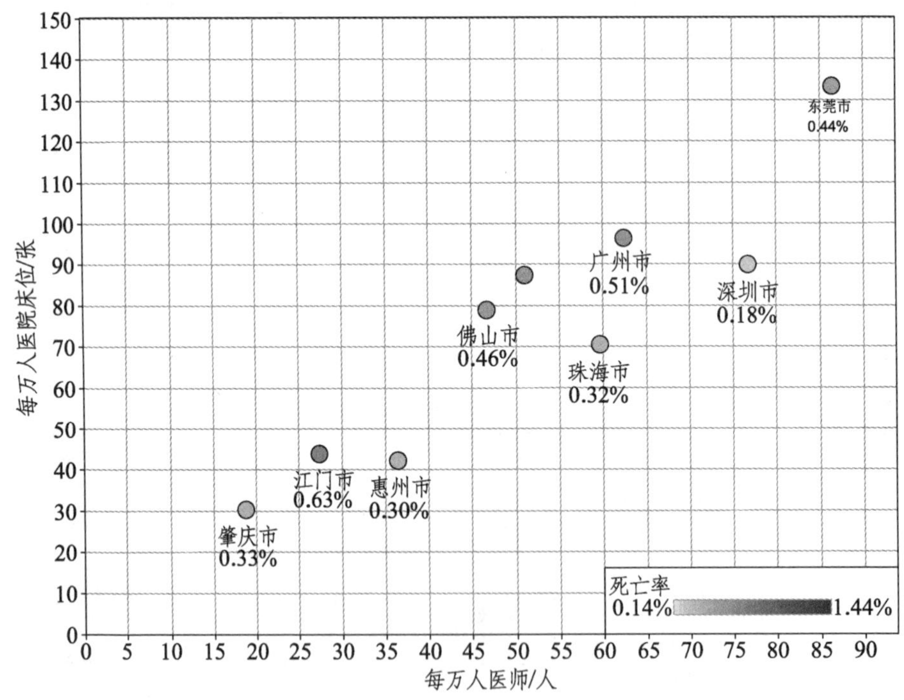

图 5-74　珠三角城市群 2019 年每万人医院床位数、每万人医师数、死亡率

（数据来源：2013—2021 年《中国统计年鉴》、《中国城市统计年鉴》、各省市统计年鉴）

珠三角各城市的社会消费品总额呈现出明显的三级分化。广州市和深圳市以超过 9 000 亿总额构成第一梯队，佛山市和东莞市以超过 3 000 亿元处于第二梯队，其他城市总额不足 2 000 亿，处于第三梯队。深圳市人均社会消费品零售额为城市群最高，是第二名东莞市的 1.32 倍，是第三名广州市的 1.71 倍，显示出深圳市具有发达的社会消费品市场（见图 5-75）。

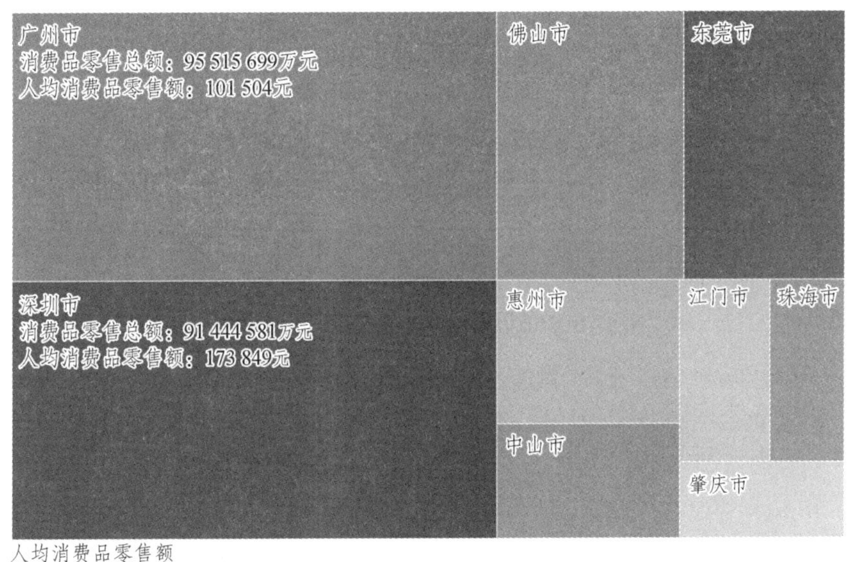

图 5-75　2019 年珠三角城市群社会消费品情况

（数据来源：2013—2021 年《中国统计年鉴》、《中国城市统计年鉴》、各省市统计年鉴）

结合广东省各城市贸易数据分析，深圳市进出口总额为全省最高，是第二名东莞市的 2 倍多，是第三名广州市的 3 倍左右。极高的对外贸易进出口额，为深圳市社会消费品零售总额和人均社会消费品零售额做出重大贡献（见图 5-76）。

珠三角各城市总就业人口规模与城市人口规模基本相符。在广州市数据缺失的情况下，深圳和东莞两地总就业人口占城市群 60%以上，佛山市总就业人口接近东莞市的一半，而惠州、中山、江门三地总就业人口相近，处于 170 万至 220 万人区间。珠海市总就业人口约为江门市的一半（但人均生产总值超过广州市，表明珠海市人均劳动产出值极高，城市经济具有极高的附加值）。

整个城市群的登记失业率很低，仅江门市为 3.66%，惠州市为 1.04%，其他城市均低于 1%（见图 5-77）。

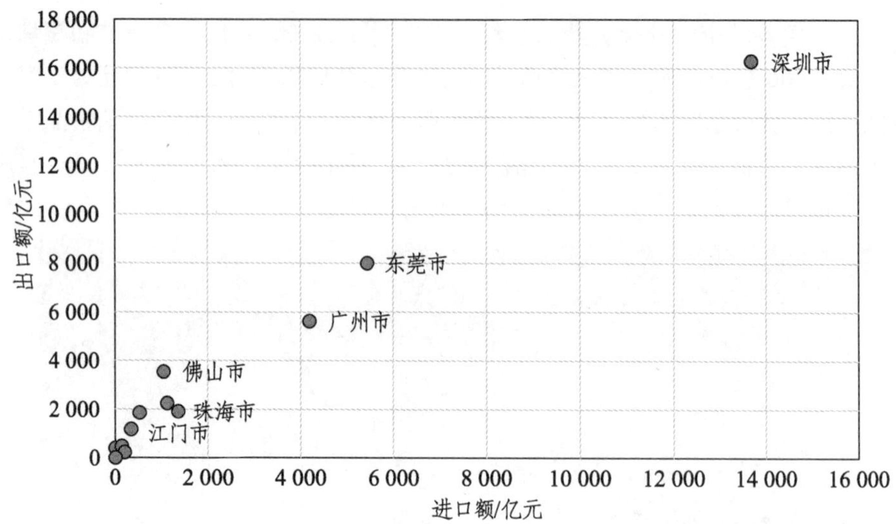

图 5-76　2019 年珠三角城市群进出口情况

（数据来源：2013—2021 年《中国统计年鉴》、《中国城市统计年鉴》、各省市统计年鉴）

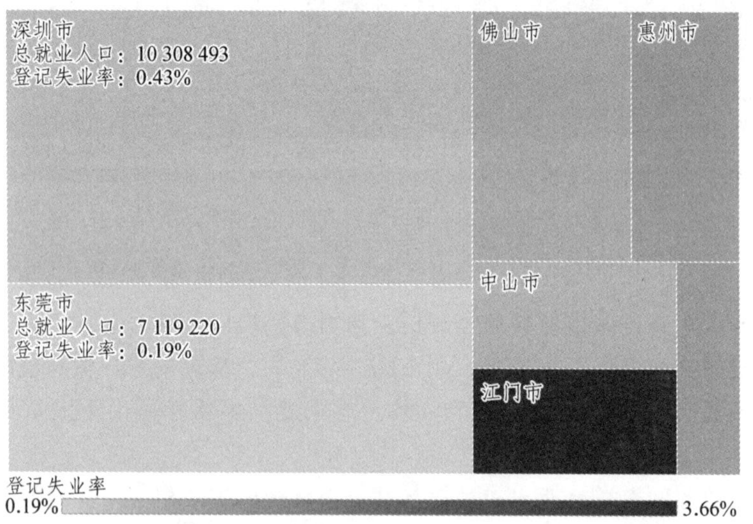

图 5-77　2018 年珠三角（内地）城市群就业情况（广州市数据缺失）

（数据来源：2013—2021 年《中国统计年鉴》、《中国城市统计年鉴》、各省市统计年鉴）

珠三角城市职工平均工资差异相对不大，但人均存款额差异明显。深圳市和广州市职工平均工资相当，超过 11 万元，为城市群中第一队列，但深圳市人均存款额显著高于广州市，接近广州市的 2 倍，表明深圳市平均生活成本远低于广州市。

东莞、佛山、中山、珠海、江门、惠州、肇庆 7 个城市职工平均工资相近，但人均存款额有巨大分野，最高的东莞约为最低的肇庆的 7.3 倍。七个城市中，人均 GDP 由高到低依次为珠海、佛山、中山、东莞、惠州、江门、肇庆，通过前文二手房房价空间分布数据可知，东莞市二手房房价显著低于周边城市，导致其城市居民在房价支出中的负担大幅降低，这可能是使得东莞居民平均存款额远高于其他 6 个城市的原因（见图 5-78）。

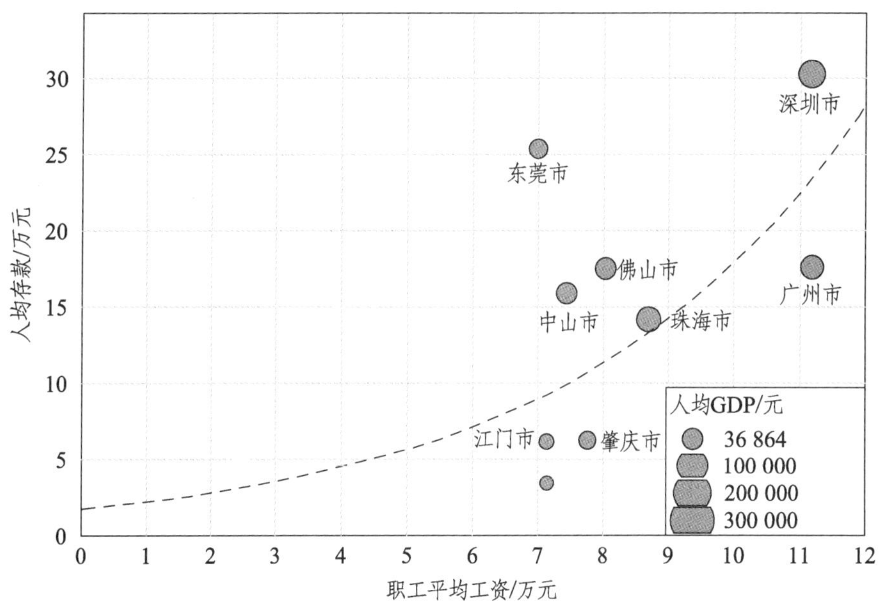

图 5-78　2018 年珠三角城市群职工工资和储蓄情况

（数据来源：2013—2021 年《中国统计年鉴》、《中国城市统计年鉴》、各省市统计年鉴）

四、成渝城市群人才竞争力分析

（一）人才支持与产出

1. 科技研发经费

重庆市和成都市科研经费支出额和科研人员数量均居于成渝城市群前列，将其他城市远远抛在后面。然而，两市由于科研人员数量巨大，人均科研经费不高。绵阳市的科研人员数与科研经费支出额均为城市群第三位，但其人均科研经费为城市群第二位，对某些科研人员来说其科研环境优于重庆和成都（见图 5-79）。

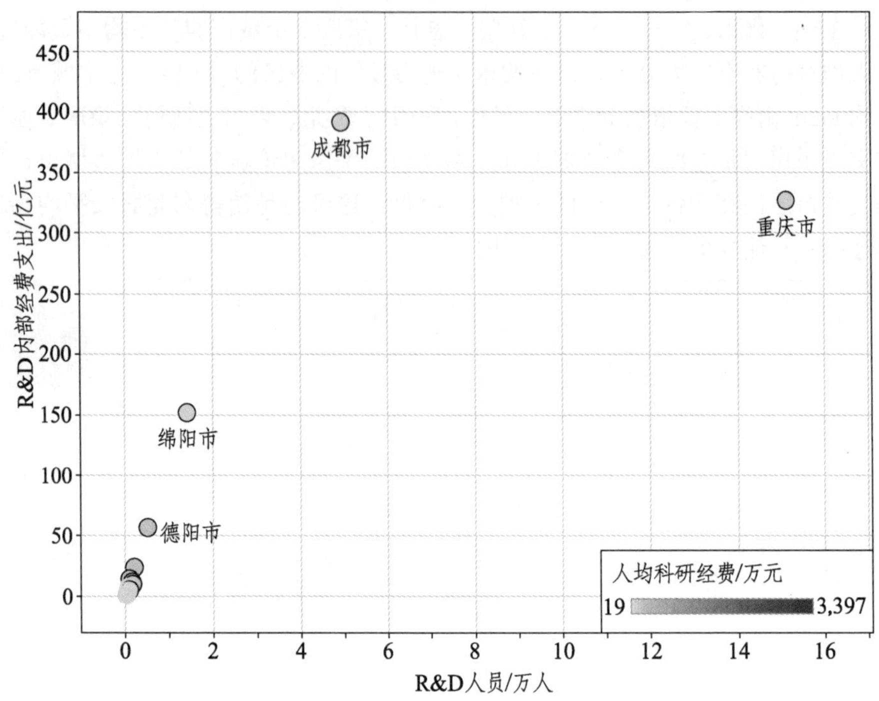

图 5-79　成渝城市群 2018 年 R&D 人员和 R&D 内部经费支出情况

（数据来源：2013—2021 年《中国统计年鉴》、《中国城市统计年鉴》、各省市统计年鉴）

成都市作为省会城市、重庆市作为直辖市，二者有得天独厚的资源优势来投入科技研发。成都市和重庆市科研投入额占成渝城市群总额的七成以上，两者投入额差距不大，但投入额占城市一般公共预算支出比例相差明显：成都市占比 3.98%，重庆市占比 1.51%，表现出重庆市一般公共预算支出总额远超成都（见图 5-80）。

2. 科技成果产出

成都和重庆构成了成渝城市群的专利申请主体，两个城市贡献了城市群近 80%的专利申报数。成都市专利申报数略高于重庆市。两市专利授权率在 63%上下，为城市群平均水平。

德阳、泸州、雅安三地专利授权率在 70%以上，领跑城市群专利申请质量（见图 5-81）。

图 5-80　成渝城市群 2018 年科研投入额

（数据来源：2013—2021 年《中国统计年鉴》、《中国城市统计年鉴》、各省市统计年鉴）

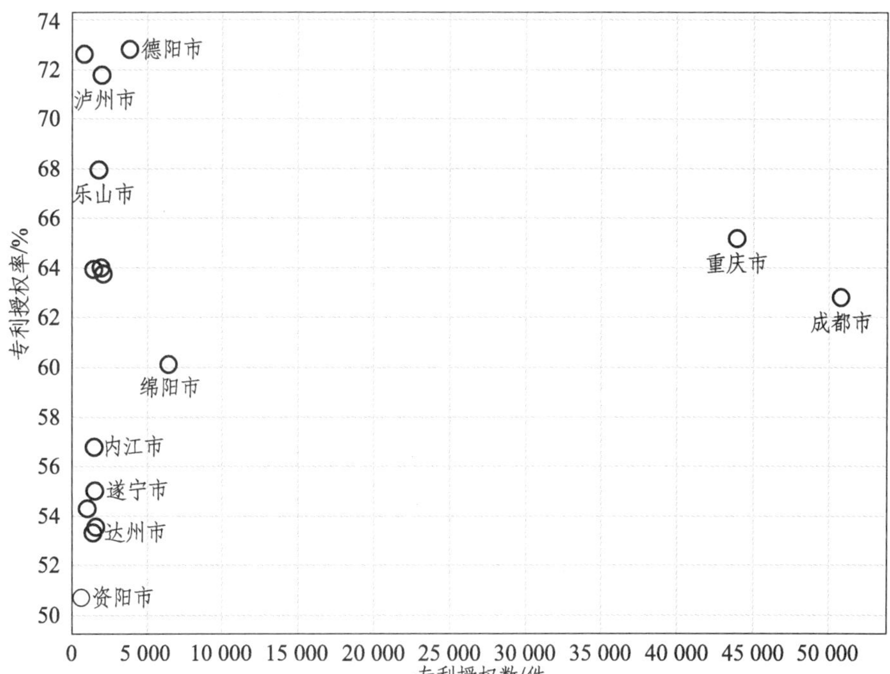

图 5-81　成渝城市群 2019 年专利授权数和授权率比较

（数据来源：2013—2021 年《中国统计年鉴》、《中国城市统计年鉴》、各省市统计年鉴）

（二）人才公共服务环境

1. 宜居度

2019 年，成渝城市群垃圾无害化处理率最低的为达州市，其与雅安市、资阳市共三个城市没有达到 100%垃圾无害化处理（见图 5-82）。

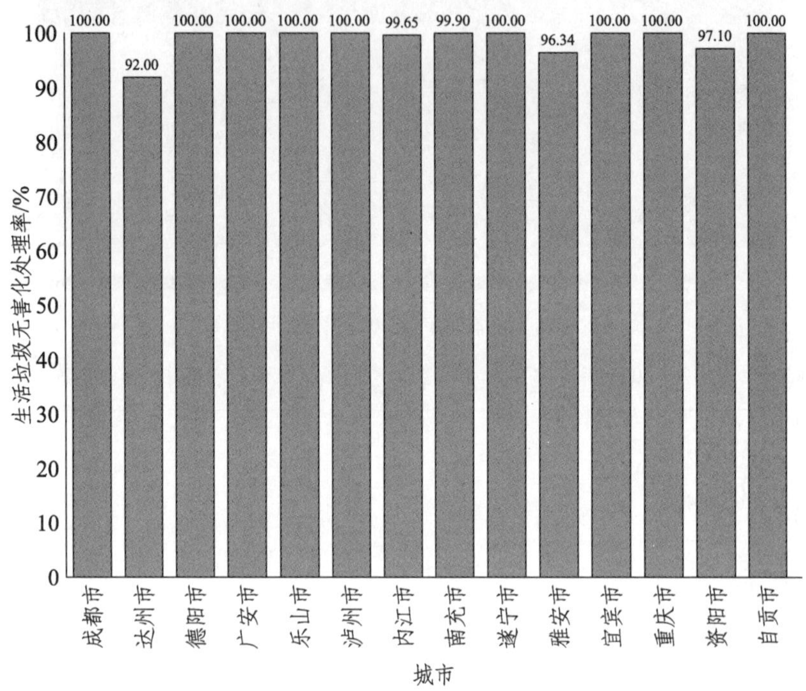

图 5-82　成渝城市群各城市 2019 年垃圾无害化处理率（眉山市、绵阳市数据缺失）

（数据来源：2013—2021 年《中国统计年鉴》、《中国城市统计年鉴》、各省市统计年鉴）

成渝城市群中，重庆市拥有各类教育机构 4 000 多个。四川省的教育机构主要集中在成都市、南充市和达州市，其他城市的教育机构总数不超过 600 个。

城市群中教育资源分配差异十分显著：重庆各类教育资源相对充足；成都市中学数量与小学数量相当，义务教育阶段教育资源分布较平衡；达州市小学数量为省内最高，是成都市小学数量的 2 倍多，但其中学数量仅为成都市中学数量的 2/3，中学资源相对不足；南充市中学数量远超小学数量，与其他城市相比呈现“倒挂”现象。

高等教育机构、中等职业教育机构均集中在重庆和成都两地（见图 5-83）。

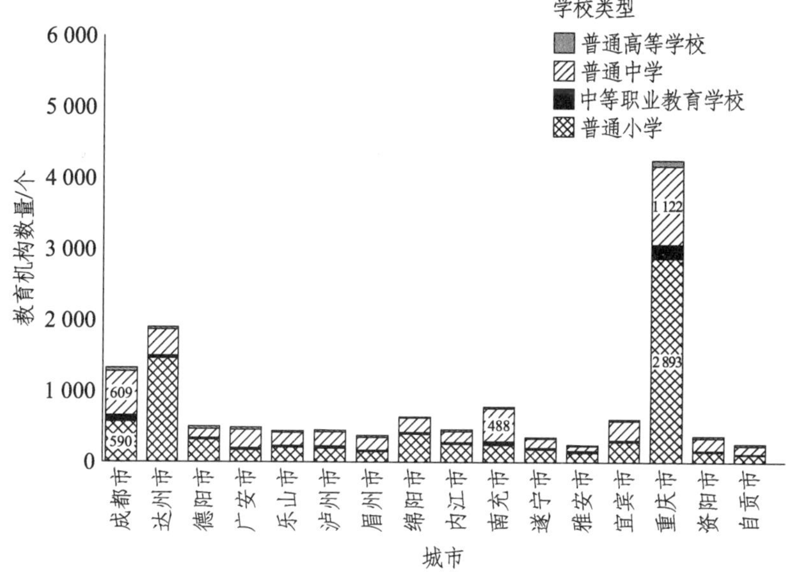

图 5-83　成渝城市群教育机构数量

（数据来源：2013—2021 年《中国统计年鉴》、《中国城市统计年鉴》、各省市统计年鉴）

成都和重庆两个核心城市教育支出表现出连年稳定增长的态势。其他城市的教育支出额度 2012—2018 年几乎没有变化，且教育支出占一般公共预算支出的比重呈现略微下降趋势（见表 5-18、表 5-19）。

表 5-18　成渝城市群历年公共财政支出中教育经费支出额

单位：万元

城市	2012	2013	2014	2015	2016	2017	2018	变化趋势
成都市	1 622 941	227 849	1 830 552	2 283 411	2 275 985	2 505 824	2 658 194	
达州市	504 472	154 739	582 510	696 644	773 113	794 989	742 887	
德阳市	281 945	437 086	291 940	364 014	344 656	362 272	378 021	
广安市	330 735	558 923	396 592	451 266	541 562	589 075	593 733	

续表

城市	2012	2013	2014	2015	2016	2017	2018	变化趋势
乐山市	303 390	639 391	321 614	384 160	384 773	421 791	434 526	
泸州市	480 275	285 061	547 076	607 605	668 091	693 513	723 746	
眉山市	261 640	506 796	297 430	344 228	378 455	408 084	366 476	
绵阳市	440 934	340 733	453 033	535 846	556 365	610 450	618 810	
南充市	672 683	305 585	609 369	718 249	737 133	813 787	844 105	
内江市	295 020	336 068	323 837	395 454	378 257	395 664	421 747	
遂宁市	289 671	309 446	271 036	336 096	348 738	390 078	424 769	
雅安市	142 272	344 256	136 184	177 587	173 065	181 412	196 974	
宜宾市	479 162	355 240	567 783	679 031	660 779	728 467	805 934	
重庆市	4 714 875	7 968 896	4 699 807	5 362 416	5 751 833	6 263 003	6 809 942	
资阳市	310 995	3 454 157	349 442	401 827	290 999	339 384	308 590	
自贡市	222 044	238 105	232 035	301 428	299 877	363 630	382 716	

表 5-19　成渝城市群历年公共财政支出中教育支出占比

单位：%

城市	2012	2013	2014	2015	2016	2017	2018	变化趋势
成都市	16.50	16.28	13.66	15.55	14.26	14.26	14.47	
达州市	20.99	5.93	20.27	21.48	21.53	20.43	17.74	
德阳市	16.92	15.04	14.81	16.59	15.17	15.08	13.90	
广安市	22.25	21.84	21.19	20.04	22.23	22.23	20.54	
乐山市	17.98	20.65	14.93	16.55	14.97	14.96	14.35	
泸州市	22.62	15.03	19.45	19.99	19.81	18.80	17.56	
眉山市	18.26	19.84	16.35	16.62	17.52	18.08	15.58	
绵阳市	17.60	19.22	15.38	17.61	16.61	16.72	15.16	
南充市	24.13	17.70	17.68	19.43	17.26	17.68	17.05	
内江市	20.77	17.35	19.34	20.55	18.89	18.19	17.33	
遂宁市	21.73	25.92	17.36	18.38	17.44	16.92	16.84	
雅安市	15.30	18.00	4.36	7.99	11.42	13.20	15.09	

续表

城市	2012	2013	2014	2015	2016	2017	2018	变化趋势
宜宾市	21.88	21.85	20.46	22.06	19.51	19.66	19.37	
重庆市	15.48	17.49	14.22	14.14	14.37	14.44	15.00	
资阳市	20.19	20.07	18.52	18.60	15.45	18.82	16.09	
自贡市	17.24	20.69	15.75	17.39	16.70	16.31	15.80	

数据来源：2013—2021 年《中国统计年鉴》、《中国城市统计年鉴》、各省市统计年鉴。

成渝城市群中，医疗机构数量分布呈现明显的梯度效应。重庆市、成都市、达州市医疗机构数量均在 430 家以上，遥遥领先第四位的广安市（253 家），构成第一梯队。其中，重庆市有医疗机构 847 家，成都市有 629 家。广安市以 253 家医疗机构处于第二梯队。南充、泸州、宜宾、绵阳、乐山医疗机构数量处于 100～200 家区间，位于第三梯队；内江等其他 7 个城市医疗机构数量不足 100 家，位于第四梯队（见图 5-84）。

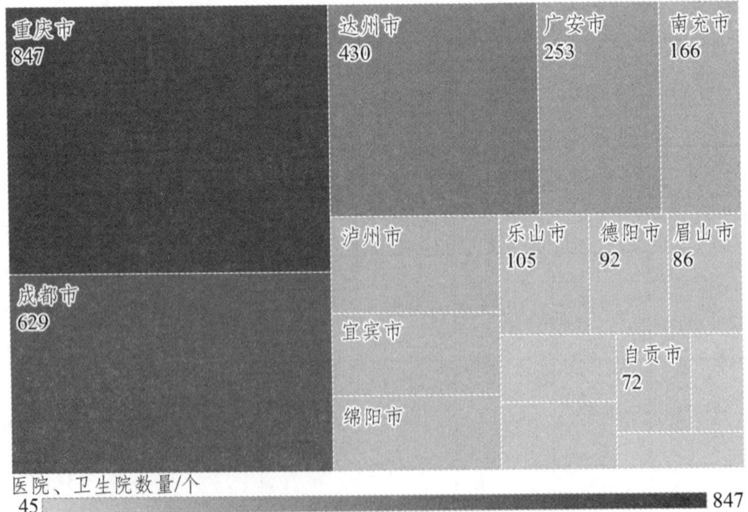

图 5-84　2019 年成渝城市群医疗设施数量

（数据来源：2013—2021 年《中国统计年鉴》、《中国城市统计年鉴》、各省市统计年鉴）

从住宿和餐饮业、居民服务业和其他服务业、文体娱乐业三个行业从业人口数据可知，成渝城市群中多数城市在三个行业的从业人口十分接近，而成都市、重庆市、达州市、广安市的从业人口表现出一定差异。

成都市住宿和餐饮业从业人口高于其他两个行业之和，占据整个城市群该行业从业人口的绝大部分比例。成都市的文体娱乐业从业人数是三个行业中最低的，为住宿和餐饮业的 17%，为居民服务和其他服务业的 27%。重庆市从业人口最多的行业也是住宿和餐饮业，但居民服务和其他服务业、文体娱乐业两个行业的分布与成都市呈现显著不同。重庆市的文体娱乐业从业人数为第二多，约为住宿和餐饮业的一半（见图 5-85）。

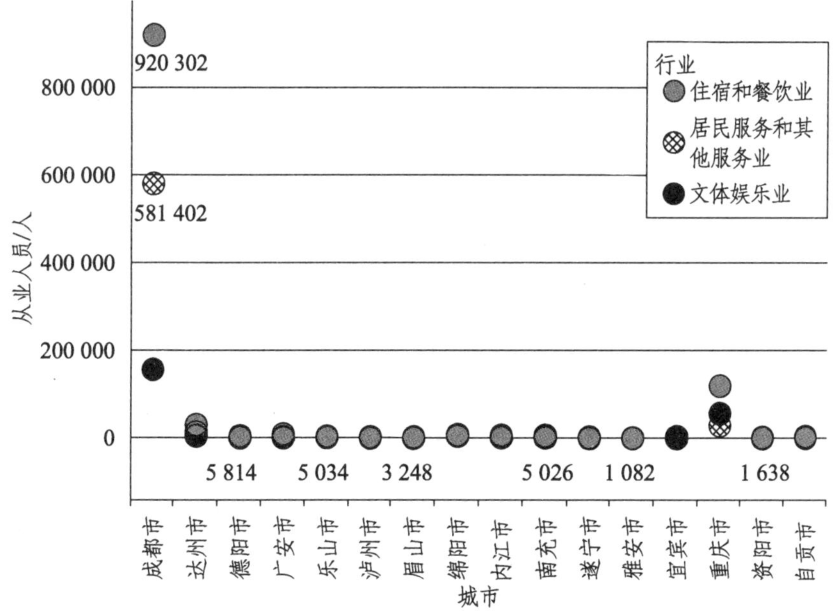

图 5-85　2018 年成渝城市群住宿和餐饮业、居民服务和其他服务业、文体娱乐业从业人数比较

（数据来源：2013—2021 年《中国统计年鉴》、《中国城市统计年鉴》、各省市统计年鉴）

重庆市、成都市以较高的绿地面积，在城市群中形成“双头效应”。由于成渝城市群处于山地地带，且水系众多，建成区绿化率平均低于 40%，整体低于其他城市群（见图 5-86）。

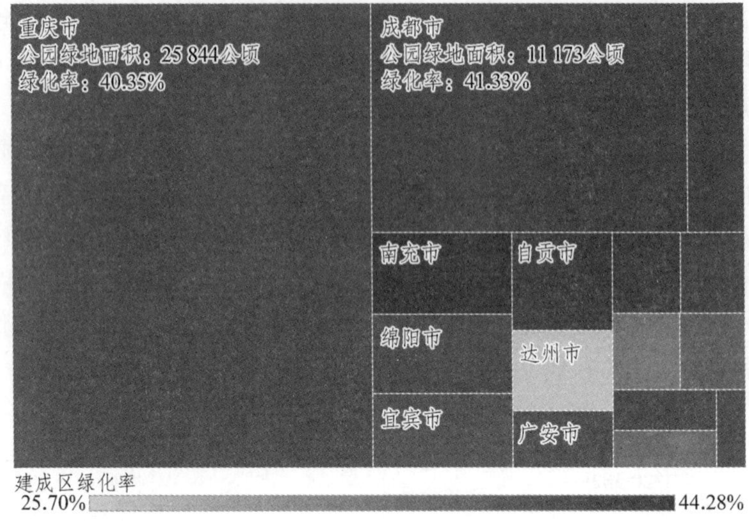

图 5-86　2018 年珠三角城市群绿地面积和绿化率

（数据来源：2013—2021 年《中国统计年鉴》、《中国城市统计年鉴》、各省市统计年鉴）

2. 公共服务人均占有量

重庆市全域内中学、小学、中职教师和学生数量，均为城市群之首。成都市中学数量相对占比高于小学，“小升初”压力较其他城市较小。

重庆市中职教师和学生数显著多于省内其他城市，职业教育较发达。

高等教育资源分布呈现双核心、两极化态势。高等学校教师和本专科生主要集中在成都和重庆，且成都市师生数量均为城市群之首。重庆市高等学校师生数量略少于成都，但高校总数为城市群最高。其他城市仅有少量高等教育资源（见图 5-87）。

成都市每万人医院床位数和每万人医师数均居城市群首位。重庆市每万人医院床位数和每万人医师数与宜宾市接近，主要原因可能是重庆市东部各区县的医疗机构分布极少，拉低了重庆全市的人均医疗资源占有量。

城市群死亡率普遍不高且数值接近，只有眉山市和资阳市超过 1.5%，略高于平均水平（见图 5-88）。

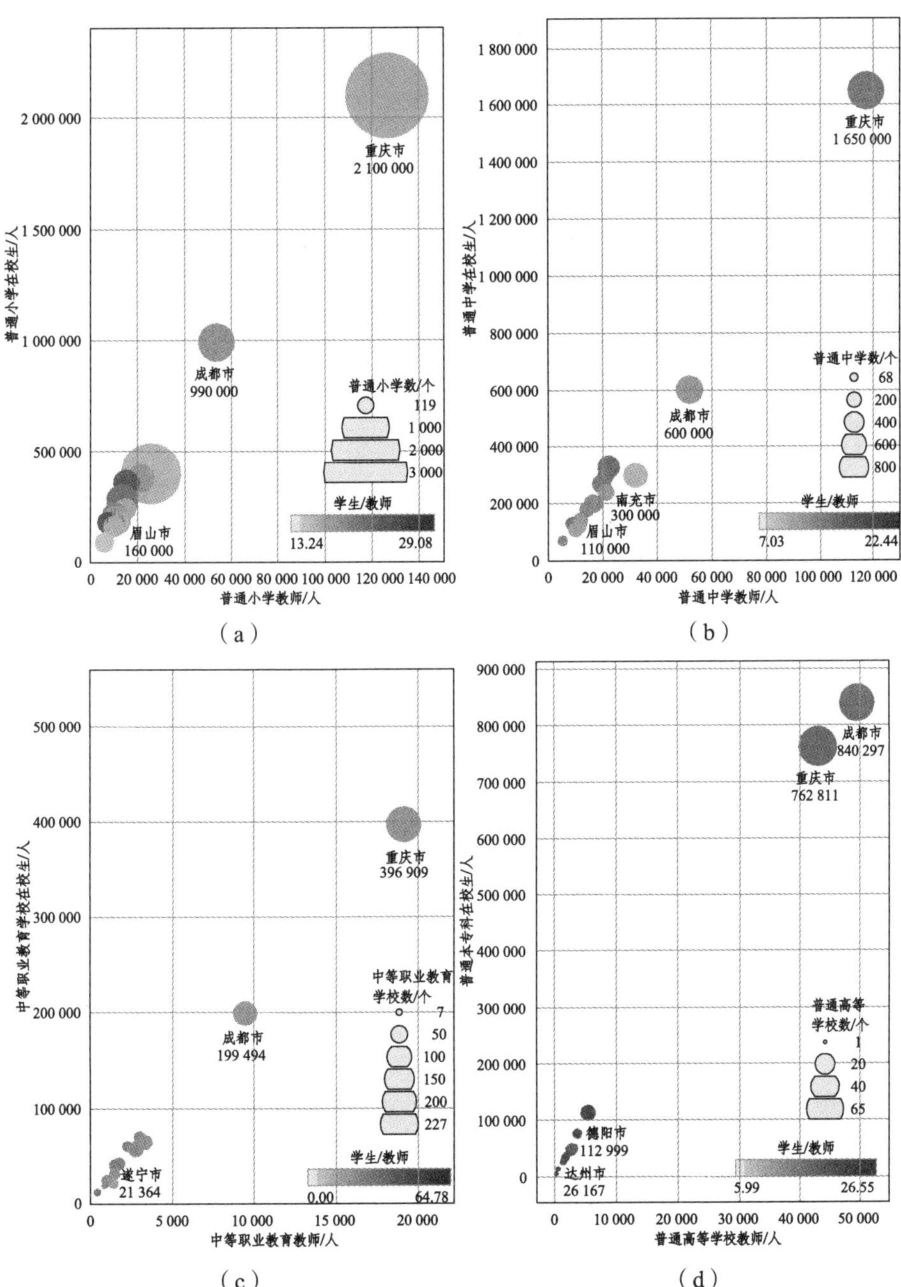

图 5-87　成渝城市群小学、中学、高等教育 2018 年在校生数、教师数、生师比

（数据来源：2013—2021 年《中国统计年鉴》、《中国城市统计年鉴》、各省市统计年鉴）

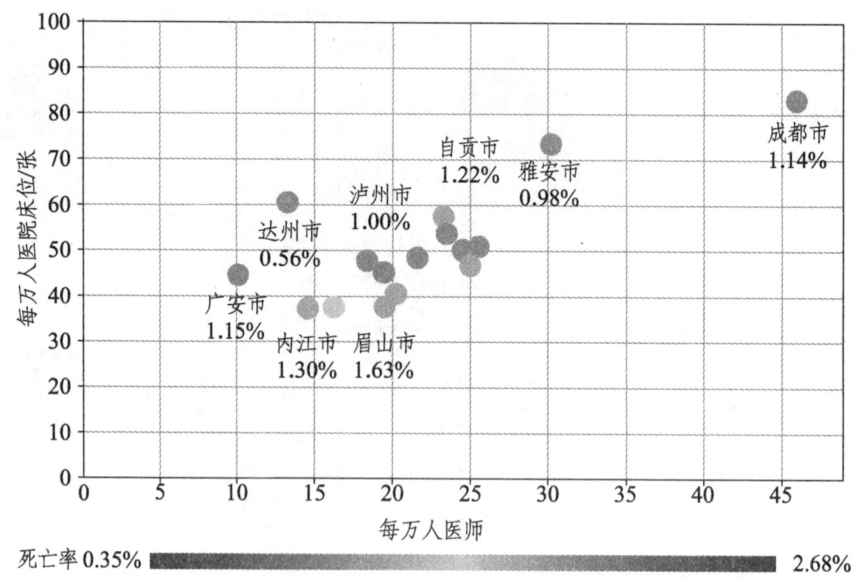

图 5-88　成渝城市群 2019 年每万人医院床位数、每万人医师数、死亡率

（数据来源：2013—2021 年《中国统计年鉴》、《中国城市统计年鉴》、各省市统计年鉴）

成渝城市群社会消费品零售总额主要由重庆市和成都市贡献，其中重庆市消费品零售总额为城市群之首，成都市人均消费品零售额则为城市群内最高。成渝城市群人均消费品零售额普遍不高，大多数低于 30 000 元，且核心城市外的众多城市，消费品零售总额都处于较低水平。与珠三角城市进行对比可以发现，广州、深圳两个城市的消费品零售总额处于重庆和成都之间，但广州和深圳的人均消费品零售额远高于重庆和成都：深圳市人均消费品零售额约为成都市的三倍。因此，成渝城市群居民整体消费能力不高，城市群内部消费能力较平均，消费结构较扁平，城市生活多样性在社会消费品的供需结构中未能得到有效满足（见图 5-89）。

重庆市和成都市贡献了城市群约 60%的就业岗位，其中，重庆市贡献的就业岗位约为城市群的 40%，成都市贡献的就业岗位约为城市群的 20%。其他贡献了就业岗位的城市，主要集中在成都和重庆连线的中间地带，南充、达州、宜宾、泸州四城贡献了城市群近 20%的就业岗位。

登记失业率为城市群最高，且其提供的就业岗位总量很少。城市群登记失业率与城市群提供的就业总量存在反比关系，眉山、自贡、内江、乐山、资阳等地总就业人口在 58 万以下，登记失业率则超过 3.5%，就业形势严峻（见图 5-90）。

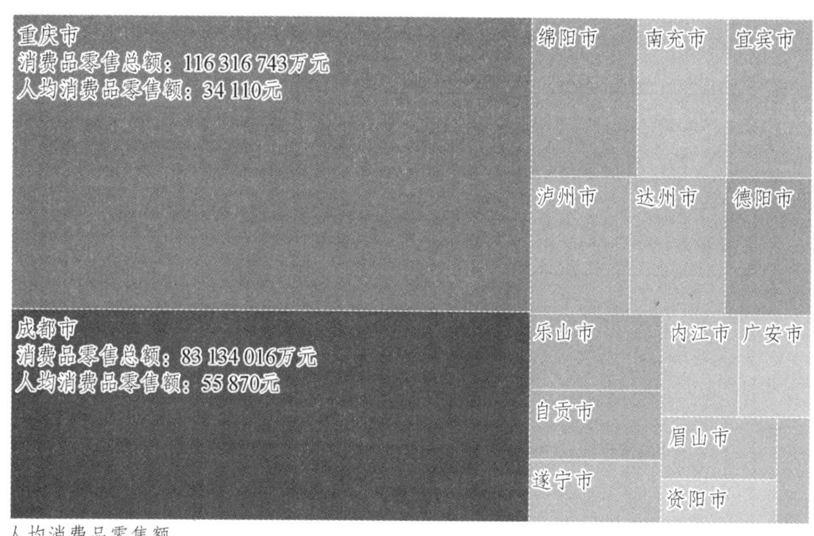

图 5-89　2019 年成渝城市群社会消费品情况

（数据来源：2013—2021 年《中国统计年鉴》、《中国城市统计年鉴》、各省市统计年鉴）

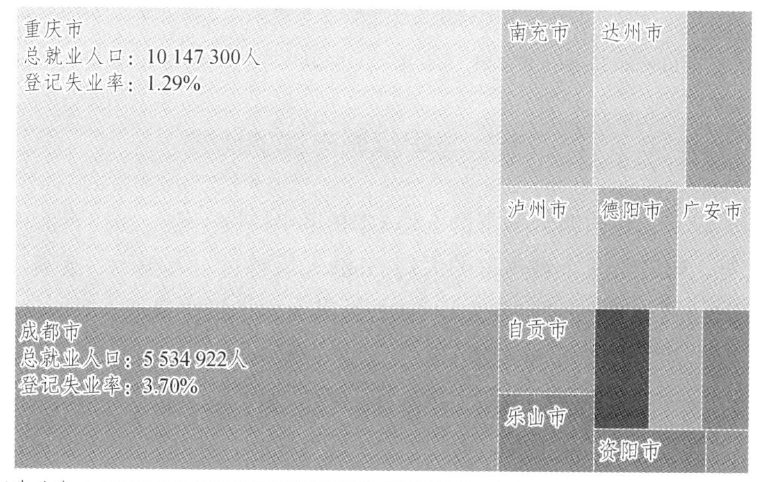

图 5-90　2018 年成渝城市群就业情况

（数据来源：2013—2021 年《中国统计年鉴》、《中国城市统计年鉴》、各省市统计年鉴）

除成都市外，成渝城市群职工平均工资处于 5.5 万元至 8.5 万元区间，人均存款处于 2.5 万元至 5 万元区间。其中，城市的职工平均工资水平和人均存款水平与城市的人均 GDP 呈正相关关系。成都市职工平均工资为 8.7 万元左右，人均存款为 9.1 万元左右，人均 GDP 和人均存款水平远超其他城市（见图 5-91）。

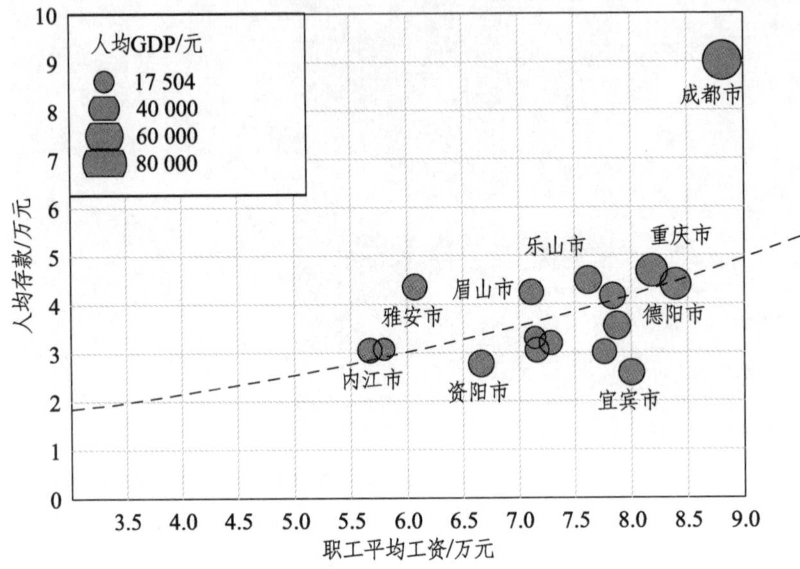

图 5-91　2018 年成渝城市群职工工资和储蓄情况（半径为人均 GDP）

（数据来源：2013—2021 年《中国统计年鉴》、《中国城市统计年鉴》、各省市统计年鉴）

第四节　与国际城市群的比较

十八大以来，我国四大城市群人均 GDP 逐年持续上涨。2013 年以来，京津冀、长三角、珠三角三个城市群的人均 GDP 先后越过 1 万美元，远高于同期全国人均 GDP 水平。成渝城市群人均 GDP 为四大城市群中最低，且至 2019 年尚未达到人均 1 万美元（见表 5-20）。

表 5-20　2012—2019 年四大城市群人均 GDP

单位：美元

年份	京津冀	长三角	珠三角	成渝	全国平均	年均汇率
2019	10 838.47	15 134.89	13 541.65	8 848.33	10 190.40	6.901 4
2018	11 395.88	14 155.65	12 933.31	8 046.79	9 885.66	6.629 2
2017	10 898.97	12 970.44	11 948.34	7 371.11	8 848.11	6.735
2016	10 141.72	11 993.20	11 046.17	6 732.72	8 081.71	6.654 9
2015	9 897.50	11 535.12	10 671.90	6 486.02	7 938.11	6.288 9

续表

年份	京津冀	长三角	珠三角	成渝	全国平均	年均汇率
2014	9 747.28	11 037.45	10 247.45	6 231.34	7 602.63	6.170 5
2013	9 270.71	10 222.30	9 509.85	5 720.87	7 082.70	6.141 3
2012	8 450.21	9 195.58	8 548.60	5 080.43	6 311.45	6.301 4

数据来源：2013—2021 年《中国统计年鉴》、《中国城市统计年鉴》、各省市统计年鉴；城市群人均 GDP 为城市群内所有城市总 GDP 与总人口之商；年均汇率为美元兑人民币历年 12 个月的汇率平均值计算所得。

在城市化的一般规律中，人口会随着城市化程度的加深不断向城市（群）中汇聚。从我国四大城市群十八大以来的历年年末总人口变化情况来看，四大城市群总人口缓慢增加，京津冀城市群人口趋于稳定（见表 5-21）。

表 5-21　2012—2019 年四大城市群年末总人口变化

单位：万人

年份	京津冀	长三角	珠三角	成渝
2019	11 307	22 714	11 521	11 499
2018	11 270	22 536	11 346	11 443
2017	11 247	22 359	11 169	11 377
2016	11 205	22 205	10 999	11 310
2015	11 143	22 074	10 849	11 221
2014	11 053	21 977	10 724	11 131
2013	10 920	21 882	10 644	11 077
2012	10 770	21 765	10 594	11 021

数据来源：2013—2021 年《中国统计年鉴》、《中国城市统计年鉴》、各省市统计年鉴。

四大城市群总人口约占全国总人口的 40%，且该比重还在逐年上升。按照发达国家城市化率平均超过 60%来推算，四大城市群还将集聚 2 000 万以上的常住人口（见表 5-22）。

目前得到公认的三大世界级城市群包括美国的波士华城市群、英国的伦敦城市群和日本的东京城市群，它们经济发达、社会稳定、环境舒适、文化繁荣，是城市群发展的典范，特别在人才管理和空间治理方面，政策完备、保障充分、理念先进，为其他城市群发展提供了样本。

表 5-22　2012—2019 年四大城市群人口占全国人口的比例

单位：%

年份	京津冀	长三角	珠三角	成渝	总计占比
2019	8.08	16.22	8.23	8.21	40.74
2018	8.08	16.15	8.13	8.20	40.56
2017	8.09	16.08	8.03	8.18	40.40
2016	8.10	16.06	7.95	8.18	40.30
2015	8.11	16.06	7.89	8.16	40.22
2014	8.08	16.07	7.84	8.14	40.13
2013	8.03	16.08	7.82	8.14	40.07
2012	7.95	16.07	7.82	8.14	39.99

数据来源：2013—2021 年《中国统计年鉴》、《中国城市统计年鉴》、各省市统计年鉴。

2008—2018 年，三大世界城市群中核心城市的人口规模和人口占全国总人口比例变化如表 5-23 和表 5-24 所示。在几年间，城市群中的核心城市人口规模均有增长，东京为 4.53%，伦敦为 12.67%，波士华城市群人口平均增速为 6.17%。可以看到，伦敦和波士华的高人口增长率与其全球城市的地位有关。城市群中核心城市与本国总人口之比东京为 28.7%，伦敦为 18.8%，波士华仅为 10.3%，充分体现了城市群核心城市以较小的人口规模创造出巨大生产力的区域引擎作用。

表 5-23　2008—2018 年三大世界级城市群核心城市人口

单位：人

年份	东京	伦敦	波士华
2018	36 231 407	12 434 823	33 512 321
2017	36 064 684	12 348 071	33 448 688
2016	35 884 502	12 242 903	33 370 454
2015	35 707 770	12 098 303	33 263 742
2014	35 565 308	11 941 294	33 118 530
2013	35 441 104	11 792 740	32 938 602
2012	35 355 415	11 658 217	32 716 535
2011	35 328 443	11 507 490	32 455 422
2010	35 274 760	11 346 308	32 162 370

续表

年份	东京	伦敦	波士华
2009	34 747 105	11 191 850	31 859 076
2008	34 660 681	11 036 646	31 565 841

数据来源：OECD 数据库；https://stats.oecd.org/Index.aspx?DataSetCode=CITIES。
注：波士华数据为纽约、华盛顿、波士顿三个大城市区（metropolitan areas）数据相加得到。

表 5-24 2014—2018 年三大世界级城市群核心城市人口占全国人口比例

单位：%

年份	东京	伦敦	波士华
2018	28.7	18.8	10.3
2017	28.5	18.8	10.3
2016	28.3	18.8	10.4
2015	28.1	18.7	10.4
2014	28	18.6	10.5

数据来源：OECD 数据库；https://stats.oecd.org/Index.aspx?DataSetCode=CITIES。
注：波士华数据为纽约、华盛顿、波士顿三个城市数据相加得到。

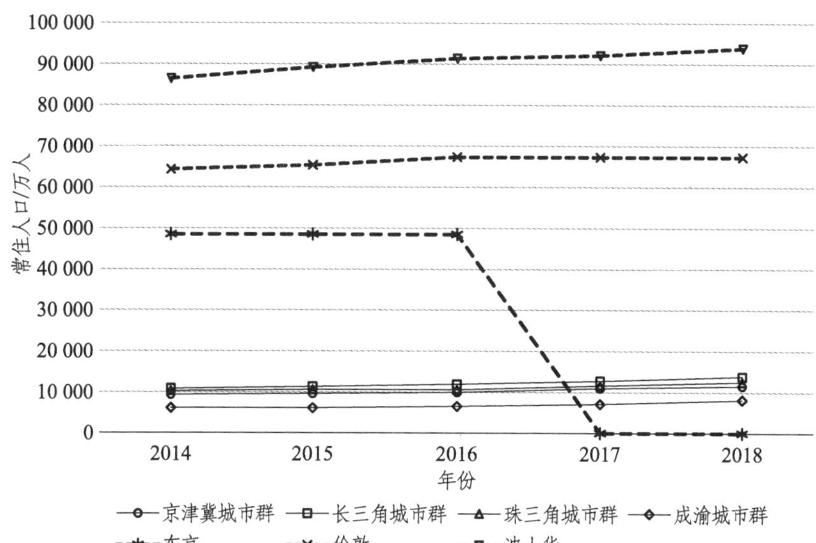

图 5-92 2014—2018 年我国四大城市群与波士华、伦敦、东京城市群常住人口

（数据来源：2013—2021 年《中国统计年鉴》、《中国城市统计年鉴》、各省市统计年鉴；OECD 数据库）

与东京、伦敦、波士华三大世界级城市群相比，我国四大城市群人均 GDP 水平还有相当大的差距。三大世界级城市群人均 GDP 均已超过 5 万美元，最高的波士华城市群在 2018 年已逼近 10 万美元线。相比之下，我国四大城市群中，京津冀、长三角和珠三角城市群人均 GDP 刚突破 1 万美元线，排名第一的长三角城市群也仅在 2019 年突破 1.5 万美元。

表 5-25　2014—2018 年三大世界级城市群人均 GDP

单位：美元

年份	东京	伦敦	波士华
2018	—	68 496	95 196
2017	—	68 041	93 229
2016	48 912	67 507	92 094
2015	48 914	66 026	90 255
2014	48 873	64 873	87 381

数据来源：OECD 数据库；https://stats.oecd.org/Index.aspx?DataSetCode=CITIES。

注：波士华数据为纽约、华盛顿、波士顿三个城市数据算数平均数，基于 2015 年不变价计算。

从绝对数量上来看，我国四大城市群人口总量已超越波士华、伦敦、东京三个世界级城市群。人口最少的京津冀城市群人口总量约为东京城市群的 3 倍，人口最多的长三角城市群人口总量约为东京城市群的 6 倍（见图 5-93）。

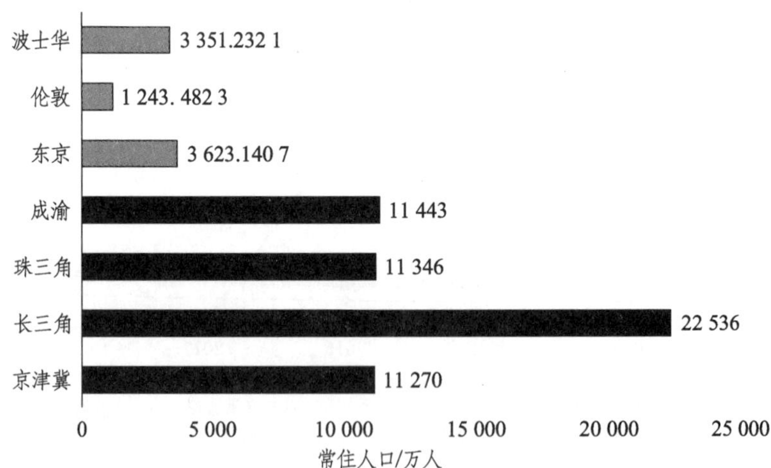

图 5-93　2018 年我国四大城市群与波士华、伦敦、东京城市群常住人口

（数据来源：2013—2021 年《中国统计年鉴》《中国城市统计年鉴》、各省市统计年鉴；OECD 数据库）

然而，从城市群人口占全国人口的比重角度来看，我国四大城市群吸纳的人口，远远低于三大世界级城市群。2018 年，波士华城市群人口占全美人口的 10.3%，东京城市群人口则占日本总人口的 28.7%。相较之下，我国京津冀、珠三角、成渝三个城市群人口占全国人口的比重均在 8%左右。人口最多的长三角城市群，其人口占全国人口的比重为 16.15%，远低于伦敦和东京的水平（见图 5-94）。

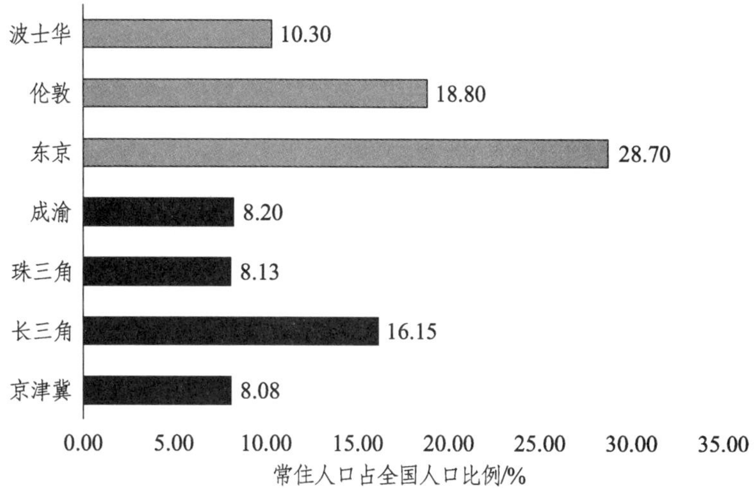

图 5-94　2018 年我国四大城市群与波士华、伦敦、东京城市群常住人口占全国人口比例

（数据来源：2013—2021 年《中国统计年鉴》、《中国城市统计年鉴》、各省市统计年鉴；OECD 数据库）

第五节　图表分析结果小结

1. 科技人才持续向城市群集聚（见本章第一节）

十八大以来，全国科技人才持续向城市群汇集，四大城市群科技人才在常住人口中的占比整体逐年上升。长三角城市群人才总量平稳，城市群内部人才流动强度高。珠三角、成渝城市群人才总量逐年增长。京津冀城市群人才总量相对稳定，城市群内部未表现出人才流动性。

2. 四大城市群均具备较强的整体人才竞争力，但在不同的竞争力维度上各有所长（见本章第二节）

长三角城市群是我国人才竞争力最强的城市群。长三角城市群下辖城市最多，形成了庞大的城市集群效应，有充足的科研经费投入和优质的产业结构，为人才的成长创造了充足的空间。作为我国经济最活跃的地区，长三角城市群有大量优质教育、医疗和公共服务资源，吸引了大量外来人才。长三角城市群的人才竞争力也快速提升，人才集聚速度始终保持在高位，人才流动性强，一定程度上使其保持较高的创新力，但基础研究领域投入不算最强。

珠三角城市群在科研经费投入方面不及长三角和京津冀城市群，但在劳动力素质、劳动力数量维度具有突出优势。大量科技公司集聚在此，增加了相关行业的知识外溢性，提升了对人才的吸引力。珠三角城市群产业结构地区特色鲜明，在劳动力培养方面亦不断加大投入，人才成长空间充足。虽然公共教育和医疗资源等公共服务条件不及长三角城市群，但其相对较低的生活成本还是造就了较高的人才竞争力。

京津冀城市群具备最高的科研经费投入和公共服务资源，但城市群整体的人才竞争力不及长三角、珠三角城市群。各类科研和公共服务资源分配呈现更明显的集中效应，拔尖的高端人才可享受更多的红利，相对抵销了该城市群高昂的生活成本，因而京津冀城市群对于高端人才更具吸引力。

成渝城市群作为发育中的城市群，在科研经费投入、人才数量、人才素质、产业结构等方面，与京津冀、长三角、珠三角三大城市群还有相当差距。但值得注意的是，成渝城市群在城市群吸引力的各个测量维度都表现出较高的成长速度。川渝文化下特有的生活氛围，使得成渝城市群具备较高的宜居度，因此，成渝城市群的人才竞争力正在向三大城市群快速靠近中。

3. 成熟城市群人才竞争力得分接近，且显著高于发育型城市群人才竞争力得分[①]

四大城市群人才竞争力得分分别为：京津冀 648.77，长三角 665.77，珠三角 691.11，成渝 491.69。

4. 城市群核心城市人才竞争力显著高于非核心城市

四大城市群各城市基于人才竞争力可分为三个梯队。第一梯队有：北京、深圳、上海、杭州、广州；第二梯队有：宁波、成都、佛山、东莞、天津、合肥；其他城市为第三梯队。[②]从人才赋能、人才吸引、人才成长、人才容留四个维度看：第一梯队的城市在四个维度发展较均衡；第二梯队的城市在人才赋能和人才成长方面表现较好，在人才吸引和人才容留维度需要加强；第三梯队的

① 基于“城市人才竞争力模型”各项指标首位度计算，得到各城市人才竞争力得分。城市群人才竞争力得分为城市群内所有城市的人才竞争力得分均值。

② 划分依据为“城市人才竞争力模型”（表 5-1）计算得出的人才竞争力得分。

城市表现在四个人才维度中均有一定的短板，尤其在人才赋能和人才吸引维度的不足，对城市人才吸引力负面影响较大。

5. 城市群内部的人才分布与产业分布呈现较强一致性（见本章第三节）

四大城市群核心城市与非核心城市间，呈现明显的产业互补性。人才分布形态与产业分布形态相似，核心城市中第三产业为支柱型产业，第一产业和第二产业比例低，但城市群中的人才大量积聚于核心城市，显示居住偏好和中心城市与非中心城市公共服务的非均等。

6. 与全球知名城市群相比，我国四大城市群还有很大的发展空间（见本章第四节）

我国四大城市群中京津冀、长三角和珠三角城市群 2019 年人均 GDP 刚刚突破 1 万美元，东京、伦敦、波士华三大城市群人均 GDP 在 2016 年即已超过 4.8 万美元，波士华城市群人均 GDP 在 2018 年已突破 9.5 万美元。

我国四大城市群常住人口绝对数量远超三大国际城市群人口之和，但其常住人口占全国总人口的百分比均值（10.14%），远低于三大国际城市群的平均水平（19.27%），城市群的人口集聚力从技术上还需要提高，从趋势上也有可能继续提高，还有大量的工作要做。

第六章

国际城市群人才空间治理

第一节　城市与城市群人才理论

一、人才驱动城市发展

人力资本的分布是经济地理学中的重要话题。新经济地理学从多种角度揭示了人才的流动和集聚对企业区位选择、产业集聚和区域经济发展的促进作用。

1980 年，克鲁格曼（Krugman）发表论文《规模经济、产品差异化和贸易方式》(“Scale Economies, Product Differentiation, and the Pattern of Trade”)，首次把“空间”要素纳入新古典经济学模型，在不完全竞争和报酬递增的假设下，运用严密的数学模型解释经济活动的空间集聚[401]。1991 年，克鲁格曼发表开创性论文《规模报酬与经济地理》(“Increasing Returns and Economic Geography”)，在运输成本和企业规模报酬递增的假设下，提出了“中心-外围”模型（core-periphery model），是为“新经济地理学”的滥觞[402]。

根据该模型，劳动力和企业的迁移行为是集聚形成的关键。企业集聚在某一地区是由于“本地市场效应”和“价格指数效应”(或“生活成本效应”)，即企业会聚集在运输成本较低且当地市场广阔的地区。本地市场效应是指劳动力越集中的地区，对各种工业产品的需求越大，消费市场潜力更大，因此会吸引企业集聚。在不完全竞争和规模报酬递增的假设下，该地区将产出更多工业品[403]。价格指数效应是指由于劳动力集中的地区往往具有较高的企业集聚度，因此，企业的运输成本和贸易成本会更低，劳动者实际工资更高，价格指数更低，这将吸引更多劳动力流入，进而引起消费需求增加，扩大的市场规模会进一步吸引更多企业[404-405]。以上两种效应在循环累积作用下，将进一步吸引企业聚集，从而造成区域之间发展的差异[406]。

除此之外，劳动力聚集的区域经济效应还与异质化劳动力的聚集有关。在规模报酬递增、异质性劳动力和技术的条件下，多样化的劳动力可以增加劳动力与工作岗位的匹配度，从而提高边际生产率[407]。人才聚集产生的知识溢出效应是创新的源泉，有利于推动经济增长，同时，人才密集的城市也会成为吸引力更强的工作地点[408-409]。雅各布斯（J. Jacobs）认为，知识溢出是企业集聚和研究活动在空间上集中的主要力量[410]。她强调城市内人才的多样性及其高水平的互动促进了新产品和新技术的创造和发展。类似地，卢卡斯（Lucas）论述了人力资本的外部性对于城市经济发展的影响。他认为，劳动力之间的近距离交流和互相学习产生的知识溢出可以提高全要素生产率，从而促进城市的经济增长[411]。卢卡斯强调："人力资本积累是一种涉及群体的社会活动。"莫雷蒂（Moretti）利用美国主要城市的数据发现，大学生占劳动力总量比重高的城市，工厂生产率更高。实证研究发现，溢出效应既存在于产业内部，也存在于产业之间[412-414]。

范剑勇利用中国2004年地级城市和副省级城市的数据，发现城市就业密度每提高1个百分点，非农产业的劳动生产率就会提高8.8个百分点，高于欧美国家 5%左右的水平[415]。此外，由异质性劳动力流动引起的集聚效应和收入效应是不同的。

我国学者研究发现科技人才集聚对经济发展的影响途径有所不同，科技人才集聚既可以促进产业结构升级，也可以通过提高生产率推动经济发展。赵伟和李芬发现，高技术劳动力的流动更能引发非农产业的集聚和地区收入的增长[416]。相对于人力资本存量等其他因素，人力资本由初级向高级的演进能够推动技术结构升级和产业结构升级，从而推动经济发展；这一演进也在一定程度上造成了东中西部地区发展差异[417]。张同斌的研究表明，由于人力资本带来的生产率提升能够弥补劳动力数量下的成本优势，我国的"人口红利"将被"人力资本红利"取代，后者将继续推动大中城市发展[418]。有学者利用省级面板数据，检验了科技人才集聚对全要素生产率提高的促进作用，并发现，从事不同研发活动的科技人才集聚对全要素生产率增长的影响也不尽相同：相对于从事基础研究的科技人才，从事应用研究、试验开发研究的科技人才集聚对全要素生产率增长的促进更为明显[419]。

值得注意的是，虽然受教育水平高的劳动力对经济增长贡献更大，但是人力资本不能被简单地视为一种存量，仅仅凭借劳动力数量、受教育水平、技术熟练程度和人力资本的投资等进行衡量。

西方学者提出教育不匹配（education mismatch）的概念，即劳动者接受的教育年限高于或低于从事工作所需的教育年限，并发现当劳动者的工作与教育不匹配程度较高时，受教育水平高的劳动者并不一定有利于经济增长和产业结构升级[420]。杨爽提出，人力资本的适配性也是反映人力资本水平的重要指标；与经济发展需求相适应的人力资本才是高水平的人力资本[421]。在这一思路下，李景睿等的研究指出，珠江三角洲的不同城市应该注意根据城市功能定位和产业需求采取差异化的人力资本政策，因为只有教育水平与经济发展需求相匹配的人力资本才能推动经济发展[422]。

二、人才过度聚集制约城市发展

然而，也有学者认为，人才的聚集也可能会带来“不经济”，即人才聚集后的效应低于各自独立不聚集时产生的效应。1965 年，威廉姆森（Williamson）发现，生产活动的空间集聚在早期可以显著提高经济效率，但集聚的进一步加强会加重拥挤效应，导致集聚成为阻碍经济发展的因素[423]，换言之，人口和产业的空间集聚和城市化水平对经济增长的作用存在一个临界值，超过这一临界值，产业集聚将无益于经济增长。这一点也得到了不少研究的验证：亨德森（Henderson）对 70 个国家的数据进行分析后发现，城市集中对生产率的促进作用存在一个最优水平，这一最优水平因国家规模和发展水平而异，集中度过高或过低都不利于经济增长[424]；布鲁赫特（Brülhart）和斯伯格米（Sbergami）研究了 105 个国家的国内经济活动的空间聚集对国家经济增长的影响，发现只有在达到人均收入 1 000 美元之前的产业集聚才有利于经济增长[425]。

刘修岩的研究表明，当地区经济发展水平达到一定高度后，集聚存在非经济性，即集聚对生产率的促进作用会逐渐减弱最终转变为负[426]。陈心颖根据 2000—2012 年的省级面板数据，发现人口聚集度与劳动生产率提高之间呈“倒U”型关系，即人口聚集度的提高会使劳动生产率先上升后下降，验证了“威廉姆森假说”[427]。邓翔等利用 2003—2016 年我国 282 个城市的面板数据，也验证了这一假说[428]。

为了避免人口过度聚集带来的环境恶化、交通拥堵等“城市病”，在制定人口政策时，需要考虑城市人口承载力（human carrying capacity）。根据联合国教科文组织（UNESCO）和粮农组织（FAO）的定义，城市人口承载力是指在可以预见到的时期内，一个国家或地区利用本地能源、自然资源、智力、技术等条件，在保证符合其社会文化准则的物质生活水平条件下，能持续供养的人口数量。人口承载力是一个动态的概念，会随着经济发展水平、文化、技术水平等变化。在评估城市的人口承载力水平时，应该考虑到稀缺性资源对城市整体承载力的限制性影响，重点关注城市水资源、土地资源、交通资源和环境资源等主要限制性因素[429-430]。目前，我国尚未建立起系统的城市人口承载力评价体系，今后的城市发展规划中应该加强区域和城市规划中对于承载力的考虑，同时因地制宜，对于不同区域和不同城市进行符合当地自然、经济、社会特征的承载力考察与评估。

三、城市吸引人才的途径

围绕“城市如何吸引人才”这一问题，学界开展了广泛的探索和讨论。城市对人才的吸引力受到经济机会、房价、舒适物（amenities）等诸多决定生活质量（quality of life）的因素影响，同时，人与人之间的个体差异也会影响其迁移决定。

生活质量可以理解为“对幸福的总体感觉”，也可以理解为“居住在特定环境下的个体获得的心理和物质上的福利”[431-432]。从心理学角度出发，生活质量来自人们在舒适性、便利性和精神上获得的乐趣和享受；从经济学角度出发，生活质量作为一种消费品，具有稀缺性，其价值可以由人们愿意为之支付的价格来衡量[433]。一个城市的生活质量，影响到劳动者对于城市的选择，进而影响到企业的区位选择[434-435]。此外，城市生活质量还与一个地区的公共服务供给水平有很大关系，基于这一假设，蒂伯特（Tiebout）提出了著名的“用脚投票”理论[436]。蒂伯特认为，个体对于居住地的选择会受到一个地方税收和公共服务供应水平的影响，当个体对于城市的公共服务不满意时，便会“用脚投票”，不断迁移，直到寻找到最佳居住地为止。

早期海外学者的研究指出，城市主要凭借其工资水平、就业机会和其他形式的收入等经济因素来吸引人才，因此，收入差距是导致人口在城市间流动的主要原因[437-438]；同时，城市经济的结构和规模是吸引不同类型移民和决定人口流动规模和构成的重要因素[439]。国内研究也指出，人才的空间分布受到生产力布局的影响，产业集聚进一步又会吸引人才集聚，二者互相补充，互为促进[440-441]。

作为生活成本的重要组成部分，房价对劳动力迁移也具有重要影响。不少研究表明过高的房价会降低劳动力的相对效用，进而抑制劳动力集聚[442-443]；另一方面劳动力的流入也会抬高房价。然而，根据差异补偿框架和享乐定价理论[444-445]，工资和房价等交易型商品会“资本化”（capitalize）一个城市在非交易型商品[446]方面的状况①：一个城市的气候、福利条件等影响生活质量的因素往往能够反映在其工资和房价水平上。研究发现，距离自然舒适物更近的住宅比远离自然舒适物的住宅价格更高[447]。由于房价高低能够反映地区经济机会的多寡、公共服务的质量和整体生活水平的优劣，人们会愿意迁入房价较高的地区[448]。张莉等从拉力和阻力两方面分析了房价对劳动力流动决策的影响[449]。他们指出，房价上涨会对劳动力流动产生先吸引后抑制的倒 U 型驱动。一方面，

---

① 将导致人口流动的因素分为可交易物（traded goods）——如经济机会——和非交易物（non-traded goods）——天气、犯罪率、种族歧视等。

当房价较低时，作为城市特征信号的房价提高了劳动力对未来收入的预期，因此房价的拉力作用强于阻力，吸引劳动力流入；另一方面，房价过高会提高居住成本，压缩可支配收入，阻碍劳动力流入。此外，异质性劳动力对于房价的反应有所不同：由于高技能劳动力购房倾向更强，低技能劳动力租房倾向更强，因此高技能劳动力对房价更为敏感。但张平和张鹏鹏得出的结论正相反，他们指出，较高的房价会使普通劳动力从城市流出，但促进技术人才向城市聚集，由此实现城市劳动力供给结构和产业结构的优化[450]。

20 世纪 50 年代以来，越来越多学者认为，人口跨区域流动的主导因素正逐步由经济性因素转变为舒适物（amenities，又译作便利性或福利性），即各种可以让人感到舒适、满意、快乐的事物[451]。舒适物可以分为以下几类：自然舒适物、公共产品舒适物、消费舒适物和社会舒适物。自然舒适物包括气候、风景等；公共产品舒适物包括交通、通信设施，电力、自来水、管道煤气等基础设施，教育机构，医疗机构以及各类文化与体育设施与服务等；消费舒适物则包括餐厅、咖啡屋、酒吧、电影院等娱乐消费场所与服务；社会舒适物包括城市包容度与多元度、犯罪率和文化习俗等[452-453]。

具体而言，在自然舒适物方面，宜人的气候特征、优美可及的自然环境和地区的文化活力正逐渐成为吸引人才的主要因素[454-455]。乌尔曼（Ullman）通过观察佛罗里达、亚利桑那和加利福尼亚的人口增长，发现气候条件对于地区人口增长的影响，指出舒适物正在替代经济因素成为人口流动的主导原因[456]。之后的研究者也发现城市的气候条件对人口具有重要的吸引力[457-458]。在公共物品舒适物方面，研究表明，高技能人才往往会流向科技水平高、环境宜居、科研经费充足、待遇优厚的区域[459]。在消费舒适物方面，洛伊德（Lloyd）和克拉克（Clark）认为，娱乐设施是现代城市的关键组成部分，并将以生活方式为导向的城市称为“娱乐机器”（entertainment machine）[460]。在社会舒适物方面，低犯罪率、社会开放性和包容性等因素也会影响人口流动决策。佛罗里达（Florida）的研究发现，高技术产业的区域集中度与城市人口的多样性之间存在正相关关系，如外国出生人口比重大的城市，高技术产业集中度高[461]。

从微观层面讲，劳动力的年龄、性别、收入、教育水平和家庭背景等人口学特点也会对其流动决策产生重要影响[462]。从人力资本理论的角度看，作为人力资本投资的重要方式，流动行为是个人或家庭改善其生活状况的一种手段。当流动的预期收益超出流动成本时，流动行为就会发生。从年龄结构看，年轻人对人力资本投资倾向更高，因此具有更强的流动性[463]。与此同时，退休后的老年人会带来以生活便利为导向（amenities-led）的人口迁移的增加[464]。家庭结构也会影响人才流动。在我国，自 20 世纪 90 年代以来，人口流动模式逐渐从个体化流动转变为家庭化流动[465-467]。这一转变过程中，家庭化人口流动呈现出规模扩大化、结构核心化和转化多元化的特征，即流动人口的家庭规模不断扩大，流动人口家庭结构以夫妻和子女或未婚子女和父母一起流动为主，三代主干家庭在流入地得以维系，流动人口家庭呈现出分裂而又聚合的多元化态势[468]。相比工作机会和经济收入，家庭化的人口流动更加注重家庭成员的发展和福利，因此公共服务资源成为影响人口流动的重要因素[469-470]。

针对我国人才流动的分析发现，影响我国区域人才聚集的五种因素包括：保障体系、管理体系、人才载体、智力需求和政策制度。根据不同因素的影响程度，人才聚集可以分成三类：主流型驱动模式（以保障体系和管理体系为主要影响因素）、中间型驱动模式（以人才载体为主要影响因素）和弱势型驱动模式（以智力需求和政策制度为主要影响因素）[471]。按照市场机制是否成熟和政府干预的强弱，人才集聚的模式又可以分为三种：市场主导型、政府扶持型和计划型[472]。

孙晓芳利用我国 1997—2000 年人口与生产空间分布数据，发现人口集中度与生产集中度并不一致[473]，这是由于异质性劳动力的流动决策受非经济因素的影响越来越大，换言之，收入不再是劳动力流动的主导因素，这会导致异质性劳动力的分散流动。长期来看，这一趋势会弱化空间集聚，有利于区域均衡发展。影响我国人口流动的非经济因素包括公共服务提供水平等公共产品舒适物、政府干预程度、人才保障体系、管理体系和地区需求等。

众多研究表明，地方政府在文教、卫生事业和社会保障方面的支出，对人口迁移有正面影响[474-475]。利用 2016 年中国家庭追踪调查数据（CFPS），研究者发现地区公共服务水平是影响劳动力流动决策的重要因素：基础教育和医疗服务水平高的城市更受劳动者青睐；此外，受教育水平高的劳动者更看重城市的基础教育和医疗服务质量[476]。汪利锬的研究证实了在迁移成本很小的假设下，我国居民会通过“用脚投票”的方式，迁移到公共服务资源更优的地区，同时，居民对地方公共服务供给的参与程度是影响其迁移选择的一个主要变量[477]。中国社会保障制度的区域分割也是影响人口跨区域流动的重要因素[478]。

第二节　人才生活、养老、医疗保障制度体系研究

有效的人才政策涵盖人才的生活、养老、医疗、子女教育等各个领域的内容。本章主要梳理了十八大以来国家层面和地方层面与人才相关的文件、政策，

重点关注养老、医保等社会保障政策问题。在地方人才政策保障方面，对粤港澳大湾区、宁波杭州湾新区、苏州等地的人才政策保障实践进行探讨分析，在此基础上提出相应的政策建议。

一、国家与地方层面的人才保障政策分析

人才的需求是多方面的，除了在职业上的晋升发展、工资薪酬之外，人才所面临的生活环境、养老、医疗、子女教育等福利保障政策也极大影响到人才的工作积极性和对所在地的归属感。人才软环境是一个复杂的系统，经济市场环境、生活条件环境、人文环境、人才政策环境、行政管理环境等子系统共同作用于人才吸引力，缺一不可。优化人才软环境需要从每个构成人才软环境系统结构的环境入手，全面提高，才能共同促进人才软环境的改善。[479]

我国在国家和地方层面各自出台了众多的人才保障政策，梳理这些政策有助于更好地了解人才政策在社会保障方面的关注重点和不足。表 6-1 归纳了国家层面的人才社会保障相关的政策。从 2010 年开始，《国家中长期人才发展规划纲要（2010—2020 年）》就对未来十年的人才发展做出了一系列的规定。其中，在人才激励保障机制、实施更开放的人才政策等方面做出了详细的要求：完善分配、激励、保障制度，建立健全与工作业绩紧密联系、充分体现人才价值、有利于激发人才活力和维护人才合法权益的激励保障机制，完善各类人才薪酬制度，加强对收入分配的宏观管理，逐步建立秩序规范、激发活力、注重公平、监管有力的工资制度。坚持精神激励和物质奖励相结合，健全以政府奖励为导向、用人单位和社会力量奖励为主体的人才奖励体系。完善以养老保险和医疗保险为重点的社会保障制度，形成国家、社会和单位相结合的人才保障体系。[480]

（一）国家层面人才社会保障政策

2016 年，中共中央印发的《关于深化人才发展体制机制改革的意见》中指出，必须深化人才发展体制机制改革，加快建设人才强国，最大限度激发人才创新创造创业活力，使人才管理体制更加科学高效，人才评价、流动、激励机制更加完善，全社会识才爱才敬才用才氛围更加浓厚，形成与社会主义市场经济体制相适应、人人皆可成才、人人尽展其才的政策法律体系和社会环境[481]（见表 6-1）。

表 6-1　国家层面人才社会保障相关政策

时间	文件	相关内容
2010 年	《国家中长期人才发展规划纲要（2010—2020 年）》	**人才激励保障机制** 健全国有企业人才激励机制，逐步提高企业退休人员基本养老金，建立完善事业单位岗位绩效工资制度，探索高层次人才、高技能人才协议工资制和项目工资制等多种分配形式 **实施更加开放的人才政策** 大力吸引海外人才回国创新创业，制定完善出入境和长期居留、税收、保险、住房、子女入学、配偶安置，担任领导职务、承担重大科技项目、参与国家标准制定、参加院士评选和政府奖励等方面的特殊政策措施
2016 年	中共中央印发《关于深化人才发展体制机制改革的意见》	**构建具有国际竞争力的引才用才机制** 健全工作和服务平台，研究制定外籍科学家领衔国家科技项目办法，完善引才配套政策，解决引进人才任职、社会保障、户籍、子女教育等问题。对外国人才来华签证、居留，放宽条件、简化程序、落实相关待遇。整合人才引进管理服务资源，优化机构与职能配置
2019 年	中共中央办公厅、国务院办公厅印发《关于促进劳动力和人才社会性流动体制机制改革的意见》	**畅通有序流动渠道，激发社会性流动活力** 以户籍制度和公共服务牵引区域流动。全面取消城区常住人口 300 万以下的城市落户限制，全面放宽城区常住人口 300 万至 500 万的大城市落户条件。推进基本公共服务均等化，常住人口享有与户籍人口同等的教育、就业创业、社会保险、医疗卫生、住房保障等基本公共服务
2021 年 2 月	中共中央办公厅、国务院办公厅印发《关于加快推进乡村人才振兴的意见》	**保障政策** 加强组织领导。各级党委要将乡村人才振兴作为实施乡村振兴战略的重要任务 强化政策保障。加强乡村人才振兴投入保障，支持涉农企业加大乡村人力资本开发投入 搭建乡村引才聚才平台。加强人才驿站、人才服务站、专家服务基地、青年之家、妇女之家等人才服务平台建设，为乡村人才提供政策咨询、职称申报、项目申报、融资对接等服务 制定乡村人才专项规划。制定乡村人才振兴规划，推动“三农”工作人才队伍建设制度化、规范化、常态化 营造良好环境。完善扶持乡村产业发展的政策体系，建好农村基础设施和公共服务设施，改善农村发展条件，吸引城乡人才留在农村

资料来源：作者根据相关文件整理而成。

2019年，中共中央办公厅、国务院办公厅印发《关于促进劳动力和人才社会性流动体制机制改革的意见》，提出推动区域协调发展促进流动均衡，推进创新创业创造激发流动动力，以户籍制度和公共服务牵引区域流动，以用人制度改革促进单位流动，以档案服务改革畅通职业转换，完善评价激励机制，拓展社会性流动空间[482]。

2021年，中共中央办公厅、国务院办公厅印发《关于加快推进乡村人才振兴的意见》，要求建立各类人才定期服务乡村制度。建立城市医生、教师、科技、文化等人才定期服务乡村制度，支持和鼓励符合条件的事业单位科研人员按照国家有关规定到乡村和涉农企业创新创业，充分保障其在职称评审、工资福利、社会保障等方面的权益[483]。

（二）地方层面人才社会保障政策

创新是引领发展的第一动力，创新驱动实质上是人才驱动，人才是我国实施创新驱动发展战略、建设创新型国家的一支重要力量。大城市的发展经验表明，一个城市要想有效吸引人才、留住人才，应该将提供就业机会、提升生活质量和完善公共服务供给作为首要任务[484]。在“人才争夺战”中，多数地方政府以解决人才的落户问题作为吸引人才的主要举措，缺乏对教育、医疗、住房、养老等其他配套福利政策的关照，后续措施跟不上，配套不健全，很容易导致引进的人才外流[485]。因此要在社会保障、公共服务、法治环境、行政管理等方面做好配套工作，切实补好各类短板，让城市更有温度、更具有吸引力，尽可能减少各类人才的后顾之忧。建立健全多层次的社会保障制度，是构筑市场经济体制的重要环节，是社会政治经济发展的重要组成部分，也是人事制度改革的重要内容。建立流动人才养老保险制度、搞好社会保险制度改革有其必要性、必然性和可行性[486]（见表6-2）。

表6-2　人才服务保障配套措施

城市	配偶随迁/就业	子女就学	医疗服务	个税返还/奖励
深圳	落户“秒批”新政策从大学毕业生拓展到在职人才引进、留学回国人员引进、博士后	1. 设立人才子女入学积分项目 2. 为高层次人才子女入学提供便利 3. 推进中小学国际合作办学和国际学校建设	1. 享有高层次人才医疗保健待遇 2. 为外籍人才医疗提供便利	1. 深圳市人才伯乐奖申领 2. 产业发展与创新人才奖 3. 高层次人才奖励补贴 4. 对符合条件的在深圳工作的境外（含港澳台及国外）高端和紧缺人才税收返还

续表

城市	配偶随迁/就业	子女就学	医疗服务	个税返还/奖励
广州	持有广东省人才优粤卡的住所或工作地在广州市的人员，其本人及配偶、未成年子女可按规定办理入户	有A证、B证的高层次人才的子女入学待遇： 1. 高层次人才非本市户籍子女享受本市户籍学生同等待遇 2. 外地读高中的高层次人才子女转学，安排在其父、母或监护人居住地所属区辖内市一级以上学校就读 3. 高层次人才子女报考高中学校，可适当照顾	持有A证、B证（管理期内）高层次人才体检和医疗保健服务待遇： 1. 年度休假体检可选指定医院休假体检 2. 医疗保健服务待遇，纳入广州市干部保健对象范围	对在大湾区工作的境外高端人才和紧缺人才符合相关条件可以给予免征个人所得税的财政补贴
杭州	对中国国籍的A、B、C类人才，其本人在市区落户不受限制 对D、E类人才年龄办理至65周岁，配偶、未成年子女随迁允许落户单位集体户	对高层次人才的中国籍子女，要求入（转）幼儿园和义务教育阶段学校或要求转入或报考我市高中，享受本市居民子女同等待遇/资格。妥善安排A、B、C类人才子女在市区就读	A类人才参照享受杭州市一级医疗保健待遇 B、C类人才参照享受杭州市二级医疗保健待遇	—

续表

城市	配偶随迁/就业	子女就学	医疗服务	个税返还/奖励
苏州	在苏有合法稳定住所的，配偶可以在本人落户时随迁至合法稳定住所	1. 学前、义务教育阶段子女入（转）学安排 A、B类子女安排到市直属或县级市、区定点学校就读。C类子女安排在地段公办学校就读。D类子女安排在地段公办学校就读 2. 高中教育阶段高层次人才子女参加本市中考，录取时不受户籍限制	A类：优先预约医疗专家门诊，每人每年2 000元体检套餐 B类:优先预约医疗专家门诊，每人每年1 500元体检套餐 C类:协助预约医疗专家门诊，每人每年约1 000元体检套餐	持有“江苏省海外高层次人才居住证”主证的人才可申报个人所得税奖励

资料来源：根据深圳市《关于促进人才优先发展的若干措施》、厦门大学中国营商环境研究中心《各地高层次人才政策》、澎湃新闻等绘制。

（三）老年人才能力再发挥的相关政策和研究

随着人均寿命和文化水平的提高，越来越多的老年人成为潜力巨大的人才群体。老年人才能力再发挥对于老年群体自我价值实现、社会价值满足和整体社会和谐具有重要意义。

我国一直高度重视老年人才能力的再发挥，充分利用老年人才的聪明才智，实现老年人才的社会价值。当前已经有相关的政策对老年人的能力再发挥进行规定。《中华人民共和国老年人权益保障法》第七章“参与社会发展”第六十六条指出：“国家和社会应当重视、珍惜老年人的知识、技能、经验和优良品德，发挥老年人的专长和作用，保障老年人参与经济、政治、文化和社会生活。”[487]2017年国务院印发《“十三五”国家老龄事业发展和养老体系建设规划》，其第八章“丰富老年人精神文化生活”第一节为“发展老年教育”，指出“扩大老年教育资源供给，拓展老年教育发展路径，加强老年教育支持服务”，其第九章为“扩大老年人社会参与”，第二节为“加强老年人力资源开发”，指出“将老年人才开发利用纳入各级人才队伍建设总体规划”。[488]

尽管老年人能力再发挥方面有诸多的政策支持和保障，现实中仍然存在限制因素。老年人才的能力再发挥受到很多因素的制约和限制，为保障老年人才的能力再发挥，需要在以下方面着力。

首先，为老年人才能力再发挥构建合适的平台保障。“优化涉老工程，为老年人办学、办班、创办经济实体等展开政策优惠；建立老年人才资源信息库，按专业进行分类，建档立卡，建立老年人才库；完善用人和薪酬保障制度，提升老年人才的工作积极性。”[489]

其次，发挥政府在老年人才能力再发挥中的作用，主要可以通过以下方面展开，政府要“广泛宣传，营造良好的支持老年人才工作的社会环境；制定老年人才开发的相关支持政策；支持有技术能力的老年人才开展讲学、翻译、科普、专家门诊等相关活动；强化老年人才的继续教育与再培训工作，丰富老年教育，完善老年人才知识结构”。[490]

最后，强化企事业单位的用人意识。由于老年人处于退休之后的状态，在身体机能方面不如年轻劳动力强壮和稳定，老年薪酬和工作岗位的安排也较为随意。为发挥老年人才的作用，需要企事业单位强化对老年人才的重视，积极把老年人才的重视和尊重落实到用人管理上来。“清晰界定再就业退休人员管理制度，为其购买商业保险等提供相关保障，搭建老年人志愿服务、人力资源开发和多层次学习等平台。”[491]

二、典型案例

（一）粤港澳大湾区的人才社会保障政策

优质的人才服务是加速人才集聚的重要因素之一。“一站式”人才公共服务平台要以规则明确、标准透明、操作简便为目标，突出有效服务，坚持需求导向、满意导向，问需于人才，问计于人才，让人才有获得感、尊荣感。通过完善人才服务保障政策体系、探索市场服务模式、推进人才服务标准化、建立统一的服务清单和服务指南，突出关键小事，从人才最关心的事情、最需要的地方入手，让人才轻装上阵。

1. 粤港澳大湾区人才战略

粤港澳大湾区包括香港特别行政区、澳门特别行政区和广东省广州市、深圳市、珠海市、佛山市、惠州市、东莞市、中山市、江门市、肇庆市，总面积

5.6万平方千米，2017年年末总人口约7 000万人，是我国开放程度最高、经济活力最强的区域之一，在国家发展大局中具有重要战略地位[492]。

习近平总书记在2019年新年贺词中指出："一个流动的中国，充满了繁荣发展的活力。"人力资源是经济社会发展的第一资源，人力资源流动配置是激发人才创新创业创造活力的重要保障，是深化人才发展体制机制改革的重要任务，是实施人才强国战略和就业优先战略的重要内容[493]。

《粤港澳大湾区发展规划纲要》对大湾区的空间布局、建设国际科技创新中心、加快基础设施互联互通、构建具有国际竞争力的现代产业体系、建设宜居宜业宜游的优质生活圈、提升市场一体化水平、携手扩大对外开放、共建粤港澳合作发展平台等均有明确的阐述，当中不乏人才交流合作的举措。

社会保障政策的协调可以推动大湾区人才高地的建设和促进多元文化融合，构建优质的湾区生活圈，并促进社会有效运转。推进建设粤港澳大湾区，有利于深化内地和港澳交流合作，对港澳参与国家发展战略，提升竞争力，保持长期繁荣稳定具有重要意义[494]。

2. 粤港澳人才社会保障实践

2017年3月李克强总理在政府工作报告中正式提出"粤港澳大湾区城市群发展规划"。这一规划的提出表明了粤港澳大湾区的建设正式被纳入顶层设计，上升到国家战略层面[495]。同年7月，国家发展改革委与粤港澳三地签署的《深化粤港澳合作　推进大湾区建设框架协议》中，明确粤港澳三地建立互利共赢的合作关系，并指出城市群合作目标是将大湾区建设成为更具活力的经济区、宜居宜业宜游的优质生活圈和内地与港澳深度合作的示范区，携手打造国际一流湾区和世界级城市群。[496] 2019年2月18日，党中央、国务院正式发布《粤港澳大湾区发展规划纲要》，在社会层面对粤港澳大湾区的建设提出了新的要求："探索推进在广东工作和生活的港澳居民在教育、医疗、养老、住房、交通、民生方面享有与内地居民同等的待遇。"[497]

社会保障是政策性强、涉及面广的系统工程，也是解决民生问题的堡垒和后盾。国家在构建粤港澳大湾区的过程中，既有解决在广东工作和生活的港澳居民的民生问题的意愿，又有三地深化合作的决心。那么，推动并实现三地社会保障的协调，就是其建设的重要任务[498]（见表6-3）。

表 6-3 国家对粤港澳社会保障的政策支持

时间	文件	内容
2015 年 5 月	《推动共建丝绸之路经济带和 21 世纪海上丝绸之路的愿景与行动》	提出“粤港澳大湾区”的概念
2017 年 3 月	《政府工作报告》	正式提出“粤港澳大湾区城市群发展规划”
2017 年 7 月	《深化粤港澳合作 推进大湾区建设框架协议》在香港签署，国家主席习近平出席签署仪式	共建宜居宜业宜游的优质生活圈。以改善民生为重点，提高社会管理和公共服务能力和水平，增加优质公共服务和生产生活产品供给等
2019 年	《粤港澳大湾区发展规划纲要》	提出了要推进大湾区社会保障合作，加强跨境公共服务和社会保障的衔接，探索澳门社会保险在大湾区内跨境使用，提高香港长者社会保障措施的可携性等

资料来源：作者根据政府网站相关政策整理。

（1）打造教育和人才高地。

根据中共中央、国务院印发的《粤港澳大湾区发展规划纲要》，粤港澳大湾区在人才建设方面十分重视，其第八章第一节围绕“打造教育和人才高地”做出了详细说明。支持粤港澳高校合作办学，鼓励联合共建优势学科、实验室和研究中心。充分发挥粤港澳高校联盟的作用，鼓励三地高校探索开展相互承认特定课程学分、实施更灵活的交换生安排、科研成果分享转化等方面的合作交流。支持珠三角九市借鉴港澳吸引国际高端人才的经验和做法，创造更具吸引力的引进人才环境，实行更积极、更开放、更有效的人才引进政策，加快建设粤港澳人才合作示范区。在技术移民等方面先行先试，开展外籍创新人才创办科技型企业享受国民待遇试点[499]。

在促进人才保障方面，积极探索推进在广东工作和生活的港澳居民在教育、医疗、养老、住房、交通等民生方面享有与内地居民同等的待遇；研究建立粤港澳跨境社会救助信息系统，开展社会福利和慈善事业合作。

（2）完善人才公共服务保障体系。

广东省人力资源和社会保障厅不断健全人才公共服务体系，完善全省高层次人才服务保障机制。主要采取的做法包括：

第一，落实高层次人才“一站式”服务。已设立“广东省高层次人才服务专区”，根据《广东省引进高层次人才“一站式”服务实施方案（修订版）》（粤人社发〔2019〕56号），为包括港澳台及外籍人才等符合条件的15类高层次人才提供停居留和出入境、落户、子女入学、安居保障、医疗服务等32项“一站式”服务。

第二，实施“人才优粤卡”制度。大力推进《广东省人才优粤卡实施办法（试行）》（粤府〔2018〕96号）落地实施，本办法面向全省范围实施，覆盖了广东21个地级市，服务对象已涵盖大湾区人才。持卡人可在户籍办理、安居保障、子女入学、社会保险、医疗服务、停居留和出入境、工商登记、金融服务、交通服务、就业服务等方面享受“一卡通”便利服务，享受与当地居民同等待遇。[500]

第三，支持为高层次人才建立企业年金。广东省人社厅2019年12月20日发布《关于进一步完善我省港澳台居民养老保险措施的意见》，其中第五条是关于高层次人才建立企业年金的。鼓励和支持用人单位为包括高层次人才在内的职工建立企业年金。在国家政策规定范围内，用人单位与职工一方可以在企业年金方案中约定向高层次人才倾斜的条款。第六条是关于港澳台籍高层次人才购买商业养老保险的。规定港澳居民和台湾居民中按照《广东省人才优粤卡实施办法》持有优粤卡A卡或B卡的人员，以及入选省重大人才工程的人员，如未曾在内地参加职工基本养老保险的，允许用人单位使用财政资金为其购买任期内商业养老保险，以进一步提高港澳台籍高层次人才的养老待遇水平[501]。

（3）打破地区壁垒促进社保政策衔接。

为推进粤港澳大湾区建设，促进人力资源要素自由流动，广东省人力资源和社会保障厅就港澳居民在粤参保、粤港澳三地社保衔接安排等问题积极开展调查研究，加强与省市有关部门、港澳有关主管部门的沟通，并多次向人社部请示汇报，积极反映有关建议。

一是人社部于2018年10月25日发布《香港澳门台湾居民在内地（大陆）参加社会保险暂行办法（征求意见稿）》，拟规定在内地（大陆）就业的港澳台人员应当参加五项基本社会保险，对在内地（大陆）居住的未就业港澳台居民，可以参加城乡居民基本养老保险和城镇居民基本医疗保险，适用险种的范围与享受待遇的条件和办法、办理社会保险的各项业务流程与内地（大陆）居民保持一致；香港、澳门、台湾参加当地相关社会保险，并继续保留社会保险关系的港澳台居民，可持相关授权机构出具的证明，不在内地（大陆）参加养老保险和失业保险。二是推动人社部与省政府在穗签署《深化人力资源和社会保障

合作 推进粤港澳大湾区建设战略合作协议》，将“探索社会保险跨境衔接安排”纳入协议内容。三是起草《关于进一步完善我省港澳居民养老保险措施的意见》，对港澳人员在粤参加养老保险待遇领取地和继续缴费地确定、一次性缴费、补缴年限、参加机关事业单位养老保险、建立企业年金等问题进行明确，该文稿正在履行报批程序，争取近期出台实施。四是加强与粤港澳大湾区相关机构沟通，积极推进三地社会保险规则对接、关系衔接、信息共享、服务配套，提升大湾区社会保险公共服务水平[502]。

（二）宁波杭州湾新区的人才保障政策

宁波杭州湾新区位于浙江省宁波市北部，宁波杭州湾跨海大桥南岸，居于上海、宁波、杭州、苏州等大都市的几何中心，是宁波接轨大上海、融入长三角的门户地区。2010 年 2 月 23 日，在整合原慈溪出口加工区管委会和经济开发区管委会基础上，宁波杭州湾新区开发建设管理委员会正式挂牌成立，开启了新区发展新的历史进程[503]。

1. 宁波杭州湾新区人才政策体系

根据宁波杭州湾新区管委会网站的人才政策介绍，主要的人才政策包括：（1）高层次人才引培政策；（2）青年人才（高校毕业生）政策；（3）人才安居保障政策；（4）就业（创业）政策；（5）技能提升政策；（6）疫情期间企业员工返岗用工政策；等等[504]（见图 6-1）。

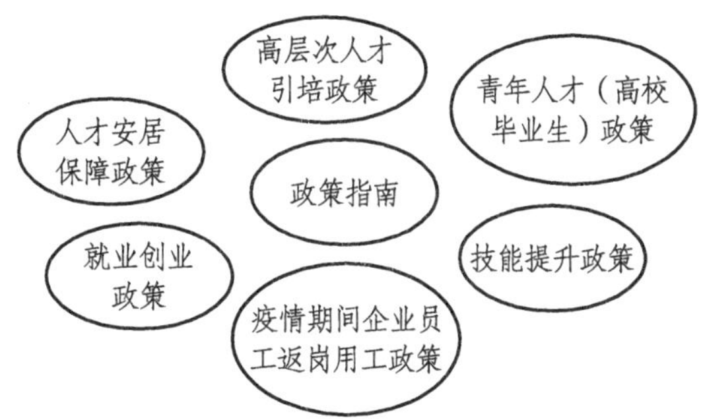

图 6-1　宁波杭州湾新区人才政策

（图片来源：宁波杭州湾新区管委会网站，人才开发，
http://www.hzw.gov.cn/col/col1 229137241/index.html）

高层次人才政策方面，包括国家海外引才计划、浙江省海外引才计划、宁波市“3315”计划、宁波市“3315 资本引才计划”、宁波市“泛 3315 计划”、国家百千万人才培养工程、国务院政府特殊津贴、省领军型创新创业团队、浙江

省151人才培养工程、浙江省突出贡献专家、宁波市领军和拔尖人才培养工程、宁波市突出贡献专家、宁波市企业引才补助申领、宁波市本土人才培养升级奖励、宁波市“海外工程师”年薪资助、宁波市高层次人才分类认定等内容，给予顶尖人才和符合相关标准的人才相应的资助和奖励，为其提供经济激励。除此之外，对于人才发展，提供新区企业在职人员攻读研究生学费补贴，高层次人才体检、春节慰问，重点高层次人才子女入学申请认定等服务[505]。

（二）宁波杭州湾新区人才安居保障政策

宁波杭州湾新区为使人才长久安居和扎根生活，出台了人才安居保障政策。主要内容包括以下方面[506]：

1. 高层次人才安居保障

第一，安家补助：范围为自2018年10月11日起，新区所属机关、企事业单位、社会团体和民办非企业单位，从宁波市外全职新引进的列入宁波市人才分类目录（2018）的各类高层次人才。补贴标准：顶尖人才最高800万元；特优人才、领军人才、拔尖人才、高级人才，分别给予100万元、80万元、50万元、15万元的安家补助。其中，高级人才的补助，宁波市财政承担10万元，新区财政承担5万元。

第二，购房补贴：范围为2015年8月12日至2018年10月10日（以社保缴纳为准）新区企事业单位从宁波市外全职新引进的高级人才。自2015年8月12日起3年内（或引进后3年内），在宁波大市范围以家庭为单位购买家庭唯一住房的，给予15万元购房补贴。

自2018年10月11日起，对从宁波市外全职新引进新区的特优人才、领军人才、拔尖人才、高级人才，自引进之日起3年内在宁波大市范围内首次购买家庭唯一住房的，分别给予购房总额（以契税发票不含税的计税金额为准）20%，最高60万元、40万元、25万元、20万元的购房补贴。

2. 创客人才和基础人才在甬首次购房补贴

自2015年8月12起，毕业十年内、取得全日制普通高校毕业证书（包括取得高级职业资格证书的高级技工学校和技师学院毕业生），且申报时在甬就业创业的创客人才、基础人才，在宁波大市范围内首次购买家庭唯一住房的，可享受购房总额（以契税发票不含税的计税金额为准）2%的购房补贴，最高不超过8万元。

3. 新区人才公寓

新区安排人才公寓专项资金，对符合人才公寓购买条件的各类人才，购买人才公寓指定房源的，给予 15 万元 ~ 80 万元的人才公寓购房补助。

2020 年，宁波杭州湾新区出台了人才政策的新规定，《宁波杭州湾新区关于集聚四海英才打造人才发展“五个湾区”的实施意见》对吸引和集聚人才，提出了人才发展“五个湾区”的政策（见表 6-4）。

表 6-4　宁波杭州湾新区“五个湾区”政策

政策	内容
1. 打造“智创湾区”，激发创业创新动能	加大高端人才引育支持、加大“领航计划”升级支持、加大海外专家引用支持、加大人才“柔性引进”支持、加大社会化引才支持
2. 打造“活力湾区”，优化创业创新生态	推进沪甬人才合作示范区建设、推进科创平台建设、推进企业育才载体建设、推进人力资源产业园建设
3. 打造“青春湾区”，广聚青年才俊人气	鼓励青年人才乐业乐学乐居、鼓励青年人才自主创业、鼓励高校学生实习实训
4. 打造“工匠湾区”，壮大技能人才队伍	加强高技能人才引培、加强工匠培养基地建设、加强职业技能培训
5. 打造“幸福湾区”，增强人才居留归属	强化人才分类认证、强化人才便捷落户、强化人才住房保障、强化“人才子女就学、家属就业、本人就医”服务、强化人才政治关爱

资料来源：宁波前湾新区管理委员会. 宁波杭州湾新区关于集聚四海英才打造人才发展“五个湾区”的实施意见[EB/OL].[2021-03-21]. http://www.hzw.gov.cn/art/2020/12/28/art_1229023398_1628679.html.

（三）苏州高层次人才保障政策

苏州一直以来出台多种政策吸引高层次人才加入，如发布《关于进一步推进人才优先发展的若干措施》。苏州实施更具竞争优势的人才培养与引进政策，包括顶尖人才“引领工程”、领军人才“集聚工程”、紧缺人才“倍增工程”、国际化人才“汇智工程”、企业家人才“提升工程”、高技能人才“支撑工程”、青年人才“储备工程”等一系列人才行动，辅之以相应的人才使用与管理机制，包括人才分类评价、市场化的人才认定机制、人才举荐制、职称制度改革、创新人才引进机制等[507]。

1. 苏州市高层次人才政策

表 6-5 梳理了相关的苏州高层次人才政策，囊括了人才“一人一策”、引才用才激励办法、社会化引才奖励办法、高层次人才举荐办法、人才乐居工程、创新创业领军人才计划、知识产权人才计划、“海鸥计划”柔性引进海外人才智力的实施办法等，对高层次人才相关的各类领域都有不同规定。

表 6-5　苏州高层次人才政策

政策名称	要点
《苏州市引进顶尖人才（团队）“一人一策”实施办法（试行）》	顶尖人才最高 500 万元购房贴，最高 100 万元贡献奖励。核心成员最高 250 万元购房贴，最高 100 万元贡献奖励。青年骨干直接入选姑苏重点产业紧缺人才，给予最高 12 万元薪酬补贴
《苏州市企事业单位引才用才激励办法》	旨在支持苏州大市范围内注册登记、具有独立法人资格的各类企事业单位，为满足自身发展需要，大力引进急需紧缺的高层次人才（团队）
《苏州市社会化引才奖励办法》	与苏州正式合作的各类机构，经认定的高层次人才以及其他对苏州招才引智有突出贡献的个人
《苏州市高层次人才举荐办法》	举荐专家要求公道正派，身处新兴产业领域多年，在业内具有较高声望；紧跟世界科技革命和产业变革趋势，熟悉苏州经济社会发展现状，在领军企业、高校科研机构、新型研发机构、金融投资机构等工作的领军人才
《苏州市人才乐居工程实施意见》	以乐居购房贴、乐居优购房、乐居优租房、乐居租房贴、乐居直通车、乐居助力贷等方式全面吸引和留住优秀人才在苏创新创业
姑苏创新创业领军人才计划	围绕建设苏南国家自主创新示范区核心区和具有全球影响力的产业科技创新高地目标，大力引进、集聚带项目、带技术、带资金的高层次人才（团队）来苏州创新创业，切实提升区域科技人才综合竞争力
姑苏高技能人才计划	健全完善高技能人才引进、培养、评价和激励机制，充分发挥企业在人才开发中的主体作用，重点引进一批具有引领性的高技能领军人才，打造一批具有苏州特色的高技能人才标志性平台，培养造就一支数量充足、梯次合理、技艺精湛的高技能人才队伍
姑苏知识产权人才计划	姑苏知识产权人才按领军人才、重点人才、青年拔尖人才等不同层次引进。计划 5 年内共引进各类人才 100 名

续表

政策名称	要点
《关于深入实施“海鸥计划”柔性引进海外人才智力的实施办法》	“海鸥计划”是指通过打破国籍、地域、身份、人事关系等人才流动中的刚性制约，坚持以用为本，充分体现个人意愿和用人单位自主权，以契约管理为基础的柔性引进海外人才智力的方式

资料来源：2021 苏州系列人才新政汇总，http://suzhou.bendibao.com/news/2019710/68546.shtm。

从表 6-5 可以看出，苏州在人才政策方面，形成了较为完整的人才政策体系，对高层次人才的引进形成了多样化的引进机制和丰富的奖励和资助体系。

2. 一站式高层次人才服务中心

除了多样化的人才政策体系，苏州还为人才办理各类不同的业务建立了便捷高效的服务中心。苏州市建立了一站式高层次人才服务中心，为人才服务提供了便捷的通道。苏州市人才服务中心网站的办事大厅页面受理事务包括以下方面：（1）资格认定类：姑苏英才服务卡、海外人才居住证、专业技术资格认定、国际职业资格比照认定、异地人才关系转移；（2）待遇落实类：外国人工作许可证、签证和居留许可、高层次人才落户、人事代理、子女教育、住房公积金、人才乐居、社会化引才奖励、企事业单位引才用才激励、高层次人才贡献奖励；（3）创业服务类：工商注册登记、进境物品通关、海外展览补贴、境外认证项目支持；（4）咨询服务类：新办企业涉税业务套餐、高层次人才创业税收优惠、姑苏创新创业领军人才申报、姑苏重点产业紧缺人才申报、姑苏高技能人才申报、姑苏教育及卫生人才申报、姑苏知识产权人才计划申报等[508]。

3. 全链式、全周期和全天候服务人才需求

在业务流程方面，苏州市形成了全链式、全周期和全天候服务人才需求的业务流程体系。这对于解决人才引进之后的购房、子女教育、医疗、养老、社会关系等各种生活和发展相关的难题提供了保障。苏州人才新政《关于加快人才国际化引领产业高端化发展若干政策措施》则对苏州的人才政策进行提升。聚焦人才来苏面临的“房子”“孩子”“身子”“面子”“圈子”等现实问题，通过开展“四大行动”，大力引进产业发展急需的顶尖人才、领军人才、专项人才、匹配人才；推进全链式的人才发展模式，通过系统集成人才、科技、金融、产业等政策措施，为人才发展提供“全链式”“全周期”“全天候”服务；大力引进国际高端医疗资源，探索构建国际医疗保险直付系统，为高端人才提供专属

医疗待遇。为高层次人才提供子女教育、医疗保健、住房保障、园林休闲、交通出行等个性化礼遇清单[509]。

对于人才购买商品房提供政策支持，其中，《园区管委会关于调整完善人才优先购买商品住房政策的通知》规定在园区就业、创业并连续缴纳社保或个税12个月及以上，个人及家庭（含未成年子女）在苏州大市无自有住房且1年内无住房交易记录的本科和硕士人才，以及在苏州大市无自有住房的博士、园区人才办认定的高层次紧缺人才和特殊人才，对园区范围内新取得预（销）售许可（备案）的单套建筑面积 160 平方米以下的商品住房，房地产开发企业应当将不少于其总建筑面积 60%的房源，优先出售给符合条件的园区人才。经园区人才办认定的特殊人才，可以提出申请优先购买单套建筑面积超过 160 平方米的商品住房[510]。

第三节　国内典型城市群人才空间治理经验

党的十八大后，中国各大城市拉开了“人才争夺战”序幕。特别是在 2018 年前后，各大城市出台了密集而力度空前的城市人才新政策，吸引高层次高水平人才、各行各业急需紧缺型人才、高校学生和专业技术人员等入驻落户。[511]本节聚焦京津冀、长三角、成渝城市群的人才政策，探索不同城市群的人才政策特点，挖掘典型案例，描绘城市人才政策的基本特征。

一、京津冀城市群人才政策

（一）政策概览

十八大以来，京津冀地区主要城市北京、天津、石家庄、保定、唐山在2016—2021年出台了系列人才政策，主要面向高层次和各行各业急需紧缺人才，积极为人才创造良好的工作和生活环境（见表 6-6）。

表 6-6　党的十八大以来京津冀城市群代表性人才政策

主要城市	代表性政策文件	支持性措施
北京	《北京市引进人才管理办法（试行）》（2018 年）	引进人才无产权房屋的，可在聘用单位的集体户落户；聘用单位无集体户的，可在单位存档的人才公共服务机构集体户落户
	《关于优化人才服务促进科技创新推动高精尖产业发展的若干措施》（2017 年）	1. 住房保障。以区为主、全市统筹，通过租购并举的方式解决人才住房需求。

续表

主要城市	代表性政策文件	支持性措施
北京		2. 子女教育保障。在“三城一区”、海外人才聚集区域及其他科技创新产业聚集区域配置不同类型的优质学校，满足各类人才子女入学需求。 3. 医疗服务保障。统筹建立国际化的人才医疗服务保障体系。畅通高层次人才就医“绿色通道”。鼓励符合条件的医疗机构、诊疗中心与国内外保险公司合作开发多样化的商业医疗保险产品。为高层次人才提供一定比例的商业医疗保险补贴支持。 4. 其他服务保障。搭建多元化服务平台，为高层次人才提供科研项目申请、法律服务、创业辅导、投融资、办理永久居留和出入境手续等服务
	《中共北京市委关于深化首都人才发展体制机制改革的实施意见》(2016 年)	联合制定京津冀人才一体化发展规划纲要，推动重大人才工程实施和重要创新政策落地。健全完善京津冀人才工作部门联席议事机制。根据三地产业准入目录，动态调控和优化人才结构，逐步形成人才随产业有效集聚、合理流动的体制机制。建立规范、统一、灵活的京津冀人力资源市场，搭建人力资源信息共享和服务平台
天津	《天津市进一步加快引育高端人才若干措施》(2018 年)	畅通高端人才“绿色通道”。高端人才在津购买首套自住房享受市民同等待遇，子女入驻国际学校享受奖励资助，入选国家级及市级“千人计划”的外籍人才连续享受医疗资助
	《天津市“河海英才”行动计划》(2018 年)	放宽人才落户条件，自主选择落户地点，简化落户经办程序，改善居住条件。新引进的高层次人才购买首套自住用房不限购；外籍人才在缴存、提取住房公积金方面享受市民待遇

续表

主要城市	代表性政策文件	支持性措施
石家庄	《关于高质量建设人才强市的实施意见》（2021 年）	拓展人才绿卡服务对象、提高领军人才支持标准、提高博士租房购房补贴标准、调整“市高层次人才支持计划”入选者支持标准、加大高技能人才或团队支持力度、加强对创新创业人才金融支持、完善公积金贷款购房政策。对引进的高层次人才使用石家庄市住房公积金贷款在市域内购买首套自用商品住房的，在政策范围内给予最大优惠
保定	《关于引进高层次人才的若干优惠政策（试行）》（2018 年）	1. 在户口迁移方面，高层次人才及其共同生活的配偶、子女、夫妻双方父母，均可在我市办理落户。 2. 在社会保险方面，高层次人才及其配偶、子女，均可参加我市基本养老、基本医疗、工伤保险等各项社会保险，与本地居民享有相同权利。 3. 在家属就业方面，高层次人才配偶、子女愿意在我市就业的，由有关部门予以妥善安置；随迁配偶、子女来我市前已经就业的，按照对等安置的原则予以安置。 4. 在子女入学方面，随迁子女需入托、入学的，由有关部门择优就近安排到公办幼儿园、学校就读。 5. 在医疗保障方面，高层次人才及其配偶、子女到市内医院就诊，享受医疗保健绿色通道；到京、津、冀定点医院就诊，医疗费用直接结算。为高层次人才建立健康档案，每年安排免费体检一次，不能享受医保体检的，体检费用从市人才发展专项准备金中列支。 6. 高层次人才购买自用商品住房，可享受本地居民购房政策，其中带技术、成果、项目来本市创新创业和转化成果并取得显著经济效益的享受额外补贴

续表

主要城市	代表性政策文件	支持性措施
唐山	《关于实施“凤凰英才”计划加快建设人才强市的意见（试行）》（2018 年）	1. 人才服务制度。对高层次人才发放“凤凰英才服务卡”，实行市民化待遇，凭卡可直接办理户口准入、社保结转、人事关系调入、住房公积金手续，享受医疗保障“绿色通道”待遇，子女就读幼儿园和义务教育阶段学校可优先安排。 2. 住房保障制度。建设凤凰公寓，用于符合条件的高层次人才周转使用。 3. 人才荣誉制度。开展“市长特别奖”选拔活动，奖励为发展经济、改善民生、科技创新做出突出贡献的人才（团队）

资料来源：各地市政府、人社部门网站公开文件。

（二）政策规律

1. 整体特点

京津冀三地的人才政策主要以引才为主，致力于打造具有竞争力的人才强市。

引才对象上，三地面向的主要是高精尖人才，如北京市 2018 年出台的《北京市引进人才管理办法（试行）》聚焦的人才是领域领军人才、创新创业人才、科技创新人才、科技创新服务人才、文化创意人才、体育人才、金融人才、教育人才、科学研究人才、医疗卫生健康等专业人才、高技能人才等等。天津市 2018 年出台的《天津市“河海英才”行动计划》则聚焦顶尖人才、领军人才、高端人才、青年人才、高技能人才、医学人才、高教人才、资格型人才、宣传文化人才等。唐山市 2018 年出台的《关于实施“凤凰英才”计划加快建设人才强市的意见（试行）》面向的是高精尖人才、国际化人才、企业家人才、高技能人才、高学历人才等等。由此可见，高层次人才是京津冀三地共同青睐的人才类型。

支持措施上，三地的政策存在共性和差异。其中，住房、教育、医疗、服务等方面在京津冀三地的多数城市人才政策中均有涉及，但支持程度上不尽相同。北京市人才政策支持面较广，但相较于其他两地，支持力度处于中等水平。天津市人才政策在人才住房和子女教育方面的支持力度较大，包括开放绿色通道，提供政策补贴等，给出的优惠政策具有一定的竞争力。河北省内的石家庄市、保定市、唐山市出台的人才政策主要面对高层次引进人才，包括购房、医疗和社会荣誉等方面，多措并举、多管齐下。

2. 推动城市群人才流动政策典型案例

人才一体化发展是实现京津冀协同发展战略目标的智力支持和重要保障。2017 年京津冀三地人才工作领导小组联合发布了《京津冀人才一体化发展规划（2017—2030 年）》，这是我国首个跨区域的人才规划，也是首个服务国家重大战略的人才专项规划。

在目前京津冀的主要政策中，2016 年出台的《中共北京市委关于深化首都人才发展体制机制改革的实施意见》明确提到了以下举措："联合制定京津冀人才一体化发展规划纲要，推动重大人才工程实施和重要创新政策落地。健全完善京津冀人才工作部门联席议事机制。根据三地产业准入目录，动态调控和优化人才结构，逐步形成人才随产业有效集聚、合理流动的体制机制。建立规范、统一、灵活的京津冀人力资源市场，搭建人力资源信息共享和服务平台。"此外，在河北省保定市 2018 年出台的《关于引进高层次人才的若干优惠政策（试行）》中也提到，"高层次人才及其配偶到京、津、冀定点医院就诊，医疗费用直接结算"。这两份典型的人才政策文件反映了推动城市群人才流动的几个主要方向：

第一是动态优化三地人才结构，加大三地干部人才互派交流力度，推动产业之间、科研单位之间和高等院校之间的人才交流常态化、制度化，真正实现互为所用、融合提升、共促发展。

第二是建设人力资源信息对接平台，围绕服务经济社会发展，采取灵活多样的方式和有力有效的措施，通过搭建信息平台、专家数据库、人才协会联盟等基础性平台，解决当前三地之间存在的信息不对称、人才资源闲置浪费、人才政策对接不畅等问题，真正实现京津冀人才政策同步、人才资源和信息共享共用。[512]

第三是推进三地人才服务保障体系一体化、均等化，在人才服务衔接配套上下功夫，努力实现人才在京津冀区域内身份无壁垒、环境无差别、生活无不便，能够同等地享受到包括医疗保障在内的公共资源。

二、长三角城市群人才政策

（一）政策概览

长三角地区包括上海、杭州、苏州、南京、合肥在内的 12 个主要城市相继出台了城市人才政策，聚焦城市内和城市群之间的人才培养、人才团队建设，提高人才对经济社会发展的贡献。从政策支持的角度看，以落户支持和创业支持为主要特点（见表 6-7）。

表 6-7　党的十八大以来长三角城市群代表性人才政策

城市	代表性政策文件	支持性措施
上海	《上海市人才发展“十三五”规划》《上海市引进人才申办本市常住户口办法》《上海市海外人才居住证管理办法》《关于进一步支持留学人员来沪创业的实施办法》《上海市专利管理专业工程技术人员职称评价办法》	引领服务长三角世界级城市群人才开发，推进长三角地区人才发展一体化。完善长三角世界级城市群人才发展协调机制，研究建立统一的人才市场准入制度和标准，推动区域内人才信息共享、政策协调、服务贯通，强化同城效应、优势互补和融合发展。 人才引进、落户支持、创业支持、职称评定技术标准、偏向引进海外人才
杭州	《杭州市外国高端人才服务“一卡通”实施细则》《杭州市大学生杰出创业人才培育计划（2017—2019）》《杭州市高层次人才分类偏才专才认定实施细则》《杭州市高层次人才分类认定工作管理制度》《中共杭州市委组织部等 13 部门关于加强社会工作专业人才队伍建设和岗位开发的实施意见》	偏向引进各种专业技能人才、安居落户、匠人精神
苏州	《苏州市政府关于调整人才落户相关政策的通知》《关于支持高等院校、科研院所引进高层次人才的实施办法》《关于加强教育人才队伍建设的意见》《苏州市“姑苏教育人才”项目资助实施办法（试行）》	人才落户、创业支持、偏向引进科技教育人才

续表

城市	代表性政策文件	支持性措施
南京	《2020年南京市人才购买商品住房办法（试行）》《南京市关于大学本科及以上学历人才和技术技能人才来宁落户的实施办法（试行）》《关于深化人才发展体制机制改革打造国际化创新创业人才高地的若干政策意见》《南京市企业人才参加企业年金集合计划办法》	购房支持、落户支持、偏向高校毕业生和企业人才
合肥	《合肥市名医工作室建设管理办法》《合肥市技能大师工作室建设管理办法》《合肥市“鸿雁计划”实施细则》《关于合肥综合性国家科学中心建设人才工作的意见（试行）》《合肥市留学回国人员创新创业扶持计划实施细则》	创业支持、偏向高端人才及其团队建设
宁波	《宁波市高技能人才直接认定暂行办法》《宁波市人才安居实施办法》《宁波市人才分类认定操作细则》《关于落实高层次人才购房有关政策的通知》《关于印发引进人才及家属落户实施意见的通知》《关于允许高层次科技人才保留事业单位人事关系到企业创新创业的实施办法》	购房支持、落户支持、家属落户、创业支持
常州	《常州市“龙城英才计划”农业乡土人才选拔培养实施办法（试行）》《关于加快高端经营管理人才引进的实施办法（试行）》《关于支持企业加强人才队伍建设的若干政策意见》《关于加强高技能人才队伍建设的实施意见》	偏向农业、企业、服务业人才
湖州	《关于进一步加强高层次教育人才培养和引进工作的意见》《关于实施企业人才工作目标考核激励的意见》	偏向教育人才和企业人才

续表

城市	代表性政策文件	支持性措施
嘉兴	《关于进一步加大嘉兴市教育高层次人才引育工作的意见》《关于引导浙商总部回归、资本回归和人才科技回归的实施意见》	以浙商网络来推动人才引进
无锡	《太湖教育人才计划实施办法》《无锡市企业引进高级经营管理人才申报评审及扶持资金实施细则》《关于实施职业教育质量提升工程加快培养高素质技能人才的意见》《关于实施“太湖人才计划”打造现代产业发展新高地的意见》	以人才带动产业发展
芜湖	《芜湖市扶持高层次科技人才团队创新创业实施办法》《关于印发芜湖市企业经营管理人才培训五年行动计划（2018—2022年）的通知》	支持人才团队建设
扬州	《扬州市企业引进人才住房保障实施办法》《扬州市金融支持高层次人才创业实施细则》《关于加强企业人才引进和培养工作的意见（试行）》	住房支持、偏向金融企业人才

资料来源：各地市政府、人社部门网站公开文件。

（二）政策规律

1. 整体特征

长三角城市群将人才视为重要的发展战略，一方面，各个城市积极推进城市内部的人才培养、人才团队建设，提高人才对经济社会发展的贡献程度；另一方面，各个城市也在积极引进人才，特别是海外人才和高端人才。从政策支持的角度看，长三角城市群主要以落户支持和创业支持为主要方略，但不同的城市也根据自身实际情况制定了特殊的人才政策。例如，上海市主要引进的是优秀毕业生和海外人才，由于户籍管控的问题，上海特别提出了在人才落户方面给予政策支持。杭州市主要引进的是各种专业性人才，通过各个领域的专才偏才推动各个行业的发展。苏州市主要关注的科技教育人才的引进，通过提升科技教育人才的比例来带动苏州的进步。宁波市在引进人才的过程中，特别提及了对人才家属落户的政策支持，在鼓励人才发展方面，宁波市特别明确了高科技人才进入企业创业，仍可保留原来的事业编制，进一步解决了科技人才创业的后顾之忧。嘉兴市在引进人才的过程中，尤其考虑通过商会关系网络来引进企业人才。

2. 推动城市群人才流动政策典型案例

2016 年由中共上海市委办公厅、上海市人民政府办公厅印发的《上海市人才发展“十三五”规划》中提道：“贯彻落实长江经济带战略，发挥上海人才高地的龙头带动辐射作用。建立完善长江经济带全流域人才发展协商机制，促进全流域人才合作创新和协同发展。放大上海人才发展示范效应、辐射效应、外溢效应，举办长江经济带人才发展高峰论坛，推动人才、资本、技术等要素跨区域流动，提高长江经济带全流域人才资源配置效率和人才资源开发效能。”上海作为引领服务长三角世界级城市群人才开发的龙头城市，在推进长三角地区人才发展一体化过程中发挥着至关重要的作用。具体措施上，《上海市人才发展“十三五”规划》中提道：“完善长三角世界级城市群人才发展协调机制，研究建立统一的人才市场准入制度和标准，推动区域内人才信息共享、政策协调、服务贯通，强化同城效应、优势互补和融合发展。”从中可以看出，为推动人才在城市群之间流动，上海的关键举措在于“建立统一的人才市场准入制度和标准”，以此来破解长三角城市群人才信息壁垒、资源闲置浪费、政策对接不畅等问题。

三、成渝城市群人才政策

（一）政策概览

以成都和重庆为代表的成渝城市群的人才政策着力点在于引才和育才，通过一系列支持性政策吸引人才入驻，解决人才工作生活的后顾之忧，并提供培训等增值服务提高人才素质，旨在建设具有国际竞争力的人才强市，不断吸引聚集各类人才创新创业（见表 6-8）。

表 6-8　党的十八大以来成渝城市群代表性人才政策

城市	代表性政策文件	支持性措施
成都市	《成都市引进高层次创新创业人才实施办法》（2016 年修订）	为高层次人才提供项目资助、人才科研平台、金融扶持、产品拓展等事业发展和子女入学、医疗保险、外籍人才停居留等生活便利特定待遇

续表

城市	代表性政策文件	支持性措施
	《成都实施人才优先发展战略行动计划》(2017年)	1. 住房保障：对急需紧缺人才提供人才公寓租赁服务，租住政府提供的人才公寓满5年按其贡献可以不高于入住时市场价格购买该公寓。 2. 医疗保障：为高层次人才提供预约诊疗、外语接待等“一对一”诊疗服务。为高层次人才购买商业医疗保险。为急需紧缺人才就医开辟绿色通道。 3. 简化手续：凡属支柱产业、优势产业和未来产业引进的外国专业人才，来蓉工作可适当放宽年龄、学历或工作经历等限制。符合认定标准的外籍高层次人才及其配偶、未成年子女可直接在蓉申请在华永久居留。 4. 提供培训：设立1.6亿元专项资金，支持职业技术(技工)院校、高技能人才培训基地、技能大师工作室面向社会开放培训资源，向有就业创业愿望的市民提供免费培训
	《成都市鼓励企业引进培育急需紧缺专业技术人才实施办法》(2017年)	对于急需紧缺人才提供每月安家补贴，3年内，按本人年度上缴个人所得税的市和区(市)县级收入部分全额给予奖励。专业技术职称提升奖励
	《成都市引进培育急需紧缺技能人才实施办法》(2017年)	鼓励高技能人才落户、实施急需紧缺人才安家补贴、奖励技能人才技能等级提升、实施高技能人才培训补贴、拓展技能人才发展通道
	《鼓励引进外国人才实施办法》(2017年)	1. 许可便利：高层次人才享受办理外国人来华工作许可简化申报流程、缩短审批时限、减少提交材料等便利待遇。 2. 项目资助：给予高额项目资助。 3. 荣誉授予：对作出突出贡献的外国人才授予荣誉称号
重庆市	《百千万工程领军人才培养计划实施办法》(2013年)	入选国家级工程领军人才的，按照国家特殊支持经费标准，市财政给予同等经费支持。入选市级工程领军人才的给予科研启动经费资助

续表

城市	代表性政策文件	支持性措施
	《重庆市引进海内外英才“鸿雁计划”实施办法》(2017年)	1. 创业服务。对引进人才创办企业的，按照市政策规定，在创业投资、债权融资、申报国家和市级科技计划项目等方面提供服务。 2. 居留签证。对引进的外籍人才，提供变更人才（R字）签证、办理居留证件、申请在华永久居留等便利。 3. 落户。引进人才及其配偶和未成年子女可一并随迁落户。 4. 解决随调配偶、子女就业。 5. 医疗服务。享受优先就诊预约、优先医生预约、优先安排住院、优先术等“绿色通道”服务。 6. 优先安排子女入学（托）
	《重庆英才计划实施办法(试行)》(2019年)	向入选人才发放一定额度的人才奖励金(作为市政府奖励，依法免征个人所得税)

资料来源：成都市、重庆市人社部门网站公开文件。

（二）政策规律

1. 整体特征

对比成都市和重庆市的人才政策，成都市出台政策集中在2016—2017年，战略定位在于发展成为中西部领先的人才强市。重庆市出台的政策从2013年到2017年，再到2019年，呈现出阶段性推进的特点，对标的是沿海一线城市。[513]

在引才对象上，成都市2017年发布的《成都实施人才优先发展战略行动计划》明确的引才对象为高层次人才（国际顶尖人才、国家级领军人才、地方高级人才）、青年人才、创新创业人才、急需紧缺人才。重庆市2019年发布的《重庆英才计划实施办法（试行）》明确的引才对象为优秀科学家人才、名家名师人才、创新创业领军人才、技术技能领军人才、青年拔尖人才。相对而言，成都市的引才类型层次性更强。

在支持措施上，成都市的人才政策准入门槛相对低于重庆市，包括落户、住房、就业等其他配套保障。成都市对不同层次的人才均提供了配套的保障措施，相对较宽松和灵活，而重庆市的相关人才政策主要面向高层次人才，对于一般人才的保障有待提升。此外，成都市的人才政策还提供了“全民培训”服务，并且对于取得技能提升的技术人才提供一定的奖励，是引才和育才的优秀案例。

2. 推动城市群人才流动政策典型案例

2020 年 4 月 21 日，在成渝地区双城经济圈人才协同发展联席会议第一次会议上，四川与重庆双方签署了川渝两地签署的首个人才合作协议《成渝地区双城经济圈人才协同发展战略框架协议》（以下简称《协议》），开创了成渝城市群人才发展的新局面。

在具体举措上，该协议包括以下几个方面。第一，在人才政策协同方面，协同开展人才制度和政策创新，健全综合竞争力强的区域人才政策体系。第二，在人才资源共享方面，共建共享人才招引联络、信息网络、人才数据库等资源，开放共享科技、教育、产业等优质资源平台。第三，在人才平台共建方面，共同争取在双城经济圈布局一批国家重大科技基础设施及重大科技项目，联合申报国家重点项目，开展重大科技项目攻关和科技成果转化，建设领域协同创新体系。第四，在人才市场相通方面，推进人才资格互认、人才市场准入、人才统计标准、人才服务保障等方面贯通，组建区域人力资源服务产业园联盟，促进区域人才合理布局流动。第五，在人才活动联办方面，协同举办具有全球影响力的重大人才活动，开放共享人才论坛、干部培训、专家研修和创新创业大赛等人才平台，互学互鉴活动经验。总体而言，该协议明确了人才协同发展具体举措和保障机制，是构筑城市群一体化人才流动机制的重要一步，对于提升城市群综合竞争力具有深远意义。成渝城市群人才流动的案例启示政策制定者，要发挥城市对人才的集聚作用，就应着手破除人才流动的藩篱，调动政府、企业等部门的主动性和创造性，不断完善城市群内人才流动体系和制度建设。

第四节　国际典型城市群人才空间治理经验

国际城市群的发展经验十分丰富，难以一一列举。在此我们以美国波士华大城区，英国伦敦大城区和日本东京大城区为例，予以展示说明。

一、美国波士华城市群人才空间治理经验

（一）波士华城市群基本情况

美国波士华城市群是世界公认的大城市群之一，也是全球性的人才聚集地。

波士华城市群发端于美国东北部大西洋沿岸平原，北起波士顿、南至华盛顿，以波士顿、纽约、费城、巴尔的摩、华盛顿等一系列大城市为核心，其间分布着萨默尔维尔、伍斯特、普罗、维登斯、新贝德福德、哈特福特、纽黑文、帕特森、特伦顿、威明尔顿等 40 多个中小城市，绵延 600 余千米长、100 余千米宽。波士华城市群区域总面积约 13.8 万平方千米，占不到 1.5%的美国国土面积，总人口占美国全国人口的 20%，城市化率超过 90%，是美国人口密度最高的地区，同时也是美国经济的核心地带，美国最大的生产基地、商业贸易中心和国际金融中心，世界最大的国际金融中心。城市群内部各主要城市都有占优势的产业部门，城市之间分工协作紧密，制造业总产值占美国全国的 30%(见表 6-9)。

表 6-9　2018 年波士华城市群主要城市情况

	华盛顿	波士顿	纽约
人口/万人	912	444	1996
地区生产总值/百万美元	973 400	413 592	1 707 972
人均生产总值/美元	106 789	93 233	85 565

数据来源：OECD 数据库，https://stats.oecd.org/Index.aspx?DataSetCode=CITIES。

（二）波士华城市群人才管理体系

在长期的发展过程中，美国波士华城市群逐步形成了以国家支持、地区积极参与、理念先进、环境友好、基础设施优越、人才吞吐量大、流通顺畅、教育为基的人才管理体系，为波士华城市群的经济与社会的发展提供了有效的人才供给。

1. 联邦政府层面人才政策

美国联邦政府的人才政策对波士华各城市的人才管理具有重要的指导意义。其宏观政策主要包括两方面：一是从整体上开放、吸引和容留人才。如《美国新移民法案》、“美国杰出人才绿卡”政策、《美国竞争力计划——在创新中领导世界》等是适用于全国的人才政策；二是在微观特殊领域重点吸引和容留人才。

美国国家人才政策是随着发展阶段的不同而变化的。他们在建立国家后的早期重视人文教育；18 到 19 世纪国家稳定后，在西北建设过程中大规模引进劳动力、农业人才、工程技能人才；到 20 世纪的两次世界大战后吸引到爱因斯坦等大批科学家；再到 20 世纪八九十年代全球竞争的环境下大规模引进高科技人才，建立大平台，并通过留学生计划引进和开发高科技人才和 STEM（科学、技术、工程、数学）人才，美国的发展使得其对人才的胃口越来越大，而人才的集聚为美国的发展也提供了想象不到的结果。[514]美国与时俱进地采取的一系列务实可行的办法，具体反映在人才与国家发展战略目标相结合、人才与产业需求深入融合、人才和使用条件相结合、平台建设和人才成长相结合的各种措施上。自上而下对人才的政策重视，使得各城市也积极响应国家的政策来吸引和容留人才。

随着全球进入创新竞争时期，美国联邦政府制定了 STEM 项目人才计划。[515]美国公民和移民服务局（U.S. Citizenship and Immigration Services，USCIS）长期受理“STEM 学科学士、硕士或博士学位的学生签证持有人的毕业后实习期延长”业务，以此吸引和留住人才。[516]

2. 多渠道的人才引进体系

波士华城市群各城市一直在努力采取各种措施来吸引人才，波士顿是“五月花号”最早到达的城市，纽约是最大的移民城市。这两个城市都有长期移民传统，巴尔的摩是美国最早按欧洲模式成立研究院的城市，而华盛顿城作为政治首都，有强大的多元包容性。这个地区是美国多元融合“大熔炉”的集中反映，对国际人才的融入有独特的优势。具体的人才引进措施可以归结为以下几个方面：

（1）重视移民的理念和构建地方的配套政策。

波士华城市群各城市政府重视人才的理念对人才工作具有基础意义。政府将人才作为城市发展的支撑力量，进而给予人才相应的需求回应。主要体现在：决策群体对人才的重视、专门的人才机构、相应的配套措施。

一是城市决策者对人才的重视。2011 年 6 月 15 日，时任纽约市长布隆伯格（Michael Bloomberg）在华盛顿特区外交关系委员会上发表讲话，强调了移民在美国经济增长中的作用，认为华盛顿应该在此问题上放弃党派斗争，通过创造就业机会来实现移民改革。[517]同时，他推动纽约市政府进行了一系列改革措施，包括为相关重要领域的毕业生提供绿卡申请服务、为投资者提供新签证、为高级技能工人提供更多的临时和永久签证等。为保障移民工作的顺畅，纽约市政府还开通了“新美国人”的求助热线，为移民提供包括社区组织转介、公民身份与绿卡申请、移民身份信息与福利获取、英语学习与辅导等在内的多项帮助与服务。[518]

二是设立专门的地方政府人才机构。如为了更好地欢迎移民，巴尔的摩市长办公室下属成立了移民事务处（Baltimore City Mayor’s Office of Immigrant

Affairs)。市长办公室的移民事务处的使命是：通过确定移民给巴尔的摩带来的需求和机会，促进社区福利、经济发展和移民社区的融合，同时发展公私伙伴关系，以加强这些社区的发展。移民事务处专注于经济发展与社区福利两个主要领域，以此保障移民工作的专业化。[519]

三是完善相应配套措施。如巴尔的摩向拉美经济发展中心提供种子资金和技术援助，为移民企业家提供咨询、培训和小额贷款。美国政府通过签证政策激励外国个人投资，即：如果他们承诺投资 100 万美元，为美国工人创造或保留至少 10 个就业岗位或者在指定的高失业率或农村地区投资 50 万美元，即可获得 EB-5 签证。[520]移民和多元文化事务处帮助移民和难民增强劳动技能，并为他们获得创业机会提供便利，从而满足雇主的需要，促进城市的发展。此外，移民和多元文化事务处还寻求增加提供住房的机会，同时推动建设更安全、更强大的社区。[521]这为有效吸引全球人才提供了保障。

（2）产城融合，创造金融、就业机会，保障科技人才的顺畅流入。

波士华城市群注重科技人才的作用，为科技人才打造了顺畅的人才通道，通过寻求政府与企业之间的合作，为人才的引进提供了充足的资金以及就业方面的保障，实现产、城、教、人相结合的局面。

其顺畅的科技人才通道主要表现在：产城融合寻求资金、产城教融合寻求岗位。一是产城融合寻求资金，即城市政府和企业进行合作，为相关的科技人才就业和发展提供资金。如纽约市政府与科技企业合作，打造科技人才通道，为纽约市民提供科技教育与就业方面的资金、计划与持续支持。这些企业包括领英（LinkedIn)、微软（Microsoft)、谷歌（Google)、高盛（Goldman Sachs)、摩根大通（JP Morgan)、美国电话电报公司（AT&T)、苹果公司（Apple）等。目前，纽约市的科技生态系统直接雇用了近 30 万人，间接创造了 25 万个就业机会，占该市劳动力总数的 12.6%。纽约市科技人才通道咨询委员会由 25 位首席执行官、首席技术官、首席信息官和 4 万多名员工组成。该委员会在为市民提供就业机会、确定雇主需求、提供培训和教育解决方案以满足技能要求方面发挥着关键作用。[522]

此外，纽约市和 First Mark Capital 成立了纽约创业基金（NYC Entrepreneurial Fund)。该项基金价值为 2 200 万美元，这是硅谷以外的第一个类似基金，由 First Mark Capital 管理，为有前途的纽约市科技创业公司提供早期资本。[523]纽约市经济发展公司出资 300 万美元设立该基金，而纽约市领先的风险投资公司 First Mark Capital 投入 1 900 万美元。移动应用程序提供商 My City Way 是纽约市首届纽约 BigApps 大赛的获奖应用程序之一，也是该基金第一个支持的创业公司。[524]

二是产城教融合寻求岗位，即学校、市政府与企业之间进行合作，在培养人才的同时为人才提供岗位。通过产业与人才的结合来实现人才的容留与发展，是波士华城市群的重要人才措施。以产业促进人才的发展，进而再以人才促进产业的发展，实现产、城、人融合的目标。

在波士顿产业升级转型的过程中，大批的人才开始汇聚到此地，此地成为人才实现抱负、追求理想的平台。以波士顿的生物技术产业为例，在过去的 20 年时间里，很多世界著名的生物科技公司纷纷在波士顿建立研究室、新公司，甚至将总部迁至波士顿，这样一方面为生物技术相关人才提供了大量的就业岗位，另一方面还为管理人员提供了前沿的信息，为其更好地进行公司运营提供了相关资料。生物技术发展也为波士顿发达的医疗技术助力。这里有世界知名的医疗机构如马萨诸塞州总医院（Massachusetts General Hospital）、布里格姆妇女医院（Brigham and Women’s Hospital）、Dana-Farber 癌症研究中心（Cancer Institute）、贝斯以色列女执事医疗中心（Beth Israel Deaconess Medical Center）和波士顿儿童医院（Children’s Hospital Boston）。除了医疗服务体系之外，波士顿还发展了金融业、保险业、旅游观光、文化创意产业等，多元化的产业格局吸引了多元化的人才体系。

同时，该城市群也很重视教育，通过学校培养人才、储备人才、输送人才。微软与纽约市立大学（The City College of New York，CCNY）合作，建立“科技就业学院”（Tech Jobs Academy），为 25 名学生提供获得第一份工作所需的技能，并帮助其开始在纽约市科技生态系统中的职业生涯。[525]威瑞森通信公司（Verizon）为纽约市民提供按需服务的技术技能计划。[526]自 2014 年夏天开始，Kickstarter、AppNexus、Betaworks、BuzzFeed、DoSomething、微软、Newscorp 和 RMS 开始为纽约市网络开发计划的参与者提供付费实习机会。这是一个密集技术技能训练营，为 18 ~ 26 岁没有大学学历的纽约居民提供培训。[527]

（3）吸引外国新型人才在纽约就业创业。

自 2016 年 11 月，纽约市政府通过推动高科技园区发展、鼓励创业、提供多元化交通选择等新举措，全面刺激经济发展，其中包括推出与纽约市立大学合作设立的免配额工作签证（H1B）计划（IN2NYC 计划）[528]，以吸引外国学生和人才留在纽约就业创业。

IN2NYC 计划旨在解决留学生等海外人才在美工作、创业所面临的身份问题。每年，大量留学生及海外人才希望在纽约创业，但工作签证名额有限，许多人才因未抽中签证名额而流失，纽约为此与纽约城市大学的拉瓜迪亚社区学院、布鲁克学院、皇后学院等 7 所下属学院合作推出此计划。通过该计划，留学生或海外人才可提交自己的创业计划书，由其学院选择与其学术与科研发展相符合的项目进行合作，从而利用高校的科研优势及非营利性质，申请不受名额限制的学术及非营利机构的工作签证。[529]

IN2NYC 计划是美国首创的吸引外国新型人才在纽约扎根及创业的计划。一方面，该计划能帮助拥有优秀创业想法的人才留在纽约，促进本地区经济发展；另一方面，纽约城市大学能因这些创新型人才的加入而受益。

（三）人才空间治理经验

1. 构建多元化人才使用平台

在有效吸引并且留住人才的前提下，波士华城市群中的各城市政府通过构建一系列的措施来使用人才，以最大效度发挥人才的作用，并且让人才在为城市做贡献的同时实现自身价值。具体来说为：建立统一的人事管理机构、制定全面的人事管理文件、构建合理的工资福利体系、打造竞争性的环境、以产业发展促进人才发展与以人才发展促进产业发展相结合。

（1）建立具有统筹性的人事管理机构并制定全面的人事管理文件。

统一的人事管理机构和人事管理文件是实现人才有效管理的基础和前提，能够为人才的发展提供机构保障和法律保障，具体包括以下两个方面：

一是成立专门的人才管理机构。为有效地实现纽约市人才管理的长效化、持续性和有效性，纽约市成立了人才管理委员会，专门对纽约市的人才进行统筹协调。该委员会大约有 50 名成员，成员内部分工较为明确，组织发展和架构维持在稳定的状态。在每一次会议召开前，人才管理委员会都会对本市人才的基本情况，如人才基本数量、流动比例、人才资本投入等进行分析，得出一年内本市人才发展的成效和问题，在人才管理会议中提出，并协商解决方案，在每次会议结束后执行，并在下一次会议前再一次分析本市的人才基本情况，以此形成一个具有系统性、规范化、标准化的工作机制，为纽约市的人才管理提供有效的政策和战略。[530]

二是出台专门的人才管理文件。为对纽约市人才管理进行有效的管理，纽约市政府出台了《纽约市人事管理手册》（以下简称《手册》），作为纽约市人才管理的统一规范性文件。《手册》的内容主要分为三部分：第一部分是对人事管理的含义进行界定，《手册》首先对人事管理进行了定义，即“人事管理有很多定义，但基本都是：吸引和发展有能力的员工，创造出能充分利用的组织条件，鼓励他们尽全力为社会做出相应的贡献”。这个定义暗示了人事管理的两个重点：首先，有效的人事管理必须面向未来，必须通过稳定供应有能力的员工来支持现在和可预见未来的组织目标。二是有效的人事管理是以行动为导向的。必须强调解决就业问题，以支持组织目标，促进员工发展并使其获得满足，进而反过来以员工促进组织的发展。第二部分是对纽约市公务人员的管理进行了规定，即符合《纽约州宪法》第 6 条第 5 款："国家公务员及其所有部门的任用和晋升……应按照优点和适用情况制定，通过审查确定，在切实可行的范围内，应当具有竞争力。"第三部分是对纽约市内企业的人事管理进行了相关的规定。由此可以看出，纽约市的人事管理文件的涵盖面较为广泛，从其定义到公务员和企业的人事管理都进行了详细的规定。同时,《手册》中明确表明其中的内容不应与纽约州宪法和联邦宪法相抵触。从中可以看出该文件的原则性、灵活性与全面性。[531]

（2）通过合理的工资福利体系保障人才。

合理的工资福利体系才能够有效容留人才与激励人才。波士华城市群各城市的合理工资福利体系体现在：高薪留住人才、将部门发展与人才结合在一起以激励人才。

一是通过高薪留住人才。为保住自己的人才不被竞争对手挖走，美国很多公司采用高薪留人的做法，给予优秀人才的报酬非常丰厚。

二是采用股票期权计划长期激励，将高级管理人才的薪酬与公司业绩及个人的发展紧密结合。近年来，美国公司除薪资外，纷纷采用股票期权及配股等方式留住人才、激励人才。它们给高技术人才每年额外配给股份并规定一定时间内不准转卖。获赠股票期权在三种情况下进行，即受聘、升职和每年一次的业绩评定。股票期权的赠予额度一般没有下限。

三是利用"储蓄-股票"参与计划吸引和留住高素质人才。这种计划允许员工一年两次以低于市场价的价格购买本公司的股票，实施过程中首先要求员工将每月基本工资的一定比例放入公司为员工设立的储蓄账户，一般公司规定的比例是税前工资额的 2% ~ 10%，少数公司规定最高可达 20%，公司向他们提供分享公司潜在收益的机会。[532]

（3）营造竞争性的环境以激励人才。

竞争性的环境是实现人才激励的有效方式，能够激发出人才的潜能，也是城市人才发展的重要导向。为最大限度激发人才的潜能，纽约努力营造一种人才竞争的环境，即在"量才使用，竞争择优"的理念下实现良性竞争。美国大力营造"公开、公平、竞争、择优"的用人环境，主要体现在：量才适用、培养人才、流动人才、鼓励创新和冒险。

一是量才适用。美国公司注重根据劳动者的具体情况给予相应的工作，具有博士学位的人才搞研究，具有 MBA 学位的人从事管理经营工作，具有职业证书的人从事相应的职业技术工作。

二是培养人才。如提供学习深造机会。对于优秀人才，公司舍得花钱培训，安排参加研讨会，并且在公司内有意识安排他们在重要岗位上轮换，熟悉公司的业务，积累工作经验，为日后走上领导岗位做必要准备。

三是流动人才。根据个人业绩进行提拔或淘汰。晋升主要以绩效考核为依据，而非工作年限等资历因素。能够提供有效价值的就会受到相应的奖励，而无法提供相应贡献的人才则面临着被淘汰的危机，这样就能够有效激发人才的潜能。

四是鼓励创新和冒险。美国企业追求创新、冒险竞争，提倡不屈不挠的竞争精神，追求技术第一。

2. 创设城市间无障碍人才流通机制

关于人才流通，波士华城市群各城市之间一直奉行人才自由流通的理念并构建起相应的政策体系，积极消除任何阻碍人才自由流动的障碍。纽约市政府规定，纽约引进人才不受到地域、户籍等的限制，因此可以从全球进行招聘，而且招聘的主要依据是人才的能力、工作经历和受教育程度等。同时，纽约市政府近年来特别注重科技人才通道的打造，注重本市科技生态系统的可持续发展，并积极采取措施吸引国外新型人才在纽约就业与创业。

3. 完善基础设施和社会保障

（1）引导树立现代住房理念并供应配套住房。

住房问题是波士华城市群各城市容留人才首先须要解决的问题。解决住房问题包括解决房价问题、增加住房数量，并在提供充足的有效住房的同时，提供配套服务，引导树立现代住房理念，设立专门住房管理机构、政企合作提供住房等。

一是引导树立现代住房理念，提倡“适度住房”。如纽约市政府针对 60 岁以上的体弱和残疾老年人，提供附有个人护理或保健服务的住房。这些服务可能包括家务管理、洗浴和穿衣服务、团体餐和医疗护理等。针对 62 岁以上的低收入老年人，提供经济适用房。纽约基金会的家庭共享计划还为老年人和希望为老年人提供住房的人提供配套服务。养老设施保障新移民的年轻一代没有后顾之忧，全力工作。老人城市养、国家看，减轻了许多新移民的家庭负担。

Mitchell-Lama 是纽约从 1955 年开始运营的中产阶级住房发展计划，发展了 140 000 个出租型和合作型公寓。Mitchell-Lama 公寓属私人所有，在州政府的管制下使其价格适合于中低收入家庭。在 Mitchell-Lama 的出租型公寓中，相似的公寓租金基本相近。合格的租户可以加入老年市民租金上涨豁免（Senior Citizen Rent Increase Exemption，SCRIE）和残障市民免加租计划（Disability Rent Increase Exemption，DRIE）项目以冻结他们的租金。[533]在一些开发区域中，还提供额外的租金援助。房东有权在他们的合约终止时退出 Mitchell-Lama 计划，合约一般是 20 年[534]，保障了中低收入的劳动者住有所栖。

纽约还设立了专门住房管理机构对本地区住房问题进行统筹管理。纽约市住房委员会（the New York City Housing Authority，NYCHA）设立“公共住房发展项目”，为低收入和中等收入的市民提供经济适用住房。纽约市共有超过 40 万居民在市内 5 个区的 326 个公共住房中居住。另有大约 235 000 居民通过该委员会管理的“租赁住房计划”获得私人住房的租金补贴援助。[535]

二是政企合作提供住房。“纽约住房计划”（Housing New York）1.0 版本开始于 2014 年，计划在纽约 5 个行政区范围内用 10 年时间保存或创造 20 万套高质量的保障性住房。[536]纽约住房计划 2.0 于 2017 年启动，旨在 2026 年前实现 30 万套保障性住房的目标。[537]为实现既定的政策目标，纽约房屋保护和开发部门基于市场现实，专注于三个主要目标：加强居民区、扩大保障性住房供给和维持有房家庭的稳定。[538]

在这些计划之外，纽约市政府广开财路，通过公私联营，引入私人财团来解决经费困难。例如，花旗集团和 L+M 开发公司共同推出了第二期纽约保障性住房的基金，价值 1.5 亿美元的房地产私募股权投资，以企业性解决方式来维持中低收入社区的持续运营。该基金前身在 2010 年由花旗集团和 L+M 共同推出，价值 1 亿美元，致力于多样化的纽约城区超过 4 700 多个保障性住房的投资，资本总额超过 400 亿美元。[539]

波士顿也通过空置土地收购基金，以创造更多负担得起的住房。2017 年 10 月，市政府与合作社社区经济发展援助公司（CEDAC）和地方倡议支持公司（LISC）成立空置地点收购基金，基金规模 800 多万美金[540]，为非营利性开发商提供新的融资方案，以获得空置或未充分利用的土地和建筑物，负责住房开发。空置站点购置计划是波士顿市反排放战略的关键部分，旨在帮助非营利性开发商在波士顿房地产市场发展。该计划是波士顿经济适用房倡导者和非营利性合作伙伴的反馈的直接结果，因为非营利性发展社区需要资源和工具来控制，并帮助保持快速变化的社区负担能力。

（2）强化生态理念并提供舒适生活环境。

波士华城市群各城市积极强化生态理念并提供舒适生活环境，以有效容留人才。在实现舒适生活环境的过程中，政府起到了主导性作用。

如纽约住房委员会制定了专项计划，削减二氧化碳的排放，并确保经济适用房的住家也可应对气候变化影响。2016 年，该委员会制定了下一代可持续发展议程（Next Generation Sustainability Agenda）。作为一项十年规划，该议程引导纽约市建设可承受气候变化影响的健康舒适住房。同时，该议程有助于实现纽约市至 2050 年降低 80%温室气体排放的承诺。议程明确列出了 17 条措施，用于帮助纽约市至 2025 年降低 30%温室气体的排放，并试图改进纽约市供暖和供水效率、制定新建筑标准、改善提升原有建筑、推动清洁能源的大规模使用。[541]

波士顿也出台各项措施改善生活环境。生活环境主要是指城市各类生活设施的建设和生活服务软件及硬件。城市生活硬件设施包括道路和公共交通建设、通信系统建设、用水（暖、气）、医院和学校的建设等；城市生活软件则包括居民的经济实力、公共秩序的公平有效性、社会保障制度、医疗和教育环境的优劣以及治安状况等。便利舒适的生活环境能够更好地吸引人才并且留住人才。因此，波士顿政府致力于改善波士顿的生活环境，提倡绿色环保、美化生态环境、完善交通系统、保持清洁水源等都是波士顿政府的工作内容。波士顿人在美国首先提出了“绿色创新波士顿”（Greenovate Boston）的口号，在医疗、教育、公共交通、建筑施工与维修等主要公共服务领域全面开展与国际组织、环保技术企业和支持节能减排的科研机构、金融机构间的合作，引入资金和最先进的环保技术、理念和知识。[542]波士顿根据城市特色，投入 150 亿美元发展隧道交通，把地面空间保留出来扩大绿化面积、兴建公园[543]，以此营造一个便利、宜居、舒适的生活环境来吸引人才。

（3）搭建全面、合理的交通网络。

交通问题往往是城市发展过程中普遍出现同时也难以解决的问题。波士华城市群各城市通过搭建完善、合理的公共交通网络，实现了交通的顺畅化管理。在交通规划方面，政府也起到了主导性作用。

如波士顿的“Go Boston 2030”，这是波士顿在交通方面的一项举措，预计未来五年、十年和十五年这座城市交通的规划与变化。其中主要是以市民的意见为主，经过政府的筛选和讨论、论证，最终形成 2030 年的波士顿交通规划。[544]

（4）提供优质的医疗服务。

优质的医疗服务是波士华城市群为人才提供的有效保障措施，主要包括两方面内容。

一是提供全面的医疗保险。纽约市提供了多样的健康保险计划与援助计划，例如退伍军人的医疗保险，小型企业员工的健康保险，纽约健康保险信息、咨询和援助计划（New York Health Insurance Information，Counseling，and Assistance Program，HIICAP，针对处方药、医疗保险与医疗保险计划的帮助）和纽约市健康+医院选项计划（NYC Health + Hospitals Options，有限或无保险患者可负担的支付计划）。同时，纽约市推行社区健康中心计划，该项计划于 2017 年 7 月启动，预期建立一个占地 77 000 平方英尺（1 英尺=0.3048 米）的医疗机构（社区健康中心），为 25 000 多名纽约市民提供医疗服务，并在头三年内创造 140 多万个新职位。[545]

二是不断推动医疗研究的发展。如纽约的公共卫生实验室以及健康保险计划。在公共卫生与健康方面，纽约市设有公共卫生实验室。该实验室成立于 1872 年，是世界上第一个市级细菌学实验室。现在，该实验室可提供各种临床和环境检测服务，每年可对超过二十万个标本进行检测。纽约市卫生学院按相关法律要求需向公众提供培训和课程，公众也可在其网站在线注册一些课程。纽约市还设有环境与公共卫生跟踪计划。该计划从各种来源收集当地数据，以便告知公共卫生政策、评估公共卫生计划和服务、跟踪环境健康和可持续发展目标的达成情况，并通过公共数据门户向国家网络和市民个体提供综合的环境和公共卫生数据。[546]

（5）完善的教育体系。

美国波士华城市群的教育水平较高，且基础教育、职业教育与高等教育并重，这样就能够有效培养多层次人才，为城市发展输送人才。

一是构建了目标导向的教育体系。波士华城市群各城市的教育体系都是以目标导向来构建的，培养多元化人才。目标导向能够为教育体系设定发展的方向，其教育目标是明确的，进而其教育方式也将是明确的。纽约的人才培养基本上是通过教育来实现的，其教育是目标导向的，需要什么样的人才就用什么样的教育方式。如需要科研人员和高科技人员，就通过高等教育来培养；需要专业技术人员就通过职业教育来培养，高等教育和职业教育之间并没有高低之分，仅仅是导向不同。与之相匹配的就是有先进的教育理念和充足的教育经费作为支撑，构成了纽约的目标导向的教育体系。

二是基础教育、职业教育和高等教育并重。纽约市不仅注重外部人才的引进，还注重内部人才的培养。通过教育，可以培养出人才并使人才成为更好的人才。基础教育、职业教育与高等教育各自的培养目标是不一样的。2017 年 10 月，纽约市设立了为期 5 年、预期耗资 2 000 万美元的 CUNY 2X 技术项目，CUNY 2X 技术项目将有助于通过加强课堂教学、推广技术专业咨询，为科技专业学生提供宝贵的在职经验，为共计 7 500 名的学生打造世界一流的公立高等技术教育通道。[547]

波士顿素有“美国的雅典”的美誉，拥有超过100所大学，超过25万名大学生在此接受教育[548]，其高等教育水平在全美甚至是全世界都是首屈一指的。办学定位准确、管理体制创新、科研经费充足、仪器设备精良、后勤服务周到等都是波士顿吸引大批留学生前来求学的原因。政府对学校的管理秉承“有限干预、绝对自治”的理念，政府可能会是学校项目购买者和学生设备费用的提供者，但不会是学校运营管理的干预者。这就保证了高校的学术自由，能够吸引有思想的学生聚集于此。波士顿有哈佛大学、波士顿大学、麻省理工学院等8所研究型大学，这些大学一直以来都是波士顿最主要的人才输出地。此外，波士顿还提供了继续教育的机会，为社会中具有相关需求的群体提供了资源。8所研究型大学都有继续教育中心或者学院，设置的课程有专业教育课程、证书课程、周末学位课程等，能够满足不同群体的需求。这些都在某种程度上吸引了人才。

三是树立教育平等的理念，为儿童、青年、失业者和老人提供了大量教育机会。在儿童教育方面，美国独立伊始，联邦政府就主张教育机会均等，为儿童提供教师、校舍和反映最新科学成就的教科书、丰富的资料、较长的学制、经费等等。有了这些机会，儿童们就有了平等的机会来表现自己的长处和潜能，达到他们应该或者能够达到的最佳学业水平或者成功程度。较早的普及教育是美国教育的一大特色。美国的教育允许公立和私立学校并存，尽最大努力满足社会各阶层的实际需要。教育的宗旨是既要让学生掌握基础文化知识，又要提高学生的道德情操；高等教育要兼顾基础知识和专业知识，使学生毕业后进入社会具有较强的适应能力和应变能力。[549]在青年教育方面，华盛顿《劳动力创新和机会法案》青年服务项目（WIOA Youth Formula Program）提供了一系列高质量的服务，包括职业探索和指导，继续支持教育成就，以及在需求行业和职业领域的培训，目的是让年轻人在职业道路上获得一份好工作，或者在项目参与结束之前，在中学阶段或注册的学徒期获得一份好工作。青年计划也为在校青年和校外青年提供服务，以支持校外青年的教育事业。[550]在给失业者提供教育机会方面，华盛顿劳动力投资委员会（Workforce Investment Council）通过确立评估体系来有目标、有针对性地解决教育、培训与工作的对接问题，包括个人就业计划（IEP）和个人服务策略（ISS）。[551]在给老人创造教育条件方面，老年社区服务就业计划（SCSEP）就是一项帮助美国老年人重新进入职业或继续在职的项目。它是一个兼职的社区服务和基于工作的培训项目，参与者通过在社区组织的工作培训获得职业技能。参与者被安置在各种各样的非营利和公共设施的主办机构中，日托中心、老年中心、学校、医院和政府机构。老年社区服务就业计划旨在加强主办机构的责任，提供足够的技能培训和专业发展机会，促进老年人重新就业。此外，老年社区服务就业计划的工作人员还积极参与并与主办机构协调，使其能够获得永久的无补贴就业。老年社区服务就业计划还与商界人士合作，确定有意招聘合格、受过培训的成熟员工的雇主。[552]

二、英国伦敦城市群人才空间治理经验

（一）伦敦城市群基本情况

英国伦敦城市群是英国以伦敦为中心的城市群，由伦敦—利物浦一线的城市构成，其中包括“世界纺织工业之都”曼彻斯特、纺织机械重镇利兹、伯明翰、谢菲尔德等大城市，以及众多小城镇。2013 年，伦敦城市群的面积为 4.5 万平方千米，占全国总面积的 25%；人口 1 240 万，占全国总人口的 30%；GDP 为 6 658.5 亿美元，人均 GDP 为 53 697 美元。[553]伦敦一度以强大的制造业来引领经济增长。然而，从 1984 年开始，英国整体的制造业经济缩水，制造业提供的就业岗位到 2011 年仅剩下 129 000 个。[554]与之相反，在这一段时间内，研究、科学技术以及房地产行业发展快速并持续增长。

从空间结构上看，伦敦城市群分为外伦敦地区、内伦敦地区、中央活动区和伦敦增长带。

外伦敦地区（Outer London）占地面积巨大，范围从“Metroland”绿树成荫的郊区到像 Dagenham 这样的工业郊区。其对伦敦的发展和繁荣起着至关重要的作用。有 60%的人生活在这里，并且，这里提供了将近 40%的工作岗位。在外伦敦地区的生活相较于中心地区更为适宜、绿色、健康和富裕，具有较高的生活品质，但同时也存在着剥夺和排斥问题。外伦敦地区的经济表现不显眼，在伦敦被认为是“宿舍”一般的存在，基础设施的供应上也表现不佳。为解决此问题，伦敦市长专门成立了“外伦敦委员会”，以评估外伦敦地区可释放的潜力程度，探索阻碍其经济成功的因素。委员会认为外伦敦要想实现其经济成功，需要综合考虑经济发展、交通等基础设施和生活质量等多方面因素。[555]好的生活环境和生活质量对经济发展是非常重要的，它影响该地区对经济活动是否具有吸引力。伦敦一方面致力于提高外伦敦地区的基础设施供应量和生活品质，另一方面也加大了在该地区的投资，尤其是交通设施的投资。

内伦敦地区（Inner London）总人口只有外伦敦的 60%，但人口增长水平和人口增长率却较之大大增加。预计到 2036 年伦敦人口增长率将达到 31%。内伦

敦地区有着伦敦最贫困的社区，同时还有许多混居区。内伦敦的民族构成也十分多样，住宅密度高，包括许多高层住宅，开放空间相对有限，社会基础设施落后，公共部门教育程度低，近年来内伦敦地区越来越成为新兴经济部门的聚集地，表现出不同的聚集和居住要求。[556]

中央活动区（Central Activities Zone，CAZ）是伦敦的地理、经济和行政核心。伦敦几乎三分之一的工作岗位都集中在这里。作为国家政府的所在地，它包括议会、中央政府总部以及与立法和行政程序有关的一系列组织和协会。它也是文化中心和全球文化产业基地，分布着剧院、音乐厅等众多文化娱乐设施。它包含一系列的零售中心，从西区和骑士桥延伸到更多的本地中心，满足居民的生活需求。这也是 28.4 万伦敦人的家，提供各种住房，以满足当地和城市的需求。最后，该区有世界著名的伦敦皇家公园和泰晤士河，以及无与伦比的古老遗迹和更现代化的建筑。所有这一切都赋予了中央活动区独特的风格，也体现出市长对街区和社区多样性的保护。中央活动区有一些专业经济集群，包括伦敦金融城的金融服务、法院和皇家法院附近的法律集团、布卢姆斯伯里/The Strand 大学区、梅费尔的财产和对冲基金、哈利街和周围的医疗服务区以及西区的剧院。[557]

（二）伦敦城市群人才管理体系

伦敦城市群能成为世界级的大城市群，并且汇集了大量的人口和创造了繁荣的经济，其重要原因就是对人才的重视，其能够有效地吸引人才、培养人才、容留人才、使用人才，为城市建设提供源源不断的人才供应。

工业革命之后，英国逐渐意识到教育的重要性，开设了一系列的技术学校，与继承教会意志的大学共同发展，培养出无数哲学家、思想家和工程师，截至 2020 年，英国已有 134 名诺贝尔奖获得者。[558]英国奉行全球化的人才战略，致力于培养具有全球性视野的人才。

在第二次世界大战以前，英国就存在手工艺人到美国、加拿大工作的现象，二战之后，英国每年都有大量刚毕业的博士、年轻的教授以及具有成熟经验的教授前往美国、加拿大等地工作，是当时欧洲各国中流出人才最多的国家。[559]尽管英国从第二次世界大战以后就有大量的研究人才外出工作，但对于人才外流的讨论总体来说分为两派：一派是认为英国存在严重的人才流失现象，以英国皇家学会为首，他们分析了英国人才流失的原因；另一派则认为虽然英国每年都有流失去外国工作的人才，但每年也存在重新回到英国工作的人才，而这些人才大多已经在国外拥有丰富的经验，在所研究领域中已做出突出的成果，这些人才回流的现象实际上为英国带来更好的机会，因此应该鼓励人才走出英国。但不论人才外流对英国是否产生好处，有一点是不容忽视的，美国能够在第二次世界大战之后迅速发展并赶超英国，与英国人才大量流失到美国工作有着非常重要的关系，来自全球的人才为美国的发展做出了杰出的贡献。

进入 20 世纪 90 年代以后，在全球化的影响下，人才流动较之以往更加畅通无阻，全球各国都逐渐意识到人才的重要性，一场争夺人才的战争拉开帷幕。英国政府重视制定统一的行动方案和战略规划，授权行业技能委员会（Sector Skills Council, SSC）作为英国各经济部门的单一主管单位负责技能提升和培训。行业技能委员会的职能包括：为其部门制定当前和未来学习和资格要求的战略；制定相关学习计划和资格认证的职业标准；批准所有职业资格，以确保满足雇主需求；就哪些资格应成为其部门公共资金的优先事项提供咨询意见。[560]

在人才政策发展过程中，英国推出了大量具有时代现实指导意义的文件和政策。如加强新世纪的“学徒制”，推出《创新英国》《人才管理战略》，专门针对公务员的《人才行动》（Talent Action 2016），面向少数族裔青年的温莎奖学金（Windsor Fellowship），旨在发现和培养企业人才的“新兴人才计划”（Emerging Talent Management）等多个人才战略和人才计划。这些人才战略和人才计划在全国范围内有效，因此能够对伦敦城市群产生重要的指导意义。

（三）人才空间治理经验

1. 人才流动和一体化政策

为保证人才的自由流动和顺畅交流，伦敦市政府通过与社会组织合作以提升居民劳动力技能并实行国家职业资格证书制度。

（1）政府与社会组织合作以提升劳动力技能。

为了消除特定居民获得工作的障碍，特别是满足其对技能和培训的需求。伦敦市长与伦敦企业展开合作伙伴关系（London Enterprise Partnership）合作[561]，并通过该组织，确保为那些进入积极劳动力市场有困难的人的职业发展提供特别支持，以更好地利用伦敦经济增长带来的机遇。

（2）国家职业资格证书制度。

为克服传统职业教育的弊端并促进劳动力市场流动，英国建立了国家统一的职业资格证书制度（National Vocational Qualification，NVQ）。英国于 1986 年建立了面向成人（包括 16～19 岁青年）的，以国家职业标准为导向、以实际工作表现为考评依据的国家职业资格证书制度。这是一种新型的职业资格证书制度，主要包括国家职业资格标准体系、国家职业资格考评体系、国家职业资格证书质量管理体系等。[562]英国国家职业资格证书制度的职业资格标准体系以职业岗位需要的能力为基础，它测量的是一个人能做什么，而不仅仅是他知道什么。英国国家职业资格证书制度的考核方法坚持以职业标准为尺度，真实有效地考核学生的实际工作表现，抛弃了传统考试制度中不合理的因素，为人才的培训和考核开创了新的途径。[563]

（3）人性化的人才融入机制。

伦敦地区的人们表现出语言、文化多方面的差异。为了让人们可以更好地融入伦敦，市政府致力于建设一个更具包容性的城市，承认共同价值观以及首都不同群体和社区的特殊需求，特别是最脆弱和最弱势的群体。其主要措施为：通过制定相关法案来实现包容环境。

伦敦制定了专门的公平框架（The Mayor's Equality Framework），以及相关的法律文件——《公平法案 2010》（Equality Act 2010）。该框架致力于将伦敦人聚集在一起，重点在于保证人们享有免受歧视的法律权利。[564]帮助人们、团体或社区找到共同的策略或共同背景，共同创造团结的愿景和归属感对实现这些目标和维持有凝聚力的社区非常重要。

伦敦要求所有新开发项目都达到最高标准的无障碍设计和包容性设计[565]，以实现老年人、外来人口、残疾人等的健康和人性化发展。

2. 打造宜居生活环境

打造宜居的生活环境是容留人才的有效措施。伦敦打造宜居环境的措施主要包括：提高生活质量、促进伦敦地区平衡发展、伦敦住房计划、伦敦交通计划、伦敦改善环境计划等。

（1）以社区为载体提高生活质量。

伦敦主要是以社区为载体来提高生活质量的，即通过合理的社区生活布局来改善人们的生活。如上述基本情况中展示的一样，伦敦的中央活动区、内伦敦与外伦敦呈现出不同的发展状态和发展环境。在 2016《伦敦规划》中，伦敦致力于提升外伦敦地区的生活质量和水平，同时也保持中央活动区的生活质量，保证其资源的有效和可持续提供。委员会认为优良的环境、充分的房屋和高质量的生活对外伦敦地区可吸引到的经济活动至关重要。因此，将会重点考虑采用“地点改造”（Place Shaping）的方法综合各类手段和力量为其提供基础设施，并建设可持续发展的社区关系。[566]好的生活质量是指一个地区拥有良好的环境，可以为人们提供一个想要工作和居住的地方。

伦敦的终生社区理念（Lifetime Neighborhoods）对人们的生活有很大的影

响。在他们的社区里，基于终身邻域原则，人们应该在积极和持续性的当地社区中拥有一个高质量的环境。开发的设计应使布局、任期和用途组合与周围的土地相连接，并向人们提供获得社会和社区基础设施（包括绿地）、蓝带网络、当地商店、就业和培训、商业服务和公众运输的机会。发展应能使人们过上健康、积极的生活；应该最大限度地提升社区多样性、包容性和凝聚力；应有助于人们的归属感、安全感的提升。工作场所和休闲场所、街道、社区、公园和开放空间的设计应满足人们生活各个阶段的需求。[567]

（2）树立地区平衡发展理念并完善配套措施。

伦敦地区的各社区存在着贫富差距，在环境、经济、教育、交通、安全、发展等各方面与其他地区表现出巨大差异。对此，伦敦采取为所有人提供平等的生活机会的理念。[568]最为关键的是市长在其中发挥的作用。

市长致力于确保所有伦敦人平等的生活机会。满足所有伦敦人的需求和扩大机会，在适当的情况下解决满足特定群体和社区需求的障碍，是解决整个伦敦不平等问题的关键。主要措施包括：一是考虑发展建议对伦敦健康和卫生不平等的潜在影响。市长将与国家医疗服务体系（NHS）、伦敦自治区和社区部门合作，尽可能减少健康不平等现象，改善所有伦敦人的健康状况。二是协调对伦敦地区中不利于健康的区域进行实体改善的投资。三是协调有关环境、气候变化和公共卫生的规划和行动，以实现利益最大化，并使更广泛的合作伙伴参与行动。四是促进强大多样的经济为所有人提供机会。五是应考虑社区健康和福利的主要发展建议的影响，例如使用健康影响评估（HIA）。六是新的发展应以改善健康和促进健康生活的方式进行设计、建造和管理，以帮助减少健康不平等。[569]

（3）推行伦敦住房计划。

伦敦政府计划在外伦敦地区提供足够的房屋，以满足包括外伦敦、内伦敦、中央活动区在内的整个伦敦的需要。在内伦敦地区，重要的不在于增加房屋的供应，而在于保证人们可以承担得起房屋的使用，尤其是对一个家庭而言。由于内伦敦地区的社会排斥问题较为严重，因此，伦敦致力于创造出更为混合和平衡的新社区关系，其中最为关键的就是“房屋选择”（Housing Choice）计划。[570]

“房屋选择”计划的主要内容为：一是伦敦人应该有一个真正的选择，即他们可以负担得起的住房，并满足他们对最高质量环境中不同大小和类型住宅的要求；二是通告当地住房供应的情况，分区域和地方确定住房要求，行政区应与市长和当地社区合作，确定其区域内可能出现的需求范围，并确保新的开发项目提供了一系列住房选择，考虑到了不同群体的住房需求以及不同部门在满足住房需求方面的作用；提供积极和实际的支持，以维持私人租赁部门（PRS）在解决住房需求和增加住房交付方面的贡献。[571]

（4）完善交通计划。

伦敦市政府主要通过发布伦敦交通计划来推进伦敦交通的发展。伦敦政府计划将连接外伦敦地区与中央活动区的交通投资放在首位，主要的政策为外伦敦地区的交通计划（Mayor's Transport Strategy）。[572]在交通计划方面，伦敦市政府体现出了政策的决断力和理性，为伦敦设计出详细的交通计划并强力推动实施。

（5）改善环境计划。

伦敦市政府主要以网格化管理、制度化规定来进行环境的保护和改善，以降低污染排放量，减少各行各业污染，转型低碳经济。

一是实现网格化管理。设立功能性网络以便于管理。市长将与所有相关的战略合作伙伴合作，扩大和提升伦敦的绿色基础设施网络的范围和质量。这个多功能网络将获得包括但不限于保护生物多样性、保护自然和历史景观、促进当地粮食生产、缓解和适应气候变化、水管理，以及促进个人和社区发展的社会效益。市长将通过与所有相关机构（如 Green Arc Partnerships 和 Lee Valley Regional Park Authority）合作，开展绿色基础设施的交付工作。[573]市长已经发布了关于全伦敦绿色网络的补充指导，以确定伦敦各地绿色基础设施的战略目标和重点。

二是制度化规定。市政府颁布了相应的文件，详细规定了发展的主要措施和方向。发展建议的设计应包括屋顶、墙壁和场地种植，特别是在可行的情况下采用绿色屋顶和墙壁，以尽可能多地实现以下目标：适应气候变化（帮助冷却）、可持续城市排水、缓解气候变化（帮助提高能源效率）、增强生物多样性、无障碍屋顶空间、改善建筑物的外观和弹性、种植食物。[574]

3. 完善教育体系

伦敦拥有世界上最为发达和完善的教育体系之一，其教育体系的完善性主要体现在覆盖了每一个方面、每一个阶段，主要包括：早期教育、初等和中等教育、继续教育、高等教育以及留学生教育等。

（1）早期教育。

伦敦的早期教育主要通过加大相关研究、提供教育资金支持、制定相应法规等措施来实现的。

一是加大相关研究。从 20 世纪 90 年代开始，英国政府逐渐认识到早期教育的重要性，由此开始委托相关研究机构对英国的教育情况进行调研。1990 年《朗博尔报告》中明确表示政府有责任给孩子一个更好的开端。[575]这为政府的相关后续行为提供了基础。

二是提供教育资金支持。1995 年，《幼儿教育券计划》(Childcare Voucher Scheme) 颁布，4 岁儿童家长每年可以获得 1 100 元英镑的教育券，通过这种方式保证儿童入学并接受高质量的学前教育。[576]1997 年，英国工党政府颁布了《国家儿童保育战略》(National Childcare Strategy)，计划在正式实施后五年内在英国的每个社区都建立起高质量、可负担的儿童保育。[577]

三是制定相应法规。1998 年，为应对学前教育事业发展中的学前教育质量参差不齐、学前教育收费过高、学前教育机构紧缺等问题，政府颁布出台了《应对儿童保育挑战》(Meeting the Childcare Challenge：A Framework and Consultation Document) 绿皮书，对学前教育事业的发展做出了全面而科学的规划。其中，作为工党政府的一项重要学前教育改革举措，免费学前教育开始正式在全国范围内施行。该绿皮书规定自 1998 年 9 月开始，全国满 4 岁的幼儿将会获得由国家提供的免费兼读 (part-time) 学前教育，时间为每周 12.5 小时，全年共有 33 周。[578]该政策的颁布与实施，开创了英国免费学前教育的先河，大大提高了英国学前教育的普及程度，有效改善了英国学前教育事业的发展面貌，为全国幼儿及家长带来了巨大的福祉。

进入到 21 世纪之后，英国政府继续加大对学前教育的改革，许多有效的政策及举措相续颁布，这为 21 世纪英国学前教育的健康发展奠定了坚实基础。2003 年，政府颁布了《每个儿童都重要》(Every Child Matters) 绿皮书，计划拓展英国现有的免费学前教育年限，努力实现全国 3 岁幼儿的免费教育。[579]2004 年 4 月，政府出台政策，开始正式对全国所有 3 ~ 5 岁幼儿实施每周 12.5 小时的免费学前教育。[580]随后，政府颁布了《儿童保育十年战略》(Choice for Parents，the Best Start for Children：A Ten Year Strategy for Childcare)。该文件重申了对 3 ~ 5 岁幼儿实施免费教育的规定，并对未来免费学前教育的发展做出了规划，指出免费学前教育的最终目标是为所有 3 ~ 5 岁幼儿提供每周 20 小时的免费教育，其中第一阶段目标是于 2010 年实现所有 3 ~ 5 岁幼儿均能享受每周 15 小时的免费教育目标。[581]至此，英国的免费学前教育政策正式确立。政府又相继出台了一些政策法规，使英国免费学前教育政策逐步走向完善。2006 年，政府颁布了《儿童保育法》(Childcare Act 2006)，将免费学前教育写入该法，从而赋予了免费学前教育以法律地位。2010 年，政府根据之前所确定的免费学前教育规划目标，开始对 3 ~ 5 岁幼儿实施每周 15 小时的免费学前教育。[582]

（2）初等和中等教育。

伦敦的初等与中等教育政策是针对儿童进行的有效培养其能力的教育，为伦敦培养人才提供了相应的基础。初等与中等教育是针对 5 ~ 16 岁儿童实行强制性全日制义务教育。初等教育的主要目标是帮助所有学生具备基本的读写与计算能力，帮助他们奠定科学、数学与其他学科的基础。中等教育的主要目标是帮助学生为将来的高等教育与职业培训做准备。“基础”学校课程包括“国家课程”、宗教教育和性教育。国家课程是中小学使用的一套主体课程，标准统一，所以孩子们学习的东西是一样的。其他类型的学校，如私立学校，不必遵循国家课程。学院必须教授广泛和平衡的课程，包括英语、数学和科学，也必须进行宗教教育。为提供“标准化”课程，英国政府为义务教育阶段课程提供了指导框架。

英国通过 2010 年“学院法”和建立免费学校，以及地方当局将更多的责任下放给学校，以提供更多的教育供给。地方当局在新系统中的战略作用将是采取积极主动的协作发展方式，扩大教育选择范围，促进优质学校的良好供应，鼓励学院和免费学校的发展。地方当局仍将被要求履行法定职责，以确保其地区内有足够的学校位置。[583]

（3）继续教育。

继续教育是针对未进入高等教育的群体进行的。在继续教育的过程中，形成了以继续教育学院为主体，多种继续教育计划相互融合的机制。

继续教育学院作为主体，发挥着重要作用。继续教育学院在技能发展和终身学习方面发挥关键作用，将协助伦敦人就业。继续教育学院还提供有价值的社区设施和服务，市长将支持继续教育学院和设施的保护和提升。伦敦的学生在中学毕业之后，英国政府还提供《16 ~ 19 学习课程：工作经验》，为职业发展提供就业前培训，同时形成了多样化的、相互配合的融合计划，包括培训生计划（Traineeship）、受到支持的实习计划（Supported Internship）等。[584]

（4）高等教育。

英国的高等教育世界闻名，为英国输送了大量的全方位人才。英国的高等教育的做法主要包括：公立教育与私立教育并重、注重教育的质量、理论与实践并重。

一是公立教育与私立教育并重。英国的大学都是独立的法人实体，均有学位授予权，可自主设置不同课程，并根据开设课程授予各级学位。除白金汉大学为私立大学以外，其他大学均为公立大学。

与此同时，英国的高等学院和高等教育学院大部分为私立教育机构，可提供水平不同、专业不同的各类课程。一部分学院可自行颁发学位，但更多的学院由其所属大学、学院或国家认证机构颁发学位证书。除了本科课程外，这类学校还设置了许多专业性课程或为有一定工作经验的学生设计特殊课程。

二是注重教育质量。在英国，未经授权而设立学位属违法行为，得到学位授予权的依据是皇家许可或议会法案。要获得学位授予权，高等院校必须表明他们对保证质量的承诺，并且拥有相应的体系来确保学术质量。高等教育质量保障署（QAA）公布的规章中对于学校应该达到的标准有详尽的说明。英国学位可分为学士学位（Bachelor Degree）、硕士学位（Master Degree）和博士学位（Doctor of Philosophy）。英国在一些学院和高等教育学校开设两年制或三年制的专业课程。两年制课程完成后，学生考试合格，可获取高等教育文凭证书（Diploma in Higher Education），学生毕业后，如果申请本科生课程，其两年制所学课程有可能被录取大学认可。[585]三年制课程主要为工业界培养职业学生，学生毕业后，可获得高等文凭证书（Higher Diploma）。[586]

由于其独特的高等教育办学机制，英国十分重视高等教育的质量评估，并逐步形成了多元化、多层面的高等教育质量保障体系。在英国，议会、政府、专业机构以及高等院校扮演不同的角色并分工协作使优质教育资源的保障体系得以顺利运行。

三是理论与实践并重。英国很多高校会提供一种“三明治课程”（Sandwich Course），该课程将学习时间分成“学习+工作”的模式，将学生在校的课程学习与相关的实习工作结合起来[587]，同时还设有职场（Work Place）课程，专门就工作申请、面试准备等就业相关技能给学生提供指导。该课程中的实习不仅可以让学生掌握一定的工作技能、积累工作经验、建立人际关系网、增加就业机会，还能让学生变得更为成熟和自信。

（5）留学政策。

英国的留学政策是为了更好地吸引国际优秀人才，其留学政策的核心只有一个——宁缺毋滥，不要求留学生的数量，要保证留学生的质量。

关于保障留学生的质量，主要体现在两个方面：一是来英留学的应是优秀学生。自 2011 年开始，关于留学生毕业签证政策发生了变化。英国政府的理由是近几年英国吸引来的学生并不是最优秀的人才。政府希望能够吸引优秀的学生来英国求学，而不是为了来英国找工作或是定居而留学的。为了控制移民人数和国内居高不下的失业率，英国政府计划提高留学生签证门槛并取消原有的毕业生两年工作签证（Post Study Work）[588]，对国际留学生申请的语言水平要求从雅思（IELTS）3.5 分～4.5 分，提高到雅思 5 分～6.5 分。同时，英国政府大幅削减非欧盟国家的学生签证配额，所有希望从海外招生的英国教育机构必须获得政府颁发的“高度可信担保方”（Highly Trusted Sponsor）证书。为实现限额控制非欧盟人口入境的目标，所有招收国际学生的院校必须获得高信度担保。新政下，所谓的“野鸡学校”将被强行规定限额。

二是严格的留学生创业政策。从 2012 年 4 月 6 日起，英国实行更具选择性的学生工作签证系统，只允许那些被认为是最具才华的国际学生留在英国创业。只有从一所英国正规大学毕业，得到英国边境管理局认可的雇主录用，年薪在 2 万英镑或以上的海外学生才能继续在英国生活和工作，以便为英国经济带来好处。[589]2015 年 4 月 6 日，《英国移民法修改草案》开始实施[590]，在英国积分制签证体系第五等级（Tier 5）中新增了国际学生实习计划（International Student Internship Scheme，ISIS）。按照该计划，英国境内的国际学生在毕业后可以申请从 Tier 4 学生签证转成为期一年的 Tier 5 国际学生实习工作签证。[591]这为想要体验英国公司文化、获得在英工作经验的国际学生提供了机会。

三、日本东京城市群人才空间治理经验

（一）东京城市群基本情况

日本是最早提出“都市圈”概念，并对都市圈进行统一规划和跨区域联合治理的国家，在都市圈发展与治理方面积累了非常丰富的经验。从行政区划看，东京都市圈的划分方式有狭义和广义之分。狭义东京都市圈一般采用“一都三县”的划分方法，包括东京都及周边的埼玉县、千叶县、神奈川县，以东京为圆点覆盖半径为 80 千米的区域，也被称为“首都圈”。广义的东京都市圈又称“首都圈”，是在“一都三县”的基础上加入茨城、枥木、群马及山梨等四县（即“一都七县”），总面积达 3.69 万平方千米（占全国国土面积的 9.8%）。截至 2020 年，东京都总人口为 1 395 万人，首都圈人口为 3 660 万人，比日本全国人口的四分之一还多。[592]

东京首都圈的发展是政府主导推动区域规划建设的典范，侧重于从国家层面加强都市圈的规划建设，且每十年修订一次首都经济圈规划。1976 年出台的第三次规划意识到了东京一极的问题，强调形成不依赖于都心的都市外围区域；在都市圈内应该存在多个核心城市，这些城市各有分工但是又保持相对独立。[593]这种“分散型多心多核”模式在过去 30 多年一直是东京首都圈规划的原则。

政府为东京都市圈的发展制定了框架，将东京定位为全球金融和商务中心，

并将东京及其附近地区改造成以知识和信息为基础的产品基地，东京湾地区由原来的出口导向产业带转变为一个商贸中心。政府还通过政策来支持东京服务和基础设施建设，从而推动东京商务功能的发展。政府从政策上强调核心区商业功能聚集的重要性，提倡功能混合，并采取具体的措施来扶持东京商务功能的发展。东京都良好的信息技术基础设施为金融、银行、保险、物流、知识密集型制造业的发展提供了重要条件。

东京都市圈内东京都以外的三县作为业务核都市不断发展，分担了东京中心地区的部分商务、行政、教育科研职能，对促进东京都市圈的协调发展和空间结构优化起到了一定作用。比如，对于人口集中、交通拥挤的问题，东京都市圈在规划中采取了区域方法控制政策，扶持具有高附加值的金融服务业发展。以现代服务业来看，东京都市圈是一个管制型国际城市，东京都市圈现代服务业集群是政府产业政策有意催生的。专业人才的规模和质量是现代服务业集群及持续发展的基础，现代服务业集群发展离不开人才的基础性支撑。

（二）东京城市群人才管理体系

1. 国家层面人才政策

日本政府在国家层面制定了相关的人才政策，以作为城市群以及各城市人才发展的指导。国家层面的指导主要包括两方面。

一是制定相关政策引导城市人才工作。日本在 1987 年制定的第四次《全国综合开发计划》中提出，要将东京打造为世界城市，希望借东京发展来提升日本整体经济水平。[594]在这个设想里面，全国统筹支持东京建设是东京快速发展的重要保障，同时还有一个很重要的概念是打造“大都市圈”，为此提出了半径为 300 千米的城市群规划体系的概念，即联合周边地区、合理分工、协同发展。与西方主要大都市相比，东京是以政府为主导积极推动都市圈规划建设并取得成功的典型。以东京为核心的首都都市圈规划大约每十年修订一次，现已进行了五次大规模的规划。首都圈规划每次均根据国际背景变化、国内战略要求和东京承担的历史使命的变迁，做出适应性调整和完善。在东京都市圈中，东京是日本的政治中心、文化中心和经济中心，也是当今与纽约、伦敦等并列的世界城市和国际金融中心，在都市圈内的首位度和经济集聚度很高。

二是重视人才问题的研究。2003 年 10 月，东京都邀请教育界、科技界、财经界和舆论界的 21 位知名专家组成科学技术人才专门调查会，负责制定解决科技人才不足的对策。该机构在对日本科技人才现状进行广泛调研和深入探讨的基础上，于 2007 年 10 月提出了《关于科学技术相关人才培养与使用的意见》。[595]

2. 人才引进政策

东京引进外国人才的政策包括三个方面。

一是设立专门的国际人才事务机构。东京设立了支援引进国际人才工作处，东京都为了支援计划开展海外投资的中小企业等的国际人才的引进，开始进行“支援引进国际人才工作”。[596]此项工作的目的在于提高海外国际人才在都内中小企业等就业的意识。支援引进国际人才工作处负责具体的详细工作，包括对于人才条件的咨询、准入条件以及文件的准备等。

二是以“外国人高级人才积分制”作为具体的实施机制。日本政府在 2011 年年底以有专业技术和知识的外国人（简称：外国人高级人才）为对象，出台了“外国人高级人才积分制”的新政策。[597]该制度根据学历、职历以及年收入等对外国人进行评分，如果达到一定标准，日本则认定其为“高级人才”。针对这些人将给予优惠待遇，其中包括放宽永住资格和配偶就业条件、父母永住申请等，以实现日本成为“世界最迅速的为外国高等人才提供绿卡的国家”目标。[598]

三是重点领域重点引进。主要针对大学教授等“学术研究”、医生等“高度专业和技术”以及企业管理层等“经营与管理”3 个领域进行国外高级人才的引进。希望参加评定的外国人及其所属的企业可以向日本各地的入国管理局申请。例如属于“经营与管理”领域的申请时，博士学位或硕士学位持有者加 20 分，具有 10 年以上的实际工作经验则加 25 分等。对年收入和日语能力等方面也将进行评分，如果积分达到 70 分，就会被评定为高级人才。对评定合格的外国人，日本政府将把原则上需在日居留 10 年以上的永住资格许可条件放宽为 5 年。其配偶则不再有工作时间上的限制，还可以允许其带父母和佣人到日本，从而为这些高级人才提供易于生活的环境。[599]

人才新政推行后到 2015 年年末共引进 4 300 名外国人才，2015 年年末与 2014 年年末相比，增加了 80%。2014 年 6 月 11 日，日本国会通过《出入国管理及难民认定法改正案》，从 2015 年 4 月 1 日起，增设“高度专门职”在留资格，截至 2015 年年末，共 1 508 人取得该在留资格，其中中国人占 64%，数量最多。而这次产业竞争力会议上放宽居、永住权的对象为拥有“高等专业职”在留资格的高端人才。

（三）人才空间治理经验

1. 完善人才流动政策

（1）人才流动。

日本的人才流动有两个特征：一是人才流动无障碍；二是人才流动率低。

流动的障碍少，却流动得少，这个看似矛盾的现象，是由其自身的规律所致。日本人才社会年流动率低的原因主要是：其一，企业特殊的雇用制度。在日本企业中只有正式职工才能获得终身雇用权。因此，能否被企业录用为正式职工就成为能否获得终身雇用权的关键。日本企业录用正式职工一般都是从学校直接录用毕业生，很少在社会上录用正式职工。管理人员和专业技术人员一般也是直接雇自大学。大约有 62%的日本人是通过学校直接就业的。[600]一般来讲，职工有离开企业的自由，但实际上，正式职工一旦离开一个企业就很难有机会再成为另一个企业的正式职工。其二，年功序列制的消极作用。年功序列制不以能力为标准，而以年龄、学历、厂龄等为标准支付工资和作为晋级条件，限制了人才的流动。年功序列制的评价标准正好与建立在等级结构上的社会评价标准一致，其核心是资历。资历资源成为一切精神与物质资源的根本。中途变更单位就等于扔掉这一资源，一切从零开始。其三，文化背景的影响。日本民族崇尚忠诚，甚至可以达到为自己的领导而牺牲生命的程度。正是这一精神与其经济制度的恰当结合，形成了日本社会独特的企业用人制度。

近年来，日本兴起了一种引人注目的新兴产业。这就是人才派遣业。所谓人才派遣，是指雇主首先雇用具备专业知识、技术和经验丰富的人才，在接收客户的委托后，将其派遣到用人单位工作，派出人员的工资由派遣企业支付，而人才使用单位则向人才派遣企业支付劳务费。日本的人才派遣业很发达，其每年的经营规模达数十亿美元。[601]

日本的人才银行是在近年日本科技人才短缺，企业争夺人才日趋激烈的背景下应运而生的。所谓人才银行，就是将那些申请求职者的档案入库，掌握其简历和求职要求，向用人单位适时推荐的机构。这类机构的名称互有差异，或为“人才介绍中心”，或为“人才流动中心”，但其主要业务基本上是一致的。1977 年时，全国约有 20 所这类银行，到 1991 年，这类银行增加到 30 家。这类银行的服务面很广，如东京都港区的“人才流动中心”就与 2 000 多家企业建立有业务联系，在该中心登记的申请就业者已达 25 000 人。[602]

（2）外来人才。

在东京，外国人已成为城市中不可忽视的人群，外国人对丰富当地文化有其独特的贡献和意义，他们已成为城市整体的一个特殊组成部分，也是城市文化包容性的一个体现。最近几年东京实施了庞大的公寓建设计划和外国人社区建造计划，以满足外籍人口的需求。外籍人口在生活质量上的要求与当地人不同，东京各区政府都设有外国人专用咨询窗口，可用英语、韩语、汉语进行咨询，还备有六种语言版本的咨询图书，包括从电气设备到办理手机、紧急常识、应对灾难方法到购物、餐饮、旅游等在内生活所需的各种信息。在该中心还设有外国人学习日语、读书、开讨论会的场地。

2. 创造人才生态环境

（1）便利且安全的都市圈交通通勤网络。

东京的交通通勤圈网络具有两个方面的特征：一是便利发达，二是安全可靠。这两个特征共同使人口高度聚集的东京交通井然有序。

一是便利发达的交通。轨道交通承担了东京都市圈绝大部分的客运量。自1927年启用东京地铁银座线以来，东京都市圈已发展出包含158条线路，由政府、交通营团、民营企业等48家经营者运营的庞大系统。[603]东京都市圈通勤人员中，86%的乘客选择了轨道交通，在高峰时期，更有91%的人选择轨道交通，为全球最高水平。[604]交通经济在东京城市群里起到了很大的作用。东京都市圈的铁路系统非常发达。共计3 000余千米的地铁和市郊铁路是东京都市圈交通的核心框架。[605]日本铁路的利用率很高，除了地铁，还有很多铁路互联互通，相互衔接。这些连接的点都成为一个个小的城市中心，并且实力不断增强。

二是安全可靠的交通网络。东京警视厅定期开展“全国交通安全运动”，成立“促进区域交通安全委员会”、发布“大都会速度管理指南”等，这些都成为东京安全可靠的交通的保障。

（2）理性、充足、安全的住房。

东京的住房主要有三个特点：理性的住房理念、充足的住房数量、安全的住房质量。

一是理性的住房理念。日本总务省每5年进行一次的全国住宅统计数据表明，越是人口密集的大城市住房自有率就越低。截至2008年10月1日，在日本三大都市圈中，以东京为中心的东京都市圈的住房自有率为54.9%，也就是说超四成的家庭是在租房居住，高出全国平均水平约一成多。相关统计还表明，日本25至29岁主要收入来源者的家庭拥有自有住房的比例只有11.6%，30至34岁和40至44岁人群拥有自有住房比例分别为29.9%和57.7%，65岁以上人群拥有自有住房比例超过八成。[606]

据日本不动产经济研究所数据，2009年以东京为中心的首都圈公寓供应量为3.64万套，公寓平均售价也下降5%，销售率仅为69.7%。这在一定程度上说明，更多的人选择租房居住而不是买房居住。[607]

二是充足的住房数量。东京都市圈内的高层公寓等集合住宅呈逐年上升之势。从2003年到2008年，日本独户住宅仅增加3.6%，而公寓等集合住宅则增加 10.4%，特别是东京等大城市增势更加明显。目前东京住房总数为 678 万套，其中公寓所占比例达 69.6%，远远高于 41.7%的全国水平。[608]

三是安全的住房质量。针对东京自然灾害（如地震）频发的问题，东京都城市发展局发布“让东京成为世界上最安全的城市”（Making Tokyo the World's Safest City）的理念，在东京都的心脏地带，东京都政府正在发挥私营部门的活力，通过公私合作促进城市发展，以推动形成优雅且多功能的国际金融中心和其他城市空间。

（3）完善的医疗保障。

东京搭建了重视医疗研究、医疗基础设施完善、就医服务便利的医疗保障政策体系。

一是重视医疗研究。东京都内有众多与再生医疗相关的研究机构，例如，庆应义塾大学、东京女子医科大学、东京大学等大学及产业技术综合研究所等。为了与这些相关机构联合、合作，在东京设置基地非常高效。制药企业的总部等众多相关企业也都集中在东京。同时，行业团体的再生医疗创新平台（Forum for Innovative Regenerative Medicine，FIRM）也在东京站附近的日本桥设有事务所。FIRM 开设了咨询窗口，主要针对海外企业，承接有关日本法律制度的适用、海外企业和加盟 FIRM 的日本企业间的商务对接等的咨询。可以说在寻找最佳商务伙伴方面东京拥有非常优越的环境。[609]

二是医疗基础设施完善。日本的医疗机构集中于东京、东京近郊（神奈川、千叶、埼玉）的一都三县，从系统销售、销售后的软件更新、维保等角度考虑，将基地设置在离顾客近的东京方便性更高。东京的医疗设施数量为：医院数量为 646 所，占全国的 7.6%；一般诊所数量为 12 758 所，占全国的 12.7%。[610]

三是便利的就医服务。为了建立使居民无论在何时、何地都能得到适当的保健医疗服务的综合体系，东京都制定了社区保健医疗计划，还进行了家庭服务的理想状态与医疗圈的设定的研究。在设定医疗圈的时候，要充分考虑与通勤、通学圈、购物圈等生活圈的关联，到达医疗设施的时间距离及其容易度，患者住院等就诊行为，圈域内医疗机构及其机能的分布与充足状况，等等。具体地说，要参考既往存在的圈域，市町村圈、保健所及福利事务所等都道府县的行政管辖区域等有关资料，同时要参考国家的医疗计划制定方针。[611]

（4）保护自然环境。

东京已将环境建设提升到城市发展前所未有的战略高度，制定环境发展战略并将其纳入城市发展战略体系是东京环境管理的一大特点。早在 2006 年《十年后的东京发展规划》中，日本就提出力争到 2020 年使东京成为世界环境负担最低的城市。在 2009 年争夺 2016 年夏季奥运会举办权的时候，东京环境建设又上升到了新的战略高度。[612]

东京对环境保护的认识是一个逐渐深入的过程，对环境问题识别与研判也不断变化，从被动治理到主动治理，从末端治理到重在预防，从污染物浓度控制到总量控制，从关注污染本身到研究环境背后的经济社会因素，从单个环境措施到综合环境政策，从研究地方环境到区域环境乃至全球环境，每一个维度的变化都可以看作其环境战略的转变。

进入 21 世纪，东京的经济增长基本停止，第二产业占 GDP 的比重下降至 12.9%（2011 年）。这一时期，东京人口增长缓慢，工业用地面积和商业用地面积不断下降。城市发展注重城市各项功能空间的布局调整，重视就业与居住功能平衡。随着 1997 年《京都议定书》的签订，东京致力于温室气体减排，实施低碳能源战略，同时也关注挥发性有机物治理、氮氧化物、化学物质污染、热岛效应、生物多样性、PM2.5 等新型环境问题。这一阶段，有影响力的环境规划有“十年后东京”（2006 年）、“东京都气候变化战略”（2007 年）、“东京都环境基本规划”（2008 年）、“2020 年的东京都”（2011 年）、“东京都环境规划（2016）”，其目标是将东京建设成世界上环境压力最小的城市，打造低碳、高效、独立、分散型能源社会，并将城市可持续发展模式推向全世界。[613]

东京在获得 2020 年夏季奥运会举办权后，将未来城市的发展与其结合。在“东京都产业振兴基本战略（2011—2020）”中，社会问题解决型产业（健康产业、危机管理、新能源）、信息传播产业（时尚产业）和都市功能利用产业（航空、机器人）成为其重点发展产业。在《创造未来：东京长期远景》（2014）中，东京未来以为子孙后代留下绿色遗产为目标，建设智慧能源城市，增强城市弹性，重构城市空间结构，探索新的可持续发展模式。[614]

（5）完善的教育体系。

根据 2016 年《首都圈发展白皮书》的数据，一都三县内的人均公园面积较为平衡；在教育服务方面，基于东京都人口基础数量较大的客观原因，配备的教育机构数量相对较高，但是按人均占有量来看，幼儿园、保育所、小学、初中和高中的四地供给相对均衡。而东京都对大学机构仍然存在“虹吸”效应，总数量和人均占有量依然是圈内其他三县的 4～5 倍，东京都与其他三县相差悬殊，短期内并未显现东京都高等教育资源向外扩散的迹象。总体而言，东京都市圈内的公共服务供给及质量高于日本全国的平均水平。

第七章

创新思维、构建良好的城市群人才空间治理体制机制

一、城市群、空间治理与现代国家治理

（一）城市群的前世今生

从 20 世纪开始到今天，世界人口急剧增长，从 1900 年的 17 亿增长到今天的 79 亿；同时，工业化和科学技术的发展也提高了城市管理技术，使得人类能够驾驭的城市规模越来越大。城市数量和规模的增长，总是超过城市规划师最大胆的想象。当城市的发展不断冲击城市技术的底线、引起城市交通拥堵、房价高企、环境污染、空间不足的时候，城市群的发展方式开始涌现，在追求规模性集聚效应的同时，寻求空间的扩展和生活品质的改善。城镇化的战斗就开始成为城市群建设的规模性战役，全面铺开，一发而不可收。

从相当的意义上来说，城市群是城市化的高级形式。城市群研究最早可追溯至 1898 年英国学者霍华德的著作《明日的田园城市》（*Garden Cities of Tomorrow*）。他设计了由若干个田园城市围绕中心城市而构成的城市群组，以解决工业革命所带来的城市与居住条件之间的矛盾。这种城市群组的设计思想通过围绕大城市而建立分散、独立、自主的田园城市，来解决大城市中出现的种种负面问题，初步树立了将城市与区域作为整体来进行研究的思路[615]。“田园城市”也被称为“无贫民窟、无烟尘的城市群”，这也是一种兼顾城市与农村二者优点的理想模式。霍华德被认为是从城市群角度来对城市进行探索性研究与实践的先驱者[616]。

后来，英国学者盖迪斯（P. Geddes）于 1915 年进一步提出了城市群概念[617]。盖迪斯在对众多英国城市的研究中发现，由于城市的扩展使得其诸多功能开始跨越边界，众多的城市影响范围之间相互重叠进而产生了“城市区域”（city region），因此他开始把这一新的城市空间分布形式命名为“集合城市”（conurbation），并且创造性地运用区域综合规划的思维，非常具有预见性地提出了城市演化的三种形态：城市地区（city region）、集合城市（conurbation）和世界城市（world city）[618]。在这几种城市演化形态中，集合城市可被看成拥有若干卫星城的大城市，这也是后期所提出的“卫星城”理论的基础[619]。1918 年，芬兰沙里宁（E. Saarinen）在其著作《城市：它的发展、衰败和未来》中提出应当将城市看作有机的生命体，并且城市群体发展应当从无序的集中转变为相对有序的疏散，并且基于这种“有机疏散”理论制定了大赫尔辛基规划方案；与此同时基于城市群体的规划研究在一些大城市发展中都有所体现，这表明了城市群体的研究开始渐渐受到人们的重视[620]。1933 年，德国地理学家克里斯塔勒

（W. Christaller）提出了著名的中心地理论（Central Place Theory），并且首次针对区域内的城镇群体进行系统化研究，创造性地提出了区域城镇分布的六边形组织结构模式，这种理论被公认为是城镇体系研究的重要基础理论之一[621]。

随着第二次世界大战后世界各国社会经济的快速复兴与飞速发展，在经历了“知识爆炸”浪潮的冲击后，诸多崭新的科学方法与技术手段开始被引入这一领域，在多种学科理论与工具的交叉作用下，有关城市群的研究取得了一系列重大突破。1950 年邓肯（O. Duncan）在《大都市与区域》中首次引入“城市体系”（urban system）的概念[622-623]。

现代意义上城市群研究的开拓者是法国地理学家戈特曼（J. Gottmann），他在考察了北美地区的城市化进程之后，于 1957 年发表了《大都市带：东北海岸的城市化》(“Megalopolis：The Urbanization of the Northeastern Seaboard of the United States”）一文，提出了“大都市带”（Megalopolis）的概念，并对其空间生长的模式进行了理论探讨。指出“大都市带”并非简单的一个城市或大都市，而是一个面积广大、由若干个大都市相互连接所构成的城市化区域，是一个有着相当人口密度分布的都市地带[624]。1961 年戈特曼又对当时世界上几个主要的大都市带进行了进一步的考察与研究，提出大都市带将会是未来世界城市群发展的主导方向。戈特曼的大都市带理论被学界视为全新的城市群体概念，得到了广泛认可。此后，法国经济学者佩鲁（F. Perroux）和布代维尔（J. R. Boudeville）于 1955 年创立的“增长极理论”和“点-轴发展理论”也对城市群相关理论的研究做出了非常重大的贡献[625-626]。1964 年，弗里德曼（Friedmann）和阿隆索（Alonso）结合罗斯托（W. W. Rostow）的经济发展阶段理论，两人共同提出了“核心-边缘”的经济发展与空间演化模式，从而反映了城市群的不同发展阶段与过程[627]。

20 世纪 90 年代以后，随着经济的全球化和以信息技术为核心的科技革命的爆发，城市群的研究得到了极大的促进，城市群的相关研究进一步向区域化、信息网络化等研究领域扩展。1986 年，弗里德曼（J. Friedman）开始对城市体系的等级网络进行研究，并且对城市等级进行了划分，指出城市体系的等级关系将会成为跨国公司纵向生产地域分工的体现[628]。

近期国际城市体系发展动向是以大都市为中心，形成多中心的城市区域（polycentric metropolis），2006 年霍尔（Peter Hall）与其助手佩恩（Kathy Pain）出版了由欧盟基金支持的关于新北欧大都市带的最新研究成果 *The Polycentric Metropolis：Learning From Mega-City Regions in Europe*，书中霍尔给出原则性的界定，并指出正在发生着的从大都市带（metropolis）向多中心都市带（polyopolis）

的转型趋势，书中采用定量分析与图形化的表达对西北欧 8 个大都市区进行了研究，涉及多中心都市带的组织合作结构（corporate structures）与网络（networks）、欧洲核心地域的连通性（connectivity）分析、欧洲大都市的信息流图形化分析、在大都市区内的企业与场所、基于流空间关系的大都市区内外联系（linkages）分析、作为“流空间”与“位空间”联结的公众与场所分析，最后以 8 个大都市区为案例进行了区域认同与区域政策研究等[629]。

与此同时，20 世纪 80 年代以来，伴随着生产技术与组织的急剧变化，信息经济与知识经济的飞速发展，经济全球化的快速推进，后福特主义、后工业社会、后现代等成为当代城市群研究的外部语境，国外城市群研究也由实体地域结构关系研究为主转向空间动力机制研究为主的阶段，对城市群形成与发展动力机制的研究越来越趋向于微观因子作用方式的探讨，逐渐由传统的产业、交通、人口等要素向信息、技术、管理、新型资本、制度和文化等方向转变[630]。如管制研究、金融资本、企业结构、战略与区位、产业区与产业集群、跨国公司形式与空间形式、国家与区域学习和创新系统、创新、溢出和集聚的新经济地理、劳动力与地方性、企业、工人与经济活动的地理集聚、环境与管制、市场与环境质量、区域一体化、经济的文化地理研究等[631]。

我国对城市群的研究开展较晚，起步于 20 世纪 80 年代初。最初是“巨大都市带”的观点被引入国内，在此之后国内的城市群理论与实证等领域的相关研究渐渐开展起来。

1997 年，周一星等学者提出都市连绵区（Metropolitan Inter locking Region，MIR）的概念，在他看来 MIR 是以若干城市为核心，大城市和周围地区保持强烈的交互作用与密切的社会经济联系，并且沿着一条或若干条交通走廊而分布的巨型城乡一体化区域[632]。他认为大都市带不仅仅是经济高效的空间组织形式，而且也是动态发展的阶段性发展产物。崔功豪结合长三角城市群进行研究，根据城市群发展的不同阶段与水平，将城市群的结构划分为三种类型：城市区域（city region）、城市群组（metropolitan complex）和巨大都市带（metropolis）[633]。1992 年，姚士谋出版了专门以城市群作为研究对象的著作《中国城市群》，在其中对城市群的概念、城市群发展的地域结构特征、中国城市发展与城市群的演变、中国城市群发展联系的实证等多方面进行了深入研究[634]。1992 年，崔功豪对城市带的概念和特征、城市带的形成发展机制、城市带理论在中国的实践等方面进行了阐述，并对长江中下游城市带的形成做了比较深入的研究[635]。1998 年，陆玉麒在其《区域发展中的空间结构研究》一书中，依据对中国多组中心城市与口岸城市的组合关系的归纳，提出“双核模式”的区域城镇组合发展模式[636]。

2000 年，由胡序威、周一星、顾朝林等一批专家学者共同完成的中国沿海城镇密集地区空间集聚与扩散研究，较为全面地总结了国外相关理论成果以及中国该领域最新进展[637]，依照城市人口—经济—空间—极化与分异—机制调控的逻辑思路，讨论城镇人口、经济集聚与扩散对城市空间运行机制及空间结构与形态产生的影响，并从长江三角洲、珠江三角洲、京津唐及辽中南地区的空间集聚与扩散的实证研究中全面地分析了各自的特征、机制以及存在的问题，并提出了相应调控政策。2000 年，张京祥从城镇群体角度考察了城镇群体空间建构的基本理念与原则，把群体空间发展视为一个自构与被构复合作用的过程，从区域和圈域两个层面对空间的演化机制进行了深入探讨，并结合长江三角洲对实证区域的城镇群体空间组合提出建议[638]。2001 年，曾菊新从城乡关联的角度出发，探讨城市化过程中的城乡协同发展和优化发展的条件，揭示现代城乡网络化发展规律，并提出城乡网络化发展是可供选择的中国城市化发展模式。同年，陆军从经济学角度，通过对城市自身体系及与所在区域内其他城镇体系的经济运动与空间运动两个方面关系的机理研究，来揭示城市经济区域外部空间组合的演化规律[639]。2003 年，刘荣增采用全球化背景下的相关指标对城镇密集区发展阶段进行划分，探讨不同时期和区域背景下城镇密集区形成、演化的机制，并对不同地区和不同阶段的城镇密集区提出相应的引导和调控思路[640]。2004 年，朱英明的城市群经济空间分析研究从城市群地域结构、城市流强度和区域市场网络等角度全面探讨了城市群的区域联系，并以沪宁杭城市群为对象进行了城市流强度分析、城市间联系主成分分析、空间联系区位商分析等一系列定量分析研究[641]。2004 年，谢守红在其博士论文基础上出版《大都市区的空间组织》一书，对大都市区的空间组织原理、方式与实例进行了深度的探讨[642]。2006 年，方创琳、宋吉涛、宋敦江以中国 8 大城市群为案例，进行了城市群空间结构稳定性分析的研究[643]。

在展开一般性城市群研究的同时，众多学者对位于沿海地区的长江三角洲、珠江三角洲、京津冀等典型城市群地区进行了大量实证研究，其中中科院南京地理与湖泊研究所、同济大学、南京大学、华东师范大学等院校学者对长三角城市群进行多年跟踪考察，从多方面、多角度展开了论述，相关研究主要有：长三角城市群发展趋势、战略与建设方向[644-647]；长三角城市群空间形态形成与发展研究[648-649]；区域空间集聚-碎化的测度与集聚合理度判断[650-651]；长三角都市连绵区边界界定研究[652]；长三角城市区域空间结构演化与重构研究[653-654]；长三角区域规划与协调研究[655]。中科院北京地理所、北京大学、清华大学的专家学者则对京津冀地区进行了详细的研究。所展开的相关研究主要有：京津唐地区的区域发展与空间结构[656]；京津冀城市经济区域的空间扩散运动[657]；京津冀全球城市区域边界、结构与重构[658]；京津冀都市圈经济增长收敛机制的空间分析[659]。

可以看出，城市群在中国发育成长的时间并不长，但中国学者已经做了大量的研究工作。就目前中国学术界对城市群研究的总体水平来看，尚处于初级阶段，存在以下薄弱方面有待在今后的研究工作中着力加强：（1）由于存在不同的城市发展条件、发展水平等发展背景，当前西方学者大多更关注全球、区域范围内大都市区域的组织结构、产业、文化、制度等新因素，而对具体区域的城镇群体空间如何演化发展留意较少，这符合西方城市发展的实际环境与阶段特征，也就是研究上所存在的空间差异"时滞"现象。对城市群空间结构的研究，国内学者对一些新的城市群现象限于介绍西方理论，而对其本质机理缺乏足够认识，切合中国实际的前瞻性理论探索与模式抉择缺乏；研究视角上，多受西方研究热点影响，而对中国城市群空间演化中一些本源性、基础性的研究开展得尚不充分。（2）与国外相比，我国国内学术界对城市空间宏观总结性研究多，一般性讨论多，创新性与实证性研究缺乏；理论总结与建构尚显薄弱，前瞻性与指导性不强。现有大量研究多为现象或对策研究，主要停留在概念的争论、范围的界定、发育阶段的判断、城市群单要素的机制分析、大都市区行政区划调整与管治讨论等城市群及其空间结构形成与发展的基础研究，空间特征及其系统能效方面的综合性与深入性的研究还不是很多。（3）现状描述与未来思考的定性阐述居多，定量科学的深入剖析缺乏；对空间结构形态、机制和优化的定性描述居多，基于数理分析和 GIS 等新技术的研究缺乏。目前中国城市群的研究方法与研究手段仍处于以定性描述为主的阶段，多数研究只根据普查或统计资料进行定性描述或简单的定量分析，很少利用计算机动态模拟区域空间结构的产生与演化过程，急需模型分析、数理统计分析、GIS 空间分析等现代技术方法，从动态、量化的角度来实现对城市群成长过程的准确把握。

书的前面提到，我国的城市群格局已经基本形成，根据《全国主体功能区规划》确定的城镇化战略格局、2014 年公布的《国家新型城镇化规划（2014—2020 年）》中的城市规划格局及 2016 年公布的《中华人民共和国国民经济和社会发展第十三个五年规划纲要》，我国已经形成并认可了 19+2 个国家级城市群，其中的 2 是以新疆喀什和西藏拉萨为中心的两个城市圈。其中，最具规模的是京津冀、长三角、粤港澳、长江中部、成渝五大城市群。

（二）我国城市群发展的挑战

但是，迄今为止，一些城市群的发展尚不尽如人意，停留在画圈圈的程度。究其原因，也各有看法。

国家发展改革委专家周南总结列出了几条：圈圈画了，但在圈圈里，“谁和谁抱团”、谁当老大、哪里找增长极的问题没有解决；中心城市自己都没有吃饱，还有空地空间，难指望它辐射带动城外的地方；“规划空间尺度太大、实施起来有难度”，“入群”的城市太多，都不愿意去当“领头羊”；各地对入圈的认识不同；城市发展需求雷同，互相之间还有竞争；……[660]

所有这些原因的根本，其实与我国同质化的发展要求和传统行政区划密切相关。传统画线而治的方法，与连绵城市群的发展是不相容的；同质化的发展要求，也是城市不合理竞争的根源。当然，或许还有文化因素。城市群内的各城市之间应该是互补和相得益彰的，可以有一定的竞争。

要真正推动城市群的发展：一是要有合理的行政区划；二是要构建平等的城市法人地位，成立区域性协同组织协调谈判和利益共享；三是要强化城市间的产业分工；四是要构建一体化的基础设施；五是要提供一体化的公共服务；等等。这一切的前提，其实是城市群建设需要有能够满足发展需求的庞大的人才队伍。

（二）城市群发展与空间治理

城市群的建设和发展提出了比城市更大尺度的空间治理问题。空间治理理论源于地理学家对城市空间正义的关注。前面讨论过，20 世纪 70 年开始，法国思想家列斐伏尔首创性地将社会与空间联系起来，提出“空间的生产”理论，认为空间是社会的产物，是有价有形的经济产品。在这样的基础上，大卫·哈维出版了论述城镇化与社会正义的奠基之作——《社会正义与城市》，创造性提出社会与空间关系的辩证统一，提醒人们关注空间正义的多维向度：反贫困的经济向度，平等参与社会的政治向度，享受均等社会服务的社会向度，保障清洁环境的生态向度，等等。 空间与社会正义的讨论因此成为人文地理学和城市社会学讨论的热点。

西方城市化发展到一定的阶段，资本开始抓住机会，将空间也产品化和资本化了。城市空间治理开始成为城市治理中的重要考量。城市开始分区，有工业区、一般居住区、贫民区、中上收入区、高档别墅区、中心商业区（CBD）等等，城市规划也在一定的程度上强化了城市分区，是第一轮空间治理的努力。在控制城市增长、保护耕地、维护城市生态、构建公共空间的努力中，又开始了第二轮的空间治理。在空间正义的概念被提出以后，人们开始认识到空间在社会生活中的重要功能，开始从分配和再分配的视角重新认识空间治理，讨论空间资源的合理配置。并且，在物理空间的思考之外，还开始了社会空间的思考。

城市群的发展和未来的发展趋势，扩展了空间治理的尺度，开始让城市和国家的管理者关注在同一地理环境中不同城市的空间资源分布，经济条件、发展程度、环境优势、影响区域发展的能力、享受公共服务的机遇和人才分布的状况，这些都是空间资源分配必须要思考的问题，也是国家行政管理和区划管理必须要面对的新问题。

（三）城市群与国家治理

城市群的发展是现代国家治理中的重要维度。随着经济社会的发展，城市技术（科技能力、基础设施能力和城市管理能力）得到了长足的进步，城市群而不是过去的农场或者单一城市，成为国家治理的重要抓手。他们能够提供优质的技术、生产、市场、土地和人力资源集约，能够让工农业和生态同步发展，也能够带动区域性的发展，还能有足够的场域提供高质量的生活空间，是一种新认识到的城市化的方式。举例来说，前面提到的美国波士华城市群北起波士顿南至华盛顿，以波士顿、纽约、费城、巴尔的摩、华盛顿等一系列大城市为核心，其间分布着 40 多个中小城市，绵延 600 余千米，面积约 13.8 万平方千米，占美国国土面积不到 1.5%，但城市化率超过 90%，容纳美国全国人口的 20%，是美国经济的核心地带、最大的生产基地、商业贸易中心和国际金融中心。城市群内各主要城市都有自己的优势产业、城市之间分工协作紧密，制造业总产值占美国全国的 30%。美国国土辽阔，但主要人口、经济活动、科学研究和创新、优秀人才等都集聚在波士华、底特律-芝加哥-明尼苏达、旧金山-加州湾和以得克萨斯和佛罗里达为中心的城市群。美国有 50 个州，但加州一州的经济体量就是美国的 13%。同样，日本由东京圈、关西圈和名古屋圈融合而成的超级城市群，以 21.4%的国土面积，承载了全国 60%的人口，并创造出日本 66%的 GDP 和 62.4%的制造业附加价值。形成于 20 世纪 70 年代的伦敦都市圈，以伦敦-利物浦为轴线，包括大伦敦（Greater London）、伯明翰、谢菲尔德、曼彻斯特、利物浦等大城市和分布在这个区域内的相连的中小城镇，占地约 4.5 万平方千米，为全国面积的 18.4%；人口为 3 650 万左右，GDP 为全国的 80%。

这些例子显示，发展好城市群，既能节约土地资源，又能积聚人口、市场、技术、人才和社会发展的动力，推动生产和创新，还能提供高质量的生活。国家治理的目标就是经济发展、人民生活改善、集约资源、管理方便。城市群的发展，从经验上来看，已经成为国家治理的良好抓手；从理论上看，是克服城市技术局限，有效集聚人口，可持续发展的未来途径，前景巨大。

二、城市群发展与人才空间治理

（一）人才空间治理

传统上，空间并不被认为是一种独立的资源，仅与自然资源相联系，在自由市场中，通过货币交易来流通。在现代城市化的过程中，土地资源的稀缺给了资本逐利的创新机会，空间也被资本化了，资本的力量开始改变在自然状态下供给比较充分的“空间”的可达性，影响空间正义。尤其是，资本化了的空间与现代城市和土地规划的行政要求结合起来，产生了更大的空间资源稀缺压力，需要公共政策层面的合理干预。

本书专门辟出了章节讨论人才的定义和人才政策，但梳理的文献中鲜有关于人才空间治理的讨论。有不少人才住房、人才工作场地或人才的柔性流动，借调、异地发挥作用的讨论，但什么是合理的人才空间分布，没有得到过认真的关注。同样，在空间治理的文献中，也鲜有空间与人才关系的研究，尽管在人才驱动发展和创新的时代，这是一个极其重要的问题。事实上，人才，也包括普通的人力资源的生产、使用和流通，都需要空间来承载。人才的栖息地、工作场所、社会交往空间、事业拓展空间都具有同样的重要性。只重视人才薪酬和荣誉，不从空间配套的角度审视人才的生存和使用，是人才政策中的缺项，也是很多中心城市人才工作的关键难点。

21 世纪以来，我国加大力度推动多种人才政策，希望通过人才项目和人才政策推动社会对人才的重视和使用，推动创新发展。如何通过人才问题的空间治理，让人才拥有合理的空间资源、出现在合理的空间、推动空间意义上的社会和城市群发展，是一个全新的、过去没有深刻认识到的问题。

（二）人才的跨区域属性和在地属性

人才空间分布的思考需要关注人才生态观和人才在地属性。

生态（ecology）的概念源于古希腊（希腊语，okologie），是住所和学科的组合（oiko logos），是人类和其他生命体的家园。生态包括自然生态，即森林、草原、海洋、淡水、冻源、动物、湿地，也包括人工生态，即城市、农田、人工兴修的水利、公园等等。生态研究关注环境与生命、生长与繁殖、散居与集群、取食与危险，利己与利他的权衡，生物的生态功能等等问题，[661]与人才的生存、成长和成就密切相关。

生态系统分“非生物环境因素”和“生物成分”两大类。非生物环境为土地、大气、水、二氧化碳、无机盐、太阳光等非生物物质能量，是生态的基石。生物成分在这样的环境中成长和演化，也反过来影响这一非生物环境。生物成分分两种：一种为自养性生物，可以从非生物环境中汲取能量，合成有机物，是生态的生产者。如，植物通过光合作用，把能量凝聚在自己制造的有机物中，合成有机物。另一种属于异养性生物（大多数为动物），是生态的消费者。比如，鱼虫鸟兽能够依靠植物生存，消费植物，排泄物可被真菌分解，回归自然，被生产者重新利用。生态环境中，高阶生命体依赖低阶生命体提供热量和营养，一些生命体之间则进行食物竞争和相互博弈，如蛇、鼠、鹰互为食物。生态环境的丰富决定生物群落在生态环境中生存、成长和再生。人才是生态环境中的高阶群落，有自养型——在自然生态环境中就能吸取营养，自我生存；也有异养型——依靠人工生态和其他生命体提供热量和营养。[662]

这些群落分类用在人才的描述上也可以十分贴切。生长于本土的在地人才属自养型人才，熟悉环境，有强大的在地生命力和生存技能。而外来人才包括跨城市、跨地区，甚至跨国跨文化人才。外来人才更多为异养型人才，更需要人工生态和其他生命体提供的支持，如资源、人脉、认可度和其他支持。在一个良好的生态环境中，既需要有自养型人才，在原有环境条件下根据这一环境成长和成就，也需要外来的异养型人才，带来新的种子和创新的机会，特别是通过人工改造的生态，如大型现代农业环境、城市环境、空间布局和自然生态弱化的修复，创造新的生态环境，给生物群落提供更优质的成长和发展空间。在自然演化的过程中，由于环境的变化，人口的增长、迁徙，许多自然生态被破坏和弱化，需要维护和修补。另外，有一些生态环境原本并不存在，人类为了生存和发展，进行人为的创造和构建，形成良好的人工生态，有利于人类的生存和发展，如新型农林场，新城市、超大规模的城市、花园城市或者城市群。

各类人才，从一般、辅助、管理到创新人才，都是生态环境中的组成部分，与生态环境的许多环节有千丝万缕的联系，需要靠生态环境的滋养、孕育、协助才能成功。他们既是生态的消费者，也是生态的生产者和改造者，是庞大的生存链和生存网络中的一分子，需要营养、能量、群体支持和消费者——使用才能的人和机遇，也需要受到防止恶性竞争和生态环境干扰的保护。[663]

不同生态位的生物需要的生态环境不同。扒根草（牛津草）、豆芽、滚动草的生命力极其顽强，不须要很多养分，随地生长，但一般也长不大。而小树苗等生命体，幼时特别微小和脆弱，需要呵护，但最终能够长成大灌木或者森林大树。不同的人才类型也有相同的特点。具有健康体魄和头脑灵活的个体，在熟悉的环境下容易生存。但高科技人才、外来人才需要长时间在特定的环境中孵化、呵护、教育和成长，需要的生态保护环境完全不同。但如果能让他们在成熟和成就之前不夭折，成为大才的概率就会大大提高。生态环境与人才成长和成就的关系，由此可见一斑。

应该说，不同人才所处的生态位不同，对经济社会发展的效用也不尽相同，比如说，高校、企业、政府和非营利组织，各有不同的生态环境，但作为生命主体，处于其中的人才都有相同的生物群落属性，有相同的生命周期，包括生存、维护、发展和降解。其中，生存的基本条件是衣食住行；维护则包括医疗保险、家庭支持、社会人地位、学习机会；而发展则需要个人机遇与伯乐、任务目标、领导魄力、团队、设备、技术链、人文环境、个人心态、外部市场、社会尊重；降解则包括依序退出，燃烧余热，造福社会。良好的生态环境有利于人才成长与成就。将人才合理分布在城市群中不同功能的城市，如生产性、科研性、教育性、居住性、休闲旅游性、文化性、退休医养性城市，构建四通八达的轨道交通网，用新城市主义的设计理念进行城市群布局，会有意想不到的城市化效果。

将城市群的发展与人才的生态分布与驱动能力结合起来思考，从空间治理的视角讨论人才的空间分布与发展的驱动力，是本研究的主要目的。课题组用可视化技术，认真分析了我国长三角、京津冀、成渝等城市群的人才分布情况，发现教育水平高、专业能力强的人才高度集中在中心城市，偏好城市的工作机会、教育医疗体系、公共服务、便利环境设施、人才集聚度等等，即便环境质量不佳、交通拥堵、个体才能发挥受限，也依然努力承受，优先满足前面几项的需求。研究还显示，与国际城市群相比，中国人才的空间布局过多集中在中心城区，不像国际城市群人才平衡均匀和按就业机会分布，人才的无效集中不利于推动城市群的均衡发展。国内城市群中，比较发达的城市群中（如长三角）人才分布较均衡，城乡差别较大的地方人才分布均衡性和地方需求匹配性差，是中国城市群发展的短板。另外，交通通达、区域经济发展能力相近的地区人才的物理分布和逻辑分布更趋向平衡，整体发展水平趋高。

人才受城市教育、医疗和环境设施影响大，印证了筑巢引凤的传统智慧，但在人才驱动发展的新思维方面有短板。在现代社会，虽然资本、技术、工作机会、市场、人力资源的集聚和良好的生活环境是吸引人才的强大动力，但在人才开始工作、进入创新期后，这个关系就会反过来，人才本身会成为驱动资本、技术、人力资源聚集、工作条件、市场和良好生活环境的改造与发展的动力。同时，人才成长和发展的规律也显示，作为生命体，人才有一定的地域属性。大多数人愿意在熟悉的环境中生活和工作，也有相当的环境依赖性。许多大学生和研究生一旦在某一个城市长期上学，就会形成一定的地域情感，愿意留在学习的城市生活和工作，经过较长时间的工作、生活，获取丰富的在地知识，融入地方生态，成为地方建设和发展的中坚力量。相比之下，喜欢冒险、流动和跨地域发展的人才数量较少，他们的流动能给地方带来新的技能、新的思考和新的动力。正是这两类人才的不同特质，使得城市和地域的发展既有稳定的力量，也有创新和突破的涓流。但是，他们之间的配置，包括他们的团队、地域环境配置，是人才政策中还须仔细思考的问题。比如说，在大批引进外来领军人才的时候，很多地方缺乏团队概念，对领军人才进行单兵作战方面的评估，就像以个人搏击能力来评价将军的带兵和指挥能力，特别是评估者本身没有领军的经验，评估不得要领。在意识到外来人才并不能替代本地人才的许多功能时，兼以选取优秀的本土人才。从一定意义上来说，这是对人才需求认识的进步，但不足之处是对这两类人才的不同功能有所混淆，只简单进行类比和调配使用，影响人才效能的发挥。

人才的地域属性决定了人才缺乏地区有创新发展的自然劣势。一些地方不分青红皂白，不分领域和对地方贡献的潜力，盲目招揽人才。也有一些地方将人才招揽本身当作业绩，忽略了环境配套和真正发挥人才效用的重要性，使人才工作流于形式。国家在人才政策方面，应该从空间正义的理念出发，有相应的政策倾斜。

三、创新思维、构建良好的城市群人才空间治理体制、机制

行笔至此，我们可以意识到，对人才和人力资源进行空间治理，多维度思考人才特质、地域属性和能力属性，进行互补型人才配置，最大效度地发挥人才的潜力，是城市群时代的一项重要工作。城市发展理念变化和体制机制改革可以包括下列的相关思考：

（一）传统城市发展的理念和人才观需要得到升级

前面提到过，前纽约市长布鲁门格说，“许多新的成功的世界级城市努力地用价格和基础设施补贴来吸引企业。那些比较优势的竞争力只有短期的效果，而且只是过渡性的。如果城市要有可持续的成功，他们必须对最大的那个奖杯进行竞争，那就是智力资本——人才”。从国家和城市发展的规律来看，它们的兴起和衰败，取决于人才领导力、就业大军的多元性、所结成的联盟的创新力，

以及城市、企业、可研究机构接受移民的灵活性和它们的领袖们培育这些创新力量发展的能力。[664]但人才驱动城市发展的理念看来还不够，需要被拓展到大城区或城市群的尺度上。德国学者科特金（Kotkin）指出，“在大城区的发展过程中，对技术、资本、管理，尤其是人才，有更高层的要求。人才不仅仅能帮助回应复杂多变的大城区的需要，是大城区发展的中流砥柱，也往往是引领城区发展的力量。他们的能力、才智和愿景，影响城区发展的格局和路径”。[665]在城市圈中，不同城市的发展水平和优势不同，但如果要好的发展，一定要有相应的在地人才和外来人才的组合，这就需要有让人才既能合理流通、又能稳定居住的基础设施，既注重物理分布，也注重逻辑分布，让人才的智慧在合理的空间中得到发挥。城市群是一个比城市更复杂的规模体系，是城市化的未来，它们能帮助突破由于技术、基础设置和理性能力的局限导致的传统城市发展的瓶颈，提供一片崭新的城市化新天地。城市群的发展机遇巨大，挑战也巨大。要做好城市群发展的工作，需要有新型的城市化观、发展观、人才观和人才空间布局观，要高度重视与区域和城市群发展需求匹配的人才空间分布的人力资源治理，优化人才分类和人才与城市群发展的匹配，在人才驱动城市群发展的新理念指导下，构建更加科学的城市群发展人才的评价体系。

（二）建立以市、县、镇为单元的独立公共法人资格，让每一个法人有能力根据被赋予的权限与周边的政府单元平等合作、签订合作契约

我国城市群之间合作困难的原因之一是市县的行政级别阻碍了协同合作。要解放市、县等管理单元的隶属关系，让大市、小市、市、县等平行管理，各司其职，各负其责。按照中华人民共和国宪法，中国行政区在中央以下只有省、县、乡三级。①但在实际运行中，沿用旧俗，地区大量保留过去的行署，并实体化为地级行政区。在 20 世纪 80 年代市管县改革后许多地级行政区改为了地级市。另外，地方以管理区、开发区、新区等形式设置各种非标准行政区，级别由负责设置的上级行政区决定。

不同级别的政府，在跨区域协同的过程中行政壁垒和政策壁垒多，不利于资源和要素的横向流通，是城市群协同困难的原因之一。比如说，京津冀协同中，北京市最好的合作伙伴是比邻的周边县区，但由于它们隶属河北省或天津

①《中华人民共和国宪法》规定，中华人民共和国的行政区域划分如下：（一）全国分为省、自治区、直辖市；（二）省、自治区分为自治州、县、自治县、市；（三）县、自治县分为乡、民族乡、镇。

市，谈判和签约要省级对等，利益分配也要考虑省级层面的协调，不利于就事论事，就地合作，利益共享，也不容易追责。建立地方政府法人资格，就是权力、责任和利益的确权，有利于摆脱行政隶属的羁绊，鼓励地方政府单元跨级别自动结合成合作共同体（例如，嘉兴市可以不通过浙江省直接与上海签订双向合作意愿，北京市可以直接与大厂县签订双向工作协议，等等），各自以法人资格履行职责。协同合作主体直接参与协同实施，有利于协同的发生和成功。要有有效的群体，首先要让每个个体强大，再在新的基础上确定协同共进的方法。

（三）优化行政区划设置，有利于城市群的发展

建立市、县、镇法人资格的同时，也要优化行政区划设置，使其朝有利于城市群发展的方向调整。同时，科学编排城市街道和区域名称与号码，寻求具有历史传承和文化意义，又统一便于记忆、编码和查找的地址。

（四）创新工作机制，建立有决策和行动权限的跨区合作联盟，推动城市群之间发展要素的一体化

建立有决策权和资源配置权力的跨区协同合作的联盟，推行要素一体化的管理机制，如中间地带土地资源，部分资本配置权限，联合基础设施建设的投资和管理权限，人才、企业信息平台保证证照互认、人才管理与服务机制等一体化机制，提供区域性工作激励、生活管理，户籍、住房和社会医疗保障。克服体制机制中出于官僚行为或者利益博弈产生的“中梗阻”，克服碎片化的政策壁垒，让其他政策服从于人才政策。例如，改革开放初期外国专家局的专家条例可以统领人事、财务、交通、住房和文化生活的所有相关领域的政策，是跨区域人才管理政策很好的借鉴。

（五）投资城市群之间的基础设施建设，建立分布式交通、文化教育、医疗服务、金融、信息和法律咨询体系

规划和投资跨城区基础设施建设，发展通达性强、转运易的轨道交通和交通枢纽；构建规模性、层次性、灵活多元、合理分布的教育、医疗、科技转让、司法咨询等社会服务集群和跨区合作服务区，多地合作推动人才合理分布、得到良好的支持和服务，成为推动城市群均衡发展的中坚力量。

（六）构建城市群发展与城市群人才分布的大数据分析平台

利用跨城市联盟组织的支持，构建城市群发展和城市群人才分布的大数据

平台，分析人才需求，跟踪企业、科研机构、人才和生活设施的分布，为各地政府、企业和人才提供切实、及时的信息咨询，提高人才在城市群中的适配性、团队能力和工作效率。

（七）有序和系统培训与人才工作相关的人员，树立他们的大思维人才观和服务意识

人才管理部门对人才称号和人才资源配置的权力容易滋生官僚行为，对人才特点和需求认识的不足会妨碍对人才生活工作和发展的服务。树立大局观、服务意识，有强烈的使命感、责任感，做人才的朋友和支持者，是新时期人才工作者的必要素质，需要通过认真和系统的培训、学习和组织文化的熏陶来完成。

参考文献

[1] 中华人民共和国中央人民政府. 习近平：决胜全面建成小康社会 夺取新时代中国特色社会主义伟大胜利——在中国共产党第十九次全国代表大会上的报告[EB/OL]. [2021-10-15]. https://www.gov.cn/zhuanti/2017-10/27/content_5234876.htm.

[2] 周一星，张莉. 改革开放条件下的中国城市经济区[J]. 地理学报，2003，58（2）：271-284.

[3] 史育龙，周一星. 关于大都市带（都市连绵区）研究的论争及近今进展述评[J]. 国外城市规划，1997（2）：2-11.

[4] 蓝志勇. 雄安"新城"与京津冀城市群发展战略展望[J]. 国家行政学院学报，2017（6）：76-81.

[5] 习近平：推动形成优势互补高质量发展的区域经济布局[EB/OL]. [2019-12-15]. 新华网，http://www. xinhuanet. com/politics/2019-12/15/c_1125348940. htm.

[6] 余蕊均，程晓玲. 19 个国家级城市群，为何大多发展不尽如人意？[EB/OL]. [2019-07-17]. https://m. nbd. com. cn/articles/2019-07-17/1355030. html.

[7] 中共中央关于坚持和完善中国特色社会主义制度 推进国家治理体系和治理能力现代化若干重大问题的决定[EB/OL].(2019-10-31). [2021-10-15]. 共产党员网，https://www.12371.cn/2019/11/05/ARTI1572948516253457.shtml

[8] SASSEN S. Global networks, linked cities[M]. London/New York: Psychology Press, 2002.

[9] SHEPPARD E. David Harvey and dialectical space-time [M]. Elsvier, 2006: 121.

[10] DAMERI R P, ROSENTHAL-SABROUX C. Smart city: How to create public and economic value with high technology in urban space[M]. Springer, 2014.

[11] The World Bank: Urban Population (of total population) [EB/OL]. [2021-10-15]. https://data. worldbank. org/indicator/SP. URB. TOTL. IN. ZS?end=2019&start=2016.

[12] The World Bank: Urban Development Overview [EB/OL]. [2021-10-15]. https://www. worldbank. org/en/topic/ urbandevelopment/overview.

[13] 赵俊源，何艳玲. 规模红利与公共服务：中国城市治理过程的“双维互构”及其演进[J]. 同济大学学报（社会科学版），2020（3）：48-59.

[14] DIRKS S, KEELING M. A vision of smarter cities: How cities can lead the way into a prosperous and sustainable future[N]. IBM Institute for business Value, 2009(8).

[15] 我国城镇化率突破 50%城乡结构发生历史性变化[EB/OL]. [2021-10-15]. 共产党员网，https://www.12371.cn/2012/11/04/ARTI1351983673776762.shtml.

[16] 蓝志勇. 新中国成立 70 年来城市发展的进程与未来道路[J]. 福建师范大学学报（哲学社会科学版），2019（5）：35-42.

[17] 对话上海交通大学特聘教授陆铭：都市圈和城市群建设将给中国经济带来强劲动力[EB/OL]. (2020-09-03). [2021-01-06]. 澎湃新闻，https://www.thepaper.cn/newsDetail_forward_9029856.

[18] 张福磊，曹现强. 中国城市群的空间特性与治理体系[J]. 学习与实践，2018（12）：5-15.

[19] 杨海华. 尺度重组视角下中国城市群空间重构探究[J]. 区域经济评论，2019（2）：140-146.

[20] 张可云，何大梽. 改革开放以来中国区域管理模式的变迁与创新方向[J]. 思想战线，2019，45（5）:129-136.

[21] 中央城市工作会议在北京举行[EB/OL].（2015-12-22）. [2020-07- 10]. 新华网，http://www. xinhuanet. com//politics/2015-12/22/c_1117545528. htm.

[22] 许学强，周一星，宁越敏. 城市地理学 [M]. 2 版. 北京：高等教育出版社，2009.

[23] 顾朝林，俞滨洋，薛俊菲，等. 都市圈规划[M]：北京：中国建筑工业出版社，2007.

[24] GOTTMANN, J. Megalopolis or the urbanization of the northeastern seaboard [J]. Economic geography, 1957,33(3): 189-200.

[25] 张凡，宁越敏，娄曦阳. 中国城市群的竞争力及对区域差异的影响[J]. 地理研究，2019，38（7）：1664-1677.

[26] 范恒山，肖金成，方创琳，等. 城市群发展：新特点新思路新方向[J]. 区域经济评论，2017（5）：1-25.

[27] 刘士林. 改革开放以来中国城市群的发展历程与未来愿景[J]. 甘肃社会科学，2018（5）：1-9.

[28] 范恒山，肖金成，方创琳，等. 城市群发展：新特点新思路新方向[J]. 区

域经济评论，2017（5）：1-25.
[29] 于洪俊. 城市地理概论[M]. 合肥：安徽科学技术出版社，1983.
[30] 周一星，史育龙. 建立中国城市的实体地域概念[J]. 地理学报，1995（4）：289-301.
[31] 姚士谋，陈振光，朱英明. 中国城市群[M]. 合肥：中国科学技术大学出版社, 1992.
[32] 范恒山，肖金成，方创琳，等. 城市群发展：新特点新思路新方向[J]. 区域经济评论，2017（5）：1-25.
[33] 范恒山，肖金成，方创琳，等. 城市群发展：新特点新思路新方向[J]. 区域经济评论，2017（5）：1-25.
[34] 国务院. 国务院关于印发全国主体功能区规划的通知[EB/OL].（2011-06-08）. [2021-04-01]. http://www.gov.cn/zhengce/content/2011-06/08/content_1441. htm.
[35] 国务院. 国家新型城镇化规划（2014—2020年）[EB/OL].（2014-03-16）. [2021-04-01]. http://www.gov.cn/gongbao/content/2014/content_2644805.htm.
[36] CAPELLO R. Indivisibilities, synergy and proximity: the need for an integrated approach to agglomeration economies[J]. Tijdschrift voor economische en sociale geografie, 2009,100(2): 145-159. .
[37] FUJITA M, KRUGMAN P, VENABLES A J. The spatial economy: cities, regions, and international trade[J]. Mit Press Books, 2001, 1(1): 283-285. DOI:10.1111/1467-8276.t01-1-00065.
[38] KRUGMAN P. Increasing returns and economic geography[J]. Journal of political economy, 1991, 99(3): 483-499. DOI:10. 1086/261763.
[39] KRUGMAN P. The self organizing economy[M]. Cambridge, Mass: Blackwell Publishers,1996.
[40] HANSON G. Market potential, increasing returns and geographic concentration [J]. Journal of international economics, 2005, 67(1): 1-24.
[41] 潘文卿. 中国的区域关联与经济增长的空间溢出效应[J]. 经济研究，2012, 47（1）：54-65.
[42] 皮亚彬，陈耀. 大国内部经济空间布局：区位、禀赋与一体化[J]. 经济学，2019（4）：1289-1310.
[43] FLORIDA R, GULDEN T, MELLANDER C. The rise of the mega-region[J]. Charlotta Mellander, 2008, 1(3): 459-476. DOI: 10.1093/cjres/rsn018.

[44] 陈亮. 城市群区域治理的“边界排斥”困境及跨界联动机制研究[J]. 内蒙古社会科学（汉文版），2019，40（1）：55-62.

[45] 崔晶. 都市圈地方政府协同治理：一个文献综述[J]. 重庆社会科学，2014（4）：11-17.

[46] 蒋敏娟. 城市群协同治理的国际经验比较：以体制机制为视角[J]. 国外社会科学，2017（6）：47-53.

[47] 查尔斯·M. 蒂布特，吴欣望. 一个关于地方支出的纯理论[J]. 经济社会体制比较，2003 (6): 40-46. DOI:CNKI:SUN:JJSH.0.2003-06-005.

[48] OSTROM VINCENT, CHARLES M TIEBOUT, ROBERT WARREN. The organization of government in metropolitan areas: a theoretical inquiry[J]. American political science review, 1961, 55(4): 831-842.

[49] HEINELT H, KÜBLER DANIEL. Metropolitan governance: capacity, democracy and the dynamics of place[M]. Routledge, 2005.

[50] 王佃利. 公共物品供给：城市群协同治理的动力重塑[J]. 探索与争鸣，2020（10）：11-13, 143.

[51] 孙久文，张泽邦. 面向高质量发展的城市群治理[J]. 前线，2019（10）：60-63.

[52] 刘静玉，王发曾. 城市群形成发展的动力机制研究[J]. 开发研究，2004（6）：66-69.

[53] 刘君德. 中国转型期凸现的“行政区经济”现象分析[J]. 理论前沿，2004（10）：20-22.

[54] 王佃利，于棋. 国家空间的结构调试：中国行政区划 70 年的变迁与功能转型[J]. 行政论坛，2019，26（4）：5-12.

[55] 李磊，马韶君，代亚轩. 从数据融合走向智慧协同：城市群公共服务治理困境与回应[J]. 上海行政学院学报，2020，21（4）：47-54.

[56] 王健，鲍静，刘小康，等. “复合行政”的提出：解决当代中国区域经济一体化与行政区划冲突的新思路[J]. 中国行政管理，2004（3）：44-48.

[57] 国务院. 国家新型城镇化规划（2014—2020 年）[EB/OL]. (2014-03-16). [2021-04-01]. http://www.gov.cn/gongbao/content/2014/content_2644805.htm.

[58] 孙阳，姚士谋，陆大道，等. 中国城市群人口流动问题探析：以沿海三大城市群为例[J]. 地理科学，2016，36（12）：1777-1783.

[59] 余静文，王春超. 城市圈驱动区域经济增长的内在机制分析：以京津冀、长三角和珠三角城市圈为例[J]. 经济评论，2011，000（1）：69-78. DOI: CNKI:SUN:JJPL.0.2011-01-007.

[60] 朱江丽 李子联. 长三角城市群产业-人口-空间耦合协调发展研究[J]. 中国人口·资源与环境，2015，25（2）：8. DOI: 10.3969/j.issn.1002-2104.2015.02.010.

[61] 许庆明，胡晨光，刘道学. 城市群人口集聚梯度与产业结构优化升级：中国长三角地区与日本、韩国的比较[J]. 中国人口科学，2015（1）：9. DOI: CNKI:SUN:ZKRK.0.2015-01-004.

[62] 李娣. 我国城市群治理创新研究[J]. 城市发展研究，2017，24（7）：7. DOI: 10.3969/j.issn.1006-3862.2017.07.014.

[63] 中华人民共和国国民经济和社会发展第十四个五年规划和2035年远景目标纲要[EB/OL].（2021-03-13）. [2021-03-31]. 新华社，http://www.gov.cn/xinwen/2021-03/13/content_5592681. htm.

[64] 刘士林. 改革开放以来中国城市群的发展历程与未来愿景[J]. 甘肃社会科学，2018（5）：9. DOI: 10.3969/j.issn.1003-3637.2018.05.002.

[65] 王开泳，陈田. "十四五"时期行政区划设置与空间治理的探讨[J]. 中国科学院院刊，2020，35（7）：867-874.

[66] 张福磊，曹现强. 中国城市群的空间特性与治理体系[J]. 学习与实践，2018（12）：5-15.

[67] AGRANOFF ROBERT, MICHAEL MCGUIRE. Collaborative public management: new strategies for local governments[M]. Washington, DC: Georgetown University Press, 2003.

[68] GOLDSMITH STEPHEN, WILLIAM D EGGERS. Governing by network: the new shape of the public sector[M]. Washington, DC: Brookings Institution, 2004.

[69] KICKERT WALTER J M, ERIK-HANS KLIJN, JOOP F M KOPPENJAN. Managing complex networks: strategies for the public sector[M]. London: Sage Publications, 1997.

[70] MANDELL MYRNA P. Getting results through collaboration: networks and network structures for public policy and management[M]. Westport, CT: Quorum Books, 2001.

[71] RETHEMEYER R KARL. Conceptualizing and measuring collaborative networks [J]. Public administration review, 65(1): 117-21, 2005.

[72] BRYSON J M, CROSBY B C, STONE M M. The design and implementation of cross-sector collaborations: propositions from the literature[J]. Public

administration review, 2006.

[73] MCGUIRE M. Collaborative public management: assessing what we know and how we know it[J]. Public administration review, 2006.

[74] LING T. Delivering joined-up government in the UK: dimensions, issues and problems[J]. Public administration, 2002, 80(4):615-642.

[75] 吕志奎，孟庆国. 公共管理转型：协作性公共管理的兴起[J]. 学术研究，2010（12）：31-37，58.

[76] O'LEARY R, GERARD C, BINGHAM L B. Introduction to the symposium on collaborative public management[J]. Public administration review, 2006(11): 6-9.

[77] BRYSON J M, CROSBY B C, STONE M M. The design and implementation of cross-sector collaborations: propositions from the literature[J]. Public administration review, 2006, 66(S1):44-55.

[78] MCGUIRE M. Collaborative public management: assessing what we know and how we know it[J]. Public administration review, 2006.

[79] IMPERIAL M T. Using collaboration as a governance strategy lessons from six watershed management programs[J]. Administration & society, 2005, 37(3): 281-320.

[80] O'TOOLE L J, Jr. Treating networks seriously: practical and research-based agendas in public administration[J]. Public administration review, 1997, 75(1):45-52.

[81] ALDRICH H E, D A WHETTEN. Organization sets, action sets, and networks: making the most of simplicity [M] // P C NYSTROM, W STARBUCK. Adapting organizations to their environments: Vol. 1. New York: Oxford University Press, 1981: 385-408.

[82] ALDRICH H E, D A WHETTEN. Organization sets, action sets, and NETWORKS: making the most of simplicity [M] // P C NYSTROM, W STARBUCK. Adapting organizations to their environments: Vol. 1. New York: Oxford University Press, 1981: 385-408.

[83] ALEXANDER E R. How organizations act together: Interorganizational coordination in theory and practice[M]. Amsterdam: Gordon & Breach, 1995.

[84] MANDELL M P. Organizational networking: collective organizational strategies[M]//J RABIN, G J MILLER, W B HILDRETH. Handbook of

strategic management. New York: Marcel Dekker, 1989: 141-165.

[85] BRYSON J M, CROSBY B C , STONE M M . The design and implementation of cross-sector collaborations: propositions from the literature[J]. Public administration review, 2006, 66(S1):44-55.

[86] STEPHEN PAGE. Integrative leadership for collaborative governance: civic engagement in Seattle[J]. Leadership quarterly, 2010, 21(2):246–263.

[87] KALLIS G, KIPARSKY M, NORGAARD R. Collaborative governance and adaptive management: lessons from California's CALFED water program[J]. Environmental science & policy, 2009, 12(6):631-643.

[88] FREEMAN J FABER D. Modular environmental regulation[M]. Duke University School of Law, 2005.

[89] INNES J E, BOOHER D E. Consensus building and complex adaptive systems[J]. Journal of the American Planning Association, 1999, 65(4): 412-423.

[90] DENGLER M. Spaces of power for action: governance of the everglades restudy process (1992–2000) [J]. Political geography, 2007, 26 (4):423-454.

[91] GUILARTE M, MARIN B, MAYNTZ R. Policy networks: empirical evidence and theoretical considerations[J]. American political science review, 1993, 87(3):295-530.

[92] EMERSON K, NABATCHI T, BALOGH S. An integrative framework for collaborative governance[J]. Journal of public administration research & theory, 2012, 22(1):1-29.

[93] 刘亚平. 协作性公共管理：现状与前景[J]. 武汉大学学报（哲学社会科学版），2010（4）：96-104.

[94] 吕志奎，孟庆国. 公共管理转型：协作性公共管理的兴起[J]. 学术研究，2010（12）：31-37，58.

[95] ANSEL C, GASH A. Collaborative governance in theory and practice[J]. Journal of public administration research & theory, 2007, 18(4):543-571.

[96] RICHARD C FEIOCK. Institutional constraints and policy: an exploration of local governance[J]. Journal of politics, 2001, 64(1):278-281.

[97] PROVAN K G, KENIS P. Modes of network governance: structure, management, and effectiveness[J]. Journal of public administration research & theory, 2008, 18(2): 229-252(24).

[98] FEIOCK R C. The institutional collective action framework[J]. Policy studies journal, 2013, 41(3):397-425.

[99] YI H, SUO L, SHEN R, et al. Regional governance and institutional collective action for environmental sustainability[J]. Public administration review, 2017, 78(4): 556-566.

[100] LEE I W, FEIOCK R C, LEE Y. Competitors and cooperators: a micro-level analysis of regional economic development collaboration networks[J]. Public administration review, 2012, 72(2): 253-262.

[101] JESSOP BOB. Towards a schumpeterian workfare state? preliminary remarks on post-Fordist political economy[J]. Studies on political economy, 1993, 40(1):7-39.

[102] 孙健，尤雯. 人才集聚与产业集聚的互动关系研究[J]. 管理世界，2008（3）：2. DOI: CNKI: SUN: GLSJ.0.2008-03-028.

[103] RHODES R A W. Beyond Westminster and Whitehall[M]. London: Unwin Hyman, 1988.

[104] 孙健,尤雯. 人才集聚与产业集聚的互动关系研究[J]. 管理世界,2008(3):2. DOI: CNKI: SUN: GLSJ.0.2008-03-028.

[105] IMPERIAL M. T. Using collaboration as a governance strategy lessons from six watershed management programs[J]. Administration & society, 2005, 37(3): 281-320.

[106] HIMMELMAN A T. On the theory and practice of transformational collaboration: From social service to social justice[M]// HUXHAM C. Creating collaborative advantage. Thousand Oaks, CA: Sage, 1996: 19-43.

[107] KETTL D F. Managing boundaries in American administration: the collaboration imperative[J]. Public administration review, 2006, 66(s1):10-19.

[108] IMPERIAL M T. Using collaboration as a governance strategy lessons from six watershed management programs[J]. Administration & society, 2005, 37(3):281-320.

[109] KALLIS G, KIPARSKY M, NORGAARD R. Collaborative governance and adaptive management: lessons from California's CALFED water program[J]. Environmental science & policy, 2009, 12(6):631-643.

[110] BÖRZEL T A, RISSE T. Governance without a state: can it work?[J]. Regulation & governance, 2010, 4(2), 113-134.

[111] CARINA WYBORN. Cross-Scale linkages in connectivity conservation: adaptive governance challenges in spatially distributed networks[J]. Environmental policy and governance, 2015.

[112] FEIOCK R C. The institutional collective action framework[J]. Policy studies journal, 2013, 41(3): 397-425.

[113] THOMSON A M, L PERRY J. Collaborative collaboration processes: inside the black box[J]. Public administration review, 2006, 66(s1), 20-32.

[114] ANSELL C, GASH A. Collaborative governance in theory and practice[J]. Journal of public administration research and theory, 2007(1): 1-29.

[115] FEIOCK R C. Metropolitan governance: conflict, competition and cooperation [M]. Washington, DC: Georgetown University Press, 2004.

[116] ORLANDO economic partnership [EB/OL]. [2021-01-02]. http://www. orlandoedc. com

[117] HAWKINS C V, HU Q, FEIOCK R C. Self-organizing governance of local economic development: informal policy networks and regional institutions [J]. Journal of urban affairs, 2016, 38(5): 643-660.

[118] United States Atlantic Salmon Assessment Committee. Annual Report of the U. S. Atlantic Salmon Assessment Committee (Publication No. 29) [EB/OL]. [2021-04-01]. https://www. nefsc. noaa. gov/USASAC/Reports/USASAC 2017-Report%2329-2016-Act ivities. pdf.

[119] SAUNDERS R, HACHEY M A, FAY C W. Maine's diadromous fish community: past, present, and implications for Atlantic salmon recovery[J]. Fisheries, 2006, 31 (11): 537-547. https://doi. org/MDFC]2. 0. CO;2.

[120] National Oceanographic and Atmospheric Administration, 2017. Atlantic salmon: species in the spotlight[EB/OL]. http://www. nmfs. noaa. gov/ stories/2015/12/spotlight_atlantic_salmon. html.

[121] National Marine Fisheries Service, Maine Department of Marine Resources, United States Fish and Wildlife Service, Penobscot Indian Nation, 2011. Atlantic Salmon Recovery Framework [EB/OL]. https://www.fws.gov/about.

[122] GREGORY R, LONG G, COLLIGAN M, et al. When experts disagree (and better science won't help much): using structured deliberations to support endangered species recovery planning[J]. Environ. manage, 2012, 105, 30.

[123] National Marine Fisheries Service, Maine Department of Marine Resources,

United States Fish and Wildlife Service, Penobscot Indian Nation, 2011 [EB/OL]. Atlantic Salmon Recovery Framework. https://www.fws.gov/about.

[124] FLYE M E, SPONARSKI C C, ZYDLEWSKI J D, et al. Understanding collaborative governance from a communication network perspective: a case study of the Atlantic Salmon Recovery Framework[J]. Environmental science & policy, 2021, 115:79-90.

[125] POWELL WALTER W, DOUGLAS R WHITE, KENNETH W KOPUT, et al. Network dynamics and field evolution: the growth of interorganizational collaboration in the life sciences[J]. American journal of sociology, 2005, 110(4): 1132-1205.

[126] L LEE, IN-WON, RICHARD FEIOCK, et al. Competitors and cooperators: a micro-level analysis of regional economic development collaboration networks[J]. Public administration review, 2012, 72 (2): 171-316.

[127] SHRESTHA MANOJ, RICHARD FEIOCK. Transaction cost, exchange embeddedness and interlocal cooperation in local public goods supply[J]. Political research quarterly, 2011, 64 (3): 573-587.

[128] CHEN B, MA J, FEIOCK R, et al. Factors influencing participation in bilateral interprovincial agreements: evidence from China's Pan Pearl River Delta[J]. Urban affairs review, 2019, 55(3): 1-27.

[129] MCLAUGHLIN D M, MEWHIRTER J M, II J E W, et al. The perceived effectiveness of collaborative approaches to address domestic violence: the role of representation, 'reverse-representation', embeddedness, and resources [J]. Public management review, 2020(4):1-25.

[130] JISUN YOUM, RICHARD C FEIOCK. Interlocal collaboration and local climate protection[J]. Local government studies, 2019, 45(1): 1-26. DOI: 10. 1080/03003930. 2019. 1615464.

[131] AARON D, FEIOCK R C. The collaboration riskscape: fragmentation, problem types and preference divergence in urban sustainability[J].The journal of federalism, 2018(2): 1-26.

[132] CHRISTOPHER V HAWKINS, RACHEL KRAUSE, RICHARD C FEIOCK , et al. The administration and management of environmental sustainability initiatives: a collaborative perspective[J]. Journal of environmental planning and management, 2017, DOI: 10. 1080/09640568. 2017. 1379959.

[133] FEIOCK R C. The institutional collective action framework[J]. Policy studies journal, 2013, 41: 397-425.

[134] HAWKINS C V, HU Q, FEIOCK R C. Self-organizing governance of local economic development: informal policy networks and regional institutions[J]. Journal of urban affairs, 2016, 38(5):643-660.

[135] JESSICA N TERMAN, et al. When collaboration is risky business: the influence of collaboration risks on formal and informal collaboration[J]. The American review of public administration, 2019, 50(1):33-44.

[136] PARK A, KRAUSE R M, FEIOCK R C. Does collaboration improve organizational efficiency? A stochastic frontier approach examining cities' use of EECBG Funds[J]. Journal of public administration research and theory, 2019, 29(3): 414-428.

[137] 程恩富，王新建. 京津冀协同发展：演进、现状与对策[J]. 管理学刊，2015，28（1）：1-9.

[138] 京津双城生活成常态 天津成全北漂的“安居梦”. [EB/OL]. (2021-02-24). [2021-06-03].https://baijiahao.baidu.com/s?id=1692540287746658706&wfr=spider&for=pc.

[139] 京津冀协同发展 结硕果 谱新篇（经济新方位·加快推动京津冀协同发展）[EB/OL].(2021-04-01).[2021-06-03].https://baijiahao.baidu.com/s?id=1695802802984160403&wfr=spider&for=pc.

[140] 长江三角洲城市经济协调会[EB/OL].[2021-04-21]. https://baike. baidu.com/item/长江三角洲城市经济协调会/8434906.

[141] 从 15 到 41 长三角城市合作有何新突破？[EB/OL].（2019-10-19）. [2021-06-03]. https://baijiahao.baidu.com/s?id=1647753067451894143&wfr=spider &for=pc.

[142] 长三角协同放大招！41 城市长签了这 19 个重大合作事项[EB/OL].（2020-09-17）.[2021-06-03]. https://new.qq.com/rain/a/20200917A05KNE.

[143] 成渝两大新区有啥大动作？推进“9 个联动”取得新突破[EB/OL].（2021-04-29）. [2021-06-03]. https://baijiahao.baidu.com/s?id=1698368665985736465&wfr=spider&for=pc.

[144] 广东省粤港澳合作促进会[EB/OL]. [2021-03-25]. http://www.ygahzcjh.gd.gov.cn/Category_51/Index. aspx.

[145] 博鳌热议粤港澳大湾区：港深可共推“政策包”吸引海外人才落户，广东

省人民政府[EB/OL]. [2021-03-02]. http://www.gd.gov.cn/gdywdt/zwzt/ygadwq/mtjj/content/post_3265440.html.

[146] DAMERI R P, ROSENTHAL-SABROUX C. Smart city: how to create public and economic value with high technology in urban space[M]. Springer, 2014.

[147] GIFFINGER R, FERTNER C, KRAMAR H, et al. Smart cities: ranking of European medium-sized cities[J]. Centre of regional science (SRF), 2007.

[148] 杰奥夫雷・G. 帕克，马歇尔・W. 范・埃尔斯泰恩，桑基特・保罗・邱达利. 平台革命：改变世界的商业模式[M]. 北京：机械工业出版社，2017.

[149] GIL-GARCÍA J R, PARDO T A. E-government success factors: mapping practical tools to theoretical foundations[J]. Government information quarterly, 2005, 22(2), 187-216.

[150] 马亮. 国家治理、行政负担与公民幸福感：以“互联网+政务服务”为例[J]. 华南理工大学学报（社会科学版），2019（1）：77-84.

[151] 上海探索超大城市精细化管理新途径[EB/OL].（2020-04-16）[2020-05-27]. 光明日报，http://news.ycwb.com/2020-04/16/content_763587.htm.

[152] 李强调研城市运行“一网统管”建设[EB/OL].（2020-04-22）[2020-05-27]. http://www.shanghai.gov.cn/nw2/nw2314/nw2319/nw11494/nw44727/nw44734/nw44742/u21aw1439699. Html.

[153] “城市大脑”让城市更智慧[EB/OL]. [2020-05-27]. https://new.qq.com/omn/20190406/20190406A04Z0M. html.

[154] 上海探索城市运行“一网统管”[EB/OL].（2019-10-28）[2020-05-27]. http://www.sh.chinanews. com/bdrd/2019-10-28/65376.shtml.

[155] 蓝志勇：建立“全景式”综合人才管理模式 提高人才工作的有效性[EB/OL].(2018-01-22).[2021-03-02].https://m.sohu.com/a/218264771_828358

[156] 南昌城市大脑“优惠政策直达”应用场景实现精准推送[EB/OL]. (2020-11-20).[2021-02-01]. http://www.nc.gov.cn/ncszf/jrnc/202011/c21138b54f4b40699ea053d8d211a355.shtml.

[157] 蓝志勇：建立“全景式”综合人才管理模式 提高人才工作的有效性[EB/OL].(2018-01-22).[2021-03-05]. https://m.sohu.com/a/218264771_828358.

[158] 张敏，陈万明，刘晓杨. 人才聚集效应关键成功要素及影响机理分析[J]. 科技管理研究，2009，29（8）：4.DOI:CNKI:SUN:KJGL.0.2009-08-165.

[159] 萧鸣政，韩溪. 改革开放 30 年中国人才政策回顾与分析[J].中国人才，2009，000（001）：12-15.

[160] 梁伟年. 中国人才流动问题及对策研究[D]. 武汉：华中科技大学，2023. DOI:10.7666/d.y691644.

[161] 于斌斌. 区域一体化、集群效应与高端人才集聚：基于推拉理论扩展的视角[J]. 经济体制改革，2012(6):5. DOI: CNKI: SUN: JJTG.0.2012-06-005.

[162] 马宁，饶小龙，王选华，等. 合作与共赢：京津冀区域人才一体化问题研究[J].中国人力资源开发，2011(10):6. DOI:CNKI:SUN:ZRZK.0.2011-10-019.

[163] 阮加，李欣. 从产业转移与人才转移的互动机制看京津冀区域一体化[J]. 中国行政管理，2011(2):5. DOI: CNKI: SUN: ZXGL.0.2011-02-019.

[164] 吴江.京津冀人才发展一体化的战略选择[J]. 中国人力资源社会保障，2017(2):3. DOI: CNKI: SUN: BZLD.0.2017-02-012.

[165] 孙健,尤雯. 人才集聚与产业集聚的互动关系研究[J]. 管理世界,2008(3):2. DOI: CNKI: SUN: GLSJ.0.2008-03-028.

[166] 北京市人民政府办公厅. 北京市人民政府办公厅关于印发《北京市积分落户管理办法》的通知[EB/OL].(2020-07-14).[2021-05-25].http://www. beijing. gov. cn/zhengce/gfxwj/202007/t20200 716_1950304. html

[167] 上海市人民政府. 上海市人民政府关于印发《上海市引进人才申办本市常住户口办法》的通知[EB/OL].(2020-11-23).[2021-05-25]. https://www.shanghai.gov.cn/cmsres/3f/3fea2c67e93043b4b261fcc566338b67/2c8a01ce8b4a6036237a3ada1dba33b3. pdf

[168] 深圳市人力资源和社会保障局. 深圳市人力资源和社会保障局关于印发深圳市人才引进实施办法的通知[EB/OL].（2016-12-28）.[2021-05-25]. http://hrss.sz.gov.cn/gkmlpt/content/5/5532/post_5532806. html#1690

[169] 广州市引进人才入户管理办法[EB/OL].（2022-07-07）.[2022-10-26]. https://www.gz.gov.cn/zwgk/zdly/tjmxzylhrydfwgk/wjgk/content/post_8595485.html

[170] 杭州市委办公厅市政府办公厅. 关于服务保障“抓防控促发展”落实“人才生态 37 条”的补充意见[EB/OL].（2020-02-24）.[2021-05-25]. https://rsc.hznu.edu.cn/upload/resources/file/2020/09/23/7601025.pdf.

[171] 长三角高层次人才智力流动启动 上海博士后“叫卖“嵊州[EB/OL].（2003-11-17）.[2021-02-10]. 解放日报，http://sh.sina.com.cn/news/2003-11-17/ 102623629. html.

[172] “城际候鸟”穿梭忙 长三角人才流动提速[EB/OL].（2005-03-21）. [2021-02-12]. http://news.eastday.com/eastday/news/xwzxzt/cjsjz/node5311/

userobject1ai1928833. html

[173] 盛南方. 大珠三角人才一体化合作的着力点[J]. 中国人才，2011(1):2. DOI: CNKI: SUN: CRGZ.0.2011-01-019.

[174] 京津冀协同发展数据库. 京津冀协同发展报告（2019）[EB/OL]. [2020-03-15]. ttps://www.jingjinjicn.com/skwx_3j/sublibrary?SiteID=46&ID=9555.

[175] 温金海，靳彦丽. 京津冀签署协议推进区域人才合作[J]. 中国人才，2011（5）：1.

[176] 国外三大城市群人才一体化经验及对京津冀人才一体化的借鉴[R]. 北京市组织学习与城市治理创新研究中心，2021.

[177] 习近平：发展是第一要务，人才是第一资源，创新是第一动力[EB/OL].（2018-03-07）.[2021-06-03]. http://lianghui.people.com.cn/2018npc/n1/2018/0307/c417507-29854387. html.

[178] City of Boston. Islay Kids Fashion and Talent Show[EB/OL].(2016-10-16). [2021-06-03]. https://www.boston.gov/calendar/islay-kids-fashion-and-talent-show.

[179] 刘利民，王敏杰. 运输成本、地租及产业的集聚和转移之实证分析[J]. 价格月刊，2010（2）：4. DOI: 10.3969/j.issn.1006-2025.2010.02.015.

[180] 自然资源部. 京津冀协同发展土地利用总体规划发布[EB/OL]. (2016-05-05).[2021-06-03]. http://www.mnr.gov.cn/dt/td/201605/t20160505_2360192. html.

[181] 林远. 京津冀农村土改试点启动推动土地要素市场一体化[J]. 中国产业经济动态，2015（16）：1.

[182] 周黎安. 中国地方官员的晋升锦标赛模式研究[J]. 经济研究，2007（7）：36-50.

[183] 周黎安. 中国地方官员的晋升锦标赛模式研究[J]. 经济研究，2007（7）：36-50.

[184] 张颖. 京津冀区域生态补偿机制构建[C]//天津市社会科学界第十四届学术年会，2018-10-20, DOI:10.26914/c.cnkihy.2018.007964.

[185] 郭慧敏. 基于 CAS 理论的人才流动意愿与空气污染影响机制研究[J]. 环境科学与管理，2020，45（7）：17-22.

[186] 于溯阳，蓝志勇. 大气污染区域合作治理模式研究：以京津冀为例[J]. 天津行政学院学报，2014，16（6）：57-66.

[187] 陈艳彬. 环境规制对人才流动的影响研究[D]. 东北财经大学，2017.
[188] 孙步忠，华杰，曾咏梅. 生态功能区建设中的东中部人才共享机制构建研究[J]. 生态经济，2017，33（11）：191-195.
[189] 李仲生. 中外人才思想史[M]. 北京：中国人事出版社，2015.
[190] 色诺芬. 回忆苏格拉底：珍藏本[M]. 北京：商务印书馆，2009.
[191] 柏拉图. 柏拉图全集[M]. 王晓朝，译. 北京：人民出版社，2002.
[192] 张焕庭. 西方资产阶级教育论著选[M]. 北京：人民教育出版社，1979.
[193] 胡玉娟. 论古罗马的仪式与政治：以共和时代为中心[J]. 郑州大学学报（哲学社会科学版），2017, 50(6): 9. DOI: CNKI: SUN: ZZDX.0.2017-06-020.
[194] 西塞罗. 西塞罗全集[M]. 王晓朝，译. 北京：人民出版社，2008.
[195] 葛怀恩. 古罗马的教育：从西塞罗到昆体良[M]. 北京：华夏出版社，2015.
[196] 李仲生. 中外人才思想史[M]. 北京：中国人事出版社，2015.
[197] 郭沫若，闻一多，许维遹. 管子集校：上册[M]. 北京：科学出版社，1956.
[198] 孔子. 论语译注：先进篇[M]. 2 版. 北京：中华书局，1980.
[199] 孔子. 论语译注：雍也篇[M]. 2 版. 北京：中华书局，1980.
[200] 王先谦. 荀子集解：儒效[M]. 北京：中华书局，1988.
[201] 韩非. 韩非子新校注：上册：显学[M]. 上海古籍出版社，2000.
[202] 杨英杰. 战国：数风流人物[M]. 天津：南开大学出版社，2020.
[203] 吕不韦. 吕氏春秋[M]. 北京：商务印书馆，2015.
[204] 吕不韦. 吕氏春秋：下贤篇[M]. 北京：商务印书馆，2015.
[205] 司马迁. 史记：高祖本纪[M]. 北京：中华书局，2016.
[206] 徐颂陶，王通讯，叶忠海. 人才理论精萃与管理实务[M]. 北京：中国人事出版社，2004.
[207] 徐颂陶，王通讯，叶忠海. 人才理论精萃与管理实务[M]. 北京：中国人事出版社，2004.
[208] 王充. 论衡[M]. 上海：上海人民出版社，1974.
[209] 刘劭. 人物志[M]. 北京：中华书局，2016.
[210] 吴兢. 贞观政要[M]. 谢保成，译. 北京：中华书局，2003.
[211] 韩愈. 韩昌黎文集注释[M]. 阎琦，译注. 西安：三秦出版社，2004.
[212] 马光. 资治通鉴[M]. 北京：中华书局，1995.
[213] 徐颂陶，王通讯，叶忠海. 人才理论精萃与管理实务[M]. 北京：中国人事出版社，2004.

[214] 朱元璋．明太祖文集．文渊阁四库全书本[M]．上海：上海古籍出版社，1989.
[215] 赵尔巽，等．清史稿：圣祖本纪[M]．北京：中华书局，1998.
[216] 赵尔巽，等．清史稿：圣祖本纪[M]．北京：中华书局，1998.
[217] 佩蒂．赋税论[M]．北京：华夏出版社，2017.
[218] 佩蒂．赋税论[M]．北京：华夏出版社，2017.
[219] 亚当·斯密．国富论[M]．北京：中华书局，2018.
[220] 蓝志勇，刘洋．美国人才战略的回顾及启示[J]．国家行政学院学报，2017（1）：50-55，126-127.
[221] 蓝志勇，刘洋．美国人才战略的回顾及启示[J]．国家行政学院学报，2017（1）：50-55，126-127.
[222] 蓝志勇，刘洋．美国人才战略的回顾及启示[J]．国家行政学院学报，2017（1）：50-55，126-127.
[223] 搜狐网．日本即将成为取得绿卡最快国家？[EB/OL]．（2017-05-25）[2021-04-27]. https://www.sohu.com/a/143346472_750705.
[224] 龚自珍．中国近代思想家文库．龚自珍卷[M]．北京：中国人民大学出版社，2015.
[225] 魏源．魏源集[M]．北京：中华书局，2018.
[226] 曾国藩．曾国藩全集[M]．北京：中华书局，2018.
[227] 吕思勉．中国近代史[M]．北京：中国书籍出版社，2017.
[228] 萧公权，汪荣祖．康有为思想研究[M]．北京：中国人民大学出版社，2014.
[229] 梁启超．梁启超论教育[M]．北京：商务印书局，2017.
[230] 孙中山．孙中山全集[M]．北京：人民出版社，2015.
[231] 徐颂陶，罗洪铁．马克思主义人才思想研究[M]．中国人才研究会，编．北京：党建读物出版社，2015.
[232] 李仲生．中外人才思想史[M]．北京：中国人事出版社，中国劳动社会保障出版社，2014.
[233] 毛泽东．毛泽东选集：第三卷[M]．北京：人民出版社，1991：1082-1083.
[234] 邓小平．邓小平文选：第二卷[M]．北京：人民出版社，1994：224.
[235] 中共中央组织部人才工作局．科学人才观理论读本[M]．北京：党建读物出版社，2012.
[236] 毛泽东．毛泽东选集：第七卷[M]．北京：人民出版社，1999：309.
[237] 中共中央文献研究室．毛泽东著作专题摘编[M]．北京：中央文献出版社，

2003.
[238] 邓小平. 邓小平文选：第一卷[M]. 北京：人民出版社，1994：251.
[239] 毛泽东. 毛泽东选集：第一卷[M]. 北京：人民出版社，1991：284.
[240] 毛泽东. 毛泽东选集：第一卷[M]. 北京：人民出版社，1991：289.
[241] 中国青年网. 新时代，习近平的“人才观”[EB/OL].（2018-05-25）[2021-05-02]. http://news.youth.cn/sz/201805/t20180525_11628866.htm.
[242] 共产党员网. 聚天下英才而用之：学习习近平总书记关于人才工作的重要论述[EB/OL].（2017-07-02）[2021-05-03]. http://news.12371.cn/2017/07/02/ARTI1498990402214101. shtml.
[243] 中国青年报. 聚天下英才而用之，习近平要求念好网信事业发展“人才经”[EB/OL].（2021-04-20）[2021-05-03]. https://baijiahao.baidu.com/s?id=1697552520040270311&wfr=spider&for=pc.
[244] 邓小平. 邓小平文选：第二卷[M]. 北京：人民出版社，1994.
[245] 邓小平. 邓小平文选：第二卷[M]. 北京：人民出版社，1994.
[246] 江泽民. 江泽民文选：第一卷[M]. 北京：人民出版社，2006.
[247] 江泽民. 论科学技术[M]. 北京：中央文献出版社，2001.
[248] 江泽民. 江泽民文选：第二卷[M]. 北京：人民出版社，2006.
[249] 江泽民. 江泽民文选：第三卷[M]. 北京：人民出版社，2006.
[250] 萧鸣政，陈新明. 中国人才评价制度发展 70 年分析[J]. 行政论坛，2019（4）：6.DOI:10.3969/j.issn.1005-460X.2019.04.004.
[251] 胡锦涛. 胡锦涛文选：第二卷[M]. 北京：人民出版社，2016.
[252] 沈荣华. 习近平人才观的核心：聚天下英才而用之[J]. 人民论坛，2017，(15)：13-15.
[253] 杨伟国. 聚天下英才而用之：探索新人才方法论[J]. 国家行政学院学报，2018（4）：15-20，147.
[254] 习近平. 习近平谈治国理政：第二卷[M]. 北京：外文出版社，2017.
[255] 胡威. 我国地方政府人才政策创新动因研究：基于北京、上海和浙江的分析[J]. 行政论坛，2018（1）：114-121.
[256] 陈丽君，傅衍. 人才政策执行偏差现象及成因研究：以 C 地区产业集聚区创业创新政策执行为例[J]. 中国行政管理，2017(12):6. DOI: CNKI: SUN: ZXGL.0.2017-12-020.
[257] 苏立宁，廖求宁. “长三角”经济区地方政府人才政策：差异与共性：基于 2006—2017 年的政策文本[J]. 华东经济管理，2019，33(7):7.DOI:10.

19629/j.cnki.34-1014/f.181213003.

[258] 王通讯. 人才学通论[M]. 2 版. 天津：天津人民出版社，1986.

[259] 徐颂陶，王通讯，叶忠海. 人才理论精萃与管理实务[M]. 北京：中国人事出版社，2004.

[260] 吴江. 人才优先发展战略研究[M]. 北京：党建读物出版社，2015.

[261] 吴江. 人才优先发展战略研究[M]. 北京：党建读物出版社，2015.

[262] 北大法宝[EB/OL]. [2021-01-27]. https://home.pkulaw.com/.

[263] 薛楚江，谢富纪. 人才政策发展三阶段模型与中国人才政策[J]. 科技管理研究，2020，40（24）：6.

[264] 吴江. 人才优先发展战略研究[M]. 北京：党建读物出版社，2015.

[265] 全国人才资源统计结果显示：我国提速迈向人才强国 [EB/OL]. [2021-03-04]. http://edu.mohrss.gov.cn/info/1038/1515. htm.

[266] 2019 年度人力资源和社会保障事业发展统计公报[EB/OL]. [2021-03-04]. http://www.mohrss.gov.cn/SYrlzyhshbzb/zwgk/szrs/tjgb/202006/t20200608_375774. html.

[267] 全国人才资源统计结果显示：我国提速迈向人才强国[EB/OL]. [2021-03-04]. http://edu.mohrss.gov.cn/info/1038/1515. htm

[268] 苗月霞. 我国地方政府“人才特区”建设研究[J]. 中国行政管理，2012（10）：4. DOI: CNKI: SUN: ZXGL.0.2012-10-009.

[269] 全国人才资源统计结果显示：我国提速迈向人才强国[EB/OL]. [2021-03-04]. http: //edu.mohrss.gov.cn/info/1038/1515. htm.

[270] 马茹，张静，王宏伟. 科技人才促进中国经济高质量发展了吗?——基于科技人才对全要素生产率增长效应的实证检验[J]. 经济与管理研究，2019, 40(5):10. DOI: 10.13502/j.cnki.issn1000-7636.2019.05.001.

[271] 陈玉兰. 科技人才对我国经济增长的影响研究：来自不同时期的省级数据[J]. 江西社会科学，2013(8):4. DOI: 10.3969/j.issn.1004-518X.2013.08.013.

[272] 蓝庆新，黄婧涵，李飞. 海外高科技人才回流对中国区域经济发展的影响研究：基于门槛效应的实证分析[J]. 科技管理研究，2019, 39(10):114-119.

[273] 倪超，王颖. 战略人才与经济增长：基于中国 1978—2011 年时间序列数据的分析[J]. 经济问题探索，2014(2):1-8.DOI:10.3969/j.issn.1006-2912.2014.02.001.

[274] 袁家健. 我国人才与经济增长关系研究：东部 11 省市国有企事业单位专业技术人员的实证分析[J]. 科学学与科学技术管理，2014（3）：175-180.

DOI: CNKI: SUN: KXXG.0.2014-03-020.
[275] 王康，李逸飞，李静，等. 孵化器何以促进企业创新?——来自中关村海淀科技园的微观证据[J]. 管理世界，2019，35(11):17.DOI:CNKI:SUN: GLSJ.0.2019-11-011.
[276] 李照清. 区域经济发展与高职教育互助共生关系的实证研究：基于 6 省数据的分析[J]. 现代教育管理，2019(11):5.DOI:CNKI:SUN:LNGD.0.2019-11-019.
[277] 王通讯. “人才好制度”从哪儿来[N]. 光明日报，2013-04-17（015）.
[278] 吴江. “多样化”人才改革 吹响人才“集结号”[J]. 南方企业家，2016（5）: 20-25.
[279] 蓝志勇. 克服“中梗阻”提高新时期人才工作的实效性[J]. 国家行政学院学报，2018（4）：9-14，147.
[280] 蓝志勇. 克服“中梗阻”提高新时期人才工作的实效性[J]. 国家行政学院学报，2018（4）：9-14，147.
[281] 蓝志勇，刘洋. 美国人才战略的回顾及启示[J]. 国家行政学院学报，2017（1）：50-55，126-127.
[282] SEN A. Development as freedom[M]. New York: Oxford University Press, 1999.
[283] 蓝志勇. 克服“中梗阻”提高新时期人才工作的实效性[J]. 国家行政学院学报，2018（4）：9-14，147.
[284] 萧鸣政，张湘姝. 新时代人才评价机制建设与实施[J]. 前线，2018（10）：64-67.
[285] 孙健敏. 警惕“人才争夺战”可能引发的后患[J]. 人民论坛，2018（15）：27-29.
[286] 陈新明，萧鸣政，张睿超. 城市“抢人大战”的政策特征、效力测度及优化建议[J]. 中国人力资源开发，2020，37（5）：59-69.
[287] 孙锐，吴江. 加快实施人才强国战略的建议与思考[J]. 中国人才，2013（19）：54-55.
[288] 王通讯. 人才战略规划的制定与实施[M]. 北京：党建读物出版社，2008：22.
[289] 吴江，苗月霞. 人才强国战略管理创新研究[J]. 第一资源，2009（4）：22-27.
[290] 吴江，苗月霞. 人才强国战略管理创新研究[J]. 第一资源，2009（4）：22-27.
[291] 中国人事科学院研究院课题组. 国家中长期人才发展规划实施成效显著[J]. 第一资源，2012(17)：148-159.

[292] 贺雪峰. 基层治理的三重境界[EB/OL].（2020-06-15）.[2021-06-03]. https://www.gmw.cn/xueshu/2020-06/15/content_33913303.htm.

[293] 金辉. 学好用好“枫桥经验”推进基层治理现代化[N]. 本溪日报. 2021-1-18（004）.

[294] 袁明. 新时代党建引领基层治理的思考[EB/OL].(2018-11-10).[2021-06-03]. http://theory.people.com.cn/n1/2018/1110/c40531-30392826.html.

[295] 沈燕，赵瑞斌. 新时代“枫桥经验”推动基层社会治理现代化的路径分析. [J]. 邢台学院学报，2020，35（4）：59-62.

[296] 徐传峰，李东泉. “三驾马车”式的社区治理创新：肖家河的故事[J]. 公共管理政策评论，2013（3）：82-89.

[297] 走入群众心中：新疆 35 万干部“访惠聚”驻村工作纪实[EB/OL].（2018-12-17）.[2021-06-03]. 中国共产党新闻网，http://dangjian.people.com.cn/n1/2018/1217/c117092-30471149.html.

[298] 习近平在第三次中央新疆工作座谈会上发表重要讲话[EB/OL]. (2018-12-17). [2021-06-03]. http://www.gov.cn/xinwen/2020-09/26/content_5547383.htm.

[299] 袁光亮. 社区社会工作人才培养研究[M]. 北京：北京理工大学出版社，2012：177-182.

[300] 赵小平，陶传进. 社区治理模式转变中的困境与出路[M]. 北京：社会科学文献出版社，2012：9.

[301] 吴群刚，孙志祥. 中国式社区治理：基层社会服务管理创新的探索与实践. [M]. 北京：中国社会出版社，2011：111.

[302] 张林江. 走向“社区+”时代-当代中国社会治理转型[M]. 北京：社会文献出版社，2015：140.

[303] 中华人民共和国民政部 2020 年民政事业发展统计公报[EB/OL].[2021-05-04]. http://www.mca.gov.cn/article/sj/tjgb/.

[304] 李慧凤. 社区治理与社会管理体制创新：基于宁波市社区案例研究[J]. 公共管理学报，2010，7（1）：67-72.

[305] 丁红梅. 我国社区治理及现状[J]. 社会与公益，2020（7）：33-34，37.

[306] 丁红梅. 我国社区治理及现状[J]. 社会与公益，2020（7）：33-34，37.

[307] 李东泉，蓝志勇，徐传峰. 社会资本视域下的社区治理创新研究：以成都市高新区为例[M]. 北京：中国建筑工业出版社，2017：16.

[308] 建立健全社区服务体系的思考[EB/OL].（2013-12-31）.[2021-06-03]. http://

www.zxcy.gov.cn/index.php?m=content&c=index&a=show&catid=73&id=540.
[309] 丁红梅. 我国社区治理及现状[J]. 社会与公益，2020（7）：33-34，37.
[310] 李东泉，蓝志勇，徐传峰. 社会资本视域下的社区治理创新研究：以成都市高新区为例[M]. 中国建筑工业出版社，2017：11.
[311] 钱诚. 加强社区人才队伍建设任重道远：从新冠肺炎疫情社区防控看基层治理水平[J]. 中国人力资源社会保障，2020（12）：22-23.
[312] 适应城乡社区治理新形势的人才保障[EB/OL].[2021-05-14]. https://www.sohu.com/a/428299813_535599.
[313] 蓝志勇，刘洋. 英国人才制度与人才发展战略[M]. 北京：党建读物出版社，2016.
[314] 李慧凤. 社区治理与社会管理体制创新：基于宁波市社区案例研究[J]. 公共管理学报，2010，7（1）：67-72.
[315] 李东泉，蓝志勇，徐传峰. 社会资本视域下的社区治理创新研究：以成都市高新区为例[M]. 北京：中国建筑工业出版社，2017：42.
[316] 王海蛟. 基层人才政策问题研究[D]. 成都：四川省社会科学院，2020.
[317] 钱诚. 加强社区人才队伍建设任重道远：从新冠肺炎疫情社区防控看基层治理水平[J]. 中国人力资源社会保障，2020（12）：22-23.
[318] 李浩. 社区治理亟需专业人才[N]. 安徽日报，2020-08-18（009）.
[319] 王杰秀. 中国社区治理创新研究报告（2015）[M]. 北京：中国社会出版社，2017：107.
[320] 国务院办公厅. 社区服务体系建设规划（2011—2015 年）[EB/OL].（2011-12-29）.[2021-06-03]. http://www.gov.cn/zwgk/2011-12/29/content_2032915.htm.
[321] 王晶冉. 城市社区治理的几个“关节”问题[J]. 陕西行政学院学报，2020，34（3）：9-13.
[322] 汪大海. 社区管理学[M]. 北京：北京师范大学出版社，2011.
[323] 钱诚. 加强社区人才队伍建设任重道远：从新冠肺炎疫情社区防控看基层治理水平[J]. 中国人力资源社会保障，2020（12）：22-23.
[324] 袁光亮. 社区社会工作人才培养研究[M]. 北京：北京理工大学出版社，2012. 9
[325] 陈小平. 人才开发中的前沿和热点问题[M]. 北京：中国人事出版社，中国劳动社会保障出版社，2012：8.

[326] 陈易. 转型期中国城市更新的空间治理研究：机制与模式[D].南京：南京大学，2016. DOI:CNKI:CDMD:1.1016.136955.

[327] 丝奇雅·沙森. 全球城市：纽约、伦敦、东京[M]. 上海：上海社会科学院出版社，2005.

[328] 陈易. 转型期中国城市更新的空间治理研究：机制与模式[D]. 南京：南京大学，2016. DOI:CNKI:CDMD:1.1016.136955.

[329] 叶超，柴彦威，张小林. “空间的生产”理论、研究进展及其对中国城市研究的启示[J]. 经济地理，2011，31（3）：5.

[330] 帕克，等. 城市社会学：芝加哥学派城市研究文集[M]. 宋俊岭，等译. 北京：商务印书馆，2012.

[331] 包亚明. 现代性与空间的生产[M]. 上海：上海教育出版社，2003.

[332] 叶超，柴彦威，张小林. “空间的生产”理论、研究进展及其对中国城市研究的启示[J].经济地理，2011，31（3）：5.

[333] 张凤超. 资本逻辑与空间化秩序：新马克思主义空间理论解析[J].马克思主义研究，2010(7):9. DOI:CNKI:SUN:STUD.0.2010-07-005.

[334] 包亚明. 现代性与空间的生产[M]. 上海：上海教育出版社，2003.

[335] 王锐. 理解空间政治学：一个初步的分析框架[J]. 甘肃行政学院学报，2020（4）：104-113.

[336] 张笑夷，刘怀玉. 作为一种城市研究范式的“都市马克思主义”[J]. 学术月刊，2020，52（3）：10.

[337] 叶超，柴彦威，张小林. “空间的生产”理论、研究进展及其对中国城市研究的启示[J]. 经济地理，2011，31（3）：5.

[338] 包亚明. 现代性与空间的生产[M]. 上海：上海教育出版社，2003.

[339] 尤作欣. 资本主义的空间批判：从晚年列斐伏尔到大卫·哈维[J]. 学习与探索，2010（1）：18-21.

[340] 爱德华·W. 苏贾. 后现代地理学：重申批判社会理论中的空间[M]. 北京：商务印书馆，2004.

[341] 尤作欣. 资本主义的空间批判：从晚年列斐伏尔到大卫·哈维[J]. 学习与探索，2010（1）：18-21.

[342] HARVEY D. Social justice and the city[M]. Cambridge, MA: Blackwell Publishers, 1973.

[343] 戴维·哈维. 正义、自然和差异地理学[M]. 上海：上海人民出版社，2015.

[344] 高峰. 城市空间生产的运作逻辑：基于新马克思主义空间理论的分析[J].

学习与探索，2010(1):9-14. DOI: 10.3969/j.issn.1002-462X.2010.01.003.

[345] 牛俊伟. 从城市空间到流动空间：卡斯特空间理论述评[J]. 中南大学学报（社会科学版），2014, 20(2):7.DOI:10.3969/j.issn.1672-3104.2014. 02.025.

[346] 曼纽尔·卡斯特. 网络社会的崛起[M]. 北京：社会科学文献出版社，2001.

[347] 大卫·哈维. 资本的限度[M]. 北京：中信出版集团，2017.

[348] 丝奇雅·沙森. 全球城市：纽约、伦敦、东京[M]. 上海：上海社会科学院出版社，2005.

[349] 大卫·哈维. 资本的限度[M]. 北京：中信出版集团， 2017.

[350] 爱德华·W. 苏贾，王文斌. 后现代地理学[M]. 北京：商务印书馆，2004.

[351] 刘怀玉. 社会主义如何让人栖居于现代都市?——列斐伏尔《都市革命》一书再读[J]. 马克思主义与现实，2017(1):12.DOI:10.3969/j.issn.1004-5961.2017.01.015.

[352] 戴维·哈维. 叛逆的城市：从城市权利到城市革命[M]. 叶齐茂，倪晓辉，译. 北京：商务印书馆，2014.

[353] 亨利·列斐伏尔. 空间与政治[M]. 2 版. 上海：上海人民出版社，2015.

[354] 刘继华，段斯铁萌. 新马克思主义空间理论对我国大城市空间治理的启示[J]. 城市问题，2019(2):5.DOI:CNKI:SUN:CSWT.0.2019-02-011.

[355] 丝奇雅·沙森. 全球城市：纽约、伦敦、东京[M]. 上海：上海社会科学院出版社，2005.

[356] 亨利·列斐伏尔. 空间与政治[M]. 2 版. 上海：上海人民出版社，2015.

[357] 戴维·哈维. 正义、自然和差异地理学[M]. 上海：上海人民出版社，2015.

[358] HARVEY D. Social justice and the city[M]. Cambridge, MA: Blackwell Publishers, 1973: 306.

[359] 薛毅. 西方都市文化研究读本[M]. 桂林：广西师范大学出版社，2008.

[360] 胡潇. 空间的社会逻辑：关于马克思恩格斯空间理论的思考[J]. 中国社会科学，2013（1）：113-131.

[361] 胡潇. 空间的社会逻辑：关于马克思恩格斯空间理论的思考[J]. 中国社会科学，2013（1）：113-131.

[362] 爱德华·W. 苏贾（Edward W. Soja）. 寻求空间正义[M]. 高春花，强乃社，等译. 北京：社会科学文献出版社，2016：13.

[363] 爱德华·W. 苏贾（Edward W. Soja）. 寻求空间正义[M]. 高春花，强乃社，等译. 北京：社会科学文献出版社，2016：77.

[364] 爱德华·W. 苏贾（Edward W. Soja）. 寻求空间正义[M]. 高春花，强乃

社，等译. 北京：社会科学文献出版社，2016：77.

[365] HARVEY D. Social Justice and the city[M]. Cambridge, MA: Blackwell Publishers, 1973.

[366] 爱德华·W. 苏贾（Edward W. Soja）. 寻求空间正义[M]. 高春花，强乃社，等译. 北京：社会科学文献出版社，2016：81.

[367] 米切尔. 城市权：社会正义和为公共空间而战斗[M]. 苏州：苏州大学出版社，2018.

[368] 戴维·哈维. 叛逆的城市：从城市权利到城市革命[M]. 叶齐茂，倪晓辉，译. 北京：商务印书馆，2014.

[369] 爱德华·W. 苏贾（Edward W. Soja）. 寻求空间正义[M]. 高春花，强乃社，等译. 北京：社会科学文献出版社，2016：102.

[370] 爱德华·W. 苏贾（Edward W. Soja）. 寻求空间正义[M]. 高春花，强乃社，等译. 北京：社会科学文献出版社，2016：92.

[371] 刘怀玉. 社会主义如何让人栖居于现代都市?——列斐伏尔《都市革命》一书再读[J].马克思主义与现实，2017(1):12.DOI:10.3969/j.issn.1004-5961.2017.01.015: 104-115.

[372] 爱德华·W. 苏贾（Edward W. Soja）. 寻求空间正义[M]. 高春花，强乃社，等译. 北京：社会科学文献出版社，2016：25.

[373] 爱德华·W. 苏贾（Edward W. Soja）. 寻求空间正义[M]. 高春花，强乃社，等译. 北京：社会科学文献出版社，2016.

[374] 王志刚. 马克思主义空间正义的问题谱系及当代建构[J]. 哲学研究，2017(11):7. DOI:CNKI:SUN:ZXYJ.0.2017-11-004.

[375] 李佳依，翁士洪. 城市治理中的空间正义：一个研究综述[J]. 甘肃行政学院学报，2018(3):10.DOI:CNKI:SUN:GSXX.0.2018-03-002: 14-22,46.

[376] 曼纽尔·卡斯特. 网络社会的崛起[M]. 北京：社会科学文献出版社，2003.

[377] 马克斯·韦伯. 经济与社会：下卷[M]. 北京：商务印书馆，1997：573.

[378] CHU C, NOMURA R, MORI S. Actual conditions of mixed public-private planning for housing complexes in Beijing[J]. Sustainability, 2019, 11(8): 2409.DOI:10.3390/su11082409.

[379] SWYNGEDOUW E. The production of space[J]. Economic geography, 1992, 68(3): 317-319.

[380] 孙小逸. 空间的生产与城市的权利：理论、应用及其中国意义[J]. 公共行政评论，2015, 8(3):17.DOI:10.3969/j.issn.1674-2486.2015.03.008.:176-192.

[381] WU, F. Neighborhood attachment, social participation, and willingness to stay in China's low-income communities[J]. Urban affairs review, 2012, 48(4): 547-570.
[382] 萨斯基娅·萨森. 驱逐：全球经济中的野蛮性与复杂性[M]. 南京：江苏凤凰教育出版社，2016.
[383] 萨斯基娅·萨森. 驱逐：全球经济中的野蛮性与复杂性[M]. 南京：江苏凤凰教育出版社，2016：1.
[384] THURBER AMIE, BOHMANN RIEHLE C, HEFLINGER ANNE C. Spatially integrated and socially segregated: the effects of mixed-income neighbourhoods on social well-being[J]. Urban studies, 2018, 55(9): 1859-1874.
[385] 杨毕红，吴文恒，许玉婷，等. 新城市贫困空间居住满意度及其影响因素：基于西安市企业社区的实证[J]. 地理科学进展，2021,40(5):14.DOI:10.18306/dlkxjz.2021.05.007.:14.
[386] 刘易斯·芒福德. 城市发展史[M]. 宋俊岭，倪文彦，译. 北京：中国建筑工业出版社，2005：580.
[387] 邓智团. 空间正义、社区赋权与城市更新范式的社会形塑[J]. 城市发展研究，2015(8): 61-66. DOI:CNKI:SUN:CSFY.0.2015-08-011.:61-66.
[388] 埃比尼泽·霍华德. 明日的田园城市[M]. 北京：商务印书馆，2009：8-9.
[389] 萨斯基娅·萨森. 驱逐：全球经济中的野蛮性与复杂性[M]. 南京：江苏凤凰教育出版社，2016：139.
[390] 刘辉. 城市权利的法理解析[J]. 苏州大学学报（法学版），2018，5（3）：42-50.
[391] 王佃利，邢玉立. 空间正义与邻避冲突的化解：基于空间生产理论的视角[J]. 理论探讨，2016(5):6. DOI:CNKI:SUN:LLTT.0.2016-05-026.
[392] 王佃利，邢玉立. 空间正义与邻避冲突的化解：基于空间生产理论的视角[J]. 理论探讨，2016(5):6. DOI:CNKI:SUN:LLTT.0.2016-05-026.
[393] 曹现强，张福磊. 我国城市空间正义缺失的逻辑及其矫治[J]. 城市发展研究，2012(3):5. DOI: CNKI: SUN: CSFY.0.2012-03-023.
[394] 习近平出席中央人才工作会议并发表重要讲话[MB/OL].[2021-10-18]. http://www.gov.cn/xinwen/2021-09/28/content_5639868.Htm
[395] 倪鹏飞. 中国城市竞争力报告：竞争力：筚路十年铸一剑[M]. 北京：社会科学文献出版社，2012.

[396] 倪鹏飞，克拉索. 全球城市竞争力报告（2007—2008）：城市：未来一切皆有可能[M]. 社会科学文献出版社，2008.

[397] 张文忠. 城市内部居住环境评价的指标体系和方法[J]. 地理科学，2007，27(1):7.DOI:10.3969/j.issn.1000-0690.2007.01.003: 17-23.

[398] 世界银行. 2009 世界发展报告-重塑世界经济地理[EB/OL].[2021-06.22]. https://openknowledge.worldbank.org/bitstream/handle/10986/5991/WDR%2020 09%20-%20Chinese.pdf?sequence=2&isAllowed=y

[399] 国务院办公厅. 国务院办公厅关于城市公立医院综合改革试点的指导意见[EB/OL]. 中华人民共和国中央人民政府（2015-05-17）[2021-11-02]. https://www.gov.cn/zhengce/content/2015-05-17/content-9776.htrrt?trs=1.

[400] 魏本胜，王晓奥，刘家琰，等. 基于 GIS 的上海市死亡人口空间数据库及死亡人数的时空特征[J]. 人口学刊，2014，36（6）：5-12.

[401] KRUGMAN P. Scale economies, product differentiation, and the pattern of trade[J]. The American economic review, 1980, 70(5): 950-959.

[402] KRUGMAN, P. Increasing returns and economic geography[J]. Journal of political economy, 1991, 99(3): 483-499.

[403] DAVIS D R, WEINSTEIN D E. Economic geography and regional production structure: an empirical investigation[J]. European economic review, 1999, 43(2): 379-407.

[404] HANSON G H. Market potential, increasing returns and geographic concentration[J]. Journal of international economics, 2005, 67(1): 1-24.

[405] HANSON G H. Localization economies, vertical organization, and trade[J]. The American economic review, 1996, 86(5), 1266-1278.

[406] MYRDAL G. Economic theory and underdeveloped regions[M]. London: Duckworth, 1957.

[407] KIM S. Diversity in urban labor markets and agglomeration economies [J]. Papers in regional science, 1987, 62(1): 57-70.

[408] BLACK D, HENDERSON V. A theory of urban growth[J]. Journal of political economy, 1999, 107(2): 252-284.

[409] RAUCH J E. Productivity gains from geographic concentration of human capital: evidence from the cities[J]. Journal of urban economics, 1993, 34(3): 380-400.

[410] JACOBS J. The economy of the cities[M]. New York: Random House, 1969.

[411] LUCAS R E. On the mechanics of economic development[J]. Journal of monetary economics, 1988, 22(1): 3-42.

[412] MORETTI E. Workers' education, spillovers, and productivity: evidence from plant-level production functions[J]. American economic review, 2004, 94(3): 656-690.

[413] GLAESER E L, KALLAL H D, SCHEINKMAN J A, et al. Growth in cities[J]. Journal of political economy, 1992, 100(6): 1126-1152.

[414] GOTTLIEB P D. Residential amenities, firm location and economic development[J]. Urban studies, 1995, 32(9): 1413-1436.

[415] 范剑勇. 产业集聚与地区间劳动生产率差异[J]. 中国高等学校学术文摘·经济学，2007，3（2）：346-361.

[416] 赵伟，李芬. 异质性劳动力流动与区域收入差距：新经济地理学模型的扩展分析[J]. 中国人口科学，2007(1):9.DOI:10.3969/j.issn.1000-7881.2007.01.004.

[417] 刘智勇，李海峥，胡永远，等. 人力资本结构高级化与经济增长：兼论东中西部地区差距的形成和缩小[J]. 经济研究，2018，53(3):14.DOI:CNKI:SUN:JJYJ.0.2018-03-005.

[418] 张同斌. 从数量型“人口红利”到质量型“人力资本红利”：兼论中国经济增长的动力转换机制[J]. 经济科学，2016(5):13.DOI:CNKI:SUN:JJKX.0.2016-05-002.

[419] 胡婧玮，郭金花. 高质量发展背景下科技人才集聚的生产率效应差异研究[J].经济问题，2021（3）：6.

[420] RAMOS R, SURIÑACH JORDI, ARTÍS MANUEL. Regional economic growth and human capital: the role of overeducation[J]. University of Barcelona, Research Institute of Applied Economics, 2009(10): 1389-1400.

[421] 杨爽. 地区经济差异的人力资本适配性解读：基于中国省际门槛回归的实证分析[J]. 经济问题探索，2010(6):7.DOI:10.3969/j.issn.1006-2912.2010.06.023.

[422] 李景睿，刘三林，邓晓锋. 适度教育、知识产出与经济增长：基于珠三角城市人口普查面板数据的实证分析[J]. 教育科学，2013(5):6.DOI:10.3969/j.issn.1002-8064.2013.05.002.

[423] WILLIAMSON JEFFREY G. Regional inequality and the process of national development: a description of the patterns[J].Economic development &

cultural change, 1965, 13(4):1-84.DOI:10.1128/AEM.01593-10.

[424] HENDERSON V. The urbanization process and economic growth: the so-what question[J]. Journal of economic growth, 2003, 8(1):47-71.DOI:10.2307/40215937.

[425] BRUELHART M, SBERGAMI F. Agglomeration and growth: cross-country evidence[J]. Journal of urban economics, 2009, 65(1):p.48-63.DOI:10.1016/j.jue.2008.08.003.

[426] 刘修岩，邵军，薛玉立. 集聚与地区经济增长：基于中国地级城市数据的再检验[J]. 南开经济研究，2012(3):13.DOI:CNKI:SUN:NKJJ.0.2012-03-005.

[427] 陈心颖. 人口集聚对区域劳动生产率的异质性影响[J]. 人口研究，2015，39(1):11.DOI:CNKI:SUN:RKYZ.0.2015-01-007.

[428] 邓翔，朱高峰，万春林. 人力资本对中国经济增长的门槛效应分析：基于人力资本集聚视角[J].经济问题探索，2019(5):9.DOI:CNKI:SUN:JJWS.0.2019-05-019.

[429] 石忆邵，尹昌应，王贺封，等. 城市综合承载力的研究进展及展望[J]. 地理研究，2013，32（1）：133-145.

[430] 曾鹏. 基于绿色交通的城市交通规划方法探讨[J]. 城市地理，2015(8X):1.DOI:JournalArticle/5b433162c095d716a4bd43d1.

[431] CAMPBELL A, CONVERSE P E, RODGERS W L. The quality of American life: perceptions, evaluations, and satisfactions[J].Academy of management review, 1976, 2(4): 694.DOI:10.2307/257525.

[432] BEN-CHIEH LIU.Variations in economic quality of life indicators in the USA.: an interstate observation over time[J]. Mathematical social sciences, 1983, 5(1):107-120.DOI:10.1016/0165-4896(83)90089-6.

[433] LOWDON WINGO. The quality of life: toward a microeconomic definition[J].Urban studies, 1973.DOI:10.1080/00420987320080011.

[434] GOTTLIEB P D. Residential amenities, firm location and economic development[J]. Urban studies, 1995, 32(9): 1413-1436.

[435] PAUL V A, KNOX L, SMITH D M. Smith, D M 1977: human geography: a welfare approach. London: Edward Arnold[J]. Progress in Human Geography, 1995, 19(3): 389-394.

[436] TIEBOUT C M. A pure theory of local expenditures[J]. Journal of political

economy, 1956, 64(5): 416-424.

[437] DAVANZO J. Does unemployment affect migration? Evidence from micro data[J]. The review of economics and statistics, 1978(1): 504-514.

[438] GREENWOOD M J, HUNT G L. Jobs versus amenities in the analysis of metropolitan migration[J]. Journal of urban economics, 1989, 25(1): 1-16.

[439] PARTRIDGE M D, RICKMAN D S. The role of industry structure, costs, and economic spillovers in determining state employment growth rates[J]. Review of regional studies, 1996, 26(3): 235-264.

[440] 孙健，尤雯. 人才集聚与产业集聚的互动关系研究[J]. 管理世界，2008（3）：177-178.

[441] 闻曙明，施琴芬，杭雪花. 产业集聚过程中知识创新活动的出场路径分析[J]. 科技与经济，2005，18（5）：14-18.

[442] DOHMEN T J. Housing, mobility and unemployment[J]. Regional science and urban economics, 2005, 35(3): 305-325.

[443] HELPMAN E. The size of regions[M]. London: Cambridge University Press, 1998.

[444] ROBACK J. Wages, rents, and the quality of life[J]. Journal of political economy, 1982, 90(6): 1257-1278.

[445] ROSEN S. Hedonic prices and implicit markets: product differentiation in pure competition[J]. Journal of political economy, 1974, 82(1): 34-55.

[446] GRAVES P E, LINNEMAN P D. Household migration: theoretical and empirical results[J]. Journal of urban economics, 1979, 6(3): 383-404.

[447] TYRVÄINEN L, MIETTINEN A. Property prices and urban forest amenities[J]. Journal of environmental economics & management, 2004, 39(2):205-223.

[448] GRAVES P E. Migration with a composite amenity: the role of rents[J]. Journal of regional science, 1983, 23(4): 541-546.

[449] 张莉，何晶，马润泓. 房价如何影响劳动力流动?[J]. 经济研究，2017（8）：155-170.

[450] 张平，张鹏鹏. 房价、劳动力异质性与产业结构升级[J]. 当代经济科学，2016，38（2）：87-93.

[451] 王宁. 地方消费主义、城市舒适物与产业结构优化：从消费社会学视角看产业转型升级[J]. 社会学研究，2014，29（4）：24-48，242-243.

[452] MULLIGAN G F, CARRUTHERS J I. Amenities, quality of life, and regional development[M]// MARANS R W, STIMSON R J. Investigating quality of urban life: theory, methods, and empirical research. Dordrecht: Springer Netherlands, 2011: 107-133.

[453] CLARK T N. Urban Amenities: lakes, opera, and juice bars : do they drive development?[J]. Research in urban policy, 2003-12-16. DOI:10.1016/S1479-3520(03)09003-2

[454] FERGUSON M ALI K, OLFERT M R, et al. Voting with their feet: jobs versus amenities[J]. Growth and change, 2007, 38(1): 77-110.

[455] PARTRIDGE M D. The duelling models: NEG vs amenity migration in explaining US engines of growth[J]. Papers in regional science, 2010, 89(3): 513-536.

[456] ULLMAN E L. Amenities as a factor in regional growth[J]. Geographical rview, 1954, 44(1): 119-132.

[457] CEBULA R, VEDDER R. A note on migration, economic opportunity, and the quality of life[J]. Journal of regional science, 1973, 15(2): 205-211.

[458] KRUMM R J. Regional labor markets and the household migration decision[J]. Journal of regional science, 1983, 23(3): 361-376.

[459] GIBSON J, MCKENZIE D. Eight questions about brain drain[J]. Journal of economic perspectives, 2011, 25(3): 107-128.

[460] LLOYD R, CLARK T N. The city as an entertainment machine[J]. Critical perspectives on urban redevelopment, 2001, 6(3): 357-378.

[461] FLORIDA R, GATES G. Technology and tolerance: The importance of diversity to high-technology growth[M]//The city as an entertainment machine. Leeds: Emerald Group Publishing Limited, 2003: 199-219.

[462] GREENWOOD M J. Research on internal migration in the United States: a survey[J]. Journal of economic literature, 1975: 397-433.

[463] SCHULTZ T W. Investment in human capital[J]. The American economic review, 1961, 51(1): 1-17.

[464] GRAVES P E, LINNEMAN P D. Household migration: theoretical and empirical results[J]. Journal of urban economics, 1979, 6(3): 383-404.

[465] 段成荣，杨舸，张斐，等. 改革开放以来我国流动人口变动的九大趋势[J]. 人口研究，2008，32（6）：30-43.

[466] 杨菊华，陈传波. 流动家庭的现状与特征分析[J]. 人口学刊，2013（5）：48-62.

[467] 周皓. 中国人口迁移的家庭化趋势及影响因素分析[J]. 人口研究，2004，（6）：60-69.

[468] 扈新强，赵玉峰. 流动人口家庭化特征，趋势及影响因素研究[J]. 西北人口，2017，38（6）：18-25.

[469] 侯慧丽. 城市公共服务的供给差异及其对人口流动的影响[J]. 中国人口科学，2016 （1）：118-125.

[470] 李拓，李斌. 中国跨地区人口流动的影响因素：基于286个城市面板数据的空间计量检验[J]. 中国人口科学，2015 （2）：73-83.

[471] 刘兵，梁林，李嫄. 我国区域人才聚集影响因素识别及驱动模式探究[J]. 人口与经济，2013（4）：78-88.

[472] 孙健，孙启文，孙嘉琦. 中国不同地区人才集聚模式研究[J]. 人口与经济，2007（3）：13-18.

[473] 孙晓芳. 异质性劳动力与中国劳动力流动：基于新经济地理学的分析[J]. 中国人口科学，2013 （3）：36-45.

[474] 杨刚强，孟霞，孙元元，等. 家庭决策、公共服务差异与劳动力转移[J]. 宏观经济研究，2016（6）：105-117.

[475] 张丽，吕康银，王文静. 地方财政支出对中国省际人口迁移影响的实证研究[J]. 税务与经济，2011（4）：13-19.

[476] 王有兴，杨晓妹. 公共服务与劳动力流动：基于个体及家庭异质性视角的分析[J]. 广东财经大学学报，2018，33（4）：62-74.

[477] 汪利锬. 我国参与式公共服务供给模式研究：理论模型与经验证据[J]. 财经研究，2011，37（5）：15-24.

[478] 肖严华. 中国社会保障制度的多重分割及对人口流动的影响[J]. 江淮论坛，2007（5）：66-74.

[479] 徐国泉，张春来. 苏州市人才软环境满意度调查与评价[J]. 科技管理研究，2012，32（15）：185-188.

[480] 国家中长期人才发展规划纲要（2010—2020年）[EB/OL].（2010-06-06）. [2021-04-06]. 中国政府网，http://www.gov.cn/jrzg/2010-06/06/content_1621777. htm.

[481] 中共中央印发《关于深化人才发展体制机制改革的意见》[EB/OL].（2016-03-21）.[2021-04-06]. http://www.gov.cn/xinwen/2016-03/21/content_

5056113. htm.
[482] 中共中央办公厅 国务院办公厅印发《关于促进劳动力和人才社会性流动体制机制改革的意见》[EB/OL].（2019-12-25）.[2021-04-06]. http://www.gov.cn/xinwen/2019-12/25/content_5463978.htm.
[483] 中办、国办印发《关于加快推进乡村人才振兴的意见》[EB/OL].（2021-02-23）.[2021-04-06]. https://www.chinanews.com/gn/2021/02-23/9417531.shtml
[484] 戈艳霞. 当前我国“人才争夺战”的起因、潜在问题与对策建议[J]. 西南民族大学学报（人文社会科学版），2020, 41(3):6.DOI:10.3969/j.issn.1004-3926.2020.03.027.
[485] 郭芳，石书玲.“人才争夺战” 下地方政府人才政策创新路径探析[J]. 经营与管理，2020（11）：118-121.
[486] 王立国. 关于建立流动人才养老保险制度的几点思考[J]. 黑龙江省政法管理干部学院学报，2003（1）：125-127.
[487] 中华人民共和国老年人权益保障法[EB/OL].（2019-01-07）. [2021-04-06]. 中国人大网，http://www.npc.gov.cn/npc/c30834/201901/47231a5b9cf94527a4a995bd5 ae827f0.shtml.
[488] 国务院关于印发《“十三五”国家老龄事业发展和养老体系建设规划》的通知国务院关于印发“十三五”国家老龄事业发展和养老体系建设规划的通知[EB/OL].（2017-03-06）.[2021-04-06]. 中国政府网，http://www.gov.cn/zhengce/content/2017-03/06/content_5173930. htm.
[489] 孙桂琴. 发挥老年人才作用 促进社会和谐发展[J]. 清华大学教育研究，2005（S1）：67-70.
[490] 赵建榕，赖向芳.发挥政府在老年人才资源开发中的引导作用[C]//老龄问题研究论文集（十二）：积极老龄化研究之四：老年人与发展，2008.
[491] 刘丹. 人口老龄化背景下实现老有所为的现状及对策研究：以南京市为例[J]. 理论观察，2010（2）：59-60.
[492] 关于粤港澳大湾区[EB/OL].（2019-02-20）.[2021-04-06]. 广东省粤港澳大湾区门户网，http://www.cnbayarea.org.cn/introduction/content/ post_165071.html.
[493] 在流动中汇聚起繁荣发展的人才力量[EB/OL].（2019-11-01）.[2021-04-06]. 人社部网站，http://www.mohrss.gov.cn/SYrlzyhshbzb/jiuye/gzdt/201911/t20191101_338956. html.

[494] 习近平出席《深化粤港澳合作 推进大湾区建设框架协议》签署仪式[EB/OL].（2017-07-01）.[2021-04-06]. 中国政府网，http://www.gov. cn/xinwen/2017-07/01/content_5207260.htm.

[495] 张日新，谷卓桐. 粤港澳大湾区的来龙去脉与下一步[J]. 改革，2017（5）：64-73.

[496]《深化粤港澳合作 推进大湾区建设框架协议》全文[EB/OL].（2017-07-04）.[2021-04-06]. 泛珠三角合作信息网，http://www.pprd.org. cn/fzgk/hzgh/201707/t20170704_460601.htm.

[497] 中共中央 国务院印发《粤港澳大湾区发展规划纲要》[EB/OL].（2019-02-18）.[2021-04-06]. 中国政府网，http://www.gov.cn/gongbao/content/2019/content_5370836.htm.

[498] 陈沁. 粤港澳大湾区构建中的养老保障政策协调研究[D]. 广州：广州大学，2019.

[499] 中共中央 国务院印发《粤港澳大湾区发展规划纲要》[EB/OL].（2019-02-18）.[2021-04-06]. 新华网，http://www.xinhuanet.com/2019-02/18/c_1124131474_4. htm.

[500] 广东省人才优粤卡实施办法（试行）（粤府〔2018〕96 号）[EB/OL].（2018-10-15）.[2021-04-06]. 广东省人才优粤卡在线申办网站，http://yyk.gdrc.gov.cn/rcyyk/zcwj/201811/b7a17de4987b4cccb4f96342cfa45213/files/a9760540d85b48e59ab18b644a8e7f32. pdf.

[501] 广东：出台港澳台居民养老保险新政[EB/OL].（2019-12-23）.[2021-04-06]. 人社部网站，http://www.mohrss.gov.cn/SYrlzyhshbzb/dongtaixinwen/dfdt/201912/t20191223_348185. html.

[502] 香港澳门台湾居民在内地（大陆）参加社会保险暂行办法[EB/OL].（2019-11-30）.[2021-04-06]. 人社部网站，http://www.mohrss.gov.cn/gkml/zcfg/bmgz/ 201911/t20191130_344467. html.

[503] 新区概述[EB/OL].（2019-10-01）.[2021-04-06]. 宁波杭州湾新区网站，http://www.hzw.gov.cn/art/2019/10/1/art_1229021680_45244078. html.

[504] 人才开发[EB/OL].（2020-12-20）.[2021-04-06]. 宁波杭州湾新区管委会网站，http://www.hzw.gov.cn/col/col1229137241/index. html.

[505] 高层次人才引培政策[EB/OL].（2020-06-22）. [2021-04-06]. 宁波杭州湾新区管委会网站，http://www.hzw.gov.cn/col/col1229138256/index. html.

[506] 人才安居保障政策[EB/OL].（2020-06-22）.[2021-04-06]. 宁波杭州湾新区

管委会网站，http://www.hzw.gov.cn/col/col1229138258/index. html.
[507] 中共苏州市委　苏州市人民政府印发《关于进一步推进人才优先发展的若干措施》的通知[EB/OL].（2016-11-07）.[2021-04-06]. 苏南国家自主创新示范区网，http://kjj.suzhou.gov.cn/szkj/snsfqzcgh/201611/ac3f7e53f32947b8b5f241f24f2761a9. shtml.
[508] 苏州市高层次人才一站式服务平台[EB/OL].[2021-04-06]. http://www.gccrc.rcsz.gov.cn/front/frontpc/index. html?isactive=0.
[509] 苏州市人民政府. 苏州人才新政 4. 0 版重磅发布[EB/OL].（2020-07-11）.[2021-04-06]. http://www.suzhou.gov.cn/szsrmzf/szyw/202007/a44f468b20d24ce1bb5c2a cae7d8ecb9. shtml
[510] 苏州工业园区管委. 苏州园区关于调整完善人才优先购买商品住房政策的通知[EB/OL].（2020-04-15）.[2021-04-06]. http://www.sipac.gov.cn/dept/ghjswyh/tzgg/202004/P020200423621465880640.pdf
[511] 喻修远，王凯伟. 城市人才争夺：问题生成，利弊博弈与化解策略[J]. 中国行政管理，2019（3）：88-92.
[512] 喻修远，王凯伟. 城市人才争夺：问题生成，利弊博弈与化解策略[J]. 中国行政管理，2019（3）：88-92.
[513] 蓝志勇，刘洋. 美国人才战略的回顾及启示[J]. 国家行政学院学报，2017（1）：50-55，126-127.
[514] 蓝志勇，刘洋. 美国人才战略的回顾及启示[J]. 国家行政学院学报，2017（1）：50-55，126-127.
[515] U.S. Citizenship and Immigration Services. Optional Practical Training Extension for STEM Students (STEM OPT).[EB/OL].[2021-09-03]. https://www.uscis.gov/working-in-the-united-states/students-and-exchange-visitors/optional-practical-training-extension-for-stem-students-stem-opt
[516] U.S. Citizenship and Immigration Services. Optional Practical Training Extension for STEM Students (STEM OPT).[EB/OL].[2021-09-03]. https://www.uscis.gov/working-in-the-united-states/students-and-exchange-visitors/optional-practical-training-extension-for-stem-students-stem-opt
[517] BLOOMBERG. US risks ‘suicide’ over immigration, Mayor Bloomberg says[EB/OL].(2011-06-15).[2021-09-03]. https://www.bloomberg.com/news/articles/2011-06-15/u-s-immigration-policy-risks-suicide-bloomberg-says-1
[518] The Official Website of the City of New York [EB/OL].[2021-09-03]. http://

www1.nyc.gov/home/search/index.page?search-terms=talent.

[519] Mayor's Office of Immigrant Affairs [EB/OL].[2021-09-03]. https://mima.baltimorecity.gov/

[520] U.S. Citizenship and Immigration Services. EB-5 Immigrant Investor Program [EB/OL]. (2021-06-22).[2021-09-03]. https://www.uscis.gov/working-in-the-united-states/permanent-workers/eb-5-immigrant-investor-program; EB5AN. Baltimore EB-5 Regional Center [EB/OL]. [2021-09-03]. https://eb5affiliatenetwork. com/eb5-regional-center- baltimore/.

[521] 巴 尔 的 摩 市 政 府 [EB/OL][2021-09-21]. https://www.baltimorecity.gov/search/site/talent?retain-filters=1&__cf_chl_captcha_tk__=pmd_LWP6c1DJx9Vm8.ha0QpxKAD5CHhQXZ2Izq8u3BBwBkg-1630642153-0-gqNtZGzNAtCjcnBszQh9.

[522] The Official Website of the City of New York. Mayor Bill de Blasio Announces NYC Tech Talent Pipeline Industry Partners and Commitments to Strengthen City's Tech Workforce [EB/OL].(2015-02-12).[2021-09-03]. https://www1.nyc.gov/office-of-the-mayor/news/114-15/mayor-bill-de-blasio-nyc-tech-talent-pipeline-industry-partners-commitments-to.

[523] BLOOMBERG. New York City, FirstMark Create $22 Million Entrepreneur Fund[EB/OL].(2010-05-25).[2021-09-03]. https://www.bloomberg.com/news/articles/2010-05-25/new-york-city-firstmark-capital-start-fund-to-finance-technology-startups.

[524] NYC. Mayor Bloomberg Announces Winners Of Nyc Bigapps, Fourth Annual Competition To Create Apps Using City Data[EB/OL].(2013-06-20).[2021-09-03]. https://www1.nyc.gov/office-of-the-mayor/news/215-13/mayor-bloomberg-winners-nyc-bigapps-fourth-annual-competition-create-apps-using.

[525] Microsoft. Announcing the Tech Jobs Academy [EB/OL].(2015-10-07).[2021-09-03]. https://blogs. microsoft. com/newyork/2015/10/07/announcing-the-tech-jobs-academy/.

[526] VERIZON. Verizon announces new responsible business plan: Citizen Verizon [EB/OL].(2020-07-14).[2021-09-03]. https://www.verizon.com/about/news/verizon-announces-business-plan.

[527] Mayor Bill de Blasio Announces NYC Tech Talent Pipeline Industry Partners and Commitments to Strengthen City's Tech Workforce [EB/OL].(2015-

02-12). [2021-09-03]. https://www1.nyc.gov/office-of-the-mayor/news/114-15/mayor-bill-de-blasio-nyc-tech-talent-pipeline-industry-partners-commitments-to.

[528] CNNY. IN2NYC [EB/OL].[2021-09-03]. https://www.ccny.cuny.edu/zahn/in2nyc.

[529] IN2NYC. New York City is home to one of the largest tech and entrepreneurship communities in the world, but international entrepreneurs face many challenges when trying to build their businesses in the United States [EB/OL]. [2021-09-03]. https://www.in2.nyc/.

[530] The Official Website of the City of New York. Welcome to the Office of the Mayor of New York City [EB/OL].[2021-09-03]. http://www1.nyc.gov/office-of-the- mayor/index.page.

[531] 范佳佳. 从美国网络安全人才政策谈我国网络安全人才发展策略[J]. 信息安全与通信保密，2015（3）：17-20.

[532] 陈涛. 美国新移民法案人才政策及其对我国的潜在影响[J]. 全球科技经济瞭望，2014，29（1）：1-4，29.

[533] Housing Preservation & Development [EB/OL].[2021-09-03]. https://www1.nyc.gov/site/hpd/ services-and-information/scrie-drie.

[534] The Official Website of the City of New York. Mitchell Lama Program [EB/OL].[2021-09-03]. https://www1.nyc.gov/site/hpd/services-and-information/mitchell-lama-program.

[535] NYC Housing Authority[EB/OL].[2021-09-03]. https://www1. nyc. gov/site/nycha/about/about- nycha.

[536] The Official Website of the City of New York. The Housing Plan [EB/OL].[2021-09-03]. https://www1.nyc.gov/site/hpd/about/the-housing-plan.

[537] The Official Website of the City of New York. Area Median Income [EB/OL].[2021-09-03]. https://www1.nyc.gov/site/hpd/services-and-information/area-median-income.

[538] The Official Website of the City of New York. The Housing Plan [EB/OL].[2021-09-03]. https://www1.nyc.gov/site/hpd/about/the-housing-plan.

[539] Citi, L+M Development Partners Announce $150 Million New York Affordable Housing Preservation Fund II [EB/OL].(2013-06-04).[2021-09-03]. https://www.citibank.com/icg/sa/citicommunitycapital/assets/docs/press/

2013/2013_0604a.pdf.

[540] City of Boston. VACANT SITE ACQUISITION FUND TO CREATE MORE AFFORDABLE HOUSING [EB/OL].(2017-10-02).[2021-09-03]. https://www.boston.gov/news/vacant-site-acquisition-fund-create-more-affordable-housing.

[541] C40 Cities [EB/OL].(2016-11-15).[2021-09-03]. https://www.c40.org/case_studies/cities100-new-york-city-sustainability-agenda-protects-public-housing.

[542] Greenovate City of Boston [EB/OL].[2021-09-03]. https://www. greenovateboston.org/.

[543] 10 years later, did the Big Dig deliver? [EB/OL].(2015-12-29).[2021-09-03]. https://www.bostonglobe.com/magazine/2015/12/29/years-later-did-big-dig-deliver/tSb8PIMS4QJUETsMpA7SpI/story.html.

[544] City of Boston. Go Boston 2030 [EB/OL].[2021-09-03]. https://www.boston.gov/departments/transportation/go-boston-2030.

[545] The official website of the city of New York. Mayor de Blasio Announces Plans For a $65 Million Community Health Center in Flushing [EB/OL].(2017-07-18).[2021-09-03]. https://www1.nyc.gov/office-of-the-mayor/news/486-17/mayor-de-blasio-plans--65-million-community-health-center-flushing#/0.

[546] New York City Health. Public Health Laboratory [EB/OL].[2021-09-03]. https://www1.nyc.gov/site/doh/providers/reporting-and-services/public-health-lab.page.

[547] The Official Website of the City of New York. Email Print De Blasio Administration Announces New Initiative to Double the Number of Graduates with Tech Bachelor's Degrees from CUNY Colleges by 2022 [EB/OL].(2017-10-23).[2021-09-03].https://www1.nyc.gov/office-of-the-mayor/news/677-17/de-blasio-administration-new-initiative-double-number-graduates-tech.

[548] Times Higher Education. Best universities in Boston 2022 [EB/OL].(2020-11-17).[2021-09-03]. https://www.timeshighereducation.com/student/best-universities/best-universities-boston.

[549] 于洪璋，李云智. 美国人才政策研究报告[J]. 宁波工程学院学报，2006（3）：6-9.

[550] U.S. Department of Labor. WIOA Youth Formula Program [EB/OL].

[2021-09-03]. https://www.dol.gov/agencies/eta/youth/wioa-formula.

[551] DC Works: Workforce Investment Council [EB/OL].[2021-09-03]. https://dcworks.dc.gov/sites/default/files/dc/sites/dcworks/publication/attachments/DC-WIOA-Unified-State-Plan-2020.pdf.

[552] U.S. Department of Labor. Senio Community Service Employment Program [EB/OL].[2021-09-03]. https://www.dol.gov/agencies/eta/seniors.

[553] OECD Data [EB/OL].(2020-11-17).[2021-09-03]. https://data.oecd.org/.

[554] FERM J, JONES E. Beyond the post-industrial city: valuing and planning for industry in London[J]. Urban studies, 2017, 54(14): 3380-3398.

[555] Mayor of London. Policy Strategic Supporting Text [EB/OL].[2021-09-03]. https://www.london.gov.uk/what-we-do/planning/london-plan/past-versions-and-alterations-london-plan/london-plan-2016/london-plan-chapter-two-londons-places/policy-25.

[556] Mayor of London. Policy Strategic LDF preparation [EB/OL].[2021-09-03]. https://www.london.gov.uk/what-we-do/planning/london-plan/past-versions-and-alterations-london-plan/london-plan-2016/london-plan-chapter-two-londons-places/policy-29.

[557] Mayor of London. Central Activiries Zone [EB/OL].[2021-09-03]. https://www.london.gov.uk/what-we-do/planning/implementing-london-plan/london-plan-guidance-and-spgs/central-activities-zone.

[558] Wikipedia & the nobel prize. All Nobel Prozes [EB/OL].(2020-11-17).[2021-09-03]. https://en.wikipedia.org/wiki/List_of_Nobel_laureates_by_country#United_Kingdom; https://www.nobelprize.org/prizes/lists/all-nobel-prizes/.

[559] 张瑾. 第二次世界大战后英国科技人才流失到美国的历史考察[M]. 北京：中国社会科学出版社，2013.

[560] Wikipedia. Sector skills council [EB/OL].[2021-09-03]. https://en.wikipedia.org/wiki/Sector_skills_council.

[561] LEAP. Our projects and priorities [EB/OL].[2021-09-03]. https://lep.london/projects-and-priorities.

[562] 黄日强，邓志军. 英国国家职业资格证书制度概述[J]. 上饶师范学院学报，2003, 23(4):5.DOI:10.3969/j.issn.1004-2237.2003.04.023.

[563] 黄日强，邓志军. 英国国家职业资格证书制度概述[J]. 上饶师范学院学报，2003, 23(4):5.DOI:10.3969/j.issn.1004-2237.2003.04.023.

[564] GOV.UK. Equality Act 2010: guidance [EB/OL].[2021-09-03]. https://www.gov.uk/guidance/equality-act-2010-guidance.

[565] Mayor of London. London Plan 2016 [EB/OL].[2021-09-03]. https:// www.london.gov.uk/what-we-do/planning/london-plan/past-versions-and-alterations-london-plan/london-plan-2016.

[566] Mayor of London. London Plan 2016 [EB/OL].[2021-09-03]. https://www.london.gov.uk/what-we-do/planning/london-plan/past-versions-and-alterations-london-plan/london-plan-2016.

[567] Mayor of London. Policy 7.1 Lifetime neighbourhoods [EB/OL].[2021-09-03]. https://www.london.gov.uk/what-we-do/planning/london-plan/past-versions-and-alterations-london-plan/london-plan-2016/london-plan-chapter-seven-londons-living-space-6.

[568] Mayor of London. Policy 7.1 Lifetime neighbourhoods [EB/OL].[2021-09-03]. https://www.london.gov.uk/what-we-do/planning/london-plan/past-versions-and-alterations-london-plan/london-plan-2016/london-plan-chapter-seven-londons-living-space-6.

[569] Mayor of London. The London Plan [EB/OL].(2016-03).[2021-09-03]. https://www.london.gov.uk/sites/default/files/the_london_plan_2016_jan_2017_fix.pdf.

[570] Mayor of London. Chapter Three London's People [EB/OL].[2021-09-03]. https://www.london.gov.uk/sites/default/files/the_london_plan_2016_chapter_3_updated_jan_2017.pdf.

[571] Mayor of London. Policy 3.8 Housing choice [EB/OL].[2021-09-03]. https://www.london.gov.uk/what-we-do/planning/london-plan/past-versions-and-alterations-london-plan/london-plan-2016/london-plan-chapter-3/policy-38-housing-choice.

[572] Mayor of London. Policy 6.1 Strategic Approach [EB/OL].[2021-09-03]. https://www.london.gov.uk/what-we-do/planning/london-plan/past-versions-and-alterations-london-plan/london-plan-2016/london-plan-chapter-six-londons-transport/pol-18.

[573] Mayor of London. Green Infrastructure and open environments: the all London Green Grid [EB/OL].[2021-09-03]. https://www.london.gov.uk/sites/default/files/algg_spg_mar2012.pdf.

[574] The London Plan（2021）[EB/OL].[2021-09-03]. https://www.london.gov.uk/

sites/default/files/ the_london_plan_2021.pdf.

[575] 蓝志勇，刘洋. 英国人才制度与人才发展战略[M]. 北京：党建读物出版社，2016：43-44.

[576] Pounds 1, 100 nursery voucher scheme to be launched [EB/OL].(1995-07-05). [2021-09-03]., https://www.independent.co.uk/news/pounds-1-100-nursery-voucher-scheme-to-be-launched- 1590037. html.

[577] UKchildcare [EB/OL].(2020-11-17).[2021-09-03]. http://www. ukchildcare. ca/policy/strategy. shtml.

[578] Great Britain. Department for Education and Employment. Meeting the childcare challenge: a framework and consultation document. Stationary Office [EB/OL].(1998-05).[2021-09-03]. https://assets.publishing.service.gov. uk/government/uploads/system/uploads/attachment_data/file/259817/3958.pdf.

[579] GOV.UK. Every child matters [EB/OL].(2003-09-08).[2021-09-03]. https:// www.gov.uk/government/publications/every-child-matters.

[580] The impact of free early education for 3 year olds in England [EB/OL]. (2020-11-17).[2021-09-03]. https://ifs.org.uk/uploads/publications/docs/MISOC% 20Childcare%20briefing%20paper.pdf.

[581] Choice for parents, the best start for children: a ten year strategy for childcare [EB/OL]. (2005-03). [2021-09-03]. http://news.bbc.co.uk/nol/shared/bsp/hi/ pdfs/bud05_choice_for_parents_ 210.pdf.

[582] Childcare Act 2006 [EB/OL].(2020-11-17).[2021-09-03]. https://www. legislation. gov.uk/ukpga/2006/21/contents.

[583] The London Plan [EB/OL].(2020-11-17).[2021-09-03]. https://www. london. gov.uk/what-we-do/planning/london-plan/past-versions-and-alterations-london-plan/london-plan-2016.

[584] GOV.UK. 16 to 19 funding study programmes: work experience [EB/OL]. (2015-05-05). [2021-09-03]. https://www.gov.uk/guidance/16-to-19-funding-study-programmes-work-experience.

[585] The Open University. Diplomas of Higher Education [EB/OL].[2021-09-03]. https://www.open.ac.uk/courses/diplomas-he.

[586] Wikipedia. Higher diploma of U.K. [EB/OL].[2021-09-03]. https://en. wikipedia.org/wiki/Higher_diploma#United_Kingdom.

[587] Sandwich programs in the UK [EB/OL].[2021-09-03]. https://www. idp.

com/india/blog/sandwich- courses-in-uk/.

[588] Efinancialcareers. The post study work visa WILL be abolished but it's not the end of the world [EB/OL].[2021-09-03]. https://www.efinancialcareers.co.uk/news/2011/03/the-post-study-work-visa-will-be-abolished-but-its-not-the-end-of-the-world.

[589] UK announces changes to visa application process [EB/OL].[2021-09-03]. https://monitor.icef.com/2012/03/uk-announces-changes-to-visa-application-process/.

[590] GOV.UK. immigration rules [EB/OL].(2020-11-17).[2021-09-03]. https://www.gov.uk/government/publications/immigration-rules-archive-6-april-2015-to-24-april-2015.

[591] GTI. Helping UK employers hire international interns [EB/OL].[2021-09-03]. https://tier5intern.com/.

[592] 谢志海. 日本首都圈和东京湾区的发展历程与动因及其启示[J]. 上海城市管理，2020, 29(4):7.DOI:10.3969/j.issn.1674-7739.2020.04.003.

[593] World Bank. Case Study on Territorial Development in Japan [EB/OL].[2021-09-03]. https://documents1. worldbank. org/curated/en/434651560830510154/pdf/Case-Study-on-Territorial-Development-in-Japan. pdf.

[594] World Bank. Case Study on Territorial Development in Japan [EB/OL].[2021-09-03]. https://documents1.worldbank.org/curated/en/434651560830510154/pdf/Case-Study-on-Territorial-Development-in-Japan. pdf.

[595] 武勤，朱光明. 日本科技人才战略及其对中国的启示[J]. 中国科技论坛，2008（1）：122-126.

[596] 东京都.「東京グローバル人材育成計画 '20(Tokyo Global STAGE '20)」の策定[EB/OL].(2018-02-08).[2021-09-03]. https://www.metro.tokyo.lg.jp/tosei/hodohappyo/press/2018/ 02/09/05. html.

[597] 中日经济交流网. 日本推行外国高级人才积分制度：一年仅有 17 人合格[EB/OL]. (2013-08-06). [2021-09-04]. http://cjkeizai.j.people.com.cn/98730/8354917. html.

[598] 日本提出外国高等人才绿卡计划 3 年可获永住资格[EB/OL]. (2016-04-26).[2021-09-03]. https://www.sohu.com/a/71731205_116897.

[599] Highly Skilled Worker's Visa for Japan [EB/OL].[2021-09-03]. https://visaguide.world/asia/japan-visa/highly-skilled-professional/.

[600] 産業労働局. 東京都産業振興基本戦略（2011-2020）[EB/OL]. (2012-03-30).[2021-09-03].https://www.sangyo-rodo.metro.tokyo.lg.jp/plan/sangyo/h23/.

[601] SHARMA S. Managerial interpretations and organizational context as predictors of corporate choice of environmental strategy[J]. Academy of management journal, 2000, 43(4): 681-697.

[602] 柿沼潤一. 東京都における大気汚染対策の歴史と今日の課題[EB/OL]. [2021-09-03].https://www.kankyo.metro.tokyo.lg.jp/policy_others/international/international/index. files/Session2_JP_. pdf.

[603] 陈圆佳，李朝阳，汪涛，等. 日本轨道交通导引设施设计及启示[J]. 规划师，2021，37（2）：84-90.

[604] 东京血脉之轨道交通图[EB/OL]. [2021-09-03]. 第一财经，https://m.yicai.com/news/3977916. html.

[605] 刘龙胜，杜建华，张道海. 轨道上的世界[M]. 北京：人民交通出版社，2013.

[606] ニッセイ基礎研究所. 2013 年住宅・土地統計調査（速報）にみる住宅と居住状況の変化[EB/OL].[2021-09-03]. https://www. nli-research. co. jp/files/topics/41827_ ext_18_0. pdf.

[607] ニッセイ基礎研究所. 2013 年住宅・土地統計調査（速報）にみる住宅と居住状況の変化[EB/OL].[2021-09-03]. https://www.nli-research.co.jp/files/topics/41827_ ext_18_0. pdf.

[608] 日本大都市 4 成以上人租房居住 结婚租房成常态[EB/OL]. [2021-09-03]. 腾讯网，https://news. qq. com/a/20101026/000998. htm.

[609] FIRM. About FIRM [EB/OL].[2021-09-03]. https: //firm. or. jp/en/about/.

[610] Invest Tokyo 医療分野. 日本全体の状況[EB/OL].[2021-09-03]. https://www.investtokyo.metro.tokyo.lg.jp/jp/industries/medical. php.

[611] 日丈. 病院[M]. 张宝库节译，叶斯平校，1988，47（4）：311-313.

[612] 姜国洲，张星. 资源循环利用：东京垃圾处理的经验与做法[J]. 城市管理与科技，2008（5）：23-25.

[613] Tokyo Metropolitan Government. Tokyo environment master plan 2016 [EB/OL]. [2021-09-03]. https://www.kankyo.metro.tokyo.lg.jp/en/about_us/videos_documents/master_plan.files/3371113b16ac4fcba42a6d86e8438080.pdf.

[614] Tokyo Metropolitan Government. Tokyo climate change strategy: progress report and future vision [EB/OL].[2021-09-03].（2010-03-31）. https://www.kankyo.metro.tokyo.lg.jp/en/climate/index.files/Tokyo_climate_change_strategy_ progress_r. pdf.
[615] 埃比尼泽·霍华德. 明日的田园城市[M]. 北京：商务印书馆，2011.
[616] 余颖，余辉. 明日的田园城市：城市的自省[J]. 规划师，2007，23（12）：104-106.
[617] 帕特里克·格迪斯. 进化中的城市：城市规划与城市研究导论[M]. 北京：中国建筑工业出版社，2012.
[618] 王中. 城市规划的三位人本主义大师：霍华德、盖迪斯、芒福德[J]. 建筑设计管理，2007（4）：41-43.
[619] 仇保兴. 卫星城规划建设若干要点：以北京卫星城市规划为例[J]. 城市规划，2006（3）：9-12.
[620] 沙里宁. 城市：它的发展衰败与未来[M]. 顾启源，译. 北京：中国建筑工业出版社，1986.
[621] 沃尔特·克里斯塔勒. 德国南部中心地原理[M]. 常正文，王兴中，译. 北京：商务印书馆，2010.
[622] 谭纵波. 东京大城市圈的形成、问题与对策：对北京的启示[J]. 国际城市规划，2000（2）：8-11.
[623] 顾朝林. 城市群研究进展与展望[J]. 地理研究，2011，30（5）：771-784.
[624] JEAN GOTTMANN. Megalopolis: the Urbanization of the northeastern seaboard of the United States[M]. Whitefish: Literary Licensing, LLC, 2012.
[625] 陆大道. 关于“点-轴”空间结构系统的形成机理分析[J]. 地理科学，2002，22（1）：1-6.
[626] 安虎森. 增长极理论评述[J]. 南开经济研究，1997（1）：31-37.
[627] 姚士谋，陈爽，陈振光. 关于城市群基本概念的新认识[J]. 现代城市研究，1998（6）：15-17，61.
[628] JOHN FRIEDMANN. China’s urban transition[M]. Minneapolis: University of Minnesota Press, 2005.
[629] HALL P, PAIN K. From metropolis to polyopolis[J]. Urban planning international, 2008.
[630] 方创琳. 中国城市群研究取得的重要进展与未来发展方向[J]. 地理学报，2014（8）：1130-1144.

[631] 赵永革，周一星. 辽宁都市区和都市连绵区的现状与发展研究[J]. 地理与地理信息科学，1997（1）：36-43.
[632] 史育龙，周一星. 关于大都市带（都市连绵区）研究的论争及近今进展述评[J]. 国际城市规划，2009，24（s1）：160-166.
[633] 崔功豪. 中国城镇发展研究[M]. 北京：中国建筑工业出版社，1992.
[634] 姚士谋，陈振光，朱英明. 中国城市群[M]. 3版. 北京：中国科学技术大学出版社，2006.
[635] 崔功豪. 中国城镇发展研究[M]. 北京：中国建筑工业出版社，1992.
[636] 陆玉麒. 区域发展中的空间结构研究[M]. 南京：南京师范大学出版社，1998.
[637] 胡序威,周一星,顾朝林. 中国沿海城镇密集地区空间集聚与扩散研究[M]. 北京：科学出版社，2000.
[638] 张京祥. 城镇群体空间组合[M]. 南京：东南大学出版社，2000.
[639] 曾菊新. 现代城乡网络化发展模式[M]. 北京：科学出版社，2001.
[640] 刘荣增. 城镇密集区发展演化机制与整合[M]. 北京：经济科学出版社，2003.
[641] 朱英明. 城市群经济空间分析[M]. 北京：科学出版社，2004.
[642] 谢守红. 大都市区的空间组织[M]. 北京：科学出版社，2004.
[643] 宋吉涛，方创琳，宋敦江. 中国城市群空间结构的稳定性分析[J]. 地理学报，2006，61（12）：1311-1325.
[644] 姚士谋，张平宇，余成，等. 中国新型城镇化理论与实践问题[J]. 地理科学，2014，（6）：641-647.
[645] 姚士谋，陈爽，陈振光. 关于城市群基本概念的新认识[J]. 现代城市研究，1998（6）：15-17，61.
[646] 顾朝林，吴莉娅. 中国城市化研究主要成果综述[J]. 城市问题，2008（12）：2-12.
[647] 顾朝林，陈田，丁金宏，等. 中国大城市边缘区特性研究[J]. 地理学报，1993（4）：317-328.
[648] 张尚武，王雅娟. 大城市地区的新城发展战略及其空间形态[J]. 城市规划汇刊，2000（6）：44-47，79-80.
[649] 张尚武. 区域整体发展理念及规划协调机制探索[J]. 城市规划，1999，（11）：15-17，50-64.
[650] 陈修颖，于涛方. 长江三角洲经济空间结构最新发展及空间集聚合理度判

断[J]. 经济地理，2007（3）：447-451.

[651] 宁越敏. 中国都市区和大城市群的界定：兼论大城市群在区域经济发展中的作用[J]. 地理科学，2011（3）：257-263.

[652] 于涛方，吴志强. 长江三角洲都市连绵区边界界定研究[J]. 长江流域资源与环境，2005（4）：397-403.

[653] 陈建军，郑瑶. 长江三角洲地区城市群商务成本比较研究：以杭、沪、嘉、甬、苏为例[J]. 上海经济研究，2004（12）：34-41.

[654] 张尚武，王雅娟. 上海与长江三角洲地区城镇空间发展关系研究[J]. 城市规划汇刊，2003（5）：6-11，96-100.

[655] 彭震伟. 大都市地区小城镇发展的职能演变及其展望：上海地区小城镇发展的思考[J]. 城市规划汇刊，1995（2）：32-36，53-64.

[656] 陆大道. 京津唐地区的区域发展与空间结构[J]. 经济地理，1985（1）：37-43.

[657] 陆军. 论京津冀城市经济区域的空间扩散运动[J]. 经济地理，2002（5）：574-578.

[658] 于涛方. 京津冀全球城市区域边界研究[J]. 地理与地理信息科学，2005，（4）：45-50.

[659] 马国霞，徐勇，田玉军. 京津冀都市圈经济增长收敛机制的空间分析[J]. 地理研究，2007（3）：590-598.

[660] 余蕊均，程晓玲. 19 个国家级城市群，为何大多发展不尽如人意？每日经济新闻[EB/OL].(2019-07-17).[2021-03-21]. https://m.nbd.com.cn/articles/2019-07-17/1355030. Html

[661] STAUFFER R C. Haeckel, Darwin, and ecology[J]. The quarterly review of biology, 1957, 32(2): 138-144.

[662] STAUFFER R C. Haeckel, Darwin, and ecology[J]. The quarterly review of biology, 1957, 32(2): 138-144.

[663] STAUFFER R C. Haeckel, Darwin, and ecology[J]. The quarterly review of biology, 1957, 32(2): 138-144.

[664] 吴江，蓝志勇. 营造创新人才脱颖而出的治理新生态[J]. 西南交通大学学报（社会科学版），2021，22（4）：1-8.

[665] 蓝志勇，刘洋. 美国人才战略的回顾及启示[J/OL]. 国家行政学院学报，2017（1）：50-55，126-127.

后 记

本书是在以中国人事科学院原院长、西南交通大学公共管理与政法学院特聘教授吴江教授为首席专家领导下的“研究阐释党的十九届四中全会精神国家社科基金重大项目‘构建具有全球竞争力的人才制度体系研究’子课题五‘城市群人才发展空间治理机制研究’”的研究报告基础上修改成稿的。子课题五由蓝志勇教授带领研究团队完成。从课题申请到课题确立阶段，团队多次进行讨论，参与总课题研讨会，聆听专家建议，提炼研究问题。报告完成后，子课题组又多次进行更细致的讨论，理顺细节，编制图表，做了大量的工作，形成书稿。不少博士、硕士及一名博士后参与了研究，并按照课题设计梳理文献、综述理论、查询数据和进行初稿的写作。

博士生秦强、研究助理来建新与课题组负责人一起，参与了课题申请筹备。秦强作为高年级博士生，一直在后面支持更年轻的博士生雷渌瑨协调课题组的研究推进工作。雷渌瑨、马菁欢执笔了第二章“城市群发展理论”的第一节“城市与城市群理论”，张阳阳进行了第二节“协同治理与智慧治理理论”的文献梳理，赵泽洋、秦强、孙穆祯分别负责了第三节“城市群协同发展要素一体化治理机制”的研究——人才要素一体化（赵泽洋），土地资源要素一体化/跨区域协同合作（秦强）和生态补偿机制一体化（孙穆祯）。刘星宇负责第三章“人才理论与体制机制”中的第一节“人才与人才分类的理论基础”和第三节“我国人才政策视角下的人才分类”；蔡锐星负责第二节“改革开放以来我国人才政策的演变”和第四节“改革开放以来我国人才政策的成就”；秦强负责第五节“我国人才政策存在的问题”；马玲玲负责第六节“城市基层治理人才理论与人才发展理论”。雷渌瑨整理了第四章“城市空间治理理论”的文献。来建新、唐醒在按照理论框架绘图和整理数据方面做了大量的工作，是第五章“人才以及人才发展的空间布局”的主力。马菁欢执笔了第六章“国际城市群人才空间治理”的第一节“城市与城市群人才理论”；贾妍、薛金刚关注第二节“人才生活、养老、医疗保障制度体系研究”；刘星宇执笔了第三节“国内典型城市群人才空间治理经验”；秦强整理了第四节“国际典型城市群人才空间治理经验”。前后章节和终稿的通稿、补充和修改由课题负责人完成。可以说，这也是一个群策群力的研究成果，学生学术背景不同、文笔能力有差别、所处的年级也不同，面对的课程任务也有轻有重，写出的文稿也不整齐，有的需要大改和重写，有的则逻辑和语言都十分清楚，文献方面只要提出就能找到并列出。总体上，团队成员都非常认真负责，以高度的热情投入研究，通过以问题为导向的研究，熟悉了文献，开阔了视野，锻炼了写作和文献数据查询能力。讨论中也经常互相提问和质疑，聆听老师和其他专家的指导。作为负责课题协调的小组长，雷渌瑨做了大量的沟通工作，还多次代表课题组参与总课题讨论会的汇报工作，锻炼了学术领导能力。他们在参与研究、为国家课题贡献智慧的过程中，凝聚了问题意识，学习了文献查找和综述的方法，锻炼和提高了学术能力，培养了对我国城市群发展和人才队伍建设的兴趣和关注，十分值得欣慰。在此把他们的工作细细记录，是对他们劳动的认可，对他们自己也是一份记忆、一种激励，研究中制作了不少图示，希望尽可能用图表来表达人才群的分布情况。但由于制图的困难、引用其他底图改造的图表也很多，出版处理困难很大，只能忍痛删掉这些图表。希望随着多媒体出版技术的完善、底图使用版权的宽松，未来的学术研究方面的图书也会越来越图文并茂，更立体地表达研究成果。

课题的完成，离不开首席专家吴江教授的指导和推动，还有其他子课题的相关专家孙锐、李志刚、范巍、汪怿、邢怀滨的支持。他们分别负责“中国特色人才发展治理框架研究”“党管人才制度优势与机制创新研究”“人才资源市场配置改革的重点难点问题研究”“人才开放体系与政策创新研究”和“人才发展治理中大数据与区块链的应用”。与我们课题组负责的“城市群人才发展空间治理机制研究”一起勾画出我国新时代人才队伍建设的全景图。由衷地希望，这本书的出版，是未来更多更好的人才问题研究的铺路石，抛砖引玉。